Mein großes Grundbackbuch

Gesamtredaktion: Heidilore Häusler
Redaktion: Heide Marie Karin Geiss, Annette Nolden, Dagmar Fronius-Gaier
Produktion: Wolfram Friedrich
Umschlaggestaltung und Layout: Inga Koch
Zeichnungen: Ruth Richter
ISBN 3-8174-5309-4
5353095

Besuchen Sie uns im Internet: www.compactverlag.de

Mein großes Grundbackbuch

DAS GANZE WISSEN RUND UMS BACKEN

Compact Verlag

VORWORT

Backen – feinste Zutaten zu einem Teig vermengen, Kuchen formen, Torten schichten, Plätzchen ausstechen – backen macht nicht nur Spaß, backen ist auch ein Fest für die Sinne.

Selbst gebackenes schmeckt einfach besser. „Mein großes Grundbackbuch" birgt das ganze Wissen moderner Backkunst: von allen Grundrezepten für Backanfänger bis zu den raffiniertesten Rezeptideen für geübte Hobbybäcker.

Ob Köstlichkeiten für Sonn-, Fest- oder Geburtstage, für Ostern oder Weihnachten, ob Backanleitungen für Brot, Brötchen, Pizza, Quiche & Co., ob Rezepte für modernes, zeitsparendes Backen oder gesunde Backwaren für Diabetiker – jedes Rezept ist mehrfach erprobt und garantiert gutes Gelingen, Freude und Erfolg – und nicht zuletzt Bewunderung in der Familie und bei Gästen.

Freuen Sie sich auf das große Backvergnügen! Unsere Geling-Rezepte helfen Ihnen dabei!

Eier – machen den Teig locker

Eier sind beim Backen eine sehr wichtige Zutat. Sie dienen zum Lockern und gleichzeitigem Binden des Kuchenteiges. Ein Ei besteht bekanntermaßen aus einem Eigelb (in seltenen Fällen auch zwei) und einem Eiweiß, wobei das Erstgenannte das Gebäck mürbe macht, während das Eiweiß für die Knusprigkeit des Backwerks verantwortlich ist.
Beim Kauf von Eiern sollten die folgenden beiden Punkte unbedingt beachtet werden: Woher stammen die Eier und handelt es sich auch um wirklich frische Ware?
Auf der Packung muss das Mindesthaltbarkeitsdatum (bei gekühlter Aufbewahrung) angegeben sein. Freiwillige Kennzeichnung: Kühldatum, Abpackdatum, Legedatum, wobei man Eier, die älter als drei Wochen sind, nicht mehr zum Backen verwenden sollte.
Eier werden im Kühlschrank aufbewahrt, entweder in der Originalverpackung oder in dem in vielen Kühlschränken extra dafür vorgesehenen Fach. Sind im Rezept als Zutaten mehrere Eier angegeben, sollte man darauf achten, dass Eier gleicher Größe verwendet werden.
Beim Trennen von Eigelb und Eiweiß muss sorgfältig gearbeitet werden. Das gilt besonders bei der Herstellung von Eischnee. Wenn sich im Eiweiß Reste von Eigelb befinden, kann das Eiweiß nicht steif geschlagen werden. Aus dem gleichen Grund müssen auch die verwendeten Geräte, wie zum Beispiel Schüssel oder Schneebesen, absolut fettfrei sein.
Wenn nun das Eiweiß trotz fettfreier Schüssel nicht zu Eischnee wird, kann es daran liegen, dass der Zucker zu früh hinzugefügt wurde. Tritt dieser Fall ein, muss der Vorgang mit neuen Zutaten von vorne begonnen werden!
Damit in Zukunft so eine Panne nicht mehr passieren kann – hier die genaue Anleitung zum Schlagen von Eischnee:

- Geben Sie das Eiweiß in eine fettfreie Rührschüssel mit hohem Rand und schlagen Sie es mit einem Handrührgerät oder einem Schneebesen zu steifem Eischnee.
- Wünschen Sie besonders steifen Eischnee, geben Sie einfach etwas kaltes Mineralwasser (ohne Kohlensäure, 1 Eiweiß mit 1 TL Wasser vermischen) dazu.
- Ist der Eischnee steif geschlagen, lassen Sie, während Sie weiter schlagen, vorsichtig den Zucker einrieseln. Auf keinen Fall darf man die gesamte Zuckermenge auf einmal in den Eischnee geben!
- Besonders gut geeignet für Eischnee ist feiner Kristallzucker. Von der Verwendung von Puderzucker ist abzuraten, da der Eischnee damit nicht so schön luftig und locker wird.

Kohlenhydrate – unentbehrlich für den Körper

Kohlenhydrate, vorwiegend in pflanzlichen Lebensmitteln enthalten, zählen neben den Fetten und dem Eiweiß zu den Hauptenergiestoffen und sind für unseren Organismus die wichtigste Energiequelle.
Wir nehmen Kohlenhydrate täglich mit unserer Nahrung zu uns – im Idealfall sollte der größte Teil der Gesamtenergie in Form von Kohlenhydraten aufgenommen werden.
Je nach körperlicher Beanspruchung und Konstitution liegt der tägliche Bedarf an Kohlenhydraten bei bis zu 450 g. Falls diese Menge überschritten wird, baut der Körper mit Hilfe von Enzymen die Kohlenhydrate in Fett um.

Fett – in Maßen genießen

Fette wie Butter oder Margarine sind entscheidend für den Geschmack, aber auch für die leichte Verdaulichkeit der Backwaren. Butter liefert ein besonders feines Aroma – Margarine wird beim Schlagen

wunderbar cremig.
Fett liefert Energie, dient als Geschmacksträger und als Bausubstanz für Körperzellen und wird für die Verwertung bestimmter lebenswichtiger Vitamine (A, D und E) benötigt.
Bei den Fetten unterscheidet man drei Gruppen: gesättigte Fette oder Fettsäuren, ungesättigte Fette und mehrfach ungesättigte Fette. In der gesunden Ernährung sollten die verschiedenen Fette zu je gleichen Teilen vorhanden sein. Ernährungsfehler sind die Folge, dass bei vielen von uns der Anteil an gesättigten Fettsäuren, also an den Fetten, die hauptsächlich aus tierischen Nahrungsmitteln stammen, überwiegen. Gesättigte Fette erhöhen den Cholesterinspiegel im Blut.
Die leicht zu verdauenden einfach und mehrfach ungesättigten Fettsäuren sind zum Beispiel in vielen pflanzlichen Fetten enthalten. Sie beeinflussen positiv die Blutfettwerte, zeigen leicht senkende Wirkung auf den Cholesterinspiegel und helfen somit, Herz- und Kreislaufkrankheiten vorzubeugen.
Die dritte Gruppe von Fettsäuren sind die so genannten mehrfach ungesättigten Fette, wobei die wichtigste davon die Linolsäure ist. Mehrfach ungesättigte Fette kann der Körper nicht selber herstellen, das heißt, er ist auf eine Zufuhr dieser Fette durch die Nahrung angewiesen.
Durch komplizierte Reaktionen im Körper entstehen aus mehrfach ungesättigten Fettsäuren hormonähnliche Substanzen, die an vielen Organfunktionen beteiligt sind. Als Bausubstanz sind sie für ein frisches Aussehen der Haut mit verantwortlich. Führt man dem Körper nicht ausreichend mehrfach ungesättigte Fettsäuren zu, werden ersatzweise andere Fette in den Zellen eingelagert und die Haut sieht blass aus.
Als Backzutat sollte man den naturbelassenen Fetten den Vorrang geben.
Auch beim Kauf von Fetten lohnt es sich, guter Qualität den Vorzug zu geben. Bei der Verwendung von Margarine ist darauf zu achten, dass Würfelware eine festere Beschaffenheit hat als Bechermargarine, die wiederum weicher und geschmeidiger ist.
Auch Schweineschmalz wird gerne als Backzutat verwendet, allerdings nur bei den Rezepten, bei denen ein deftiger, herzhafter Geschmack erwünscht ist, wie das z. B. beim Zwiebelkuchen der Fall ist.
Eine weitere Fett-Variante, die sich zum Backen eignet, ist das Butterschmalz. Man gewinnt es durch Ausschmelzen von Butter, wobei Wasser und Eiweiß isoliert werden. Wegen seiner hohen Erhitzbarkeit eignet sich Butterschmalz sehr gut zum Ausbacken von süßem Gebäck, wie zum Beispiel den Schmalznudeln, eine bayerische Spezialität.

Ballaststoffe – kein unnötiger Ballast

Ballaststoffe sind hauptsächlich in pflanzlichen Nahrungsmitteln enthalten und wurden lange Zeit fälschlicherweise als unnötiger Ballast angesehen. In jüngerer Zeit hat man den hohen gesundheitlichen Wert erkannt und das alte Vorurteil gründlich aus dem Weg geräumt.
Wer sich vollwertig ernährt, das heißt eine Ernährung bevorzugt, die einen ausreichenden Anteil an pflanzlichen Nahrungsmitteln enthält, kann sicher sein, dem Körper genügend Ballaststoffe zu gönnen. Alle Vollkornprodukte, zu denen natürlich auch Vollkornmehlsorten zählen, sind klassische Lieferanten von Ballaststoffen.
Ballaststoffe sind an den unterschiedlichsten Funktionen im Körper beteiligt. Sie regulieren den Stuhlgang, indem sie im Darm aufquellen und so einen Druck auf die Darmwand ausüben, der einer Entleerung förderlich ist. Ballaststoffe haben die Fähigkeit, Nahrungsfette zu binden, sodass sie vom Körper nicht voll-

ständig verwertet werden. Deshalb sind Ballaststoffe unentbehrlich für alle, die ihr Idealgewicht halten wollen. Die lebenswichtigen Vitalstoffe dienen auch der Vorbeugung von Gallensteinen, hohen Blutfettwerten, Krampfadern und Zuckerkrankheit.

Mehl ist nicht gleich Mehl

Mehl ist eine Grundbackzutat, die in fast allen Backrezepten zu finden ist. Damit das Backen gelingt, sollte das verwendete Mehl die folgenden Eigenschaften erfüllen: Es sollte kleberreich und gut backfähig sein.
Die Typenzahl, also die Zahl hinter der Mehlbezeichnung, weist auf den gesundheitlichen Wert des Mehles hin. Für die Praxis heißt das: Wie oft wurde das verwendete Korn vor dem Mahlen gereinigt und/oder geschält?
Je höher die Typenzahl ausfällt, desto höher ist auch der gesundheitliche Wert des Mehles, da der natürliche Anteil des vollen gesunden Korns auch höher ist. Und: Je höher die Typenzahl ist, desto dunkler ist auch die Farbe des Mehls.
Im Zuge der immer beliebter werdenden gesunden vollwertigen Ernährung hat sich auch die Auswahl an leckeren Mehlsorten unterschiedlichster Geschmacksrichtungen erweitert. Die wichtigsten werden hier kurz vorgestellt. Alle diese Mehlsorten sind entweder in gut sortierten Supermärkten und/oder in Bioläden erhältlich.

- ***Buchweizenmehl***

Buchweizen ist eigentlich keine Getreideart, sondern zählt zu den Knöterichgewächsen. Seine eigentliche Heimat liegt in Nepal. Buchweizen ist reich an Mineralstoffen und Spurenelementen (Magnesium, Kieselsäure, Kalium, Eisen, Kalzium, Kupfer) und Vitaminen (Vitamine der B-Gruppe, Vitamin E).
Ebenfalls nennenswert ist der hohe Anteil an Kohlenhydraten (72 %) und an Eiweiß (fast 10 %). Buchweizenmehl sollte zum Backen nicht alleine, sondern gemischt mit Weizenmehl verwendet werden. Letzteres enthält Klebereiweiß, welches das Backgut »in Form« hält.

- ***Dinkelmehl***

Dinkel, eine alte Kulturform des Weizens und schon seit über 3000 Jahren bekannt, wurde bereits von Hildegard von Bingen als sehr gesundes Nahrungsmittel angepriesen. Der hohe gesundheitliche Wert dieser völlig anspruchslosen Weizenart erklärt sich aus den wertvollen Inhaltsstoffen: 2 % Mineralstoffe und Spurenelemente, viele Vitamine, fast 12 % Eiweiß sowie fast 60 % Stärke. Da Dinkel einen sehr hohen Gehalt an Kleber aufweist, eignet er sich hervorragend als Grundbestandteil gesunder Teige, die herzhaft und etwas nach Nüssen schmecken. Dinkel kann auch sehr gut mit Weizenmehl gemischt werden.
Grünkern, also unreifer Dinkel, besticht durch seinen herzhaften, an Nüsse erinnernden Geschmack und verleiht Brot oder Kuchen eine pikante Note. Er enthält die vielen wertvollen Inhaltsstoffe des Dinkels. Für die Verarbeitung beim Backen empfiehlt es sich, das Korn über Nacht in kaltem Wasser quellen zu lassen.
Übrigens: Schon mit 100 g Dinkel kann man 25 % des täglichen Bedarfs an dem Mineralstoff Magnesium decken!

- ***Hafermehl***

Bereits im antiken Griechenland war der hohe gesundheitliche Wert des Hafers bekannt. Erwähnenswert ist bei dieser Getreideart der hohe Anteil an Eiweiß, ungesättigten Fettsäuren, Kohlenhydraten und Vitamin B_1, auch „Thiamin" genannt. Vitamin B_1 ist wichtig für ein stabiles Nervenkostüm.
Da Hafermehl kein Klebereiweiß aufweist, kann es zum Backen nicht alleine verwendet werden, sondern muss mit anderen Mehlsorten (z. B. Roggen- oder Weizenmehl, im

Verhältnis 1 Teil Hafermehl zu 10 Teilen Roggen- oder Weizenmehl) vermischt werden.

● ***Maismehl***

Der Mais, von Kolumbus entdeckt, ist eine über 700 Jahre alte Kulturpflanze, die unter anderem einen Kohlenhydratgehalt von bis zu 70 %, einen Mineralstoffgehalt von bis zu 1,5 % und einen Gehalt an Ballaststoffen von bis zu 10 % aufweist.
Da das leicht verdauliche und entölte Maismehl kaum Kleberanteile enthält, sollte stets ein geschlagenes Eiweiß unter den Teig gemischt werden.

● ***Roggenmehl***

Roggen, dessen eigentliche Heimat in Russland zu finden ist, wurde besonders im letzten Jahrhundert – zu Mehl gemahlen – als Grundlage für stärkendes Brot verwendet. Im Zuge der vollwertigen Ernährung hat sich Roggen heute wieder einen festen Platz unter den Mehlsorten erobern können und zählt zu den wichtigsten Getreidesorten zur Brotherstellung.
Roggenmehl verfügt über einen beachtlichen Anteil an essenziellen Aminosäuren, Vitaminen der B-Gruppe und Vitamin E, Mineralstoffen und Spurenelementen (z. B. Magnesium, Eisen, Zink, Mangan). Roggenmehl ist an seiner dunklen Farbe leicht zu erkennen. Brot aus diesem Mehl hat eine dicke Kruste, die längeres Kauen erfordert, was wiederum positive Wirkung auf den Darm hat und der Kariesbildung vorbeugt. Wegen des enthaltenen Sauerteiges sollten Roggenbackwaren vor dem Verzehr 2–3 Tage gelagert werden. Nicht nur der gute Geschmack spricht für den Genuss dieser Backwaren, sondern auch die lange Haltbarkeit.
Wird Roggenmehl zum Backen verwendet, ist darauf zu achten, dass dieses Mehl etwas mehr Flüssigkeit erfordert als Weizenmehl.

● ***Hirsemehl***

Hirse zählt zu den ältesten Getreidesorten. Fast 80 % ungesättigte Fettsäuren, 60 % Stärke und ein hoher Anteil an Ballaststoffen machen die Hirse zu einem gesundheitlich wertvollen Nahrungsmittel.
Hirsemehl ist sehr gesund und schmackhaft, verfügt aber nur über einen sehr niedrigen Kleberanteil. Deshalb muss auch dieses Mehl mit anderen Mehlsorten, die ganz nach persönlichem Geschmack ausgewählt werden können, gemischt werden.

● ***Gerstenmehl***

Die Gerste, auch eine sehr alte Getreidesorte, wird heute unter anderem in der vollwertigen Ernährung, zum Bierbrauen und für die Herstellung von Malzkaffee verwendet. Das Getreide enthält wertvolle Stoffe, wie Phenolsäuren, die bei der Krebsvorsorge hilfreich sind. Ferner Mineralstoffe und Spurenelemente (z. B. Kalzium, Magnesium, Eisen), Vitamine der B-Gruppe und Schleimstoffe. Gerstenmehl wird wegen seines geringen Anteils an Klebereiweiß mit Weizenmehl oder anderen Mehlsorten gemischt.

● ***Weizenmehl***

Viele Mythen und Geschichten haben sich in grauer Vorzeit um den Weizen, den König aller Getreidesorten, gerankt. Aus 7000 v. Chr. stammen Weizenfunde, die in China entdeckt wurden. Das Weizenkorn ist reich an essenziellen Inhaltsstoffen, die allerdings durch die Weiterverarbeitung, also durch das Raffinieren, zum größten Teil verloren gehen. Diese wertvollen Inhaltsstoffe stecken fast ausschließlich in den Randschichten des Kornes. Daher ist bei raffiniertem Mehl, das wegen seiner leichten Verarbeitung gerne zum Backen verwendet wird, der gesundheitliche Nährwert eher gering.
Wird jedoch das volle Korn zu Backmehl verarbeitet, erhält man eine Fülle gesunder Vitalstoffe. Besonders hervorzuheben ist der hohe Anteil an Vitaminen der B-Gruppe sowie Vitamin E, Mineralstoffen und Spurenelementen (fast 2 %, unter anderem Kalzium, Kupfer, Phosphor, Selen).
Das Weizenmehl zählt beim

Backen zu den beliebtesten Mehlsorten.
Gängiges Mehl in vielen Haushalten ist das Weizenmehl Type 405, das gerne und häufig zum Backen verwendet wird. Type 405 ist ein weißes, geschmacksneutrales, feinporiges Mehl, das sich bestens zum Backen eignet, aber einen eher niedrigen Gehalt an Mineralstoffen aufweist.
Zum Backen wird entweder das gesunde Vollweizen-Mehl, hergestellt aus dem vollen, naturbelassenen Korn, oder das raffinierte Weizenmehl, also das weiße Mehl, mit unterschiedlichen Typenbezeichnungen angeboten.
Type 1600 beschreibt ein Weizenvollkornmehl, das gerne für die Herstellung von Sauerteig für Vollkornbrote verwendet wird.
Wer kräftig schmeckende, dunkle Brote liebt, wird bevorzugt das Weizenmehl Type 1050 verwenden. Weizenbrote erhalten einen herzhafteren Geschmack, wenn man für das Backen das leicht hellbraune Mehl Type 812 verwendet.
Type 550 eignet sich ideal für die Herstellung von hellem Brot und Brötchen.
Der Klassiker unter allen Mehlsorten ist, wie erwähnt, das weiße Mehl Type 405, auch »Auszugsmehl« genannt. Dies ist auch als Instant-Mehl erhältlich.

Zucker – die süße Verführung

In früheren Zeiten zählte Zucker – ähnlich wie Salz – zu den Kostbarkeiten, die sich nur wohlhabende Bürger und der Adel leisten konnten. Das änderte sich jedoch, als man Ende des 19. Jahrhunderts eine Methode entdeckte, wie aus Zuckerrüben Zucker gewonnen werden konnte.
Von dieser Entdeckung profitieren wir heute noch, denn was wäre ein Kuchen oder ein Keks ohne diese süße Zutat? Aber Zucker versüßt nicht nur das Gebackene, er verleiht dem Teig auch seine Fülle.
Im Handel ist eine breit gefächerte Palette unterschiedlichster Zuckersorten erhältlich. Die folgenden Beschreibungen der wichtigsten Zuckersorten bringen Licht in den süßen Dschungel.

- ***Raffinierter weißer Zucker***

Die wohl zum Backen am häufigsten verwendete Zuckersorte ist der raffinierte weiße Zucker. Bei dieser Sorte wird durch Raffinieren (eine industrielle Bearbeitung des natürlichen Ausgangsproduktes) aus Zuckerrüben und Zuckerrohr der uns allen bekannte und beliebte süße Zucker hergestellt.

- ***Würfelzucker***

Würfelzucker wird aus raffiniertem weißem Zucker gemacht. Es gibt die Würfelstückchen auch in Form von Herzen, Halbmonden oder Kreisen. Würfelzucker wird wegen seiner genauen Dosierbarkeit sehr gerne zum Süßen verwendet.

- ***Puderzucker***

Puderzucker entsteht durch pulverfeines Zermahlen von raffiniertem weißem Zucker. Beim Backen wird er überall dort eingesetzt, wo sich der Zucker schnell und problemlos auflösen soll oder wo eine Glasur bzw. Verzierung benötigt wird.

- ***Brauner Zucker***

Der leicht malzige Geschmack des braunen Zuckers, der auch oft Rohrzucker genannt wird, erklärt sich aus den Zutaten. Hier wird ungereinigter, aber schon raffinierter Zucker verarbeitet. Brauner Zucker ist nicht so süß wie raffinierter weißer Zucker und wird gerne beim Backen von Lebkuchen verwendet.

- ***Vollrohrzucker***

Diese hellbraune Zuckerart wird auch »Zuckerrohrgranulat« genannt und wird aus Zuckerrohrsaft hergestellt. Vollrohrzucker wird gerne in der Vollwertbäckerei eingesetzt, er ist reich an Mineralstoffen und Vitaminen.

- ***Hagelzucker***

Hagelzucker, ein sehr grobkörniger Zucker, dient meist zum Verzieren von Gebäck und Kuchen. Praktisch ist, dass man ihn gleich auf den noch rohen Teig streuen kann, da er sich in der Ofenhitze nicht auflöst.

● ***Kandiszucker***
Kandiszucker besteht aus großen Zuckerkristallen, die sich zum Süßen heißer Getränke eignen. Man unterscheidet weißen Kandis, gelbbraunen Krustenkandis und dunkelbraunen Würfelkandis.

● ***Farinzucker***
Farinzucker ist gelber bis brauner ungereinigter Zucker, der vor allem für Honiglebkuchen verwendet wird.

● ***Ahornsirup***
Als Alternative zum raffinierten weißen Zucker hat sich die Verwendung von Ahornsirup bewährt. Für die Gewinnung wird die Rinde von wild wachsenden Ahornbäumen leicht eingeritzt und der austretende Saft in Behältern aufgefangen. Aus dem Saft wird Sirup hergestellt, der wegen seines sehr hohen Zuckergehaltes sparsam verwendet werden sollte. Zwar werden durch die Verarbeitung des Ahornsaftes zu Sirup die meisten Vitamine zerstört, aber Mineralstoffe und Spurenelemente bleiben erhalten.

● ***Rübensirup***
Dieses Süßungsmittel wird aus gereinigten und zerkleinerten Zuckerrüben gewonnen, schmeckt sehr aromatisch und verleiht dem Gebäck eine appetitlich braune Farbe.

● ***Honig***
Bei diesem Süßungsmittel handelt es sich um einen durch und durch natürlichen Süßstoff, der reich an lebenswichtigen Enzymen, Vitaminen und Mineralstoffen ist. Da einige dieser Vitalstoffe durch den Backvorgang verloren gehen, kann zum Backen ein preisgünstiger Honig verwendet werden. Falls der Honig nach längerer Lagerung Kristalle gebildet hat, kann man ihn durch Erwärmen wieder flüssig machen.

Hefe, Backpulver und andere Treibmittel

Teige, die aufgehen sollen, und alle schweren Teige, also Teige, die reichlich Fett enthalten oder bei denen schweres Mehl verwendet wurde, wie z. B. Vollkornmehl, brauchen eine kleine Hilfe, damit der Teig luftig und leicht wird. Diese Hilfe sind Treibmittel, die einen Gärungsprozess bewirken, bei dem Gas im Teig entsteht, die ihn locker macht. Diese Treibmittel gibt es in verschiedenen Ausführungen für verschiedene Zwecke. Generell unterscheidet man zwischen chemischen und biologischen Treibmitteln.
Zu den chemischen gehören unter anderem Pottasche, Hirschhornsalz und natürlich das allseits bekannte, häufig verwendete Backpulver.
Zu den biologischen Treibmitteln werden die Hefe und der Sauerteig gezählt. Die Bezeichnung »biologisch« hat hier deshalb ihre Berechtigung, da Hefen Lebewesen sind, die bei richtiger »Ernährung« einen Gärungsprozess in Schwung bringen können.

● ***Pottasche***
Die Pottasche (Kaliumcarbonat), in gut sortierten Apotheken und Drogerien erhältlich, wird heute vor allem bei der Weihnachtsbäckerei verwendet. Der Name kommt daher, dass zur Gewinnung von Kaliumkarbonat früher Holzasche in einem Pott mit Wasser ausgelaugt und diese Lösung anschließend eingedampft wurde.
Dieses Treibmittel beginnt mit seiner Arbeit bereits während der Ruhephase des Teiges und hat die Eigenschaft, den Teig weniger in die Höhe, als vielmehr in die Breite zu treiben. Dies sollte bei der Platzeinteilung des Backblechs beim Plätzchenbacken beachtet werden!

● ***Hirschhornsalz***
Der Name dieses Treibmittels stammt noch aus der Zeit, in der man Hirschhornsalz wirklich aus Hirschhörnern herstellte. Heute gibt es ausschließlich nur noch die chemische Variante (Ammoniumhydrogencarbonat und Ammoniumcarbonat). Diese ist in

gut sortierten Apotheken und Drogerien erhältlich.
Hirschhornsalz beginnt erst während der Backphase mit seiner treibenden Tätigkeit und nicht schon in der Ruhephase des Teiges. Wegen des intensiven Geschmacks ist dieses chemische Treibmittel nur für sehr würziges Gebäck zu empfehlen.

● ***Backpulver***

Das wohl am häufigsten verwendete Treibmittel ist das Backpulver. Es besteht aus einer Mischung von Natriumhydrogencarbonat und einem Säureträger, z. B. Weinstein oder saurem Pyrosphosphat. Beim Backen entsteht Kohlendioxid, das den Teig rasch aufgehen lässt.

● ***Hefe***

Eine frische Hefe erkennt man an ihrer hellgrauen Farbe, an der leicht glänzenden Oberfläche und an dem etwas säuerlichen Duft. Zum Backen darf nur frische Hefe verwendet werden, da alte ihre Treibkraft verloren hat. Hefezellen verursachen eine Gärung, die man an den vielen kleinen Poren im Teig erkennt und die ihn um mehr als das Doppelte vergrößern können. Kälte und Hitze sind Erzfeinde der Hefepilze. Diese ernähren sich von Kohlenhydraten. Frische Hefe hält sich eingefroren ca. 3 Monate. Sehr praktisch ist die Trocken- oder Instanthefe, die bis zu einem Jahr haltbar ist.

● ***Sauerteig***

Bei Teigen aus Roggenmehl oder Vollkornschrot muss ein Sauerteig verwendet werden, damit das Endprodukt nicht zu fest und klebrig wird. Sauerteig, der übrigens auch die Haltbarkeit der Vollkornprodukte erhöht, ist entweder als Pulver oder in fertiger Form erhältlich. Man kann ihn aber auch selbst zubereiten.
Dazu benötigt man 20 g frische Hefe, 1/2 l nicht zu kaltes Mineralwasser ohne Kohlensäure, 250 g Mehl.
Und so wird es gemacht:
Hefe in kleine Stückchen zerteilen und diese in eine Schüssel geben. Wasser dazugeben und alles gut verrühren, bis sich die Hefe aufgelöst hat. Nun das Mehl hinzufügen und wiederum alles gut verrühren. Schüssel abdecken und den Teig ca. 3 Tage in einem nicht zu kalten Raum ruhen lassen. Schneller und einfacher ist es, fertigen Sauerteig beim Bäcker zu kaufen.

Was Sie über Obst wissen sollten ...

- Wer sich nach den Jahreszeiten richtet, lebt wesentlich gesünder. Jede Jahreszeit hat ihre bestimmten Obstsorten. Nutzen Sie das Angebot der Natur aus und richten Sie Ihren Speiseplan danach.
- Obst vor der Verwendung gründlich unter laufendem Wasser abspülen. Wenn Sie für ein Rezept die Schalen von Zitrusfrüchten benötigen, sollten Sie beim Kauf unbedingt auf unbehandelte Ware achten!
- Biologisch angebautes Obst finden Sie auf Wochenmärkten in größeren Städten, in Bioläden oder bei Bauern in der Umgebung. Auch Verbraucherzentralen geben Ihnen gerne Adressen von Bezugsquellen.
- Falls das Obst geschält wird, sollte die Schale möglichst dünn entfernt werden, da viele Vitalstoffe direkt unter der Schale sitzen. Durch großzügiges Schälen würden diese verloren gehen.
- Obstkonserven weisen einen hohen Zuckeranteil auf, der Anteil an Vitalstoffen ist im Vergleich zu frischer Ware geringer.
- Um den Vitaminverlust bei der Verarbeitung von Obst gering zu halten, muss man das Obst möglichst gleich nach der Verarbeitung verwenden. Falls dies nicht möglich ist, sollte man über das Obst einige Spritzer Zitronensaft träufeln und es in einer Schüssel abgedeckt im Kühlschrank aufbewahren.
- Beeren vertragen wegen ihrer sehr dünnen Schale keine oder nur kurze Lagerzeit. Möglichst rasch verwenden. Nach gründlichem Waschen die Beeren mit einem sauberen Tuch trockentupfen.
- Für einen Apfelkuchen werden Äpfel verwendet, die nicht zu saftig sind, damit der Kuchenboden nicht durchweicht. Folgende Sorten sind zu empfehlen: Cox Orange (leicht säuerlich, mit festem Fruchtfleisch), Roter Boskop (sehr säuerlich), Gravensteiner (fruchtig).
- Rhabarber enthält 0,5–0,8 % Oxalsäure, welche die Aufnahme von Kalzium im Körper hemmt. Man sollte Rhabarber deshalb möglichst nicht zusammen mit Milchprodukten verzehren.
- Wildbeeren sollte man nur dort sammeln, wo sie unbelastet gedeihen konnten. Auf das Ernten von Beeren, die am Straßenrand wachsen, ist zu verzichten!
- Johannisbeeren eignen sich wegen ihres Saftgehalts und ihres erfrischenden Geschmacks gut als Kuchenbelag. Besonders die schwarzen Johannisbeeren sind sehr vitaminreich. Bei der Verwendung in der Küche immer erst kurz vor der Zubereitung die Beeren von den Rispen zu ziehen. Dann hat man wirklich etwas von den Vitaminen.
- Auch die Himbeere ist für den Menschen eine wertvolle Frucht. Ihre kleinen Kerne sorgen z. B. für eine gute Verdauung. Um einwandfreie Beeren genießen zu können, muss man beim Einkauf darauf achten, dass sich keine schimmeligen Exemplare im Schälchen befinden – denn frische Himbeeren schimmeln recht schnell. Wer auf Nummer sicher gehen möchte, kauft tiefgefrorene Himbeeren.
- Frisch gepflückte Erdbeeren schmecken besonders gut. Doch man sollte sie wirklich frisch verzehren bzw. verarbeiten, da das Aroma bereits nach ca. 5 Stunden nachlässt – genauso der Vitamingehalt.
- Weintrauben müssen vor dem Verzehr gründlich gereinigt werden. Am besten mit heißem Wasser abspülen, das sorgt für »chemiefreien« Genuss. Trauben lassen sich gut für mehrere Wochen lagern, indem man sie an einen kühlen, trockenen Ort verwahrt – am besten im Keller. Dort wird die Traube dann kopfüber auf-

Obstsorten

Obstsorte	Die wichtigsten Inhaltsstoffe	Die beste Qualität
Apfel	Vitamin B, C, Kalium, Pektin, Kalzium, Eisen, Phosphor, Gerbstoffe	ganzjährig
Aprikose	B-Vitamine, Kieselsäure, Kalium, Eisen	Ende Juli bis Ende August
Banane	Mineralstoffe und Spurenelemente	ganzjährig
Birne	Carotin, B-Vitamine, Kalium, Kalzium, Mangan, Fruchtsäuren, Ballaststoffe	Juli bis Ende September
Erdbeere	ätherische Öle, Kalium, Kalzium, Eisen, Gerbstoffe	Ende Juni bis Anfang August
Heidelbeere	Carotin, Vitamin C, Eisen, Gerbstoffe	Juli bis August
Himbeere	Magnesium, Eisen, Phosphor, Pektin, Gerbstoffe	Anfang Juli bis Anfang August
Johannisbeere	Vitamin C, Kalzium, Phosphor	Ende Juni bis Ende Juli
Kirsche	Eisen, Magnesium, Kalium, Kalzium, B-Vitamine	Ende Juni bis Anfang August
Orange	Vitamin C, B-Vitamine, Vitamin E	ganzjährig
Pfirsich	Vitamin A, C, B-Vitamine, Eisen, Magnesium, Kalium, Zink	Ende Juli bis Ende August
Pflaume	B-Vitamine, Vitamin C, Kalium, Kupfer, Pektin	Ende Juli bis Anfang September
Preiselbeere	B-Vitamine, Vitamin C, Eisen, Magnesium, Gerbstoffe	Juli bis Ende August
Quitte	Vitamin C, Phosphor, Eisen, Pektin, Folsäure, Kalzium	September bis Januar
Rhabarber	Magnesium, Phosphor, Kalium, Eisen, Jod	April bis Mitte Juni
Stachelbeere	B-Vitamine, Vitamin C, Kalzium, Pektin, Schleimstoffe	Mitte Juli bis Mitte August
Weintraube	Vitamin C, B-Vitamine, Kalium	Mitte September bis Mitte Oktober
Zitrone	Vitamin C, Eisen, Kalium, Phosphor	ganzjährig

gehängt, mit der Spitze nach oben und dem Stängel nach unten. Auf diese Weise können die einzelnen Trauben auseinander fallen und sind so vor Schimmel oder Fäulnis geschützt.

- Aprikosen sind besonders reich an Mineralstoffen und Spurenelementen. So bietet es sich an, diese Frucht eher roh zu verspeisen als aus der Dose oder mitgebacken im Kuchen. Richtig aromatisch sind nur die Früchte, die bei einem sanften Fingerdruck nachgeben.
- Pflaume oder Zwetsche? Das ist der Unterschied: Die Pflaume ist größer und runder als die Zwetsche, außerdem ist sie früher reif. Während die Pflaume durch eine auffallende Naht gekennzeichnet ist, besitzt die Zwetsche eine längliche Form und spitze Enden. Der weiße »Bezug« der Pflaume ist übrigens kein Zeichen dafür, dass das Obst gespritzt ist. Vielmehr handelt es sich um eine natürliche Wachsschicht.
- Trockenfrüchte werden mit schwefeliger Säure behandelt, es gibt aber auch biologische Ware zu kaufen.

Alles rund um die Nuss

Nüsse und Kerne spielen beim Backen eine wichtige Rolle. Sie liefern uns nicht nur lebenswichtige Vitalstoffe wie Mineralstoffe, Spurenelemente und Ballaststoffe sowie hochwertiges Eiweiß.

Nüsse verleihen den Backwaren auch ihren unverwechselbaren, feinen Geschmack und sorgen dafür, dass flaches Gebäck lecker knusprig wird, hohe Teige hingegen eher saftig werden.

Nüsse sind dank ihrer wertvollen Inhaltsstoffe äußerst gesund. Sie werden von Gehirn und Nerven benötigt, spenden Kraft und Energie und sind auch für das Herz gesund. Nüsse zeichnen sich durch einen hohen Gehalt an hochwertigem Eiweiß und cholesterinsenkenden, ungesättigten Fettsäuren aus. Dank des niedrigen Gehaltes an Kohlenhydraten eignen sich Nüsse und Kerne gut als Zusatz für Backwaren für Diabetiker und auch für Menschen mit Herz-Kreislauf-Erkrankungen.

Wer Nüsse zum Backen verwendet, sollte beachten: Nüsse und Kerne sind zwar sehr gesund, aber auch fett- und kalorienreich. Daher sind diese Nahrungsmittel für Menschen, die auf ihr Gewicht achten müssen, nicht so sehr geeignet. Einige Tipps für den richtigen Umgang mit Nüssen:

- Nüsse und Kerne müssen ein ansprechendes Äußeres aufweisen, egal ob mit oder ohne Schale. Winzige Löcher in der Nussschale oder Schalen mit Beschädigungen deuten auf minderwertige Ware hin.
- Schlechte bzw. alte Nüsse wiegen weniger als frische, egal ob mit oder ohne Schale. Vielleicht können Sie die Tüte abwiegen und/oder mit anderen Tüten gleichen Inhalts vergleichen.
- Weiche Nüsse oder auch ranzig schmeckende Exemplare dürfen auf keinen Fall mehr zum Backen verwendet werden!
- Bei abgepackter Ware vor dem Kauf das Verfallsdatum überprüfen.
- Damit Nüsse und Kerne länger frisch bleiben, sollten Sie einmal geöffnete Packungen stets in einem luftdicht verschließbaren, dunklen Glas an einem dunklen Ort aufbewahren. Ein Glas ist deshalb empfehlenswert, weil Nüsse gerne die Gerüche ihrer Umgebung annehmen.
- Für die Aufbewahrung gilt generell: Nüsse und Kerne mit Schale können länger aufbewahrt werden als solche ohne Schale.
- Nüsse mit harter Schale lassen sich leichter knacken, wenn man sie kurz in die Tiefkühltruhe legt.
- Die folgenden Tricks erleichtern das Häuten von Nüssen: Mandeln übergießt man kurz mit kochendem Wasser, lässt das Ganze kurz

stehen und zieht dann die Schale ab. Haselnüsse röstet man kurz im Backrohr und zerreibt dann die Schale zwischen den Handflächen.

- Nüsse mit Haut werden für dunklere Teige verwendet, geschälte Nüsse eher für hellere Teige.
- Wer sich bei der Vorbereitung der Nüsse Zeit und Mühe sparen möchte, greift auf die fertig gehackten, gemahlenen oder gestiftelten Nüsse zurück.

»Eigener Herd ist Goldes wert«

Der Herd ist entscheidend für einen guten Erfolg beim Backen. Dabei spielt es keine Rolle, ob ein Gas- oder Elektroherd verwendet wird. Beide sind gleichermaßen geeignet und es ist nur eine Preisfrage, für welches Modell man sich entscheidet.
Hier ein kurzer Überblick über die gängigen Herdmodelle:
Der konventionelle Herd hat eine klassische Beheizung, er arbeitet mit Ober- und Unterhitze. Dabei gelangt die Wärme durch Strahlung direkt an das Backwerk. Da die Heizspiralen an der Oberseite und unter dem Bodenblech angebracht sind, kann es passieren, dass das Backwerk nicht von allen Seiten gleichmäßig mit Hitze bestrahlt wird. Dennoch hat sich – gerade beim Backen wegen der direkten Hitze – diese Herdform sehr bewährt, egal ob sie mit Gas oder Strom betrieben wird.
Backöfen, die mit Heißluft arbeiten, haben an der Rückwand einen Ventilator, der die erwärmte Luft im Ofen verteilt. Der Vorteil dieser Herde ist, dass man gleichzeitig auf mehreren Ebenen backen kann und dass die Hitze ganz gleichmäßig im Herd verteilt wird. Auch ein Vorheizen ist nicht erforderlich, was sich angenehm auf die Strom- bzw. Gasrechnung auswirkt.
Die neuesten Herdmodelle stellen eine Kombination aus konventionellem und Heißluftherd dar. Ein Mikrowellenherd kann beim Backen eine deutliche Zeitersparnis bedeuten.

Das richtige Handwerkszeug zum Backen

Jeder Kuchen weist eine bestimmte Form auf. Im Handel werden eine Vielzahl von Kuchenformen angeboten, von denen nachfolgend die wichtigsten Materialien und Modelle kurz vorgestellt werden.
Generell gilt: Formen aus dunklem Blech absorbieren gut die Hitze und verteilen sie gleichmäßig im Teig. Formen aus weißem Blech reflektieren die Hitze: Der Kuchen wird zwar außen knusprig und braun, benötigt jedoch eine längere Zeit, bis er gar ist. Praktisch sind Kuchenformen, die innen beschichtet sind, da man aus ihnen problemlos den Kuchen lösen kann, auch ohne vorheriges Einfetten der Form. Backformen aus feuerfestem Glas leiten die Hitze nur schlecht weiter und sollten nur dann verwendet werden, wenn genau dieser Effekt gewünscht wird. Kuchenformen aus Gusseisen sind ideale Wärmeleiter und halten die Hitze besonders gut. Allerdings sind sie recht schwer. Kuchenformen aus Kupfer sehen nicht nur sehr dekorativ aus, sondern sie leiten auch bestens die Hitze. Allerdings müssen sie regelmäßig gepflegt werden und kosten relativ viel.

Rund, dreieckig oder quadratisch?

Bei den Backformen gibt es eine Vielzahl an verschiedenen Größen und Formen. Herz, Maus, Osterhase oder Weihnachtsmann? Neben diesen Spielereien gibt es einige Grundformen, die in keiner Hobbybäckerei fehlen sollten: Der Klassiker unter allen Kuchenformen ist die Springform, die in unterschiedlich großen Durchmessern erhältlich ist. Wer gerne Brote backt, wird sich sicherlich eine Kastenform anschaffen, die natürlich auch für Kuchen verwendet werden kann. Hefe- oder Rührkuchen passen sehr

gut in eine Gugelhupfform, deren Außenrippung dem Kuchen die typische Form gibt. Wer nicht extra eine bestimmte Kuchenform kaufen will, kann Tiefkühlformen aus Aluminium oder Einwegformen zum Backen verwenden. Praktisch ist ein Tortenring aus Edelstahl, den man stufenlos einstellen kann und der einfach auf das jeweilige Backblech gesetzt wird. „Zwetschgendatschi"-Liebhaber schätzen zur Saison das normale Backblech, aber auch während der Weihnachtsbäckerei erweist es wertvolle Dienste. Ebenfalls für Weihnachten unentbehrlich: Ausstechförmchen in unterschiedlichsten Motiven. Hier kann man ganz nach persönlichem Geschmack auswählen.
Für den Single-Haushalt gibt es die meisten Backformen auch im kleinen Format.

Grundausstattung fürs Backen

Zum Backen benötigt man nicht nur leckere Zutaten, es gehört auch eine Grundausstattung an richtigem Handwerkszeug dazu, damit der Kuchen gut gelingt. Hier einige Vorschläge an wichtigen Geräten fürs Backen:

- ***Sieb***

Siebe in unterschiedlichen Größen sind für das Backen ein unentbehrliches Zubehör. Für heiße Zutaten sind Siebe aus Edelstahl zu empfehlen, für säurehaltige Lebensmittel, wie zum Beispiel Zitronensaft, sind auch Siebe aus Plastik geeignet.

- ***Elektrische Küchenmaschine oder Handrührgerät***

Damit der Teig optimal gerührt werden kann, sollte man die Hilfe einer elektrischen Küchenmaschine oder eines Handrührgerätes in Anspruch nehmen. Natürlich kann auch mit der Hand gerührt werden, das dauert jedoch wesentlich länger und die Rührbewegung wird nicht so gleichmäßig durchgeführt, wie das bei einer Maschine der Fall ist.

- ***Schneebesen***

Beim Kauf eines Schneebesens ist ein Modell aus Edelstahl zu empfehlen. Dieses Material ist sehr stabil und pflegeleicht. Nehmen Sie ruhig vor dem Kauf den Griff in die Hand und überprüfen Sie, ob Sie damit zurecht kommen bzw. ob der Griff gut in der Hand liegt.

- ***Spritztüte***

Mit einer Spritztüte können alle weichen Teige dekorativ verarbeitet werden. Aber auch für cremige Verzierungen hat sie sich bewährt und ist oft unentbehrlich. Meist werden als Zubehör etliche Spritztüllen in unterschiedlichen Formen und Größen mitgeliefert.

- ***Backpinsel***

Um Glasuren aufzutragen oder Formen einzufetten, eignet sich am besten ein Pinsel aus weichen Naturborsten. Nach jedem Gebrauch sehr gründlich ausspülen und mit den Borsten nach oben in ein Gefäß gesteckt aufbewahren.

- ***Rührschüssel***

Bei vielen elektrischen Rührmaschinen ist die Schüssel mit dabei. Falls man jedoch mit einem Handrührgerät arbeitet, benötigt man eine Rührschüssel, am besten gleich mehrere. Die Palette sollte von der Größe 2–5 l reichen. Als Material ist Edelstahl oder Kunststoff zu empfehlen. Die Schüsseln sollten einen rutschfesten Bodenrand haben. Falls das nicht der Fall ist, kann man sich mit einem feuchten Küchentuch, auf das man die Schüssel stellt, behelfen.

- ***Kuchengitter***

Damit das Gebäck bzw. der Kuchen während der Abkühlphase nicht klebrig oder matschig wird, lässt man die Backwaren auf einem Kuchengitter auskühlen. Dieses Gitter ist in der Regel in runder Form erhältlich.

- ***Teigroller***

Damit der Teig gleichmäßig ausgerollt werden kann, benötigt man einen Teigroller aus Holz oder Plastik, der dank Kugellager möglichst leicht läuft. Falls mal kein Teigroller zur Hand ist, kann man sich mit einer einfachen, sauberen Flasche, mit Mehl eingestäubt, behelfen.

• *Teigrädchen*
Mit einem Teigrädchen kann man den Teig zerschneiden. Der gewellte Rand des Rädchens verleiht den einzelnen Teigstücken ein hübsches Muster – und das ohne viel Mühe!

• *Küchenmesser*
Ein ganz heikles Thema in vielen Küchen ist ein gut schneidendes Küchenmesser, das auch noch angenehm in der Hand liegt! Empfehlenswert ist ein Messer mit gleichmäßigen kleinen Zacken, die besonders gut für Kuchen geeignet sind. Ein Zestenreißer ist ein Spezialmesser, das aus den Schalen von Zitrusfrüchten hauchfeine Streifen (Zesten) schneidet.

• *Rührlöffel*
Rührlöffel sind vielseitig einsetzbar und unentbehrliche Helfer beim Backen. Ob man sie aus Holz oder aus Plastik wählt, bleibt dem persönlichen Geschmack überlassen.

• *Gummischaber*
Dieses Backgerät entfernt gründlich auch die kleinsten Teigreste aus einer Schüssel. Aber auch Teig in einer Form lässt sich damit bestens glatt streichen. Der Gummischaber wird vor dem Gebrauch nur mit kaltem Wasser etwas befeuchtet.

• *Küchenwaage*
Damit jedes Backrezept bestens gelingt, muss genau auf die im Rezept angegebenen Mengenangaben geachtet werden. Dazu eignet sich eine Waage, die auf 5 g genau abwiegt. Praktisch sind die Waagen, in denen eine Rührschüssel integriert ist. Damit hat man Rührschüssel und Waage in einem!

• *Messbecher*
Für das Abmessen von Flüssigkeiten wird wegen der einfachen Handhabung gerne ein Messbecher verwendet. Er kann aus Glas (auf hitzebeständige Ware achten) oder Kunststoff sein. Die Angaben am Messbecher sollten gut leserlich und in möglichst kleinen Einheiten aufgelistet sein.

• *Rohkostreibe*
Besonders praktisch sind die Reiben, bei denen man die Raspelflächen auswechseln kann. So hat man, je nach Bedarf, kleinere und größere Raspelflächen mit nur wenig Aufwand zur Hand.

Abkürzungen

EL	Esslöffel
TL	Teelöffel
Msp.	Messerspitze
kg	Kilogramm
g	Gramm
mg	Milligramm
l	Liter
ml	Milliliter
cl	Zentiliter
kcal	Kilokalorien
kJ	Kilojoule
EW	Eiweiß
KH	Kohlenhydrate
F	Fett
Bd.	Bund

1 kJ = 0,239 kcal
1kcal = 4,184 kJ

Symbole
Die Uhr symbolisiert den Zeitaufwand für die reine Zubereitung und Backzeit

schnell gemacht

braucht etwas Zeit

dauert länger

Der Stern gibt den Schwierigkeitsgrad an

für Anfänger

für Geübte

für Könner

Das Sparschwein gibt einen Hinweis auf die Kosten

für den kleinen Geldbeutel

für den normalen Geldbeutel

für den gut gefüllten Geldbeutel

Die Nährwert- und Energieangaben sind jeweils für eine Person bzw. eine Portion bzw. ein Stück berechnet.

RÜHRTEIG

Unkompliziert, schnell zubereitet und vielseitig einsetzbar – das sind die hervorstechenden Charaktereigenschaften eines Rührteiges. Unkompliziert deshalb, weil der Teig sich aus einfachen Zutaten zusammensetzt. Schnell deshalb, weil man ihn – dank moderner Rührgeräte – innerhalb von kürzester Zeit zubereiten kann, und vielseitig deshalb, weil man aus Rührteig unterschiedlichste Rührkuchen zaubern kann – Sandkuchen, Marmorkuchen usw.
Wie der Name schon verrät, ist das Gelingen eines Rührteiges entscheidend vom Rühren abhängig. Damit der Teig schön locker und leicht wird, sollte man folgende Tipps beachten:

- Damit der Teig eine homogene Einheit bilden kann und nicht gerinnt, sollten alle Zutaten Zimmertemperatur haben.
- Butter zerteilt man in kleinere Stücke und stellt sie an einen warmen Ort, damit sie geschmeidig wird.
- Eier sollten die gleiche Temperatur aufweisen wie die weiche Butter, möglichst Raumtemperatur. Es wird erst ein Ei in die Rührschüssel gegeben und gut verrührt, bevor das nächste folgt (pro Ei ca. 1/2 Minute rühren). Falls die Eier zu kalt verwendet wurden und die Teigmasse gerinnt, kann man sich durch Einrühren von 1 EL Mehl be-helfen.
- Der Zucker wird nicht auf einmal in den Teig gegeben, sondern nach und nach eingerührt.
- Als letzte Zutat wird in der Regel das Mehl in den Teig gegeben. Vorher mischt man das Backpulver und Geschmackszutaten wie Vanille, Zitrone, Rosinen, Nüsse oder Orangeat in das gesiebte Mehl. Abwechselnd Milch und Mehlmischung einarbeiten.
- Die Backform muss gut eingefettet werden, die Innenränder mit Mehl oder mit Paniermehl bestreut.
- Zum Auspinseln der Backform mit Butter sollte man einen Backpinsel verwenden, der aus langen, weichen Naturborsten gefertigt wurde. Qualität hat beim Kauf auch hier den absoluten Vorrang. Denn billige Pinsel verlieren beim Streichen ihre Haare.
- Kuchenform nicht ganz bis zum Rand füllen, damit der Kuchen gut aufgehen kann!
- Vor dem Backen wird noch die Oberfläche des Teiges in der Form mit einem Teigschaber glatt gestrichen.
- Der Teig muss sofort nach der Zubereitung gebacken werden.
- Die Backtemperatur sollte zwischen 175 und 200 Grad liegen. Für flache Kuchen mit Belag wählt man die mittlere Backschiene und 200–230 Grad.
- In den ersten 20 Minuten darf das Backrohr nicht geöffnet werden, damit der Teig auf keinen Fall der Zugluft ausgesetzt ist.
- Falls die Teigoberfläche zu schnell eine braune Farbe erhält, deckt man sie einfach mit einem Stück Pergamentpapier ab.
- Wenn sich die Backzeit dem Ende neigt, prüft man mit einer Stricknadel, ob der Teig fertig durchgebacken ist: Einfach die Stricknadel in den Teig stechen und wieder herausziehen. Bleibt Teig an der Nadel hängen, benötigt das Gebäck noch etwas Zeit. Bleibt die Stricknadel sauber, ist der Teig fertig.
- Nach dem Backen gönnt man dem Kuchen in der Form noch 10 Minuten Ruhe, damit er abkühlen kann. Dann erst löst man ihn aus der Form und gibt ihn auf ein Kuchengitter.
- Vor dem Anschneiden lässt man den fertigen Rührkuchen mindestens eine Stunde auf dem Kuchendraht ausruhen.
- Wird der Kuchen bereits am Vortag gebacken, wickelt man ihn in Aluminiumfolie ein und bewahrt ihn über Nacht im Kühlschrank auf.

GRUNDREZEPT

Weicher Rührteig (Backpulverteig)

für Kuchen in der Form (Abb.)

Zutaten

200 g Butter,
250 g Zucker,
4–5 Eier,
1 Prise Salz,
1 Päckchen Vanillinzucker oder abgeriebene Schale von 1/2 Zitrone (unbehandelt),
2 EL Rum oder Arrak nach Geschmack,
1 Päckchen Backpulver,
500 g Mehl (kann zur Hälfte durch Speisestärke ersetzt werden),
1/8 l Milch

EW	Fett	KH	kcal/kJ
7 g	16 g	52 g	395/1651

Butter schaumig rühren, nach und nach abwechselnd Zucker und Eier bis zu einer lockeren Schaummasse unterrühren. Salz und weitere Geschmackszutaten zugeben. Das mit Backpulver vermischte, gesiebte Mehl abwechselnd mit der Milch unterrühren. D. h. die Milch immer erst zugeben, wenn das Mehl ganz untergearbeitet ist, sonst verliert das Backpulver seine Triebkraft. Teig in gefettete, gemehlte Form füllen, sofort im vorgeheizten Ofen bei 180 Grad backen. Backzeit: ca. 1 Stunde. Das angegebene Rezept ergibt den klassischen *Gesundheitskuchen*.

GRUNDREZEPT

Mittelfester Rührteig (Backpulverteig)

für Blechkuchen und Kuchenböden

Zutaten

80 g weiche Butter,
80 g Zucker, 2 Eier,
1 Prise Salz,
1/2 Päckchen Vanillinzucker oder abgeriebene Schale von 1/4 Zitrone (unbehandelt), 1 EL Rum oder Arrak nach Geschmack,
ca. 1/2 Päckchen Backpulver, 200 g Mehl,
1–2 EL Milch nach Bedarf

EW	Fett	KH	kcal/kJ
3 g	6 g	19 g	153/639

Butter schaumig rühren, nach und nach abwechselnd Zucker und Eier bis zu einer sehr lockeren Schaummasse unterrühren. Salz und weitere Geschmackszutaten zugeben. Das mit Backpulver vermischte Mehl darüber sieben, unterrühren, bei Bedarf Milch zugeben. Der Teig soll schwer vom Löffel fallen. Teig in gefettete und gemehlte Form füllen, im vorgeheizten Ofen bei 180 Grad sofort backen. Backzeit: 30–40 Minuten. Die angegebene Menge ist ausreichend für 1 Obstkuchenform. Für Blechkuchen doppelte Menge verwenden.

Amerikaner

Zutaten

100 g Butter oder Margarine,
100 g Zucker,
1 Päckchen Vanillinzucker, 2 Eier,
1 Prise Salz,
3 EL Milch,
1 Päckchen Vanille-Puddingpulver,
250 g Mehl,
3 gestr. TL Backpulver,
Fett für das Blech,
Milch zum Bestreichen,
100 g Puderzucker,
1 TL Kakaopulver

EW	Fett	KH	kcal/kJ
5 g	14 g	41 g	316/1320

Butter oder Margarine schaumig rühren. Nach und nach Zucker, Vanillinzucker, Eier, Salz und mit Milch angerührtes Puddingpulver dazugeben. Masse gut schlagen. Das Mehl mit dem Backpulver mischen, sieben und dazurühren. Der Teig muss fest sein. Falls er nicht fest genug ist, noch etwas Mehl dazugeben. Backblech fetten. Mit dem Esslöffel große Portionen von ca. 5 cm Durchmesser auf das Blech setzen. 15–20 Minuten bei 190 Grad backen. Nach 10 Minuten mit Milch bestreichen. Amerikaner kalt werden lassen. Für den Guss Puderzucker mit heißem Wasser glatt rühren. Die Hälfte mit Kakaopulver würzen. Unterseite des Gebäcks mit Guss bestreichen.

Nugatkuchen (Abb.)

Zutaten

150 g Butter,
150 g Zucker,
1 Päckchen Vanillinzucker,
1 Prise Salz, 3 Eier,
250 g Mehl,
3 TL Backpulver,
3 cl Rum,
3 EL Milch,
50 g gehackte Mandeln,
Fett für die Form,
100 g Nugatmasse

EW	Fett	KH	kcal/kJ
4 g	15 g	26 g	270/1130

Butter mit Zucker, Vanillinzucker und Salz schaumig rühren, nach und nach Eier hinzufügen. Mehl mit Backpulver mischen und abwechselnd mit Rum, Milch und Mandeln unterrühren. 2/3 vom Teig in eine gefettete Napfkuchenform füllen. Restlichen Teig mit im Wasserbad geschmolzener Nugatmasse verrühren und auf hellem Teig verteilen; mit einer Gabel spiralförmig durch beide Teige ziehen. Kuchen im vorgeheizten Ofen bei 175 Grad ca. 1 Stunde backen.

Buttermilchkuchen mit Orangenlikör

(Abb. S. 21)

Zutaten

125 g Butter,
200 g Zucker,
1 Päckchen Vanillinzucker, 4 Eier,
300 g Mehl,
1 TL Backpulver,
75 ml Buttermilch,
5 cl Orangenlikör,
abgeriebene Schale von 1 Orange (unbehandelt),
75 g fein gehacktes Orangeat,
Fett für die Form,
150 g Puderzucker

EW	Fett	KH	kcal/kJ
3 g	6 g	32 g	210/880

Butter sehr schaumig schlagen, nach und nach Zucker und Vanillinzucker unterschlagen. Nacheinander Eier hinzufügen. Mehl mit Backpulver, Buttermilch mit Orangenlikör und Orangenschale mischen. Abwechselnd Mehl und Buttermilchmischung unterrühren, dabei mit Mehl beginnen. Zum Schluss Orangeat unterheben. Teig in eine gefettete Kastenform füllen und im vorgeheizten Ofen bei 200 Grad ca. 70 Minuten backen.
Kuchen gut auskühlen lassen. Puderzucker mit wenig Wasser glatt rühren und über den Kuchen gießen.
Ergibt 20 Stücke.

Donauwellen

Zutaten

50 g Kakaopulver,
300 g Zucker,
ca. 200 ml Milch,
300 g Butter,
4 Eier,
1 Päckchen Backpulver,
500 g Mehl,
1 EL Zitronensaft,
1 EL Rum,
Fett für das Blech,
300 g abgetropfte Sauerkirschen (Dose),
200 g Schokoladenglasur

EW	Fett	KH	kcal/kJ
7 g	22 g	57 g	448/1873

Kakaopulver, 50 g Zucker und 3 EL Milch beiseite stellen. Ofen auf 180 Grad vorheizen.
Butter, Zucker und Eier schaumig schlagen und nach und nach mit Backpulver vermischtes Mehl und Milch einrühren. Mit Zitronensaft und Rum abschmecken und die Hälfte des lockeren Teiges in eine zweite Schüssel geben. Diesen mit zurückgestelltem Kakao, Zucker und Milch mischen.
Ein Backblech mit höherer Kante mit Fett bepinseln und zuerst den hellen Teig darauf streichen, dann den dunkleren. Kirschen gleichmäßig darüber verteilen. Kuchen im vorgeheizten Ofen 30 Minuten backen. Erkaltete Donauwellen mit Schokoladenglasur überziehen.

Zitronenkuchen

Zutaten

Für den Teig:
250 g Butter oder Margarine,
250 g Zucker,
1 Prise Salz, 5 Eier,
abgeriebene Schale von 1 Zitrone (unbehandelt),
500 g Mehl,
2 TL Backpulver;
zum Tränken:
75 ml Zitronensaft,
50 g Puderzucker;
außerdem:
Fett für die Form

EW	Fett	KH	kcal/kJ
8 g	20 g	57 g	448/1873

Ofen auf 175–200 Grad vorheizen. Weiche Butter oder Margarine, Zucker und Salz schaumig rühren, dabei nach und nach Eier und geriebene Zitronenschale zugeben.
Mehl mit Backpulver mischen und esslöffelweise unter den Teig rühren.
Teig in eine gefettete Kastenform (ca. 30 cm) füllen und im vorgeheizten Ofen 60–70 Minuten backen.
Kuchen etwas abkühlen lassen und mit einem Holzstäbchen mehrmals einstechen. Zitronensaft und Puderzucker verrühren und Kuchen damit tränken.
Den Kuchen bis zum Erkalten in der Form lassen.
Ergibt 12 Stück.

Rotwein-Kirsch-Kuchen (Abb.)

Zutaten

150 g Butter,
250 g Farinzucker,
250 g fein geriebenes altbackenes Graubrot,
1/8 l kräftiger Rotwein,
5 Eier,
abgeriebene Schale von 1/2 Zitrone (unbehandelt),
1/2 TL Backpulver,
1 kg schwarze oder rote Herzkirschen,
Butter für die Form,
30 g Puderzucker

EW	Fett	KH	kcal/kJ
2 g	8 g	34 g	227/950

Butter und Farinzucker schaumig rühren. Graubrot mit Rotwein tränken. Eier trennen. Eigelb, Zitronenschale, Backpulver und gewaschene Kirschen mit Butter-Zucker-Mischung vermengen. Eiweiß steif schlagen und vorsichtig unter den Teig heben. In eine gebutterte Springform mit 26 cm Durchmesser füllen. 40–50 Minuten bei 175–200 Grad backen. Kuchen nach ca. 1 Stunde Ruhezeit aus der Springform nehmen und Oberfläche mit Puderzucker dekorativ besieben. Ergibt 16 Stücke.

Marmorkuchen

Zutaten

250 g Butter oder Margarine,
250 g Zucker,
1 Päckchen Vanillinzucker,
2 cl Rum,
1 Prise Salz,
4 Eier,
500 g Mehl,
1 Päckchen Backpulver,
3–4 EL Milch,
Fett für die Form,
2 EL Kakaopulver,
2 EL Zucker

EW	Fett	KH	kcal/kJ
6 g	4 g	40 g	230/964

Ofen auf 180 Grad vorheizen. Weiche Butter oder Margarine schaumig rühren, nach und nach Zucker, Vanillinzucker, Rum, Salz und Eier zufügen. Mehl mit Backpulver mischen und esslöffelweise unterrühren. Bei Bedarf etwas Milch zufügen, der Teig soll schwer reißend vom Löffel fallen.
2/3 des Teiges in eine gefettete Napfkuchenform füllen. Kakaopulver mit Zucker mischen und mit etwas Milch unter restlichen Teig rühren. Dunklen Teig auf dem hellen verteilen und mit einer Gabel spiralförmig unterziehen.

Marmorkuchen im vorgeheizten Ofen bei 180 Grad 50–60 Minuten backen.
Ergibt 16 Stücke.

Orangen-Möhren-Kuchen (Abb.)

Zutaten
150 g Butter,
175 g Zucker,
1 Prise Salz, 4 Eier,
150 g Mehl,
1 Päckchen Backpulver,
100 g Instant-Haferflocken,
300 g Möhren,
100 g gewürfeltes Orangeat,
abgeriebene Schale von 1 Orange (unbehandelt),
3 cl Rum,
Fett für die Form,
400 g Sahne,
1 Bd. junge Möhren

EW	Fett	KH	kcal/kJ
5 g	17 g	29 g	312/1307

Butter, Zucker und Salz schaumig rühren. Eier trennen, nacheinander Eigelb hinzufügen. Mehl, Backpulver und Haferflocken mischen und esslöffelweise unterrühren. Möhren schälen, fein reiben, mit Orangeat, Orangenschale und Rum hinzufügen und unterheben. Eiweiß steif schlagen und vorsichtig mit einem Schneebesen unterziehen. Teig in eine gefettete Springform (26 cm Durchmesser) füllen und im vorgeheizten Ofen bei 175 Grad 40–50 Minuten backen. Sahne steif schlagen, um den ausgekühlten Kuchen herum streichen, mit geschälten Möhren und nach Wunsch mit Möhrenraspeln garnieren. Ergibt 16 Stücke.

Pflaumenkuchen

Zutaten
700 g Pflaumen,
125 g Butter,
125 g Zucker,
1 Päckchen Vanillinzucker, 2 Eier,
175 g Mehl,
1 gestr. TL Backpulver,
100 g gemahlene Mandeln, Margarine für die Form, 30 g Hagelzucker zum Bestreuen

EW	Fett	KH	kcal/kJ
4 g	10 g	61 g	214/895

Pflaumen waschen, abtropfen lassen und entsteinen.
Butter mit Zucker und Vanillinzucker in einer Schüssel schaumig rühren. Eier einzeln dazurühren. Mehl mit Backpulver und Mandeln mischen und unterheben.
Eine Springform von 24 cm Durchmesser mit Margarine einfetten. Teig einfüllen. Pflaumen mit der Schnittfläche nach oben schuppenartig darauf legen. Kuchen im vorgeheizten Ofen auf mittlerer Schiene 70 Minuten backen.
Form aus dem Ofen nehmen. Kuchen dick mit Hagelzucker bestreuen, abkühlen lassen.

Frankfurter Kranz
(Abb.)

Zutaten
ca. 460 g Butter,
350 g Zucker,
Salz,
1 Päckchen Vanillinzucker,
4 Tropfen Zitronen-Backöl,
1 Fläschchen Rum-Aroma,
4 Eier,
250 g Weizenmehl,
50 g Speisestärke,
2 gestr. TL Backpulver,
Fett für die Form,
1 Päckchen Vanille-Puddingpulver (40 g),
1/2 l Milch,
200 g abgezogene, gehackte Mandeln,
100 g Erdbeer- oder Kirschkonfitüre

EW	Fett	KH	kcal/kJ
7 g	33 g	47 g	531/2226

200 g weiche Butter, 200 g Zucker, 1 Prise Salz, Vanillinzucker und Aromen schaumig rühren, Eier nach und nach unterrühren. Mehl mit Speisestärke und Backpulver mischen, esslöffelweise unterrühren. Teig in eine gefettete Kranzform (26 cm Durchmesser) füllen und im vorgeheizten Ofen bei 175–200 Grad 35–45 Minuten backen, auskühlen lassen. Aus Puddingpulver, 100 g Zucker, 1 Prise Salz und Milch nach Packungsvorschrift einen Pudding kochen; auskühlen lassen, dabei öfter umrühren, damit sich keine Haut bildet. 250 g Butter schaumig rühren, Pudding esslöffelweise dazugeben (Pudding und Butter sollten etwa die gleiche Temperatur haben, da die Creme sonst gerinnt).

10 g Butter, 50 g Zucker und gehackte Mandeln unter Rühren so lange erhitzen, bis der Krokant gebräunt ist; auf ein Stück Alufolie geben und erkalten lassen. Mit einem Nudelholz zerstoßen oder durch eine große Reibe drehen.

Kranz zweimal durchschneiden. Die 2 unteren Lagen mit Buttercreme bestreichen, in die Mitte der unteren Lage Konfitüre geben, Kranz zusammensetzen. Restliche Creme aufstreichen (etwas zum Verzieren zurücklassen) und mit Krokant bestreuen. Zurückbehaltene Creme in einen Spritzbeutel füllen und Kranz damit verzieren.

Ergibt 16 Stücke.

Tipp

Nach Belieben mit Belegkirschen garnieren.

Haselnusskuchen

Zutaten
Für den Teig:
300 g Butter,
250 g Zucker,
1 Prise Salz,
4 Eier,
250 g Mehl,
3 TL Backpulver,
200 g gemahlene Haselnüsse;
für den Guss:
150 g Puderzucker,
2 EL Kakaopulver,
3 EL Rum;
außerdem:
Butter für die Form

EW	Fett	KH	kcal/kJ
5 g	25 g	39 g	408/1707

Ofen auf 200 Grad vorheizen. Butter mit Zucker und Salz schaumig rühren. Eier nacheinander unterrühren.
Mehl und Backpulver mischen, sieben. Mit Haselnüssen zur Schaummasse geben und unterrühren.
Eine Kastenform gut einfetten und mit Paniermehl ausstreuen. Teig einfüllen und glatt streichen. Im vorgeheizten Ofen auf mittlerer Schiene 1 Stunde backen.
Dann auf einem Kuchendraht gut auskühlen lassen.
Für den Guss Puderzucker mit Kakao mischen. Mit Rum und 3 EL Wasser glatt rühren. Kuchen mit der Glasur überziehen und trocknen lassen.

Pflaumentorte mit Weinbrand (Abb.)

Zutaten
250 g kernlose Backpflaumen,
1/8 l Rotwein,
60 ml Weinbrand,
Fett für die Form,
125 g Butterschmalz,
Zucker,
1 Prise Salz,
2 g Zimtpulver,
2 Eier,
125 g Mehl,
1 TL Backpulver

EW	Fett	KH	kcal/kJ
2 g	9 g	15 g	170/713

Backpflaumen in kleine Würfel schneiden, Rotwein und Weinbrand darüber gießen und einige Stunden ziehen lassen. Marinierte Backpflaumen auf ein Sieb geben und abtropfen lassen.
Eine Springform (18–20 cm Durchmesser) fetten. Butterschmalz mit Zucker, Salz und Zimtpulver schaumig rühren. Eier einzeln unterrühren. Mehl und Backpulver mischen und unter die geschlagene Butterschmalzmasse rühren. Zuletzt mit einem Holzlöffel abgetropfte Backpflaumen unterheben. Masse in die gefettete Form füllen. Im vorgeheizten Ofen (180 Grad) 50–55 Minuten backen. Mit Vanilleeis servieren.

Lebkuchenwaffeln
(Abb.)

Zutaten
250 g Butter oder Margarine,
1 TL Orangenschalen-Aroma,
1 TL Zitronenschalen-Aroma,
4 Eier,
250 g Mehl,
1 TL Backpulver,
1 Päckchen Lebkuchen-Würz-Mischung,
150 g Honig,
100 g Mandelblättchen,
100 g Vollmilchkuvertüre

EW	Fett	KH	kcal/kJ
9 g	32 g	20 g	503/2100

Butter oder Margarine schaumig rühren. Orangen- und Zitronenschalen-Aroma sowie Eier hinzufügen. Mehl und Backpulver mischen und unterrühren. Lebkuchen-Würz-Mischung und Honig dazugeben und alles zu einem glatten Teig vermengen. Hälfte der Mandelblättchen unterziehen.
Waffeln im Waffeleisen backen. Kuvertüre im Wasserbad schmelzen, Lebkuchenwaffeln damit bestreichen und mit restlichen Mandelblättchen belegen. Ergibt 10 Stücke.

Beeren-Mandel-Kuchen

Zutaten
250 g Butter,
200 g Zucker,
1 Päckchen Vanillinzucker, 4 Eier,
325 g Mehl,
40 g gemahlene Mandeln, 2 TL Backpulver,
5 EL Milch,
Butter für das Blech,
450 g gemischte Beeren,
30 g Mandelblättchen

EW	Fett	KH	kcal/kJ
4 g	14 g	25 g	256/1072

Ofen auf 180 Grad vorheizen. Butter mit Zucker und Vanillinzucker cremig schlagen. Eier nach und nach unterrühren.

Mehl mit gemahlenen Mandeln und Backpulver mischen und im Wechsel mit Milch unterrühren. Teig auf ein gefettetes Blech streichen. Beeren darauf verteilen. Mandelblättchen auf die Beeren streuen.
Kuchen auf der zweiten Schiene von unten im vorgeheizten Ofen 20–30 Minuten backen. Ergibt 20 Stücke.

Pfirsichtorte mit Pistaziencreme (Abb.)

Zutaten
250 g Butter,
250 g Zucker,
abgeriebene Schale von 1 Zitrone (unbehandelt),
3 Eier,
195 g Speisestärke,
150 g Mehl,
1 gestr. TL Backpulver,
Fett für die Form,
80 g Pistazienkerne,
1/2 l Milch,
1 TL Vanillinzucker,
3–4 reife Pfirsiche

EW	Fett	KH	kcal/kJ
4 g	17 g	37 g	330/1382

200 g weiche Butter in eine Schüssel geben, cremig rühren. 150 g Zucker, Zitronenschale und nach und nach Eier unterrühren. 150 g Speisestärke, Mehl und Backpulver mischen, auf die Creme geben und alles mit einem Handrührgerät auf höchster Schaltstufe in 2 Minuten gut verrühren.

Eine Springform (26 cm Durchmesser) am Boden fetten, Teig einfüllen und im vorgeheizten Ofen bei 175–200 Grad 20–30 Minuten backen.
Torte auskühlen lassen, aus der Form nehmen und in 2 oder 3 Platten teilen. Für die Pistaziencreme Pistazien fein mahlen.
Für den Flammeri 45 g Speisestärke mit 4 EL Milch anrühren. Restliche Milch, 100 g Zucker und Vanillinzucker zum Kochen bringen. Topf von der Kochstelle nehmen. Angerührte Speisestärke dazugießen, Topf wieder auf den Herd stellen und kurz aufkochen lassen. Flammeri erkalten lassen; ab und zu umrühren, damit sich keine Haut bildet. 150 g Butter schaumig rühren, nach und nach abgekühlten Flammeri zusammen mit den Pistazien einrühren. Tortenplatten mit Pistaziencreme bestreichen (am Rand 1 cm frei lassen) und zusammensetzen. Torte außen mit Creme bestreichen. Pfirsiche überbrühen, häuten, halbieren, entsteinen, in Scheiben schneiden. Torte damit belegen und mit gehackten Pistazien bestreuen.
Ergibt 16 Stücke.

Obstkuchen mit buntem Belag (Abb.)

Zutaten

Für den Teig:
250 g Butter oder Margarine,
250 g Zucker,
1 Päckchen Vanillinzucker, 5 Eier,
1 EL Backpulver,
400 g Mehl,
100 g gemahlene Mandeln, 5 EL Milch;
für den Belag:
400 g Sauerkirschen, ersatzweise 1 Glas Sauerkirschen (720 ml),
500 g Pflaumen, ersatzweise 1 Glas Pflaumen (720 ml),
5 Pfirsiche, ersatzweise 1 Glas Pfirsiche (720 ml),
500 g Aprikosen, ersatzweise 1 Glas Aprikosen (720 ml);
für den Nuss-Rum-Guss:
1 Eigelb,
3 EL Zucker, 1 EL Vanille-Puddingpulver,
60 g Crème fraîche,
2 cl Rum,
100 g gehobelte Nüsse;
für das Marzipangitter:
100 g Marzipan-Rohmasse, 1 Eigelb,
abgeriebene Schale von 1/2 Zitrone (unbehandelt);
für den Mandel-Sahne-Guss:
125 g Quark,

abgeriebene Schale von 1/2 Orange (unbehandelt), 1 EL Vanille-Puddingpulver,
5 EL Mandelstifte,
3 EL Zucker,
50 g Sahne;
für den Pflaumen-Belag:
4 EL Mandelblättchen

EW	Fett	KH	kcal/kJ
9 g	11 g	45 g	414/1733

Butter oder Margarine mit Zucker und Vanillinzucker schaumig rühren. Eier nach und nach zugeben. Backpulver mit Mehl und Mandeln mischen und esslöffelweise unterrühren. Falls der Teig zu fest wird, Milch zufügen. Teig auf ein mit Backpapier ausgelegtes Backblech streichen.
Ofen auf 175 Grad vorheizen. Frisches Obst verlesen, waschen, halbieren und entkernen, gegebenenfalls Obst aus dem Glas abgießen. Früchte streifenweise auf dem Teig verteilen. Zutaten für den Nuss-Rum-Guss verrühren und über die Kirschen geben. Marzipan mit Eigelb und abgeriebener Zitronenschale glatt rühren, in einen Spritzbeutel füllen und gitterartig auf die Pfirsiche spritzen. Zutaten für den Mandel-Sahne-Guss verrühren und über die Aprikosen geben. Pflaumen mit Mandelblättchen bestreuen.
Kuchen im vorgeheizten Ofen 40–45 Minuten backen.
Ergibt 20 Stücke.

Sandkuchen
(Abb.)

Zutaten
250 g Butter oder Margarine,
200 g Zucker,
1 Prise Salz,
1 Päckchen Vanillinzucker,
abgeriebene Schale von 1 Zitrone (unbehandelt),
4 Eier,
125 g Mehl,
125 g Speisestärke,
1 gestr. TL Backpulver;
für den Guss:
100 g Blockschokolade,
2 EL Kokosfett

EW	Fett	KH	kcal/kJ
22 g	6 g	38 g	382/1597

Ofen auf 180 Grad vorheizen. Weiche Butter oder Margarine schaumig rühren, nach und nach Zucker, Salz, Vanillinzucker, Zitronenschale und Eier

zufügen. Mehl, Speisestärke und Backpulver mischen, sieben und esslöffelweise unter die Masse rühren.
Teig in eine mit Backpapier ausgelegte Kastenform füllen und im vorgeheizten Ofen 65–75 Minuten backen.
Blockschokolade in Stücke bröckeln, mit Kokosfett in eine kleine Schüssel geben und im heißen Wasserbad schmelzen lassen, gut verrühren. Erkalteten Kuchen mit Schokoladenguss überziehen. Ergibt 12 Stücke.

Domino-Schnitten
(Abb.)

Zutaten

Für den Rührteig:
150 g Butterschmalz,
150 g brauner Zucker,
2 Päckchen Vanillinzucker,
2 TL Zimtpulver,
1 Prise Salz,
3 Eier,
125 g Mehl,
100 g gemahlene Haselnüsse,
2 TL Backpulver,
4–5 EL Milch;
außerdem:
150 g Himbeerkonfitüre,
200 g Marzipan-Rohmasse,
300 g Halbbitter-Kuvertüre,
75 g weiße Kuvertüre
Kakao

EW	Fett	KH	kcal/kJ
5 g	16 g	29 g	302/1264

Weiches Butterschmalz, Zucker, Vanillinzucker, Zimtpulver und Salz verrühren. Eier nacheinander dazugeben. Weiterrühren, bis der Zucker gelöst ist. Mehl, Haselnüsse und Backpulver mischen. Gemisch mit Milch unter die Butterschmalzmasse heben. Teig auf ein mit Backpapier belegtes Backblech streichen. Im vorgeheizten Ofen auf mittlerer Schiene 30 Minuten backen; abkühlen lassen.
Himbeerkonfitüre erwärmen. Kuchenplatte halbieren und eine Hälfte mit flüssiger Konfitüre bestreichen. Marzipan zwischen zwei aufgeschnittenen Gefrierbeuteln auf die Größe der halben Kuchenplatte ausrollen. Marzipan auf die eingestrichene Kuchenplatte legen und mit restlicher Konfitüre bestreichen. Zweite Kuchenplatte darauf legen und Kuchen in Rechtecke von ca. 4 x 5 cm schneiden. Schnittflächen rundherum mit einem Messer glatt streichen und Krümel entfernen.
Halbbittere und weiße Kuvertüre getrennt im Wasserbad schmelzen. Rechtecke mit einer Pralinengabel oder großen Gabel halten und mit brauner Kuvertüre überziehen. Auf einem Kuchendraht trocknen lassen. Weiße Kuvertüre in einen kleinen Gefrierbeutel füllen. Äußerste Spitze ganz knapp abschneiden. Domino-Schnitten mit weißer Kuvertüre verzieren und mit Kakao bestäuben. Ergibt 24 Stücke.

Quark-Johannisbeer-Torte
(Abb.)

Zutaten
125 g weiches Butter-schmalz,
250 g Puderzucker,
abgeriebene Schale von 1 Zitrone (unbehandelt),
2 Päckchen Vanillin-zucker,
1 Prise Salz,
5 Eier,
750 g Magerquark,
250 g Schmand,
2 Päckchen Vanille-Puddingpulver,
250 g Johannisbeeren;
zum Verzieren:
einige Johannisbeeren mit Rispe,
Zitronenmelisse,
Puderzucker

EW	Fett	KH	kcal/kJ
4 g	20 g	26 g	350/1463

Ofen auf 150 Grad vorheizen. Weiches Butterschmalz, Puderzucker, Zitronenschale, Vanillinzucker und Salz miteinander verrühren. Eier nacheinander unterrühren. Magerquark, Schmand und Vanille-Puddingpulver unterrühren.
Teig etwa 1 cm dick in eine mit Backpapier ausgelegte Form geben.
Johannisbeeren waschen, abtropfen lassen, von den Rispen zupfen und auf den Teig geben, einige für die Verzierung beiseite legen. Restliche Quarkmasse über die Johannisbeeren in der Springform füllen und glatt streichen.
Im vorgeheizten Ofen ca. 2 Stunden backen.
Im Ofen auskühlen lassen.
Torte vorsichtig vom Rand lösen, auf einer Platte mit Johannisbeeren und Zitronenmelisse verzieren.
Mit Puderzucker bestäuben.

Tipp
Richtig bunt wird die Torte mit schwarzen, roten und weißen Johannisbeeren.

Rübli-Torte *(Abb. S. 36)*

Zutaten
Für den Teig:
275 g Möhren (geputzt gewogen),
5 Eier,
100 g Butter oder Margarine,
250 g Zucker,
abgeriebene Schale von 1/2 Zitrone (unbehandelt),
1 Prise Salz,
200 g gemahlene Haselnüsse,
250 g Mehl,
1 Päckchen Backpulver,
2 cl Rum,
abgeriebene Schale von 1/2 Orange (unbehandelt),
75 g Schokoladen-tropfen;
zum Garnieren:
200 g Marzipan-Rohmasse,
100 g Puderzucker,
rote, gelbe und grüne Speisefarbe,
3 Päckchen Zitronen-glasur (à 100 g)
für den Rand:
50 g gehackte, in wenig Butter geröstete Mandeln

EW	Fett	KH	kcal/kJ
7 g	23 g	56 g	500/2087

Ofen auf 190 Grad vorheizen.

Möhren fein reiben. Eier trennen. Butter oder Margarine, Zucker, Zitronenschale, Salz, Eigelb, Möhrenraspel und Hälfte der Haselnüsse cremig rühren. Mehl und Backpulver vermischen, sieben und nach und nach zugeben.

Zuletzt Rum unterrühren. Eiweiß sehr steif schlagen, Orangenschale, restliche Haselnüsse und Schokoladentropfen untermischen. Eiweißmasse unter den Teig heben.

Teig in eine mit Backpapier ausgelegte Springform (26 cm Durchmesser) füllen.

Im vorgeheizten Ofen ca. 1 Stunde backen, dann auf einem Kuchendraht erkalten lassen.

Für die Garnierung Marzipan-Rohmasse mit Puderzucker verkneten.

Rote und gelbe Speisefarbe mischen, sodass eine orangene Farbe entsteht: Zwei Drittel der Marzipanmasse orange, restliche Marzipanmasse grün einfärben.

Aus orangefarbener Masse eine Rolle von 2 cm Durchmesser formen, in gleich große Stücke schneiden. Möhren formen und diese mit dem Messerrücken einkerben.

Erkaltete Torte mit Zitronenglasur überziehen und mit Möhren dekorieren. Grüne Marzipanmasse durch eine Knoblauchpresse drücken und Torte damit verzieren, z. B. als Kraut in die Möhrenenden stecken oder für Möhrengrün verwenden.

Den Tortenrand mit den Mandeln bestreuen.

Ergibt 12 Stücke.

Orangenkuchen mit Rum-Sahne
(Abb.)

Zutaten
Für den Teig:
125 g Butter oder Margarine,
250 g Zucker,
1 Päckchen Vanillinzucker,
3 Eier,
je 1 Prise Salz, Muskatnuss und Nelkenpulver,
1 gestr. TL Zimtpulver,
5 EL Kakaopulver,
2 Päckchen Backpulver,
350 g Mehl,
etwa 1/8 l Milch;
für den Belag:
10 Orangen,
450 g Orangenmarmelade,
1 Päckchen klarer Tortenguss,
1 EL Zucker,
3 Blatt Gelatine,
200 g Sahne,
2 cl Rum;
außerdem:
Fett und Paniermehl für die Form

EW	Fett	KH	kcal/kJ
8 g	7 g	91 g	545/2278

Ofen auf 180 Grad vorheizen. Butter oder Margarine schaumig rühren, nach und nach Zucker, Vanillinzucker, Eier und Gewürze zugeben. Kakaopulver, Backpulver und Mehl vermischen, esslöffelweise abwechselnd mit Milch unterrühren. Nur so viel Milch verwenden, dass der Teig schwer reißend vom Löffel fällt.
Eine Springform (28 cm Durchmesser) einfetten und mit Paniermehl ausstreuen. Teig einfüllen und im vorgeheizten Ofen ca. 1 Stunde backen; abkühlen lassen.
9 Orangen filetieren und gleichmäßig auf dem mit Marmelade bestrichenen Tortenboden verteilen, übrige Orange auspressen. Tortenguss nach Packungsanweisung mit Orangensaft und Zucker aufkochen lassen und über die Orangenfilets gießen.
Gelatine nach Packungsanweisung einweichen und ausdrücken. Sahne steif schlagen. Rum leicht erwärmen, ausgedrückte Gelatine zugeben und unter Rühren darin auflösen. Nach und nach steif geschlagene Sahne unterheben. In einen Spritzbeutel füllen und Torte damit garnieren.
Ergibt 12 Stücke.

Tipp
Die Torte mit Pistazien oder Mandelblättchen bestreuen.

Fruchtiger Zimtkuchen (Abb.)

Zutaten
600 g Äpfel,
150 g Preiselbeeren,
225 g Butter oder Margarine,
200 g Zucker,
2 EL Zimtpulver,
1/2 TL gemahlene Nelken, 4 Eier,
450 g Mehl,
1 Päckchen Backpulver,
4 5 EL Milch,
Fett für die Form

EW	Fett	KH	kcal/kJ
7 g	14 g	40 g	318/1329

Ofen auf 175 Grad vorheizen. Äpfel schälen, vom Kernhaus befreien und in kleine Würfel schneiden. Preiselbeeren verlesen. Butter oder Margarine in einer Schüssel mit Zucker, Zimt und Nelken schaumig schlagen. Eier nacheinander unterrühren. Mehl und Backpulver mischen und abwechselnd mit etwas Milch untermengen, bis der Teig schwer reißend vom Löffel fällt.
Apfelwürfel und Preiselbeeren unter den Teig heben und Teig in eine gefettete Napfkuchenform füllen. Im vorgeheizten Ofen ca. 1 Stunde backen. Ergibt 16 Stücke.

Tipp
Fruchtiger Zimtkuchen schmeckt auch mit Birnen.

Triester Torte

Zutaten
Für den Teig:
150 g Butter,
5 Eigelb,
1 Ei,
100 g Zucker,
30 g geriebene Bitterschokolade,
Saft und abgeriebene Schale von 1/2 Zitrone (unbehandelt),
25 g Zitronat,
25 g Orangeat,
110 g gemahlene Mandeln,
70 g Paniermehl,
5 Eiweiß;
für die Füllung:
100 g beliebige Konfitüre;
für die Glasur:
100 g Puderzucker,
1 Eiweiß,
1 TL Zitronensaft,
zum Garnieren:
einige Malagatrauben, Datteln und halbierte Mandeln;
außerdem:
Fett und Mehl für die Form

EW	Fett	KH	kcal/kJ
8 g	18 g	40 g	416/1738

Ofen auf 180 Grad vorheizen. Butter mit Eigelb, Ei und Zucker schaumig rühren. Schokolade, Zitronensaft und -schale unterrühren. Zitronat und Orangeat in kleine Würfel schneiden

und zugeben. Mandeln und Paniermehl unterrühren.
Eiweiß steif schlagen und unterziehen. Eine Springform fetten und mit Mehl bestäuben. Teig einfüllen und im vorgeheizten Ofen ca. 45 Minuten backen. Auf einem Kuchendraht auskühlen lassen. In der Mitte quer durchschneiden und mit Konfitüre füllen.
Für die Glasur Puderzucker mit dem Eiweiß und Zitronensaft oder Rum zu einer dicklichen Masse rühren. Torte damit bestreichen. Mit Malagatrauben, Datteln und Mandeln verzieren. Den Guss trocknen lassen.

Kirschkuchen mit Birnen
(Abb.)

Zutaten

200 g Butter oder Margarine,
4 Eier,
300 g Rübensirup,
1/2 TL Zimtpulver,
350 g Weizenvollkornmehl,
1 Päckchen Backpulver,
1 Glas Schattenmorellen (720 ml),
Fett für die Form,
2 EL Grieß,
6 Birnenhälften (aus der Dose),
50 g gehackte Mandeln,
150 g gemahlene Haselnüsse,
3 EL saure Sahne

EW	Fett	KH	kcal/kJ
7 g	26 g	50 g	500/2090

Ofen auf 175 Grad vorheizen. Butter oder Margarine, Eier, Rübensirup und Zimtpulver schaumig rühren. Mehl mit Backpulver mischen und nach und nach zufügen. Schattenmorellen abtropfen lassen und unterziehen. Masse in eine gefettete, mit Grieß ausgestreute Springform (26 cm Durchmesser) geben und im vorgeheizten Ofen 30–35 Minuten vorbacken.
Birnen mit etwas Birnensaft pürieren, Mandeln und Nüsse zufügen. Saure Sahne unter die Masse ziehen. Masse auf den vorgebackenen Boden streichen und weitere 15–20 Minuten backen.
Ergibt 12 Stücke.

Tipp
Die Birnen kann man durch Pfirsiche oder Aprikosen aus der Dose ersetzen.

Napfkuchen mit Nüssen
(Abb.)

Zutaten
250 g Butter oder Margarine,
200 g Zucker,
4 Eier,
1 Päckchen Vanillinzucker,
abgeriebene Schale von 1 Zitrone (unbehandelt),
1 Prise Salz,
400 g Mehl,
3 gestr. TL Backpulver,
100 g gehackte Nüsse,
etwas Milch,
Fett und Paniermehl für die Form,
Puderzucker

EW	Fett	KH	kcal/kJ
5 g	17 g	32 g	307/1284

Ofen auf 175 Grad vorheizen.
Weiche Butter oder Margarine mit Zucker schaumig rühren, dabei nach und nach Eier, Vanillinzucker, Zitronenschale und Salz zufügen. Mehl mit Backpulver und Nüssen mischen und esslöffelweise unterrühren. Bei Bedarf etwas Milch zufügen. Der Teig soll schwer reißend vom Löffel fallen.
Teig in eine gefettete, mit Paniermehl ausgestreute Napfkuchenform füllen und im vorgeheizten Ofen bei 175 Grad ca. 1 Stunde backen.
Kuchen etwas abkühlen lassen, dann auf einen Kuchendraht stürzen. Vor dem Servieren mit Puderzucker bestäuben.
Ergibt 16 Stücke.

Rehrücken

Zutaten
Für den Teig:
100 g Butter,
150 g Zucker,
1 Prise Salz,
5 Eier,
100 g geriebene Blockschokolade,
2 Päckchen Schokoladen-Puddingpulver,
1 gehäufter TL Backpulver,
100 g Mehl,
1 Glas (2 cl) Rum,
80 g gemahlene Mandeln;
zum Garnieren:
100 g Schokoladenglasur,
50 g Mandelstifte;
außerdem:
Margarine für die Form

EW	Fett	KH	kcal/kJ
6 g	16 g	22 g	267/1117

Ofen auf 180 Grad vorheizen.
Butter oder Margarine in einer Schüssel schaumig rühren.
Zucker und Salz dazumischen.
Nach und nach Eier, Schokolade und mit Puddingpulver und Backpulver gemischtes Mehl in den Teig rühren. Rum und Mandeln unterheben.
Eine Rehrückenform einfetten.

Teig einfüllen. Im vorgeheizten Ofen auf mittlerer Schiene 50 Minuten backen. Form aus dem Ofen nehmen. Rehrücken auf einen Kuchendraht stürzen und auskühlen lassen.
Schokoladenglasur im Wasserbad auflösen. Rehrücken damit überziehen. Mit Mandelstiften spicken. Guss erstarren lassen.

Ingwerwürfel mit Schokolade
(Abb.)

Zutaten

Für den Teig:
125 g Butter oder Margarine,
200 g Zucker,
1 Päckchen Vanillinzucker,
1 gestr. EL gemahlener Ingwer,
4 Eier,
250 g Mehl,
1 gestr. TL Backpulver,
250 g geraspelte Schokolade,
200 g Rosinen;
für den Guss:
150 g dunkle Kuvertüre,
60 Belegkirschen;
außerdem:
Fett für das Blech

EW	Fett	KH	kcal/kJ
2 g	4 g	10 g	97/406

Ofen auf 175–200 Grad vorheizen. Butter oder Margarine mit Zucker und Vanillinzucker schaumig rühren und nach und nach Ingwer und Eier zugeben. Mehl mit Backpulver und Schokolade mischen und esslöffelweise unterrühren. Rosinen waschen, gut abtropfen lassen und klein schneiden, unter den Teig heben.
Teig auf ein gefettetes Backblech streichen und im vorgeheizten Ofen 20–25 Minuten backen. Teigplatte abkühlen lassen.
Kuvertüre im Wasserbad schmelzen, Teigplatte mit Kuvertüre bestreichen, in ca. 4 x 4 cm große Würfel schneiden und jeweils eine Belegkirsche auf die Ingwerwürfel setzen.
Ergibt 60 Stück.

Tipp

Ingwerwürfel-Doppeldecker: Dafür werden zwei Teigplatten benötigt. Auf die erste kommt eine dünne Schicht Ingwermarmelade, die zweite Platte wird darauf gedrückt. Es folgen Kuvertüre und Belegkirschen.

SÜSSES BACKEN

Mecklenburger Blitzkuchen
(Abb.)

Zutaten
125 g weiches Butterschmalz,
125 g Zucker,
1 Prise Salz,
1 TL Zimtpulver,
1 Beutel Orangenschalenaroma,
2 Eier,
125 g Mehl,
2 TL Backpulver,
75 g abgezogene, gehackte Mandeln,
150 g Zartbitter-Kuvertüre,
40 g Pistazien,
30 g Mandelhälften

EW	Fett	KH	kcal/kJ
1 g	5 g	2 g	64/266

Ofen auf 175 Grad vorheizen. Weiches Butterschmalz, Zucker, Salz, Zimtpulver und Orangenschalenaroma mit dem elektrischen Handrührgerät verrühren. Eier nacheinander zufügen. Mehl, Backpulver und Mandeln mischen und unter den Teig rühren.
Teig auf ein mit Backpapier belegtes Backblech (24 x 24 cm) streichen. Im vorgeheizten Ofen auf zweiter Schiene von unten ca. 20 Minuten backen. Anschließend sofort vorsichtig mit einem scharfen Messer (am besten mit feinem Wellenschliff) in 3 cm große Quadrate schneiden; auskühlen lassen.
Inzwischen Kuvertüre nach Packungsanleitung im Wasserbad schmelzen und Würfel obenauf mit Kuvertüre überziehen. Mit halbierten Pistazien, einigen gehackten Pistazien und Mandeln verzieren.
Ergibt 60 Stück.

Baumkuchen-Schichttorte

Zutaten
Für den Teig:
250 g Butter,
6 Eier,
250 g Zucker,
1 Päckchen Vanillinzucker,
4 cl Rum,
150 g Mehl,
100 g Speisestärke,
3 TL Backpulver;
für den Guss:
175 g Puderzucker,
1 EL Zitronensaft,
10 g zerlassenes Kokosfett;
außerdem:
Fett für die Form

EW	Fett	KH	kcal/kJ
6 g	19 g	39 g	364/1523

Ofen auf 190 Grad vorheizen. Butter schaumig rühren. 4 Eier trennen. Zucker, Vanillinzucker, 2 Eier, 4 Eigelb und Rum zur Butter geben. Mehl mit Speisestärke und Backpulver mischen, sieben und nach und nach unterrühren. Eiweiß zu steifem Schnee schlagen. Unter den Teig heben.
Eine Springform von 26 cm Durchmesser mit gefettetem Papier auslegen. 3 EL Teig darauf verteilen, auf oberster Schiene im vorgeheizten Ofen in 10 Minuten hellgelb backen.
Danach eine Teigschicht von 2 EL darüber streichen. Bei etwas geringerer Hitze (180 Grad) in 10 Minuten hellgelb backen. So weiter arbeiten, bis der Teig verbraucht ist. Es entstehen 7–9 Schichten. Nach der ritten Schicht die Backhitze nochmals verringern (175 Grad).
Kuchen abkühlen lassen. Aus der Form nehmen.
Für den Guss den gesiebten Puderzucker mit Zitronensaft, 2 EL heißem Wasser und Kokosfett glatt rühren.
Torte damit gleichmäßig überziehen.

Englischer Abendkuchen
(Abb.)

Zutaten
250 g Butter oder Margarine,
175 g Zucker,
1 Päckchen Vanillinzucker,
4 Eier,
300 g Mehl,
1 TL Backpulver
abgeriebene Schale von 1 Zitrone (unbehandelt),
75 g grob gehackte Haselnüsse,
75 g Korinthen,
75 g Rosinen,
100 g kandierte Früchte,
75 g Zitronat,
75 g Orangeat

EW	Fett	KH	kcal/kJ
4 g	27 g	44 g	438/1829

Ofen auf 175 Grad vorheizen. Butter oder Margarine mit Zucker und Vanillinzucker schaumig rühren, dabei nach und nach Eier zufügen. Mehl mit übrigen Zutaten mischen und esslöffelweise unter die Eiermasse rühren. Teig in eine mit Backpapier ausgelegte oder gebutterte und mit Paniermehl ausgestreute Kastenform füllen und im vorgeheizten Ofen ca. 1 1/2 Stunden backen. Der Kuchen ist gar, wenn er sich vom Rand löst. Ergibt 12 Stücke.

Tipp
Englischen Abendkuchen zur Teatime mit schwarzem Tee servieren.

Waffeln fein

Zutaten
250 g Butter oder Margarine,
200 g Zucker,
4 Eier,
abgeriebene Schale von 1/4 Zitrone (unbehandelt),
1/2 Päckchen Vanillinzucker,
1 Prise Salz,
1 Prise Backpulver,
150 g Mehl,
150 g Speisestärke,
Öl zum Einpinseln,
80 g Puderzucker zum Bestäuben

EW	Fett	KH	kcal/kJ
1 g	5 g	10 g	89/371

Fett und Zucker schaumig rühren. Eier und alle Zutaten zugeben. Waffeleisen vorheizen. Innenflächen einfetten. Teig darauf geben. Waffeleisen schließen. Backzeit pro Waffel: 6 Minuten. Waffeln aus dem Waffeleisen lösen. Zum Ausdampfen hochkant stellen, mit Puderzucker bestäuben. Ergibt ca. 50 Herzen.

Tipp
Waffeln zu gezuckerten Beeren und Schlagsahne servieren.

Waffeltorte
(Abb.)

Zutaten
125 g Butter oder Margarine,
4 EL Zucker,
2 Päckchen Vanillinzucker,
2 Eier,
100 g Mehl,
2 EL Speisestärke,
1/8 l Milch,
300 g Sahne,
1 Päckchen Sahnesteif,
1 Päckchen Vanillinzucker,
1 kleines Glas Kaiserkirschen,
1 kleine Dose Ananas,
200 g Johannisbeeren,
Puderzucker

EW	Fett	KH	kcal/kJ
2 g	10 g	16 g	158/661

Butter oder Margarine schaumig rühren, nach und nach 3 EL Zucker, 1 Päckchen Vanillinzucker und Eier zugeben. Mehl mit Speisestärke mischen, mit Milch hinzufügen und alles verrühren.
Teig nach und nach in ein erhitztes, evtl. gefettetes Waffeleisen füllen und 4–5 Waffeln backen.
Sahne mit Sahnesteif, Vanillinzucker und restlichem Zucker steif schlagen. Kaiserkirschen und Ananas abtropfen lassen. Johannisbeeren waschen, entstielen und abtrocknen.
Waffeln in Herzchen teilen (so kann die Torte anschließend besser geschnitten werden) und wieder zu einer Waffel zusammensetzen.
Abwechselnd eine Waffel mit Sahne bestreichen und mit Obst belegen und zu einer Torte übereinander schichten.
Letzte Waffel mit Puderzucker bestreuen und Torte ca. 30 Minuten kalt stellen. Nach Wunsch mit Johannisbeeren verzieren.

Orangenkuchen

Zutaten
Fett und Paniermehl für die Form,
250 g Butter,
225 g Zucker,
1 Prise Salz,
2 cl Orangenlikör,
3 Eier,
4 Eigelb,
100 g Mehl,

abgeriebene Schale von
2 Orangen und 1 Zitrone
(unbehandelt),
1 EL Zitronensaft,
100 g Speisestärke,
1/2 Päckchen Backpulver,
100 g geschälte,
gemahlene Mandeln,
100 g fein gewürfeltes
Orangeat,
100 g Orangen-
marmelade,
200 g Puderzucker,
3 EL Orangensaft

EW	Fett	KH	kcal/kJ
6 g	38 g	47 g	387/1619

Eine Kastenform einfetten und mit Paniermehl bestreuen. Ofen auf 180 Grad vorheizen. Butter mit Zucker schaumig rühren. Salz und Orangenlikör zugeben. Eier und Eigelb nacheinander unterrühren, dabei auch ein paar Löffel Mehl unterrühren. Orangen- und Zitronenschale sowie Saft unterrühren. Restliches Mehl, Speisestärke und Backpulver sieben und mit Mandeln und 80 g Orangeat unter den Teig rühren.
Teig in die Form füllen, glatt streichen und auf unterer Schiene 1 1/2 Stunden backen. Kuchen auf einem Kuchendraht auskühlen lassen. Dann mit erhitzter Orangenmarmelade bestreichen. Puderzucker mit Orangensaft verrühren und Kuchen damit glasieren. Mit restlichem Orangeat bestreuen und trocknen lassen.

Erdbeer-Jogurt-Torte *(Abb.)*

Zutaten

Für den Teig:
40 g Pistazien,
200 g Butter,
200 g Zucker,
1 Prise Salz,
5 Eier,
225 g Mehl,
1 Päckchen Backpulver;
für Füllung und Belag:
1 kg Erdbeeren,
10 EL Zucker,
3 1/2 EL Zitronensaft,
500 g Jogurt,
6 Blatt weiße Gelatine,
400 g Sahne,
1 Päckchen roter
Tortenguss,
10 Pistazien;
außerdem:
Fett und Paniermehl
für die Form

EW	Fett	KH	kcal/kJ
20 g	40 g	60 g	654/2733

Ofen auf 200 Grad vorheizen. Für den Teig Pistazien fein mahlen oder hacken. Butter, Zucker und Salz cremig rühren. Nach und nach Eier unterrühren, Mehl mit gemahlenen Pistazien und Backpulver mischen und nach und nach unter die Eiermasse heben. Boden einer Springform (26 cm Durchmesser) mit Backpapier auslegen. Rand fetten und mit Paniermehl ausstreuen. Teig einfüllen und auf der ersten Schiene von unten im vorgeheizten Ofen 40 Minuten backen. Boden auskühlen lassen.

Für die Füllung Erdbeeren putzen. 250 g Erdbeeren mit 2 EL Zucker und 1 EL Zitronensaft pürieren. Jogurt mit 4 EL Zucker und 2 EL Zitronensaft verrühren, 2 Blatt Gelatine in kaltem Wasser einweichen, bei milder Hitze unter Rühren auflösen und unter das Erdbeerpüree ziehen. Mit restlicher Gelatine ebenso verfahren und unter den Jogurt ziehen. Beides kalt stellen.
Sobald Erdbeerpüree und Jogurt zu gelieren beginnen, Sahne mit 2 EL Zucker steif schlagen. 2/3 unter das Erdbeerpüree und 1/3 unter den Jogurt heben.
Um den unteren Tortenboden einen Ring setzen. Erdbeercreme darauf streichen, mit zweitem Boden bedecken. 2/3 Jogurtcreme darauf streichen, mit drittem Boden bedecken und mit restlicher Jogurtcreme bestreichen. Restliche Erdbeeren halbieren, mit 1 EL Zucker und

1/2 EL Zitronensaft mischen und auf die Torte legen. Tortenguss mit 1 EL Zucker nach Packungsanweisung zubereiten und über die Erdbeeren gießen. Torte mindestens 3 Stunden kalt stellen. Dann Rand der Torte mit restlicher Sahne verkleiden und Rand der Tortenoberfläche mit fein gehackten Pistazien bestreuen.

Kirsch-Möhren-Torte (Abb.)

Zutaten

Für den Teig:
1/2 Glas entsteinte Sauerkirschen (230 g),
1/4 l Kirschlikör,
300 g Möhren,
5 Eier,
250 g Zucker,
2 Päckchen Vanillinzucker,
300 g gemahlene Mandeln, Salz,
1 TL Backpulver,
1/2 TL Zimtpulver,
4 EL Mehl;
für die Füllung:
1 Päckchen roter Tortenguss,
200 g Sahne,
1 Päckchen Sahnesteif,
100 g Mandelblättchen,
3 EL Pistazien,
evtl. Marzipanmöhren;
außerdem:
Fett für die Form

EW	Fett	KH	kcal/kJ
10 g	30 g	25 g	329/1375

Kirschen abtropfen lassen, Saft auffangen und Früchte über Nacht in Kirschlikör marinieren. Am nächsten Tag Kirschen erneut abtropfen lassen und Abtropfflüssigkeit auffangen.
Ofen auf 175 Grad vorheizen. Möhren waschen, putzen, schälen und fein raspeln. Eier trennen. Eigelb, Zucker und 1 Päckchen Vanillinzucker schaumig schlagen. Möhren und gemahlene Mandeln unter die Eimasse rühren. Eiweiß mit 1 Prise Salz steif schlagen.
Auf die Eigelbmasse zuerst Kirschen, dann Eischnee und zuletzt mit Backpulver und Zimtpulver vermischtes Mehl geben. Alles vorsichtig und schnell unterheben. Teig in eine vorbe-

reitete, nur am Boden gefettete Springform (Durchmesser 26 cm) füllen und im vorgeheizten Ofen ca. 75 Minuten backen. Kuchen auf einem Kuchendraht abkühlen lassen und anschließend einmal waagerecht durchschneiden.
Für die Füllung Tortenguss nach Packungsanweisung mit Abtropfflüssigkeit und Kirschsaft zubereiten, auf die untere Tortenhälfte streichen, erstarren lassen und mit der anderen Hälfte abdecken.
Sahne mit Sahnesteif und restlichem Vanillinzucker steif schlagen und Torte damit rundherum dick einstreichen.
Mandelblättchen in einer großen Pfanne ohne Fett rösten und gut abkühlen lassen. Pistazien grob hacken. Kirsch-Möhrentorte am Rand mit gerösteten Mandelblättchen und auf der Oberseite mit Pistazien garnieren. Nach Wunsch mit Marzipanmöhren dekorieren.
Ergibt 16 Stücke.

Napfkuchen
(Abb.)

Zutaten
250 g Butter oder Margarine,
200 g Zucker,
4 Eier,
1 Päckchen Vanillinzucker,
abgeriebene Schale von 1 Zitrone (unbehandelt),
1 Prise Salz,
500 g Mehl,
3 gestr. TL Backpulver,
200 g Sultaninen,
2–3 EL Milch;
Fett und Paniermehl für die Form,
Puderzucker zum Bestäuben

EW	Fett	KH	kcal/kJ
5 g	14 g	44 g	387/1419

Ofen auf 175 Grad vorheizen. Weiche Butter oder Margarine mit Zucker schaumig rühren, dabei nach und nach Eier, Vanillinzucker, Zitronenschale und Salz zufügen. Mehl mit Backpulver und Sultaninen mischen und esslöffelweise unterrühren, bei Bedarf etwas Milch zugeben, der Teig soll schwer reißend vom Löffel fallen.
Teig in eine gefettete, mit Paniermehl ausgestreute Napfkuchenform füllen und im vorgeheizten Ofen bei 175 Grad 1 Stunde backen.
Kuchen etwas abkühlen lassen, dann auf einen Kuchendraht stürzen. Mit Puderzucker bestäuben. Ergibt 16 Stücke.

Tipp
Mit Schlagsahne servieren.

Karlsbader Torte

Zutaten

Für die Torte:
1 Päckchen Vanille-Puddingpulver,
1/2 l Milch,
40 g Zucker,
1 Prise Salz,
150 g Butter,
100 g Puderzucker,
125 g geriebene Mandeln,
1 Päckchen Vanillinzucker,
1 EL Rum,
1 Packung Karlsbader Oblaten (10 Stück);
zum Garnieren:
2 Stück Borkenschokolade,
5 Maraschinokirschen

EW	Fett	KH	kcal/kJ
4 g	20 g	12 g	251/1048

Aus Puddingpulver, Milch, Zucker und Salz einen Vanillepudding zubereiten. Unter Rühren erkalten lassen. Butter und Puderzucker in einer Schüssel schaumig rühren. Mandeln, Vanillinzucker und Rum zugeben. Kalten Pudding langsam unterrühren. 2/3 der Creme zum Bestreichen abnehmen. 9 Oblaten nicht zu dick mit Creme bestreichen und zur Torte zusammensetzen. Zehnte Oblate unbestrichen darauf legen. Mit einem Brett beschweren und im Kühlschrank in 30 Minuten fest werden lassen. Torte aus dem Kühlschrank nehmen. Restliche Creme auf der Tortenoberfläche verteilen; Borkenschokolade zerbröckeln, darüber streuen. Abgetropfte Maraschinokirschen klein schneiden. Torte damit garnieren. Kalt stellen und erst kurz vor dem Servieren in 12 Stücke schneiden.

Sachertorte

Zutaten

Für den Teig:
300 g Butter,
8 Eier,
100 g Kuvertüre (aufgelöst),
300 g Zucker,
2 EL Kakaopulver,
300 g Mehl,
50 g Zwiebackbrösel;
für den Belag:
150 g Aprikosenkonfitüre,
200 g dunkle Kuvertüre,
50 g Marzipan-Rohmasse,
50 g Puderzucker;
außerdem:
Butter und Mehl für die Form

EW	Fett	KH	kcal/kJ
11 g	34 g	72 g	650/2717

Ofen auf 180 Grad vorheizen. Eine Springform einfetten und mit Mehl bestäuben. Butter schaumig rühren. Eier trennen, Eigelb, aufgelöste Kuvertüre und 200 g Zucker unterrühren. Kakaopulver, Mehl und Zwiebackbrösel mischen und auf die Buttermasse sieben. Eiweiß mit restlichem Zucker steif schlagen. Ein Drittel des Eischnees unter die Masse rühren, dann den Rest vorsichtig unterheben.
Teig in die Springform füllen und glatt streichen. Im vorgeheizten Ofen 70 Minuten backen. Kuchen mit einem Messer vom Rand lösen, dann den Rand der Form lösen und Kuchen auf einen Kuchendraht stürzen. 1 Stunde auskühlen lassen.
Aprikosenkonfitüre glatt rühren. 150 g Kuvertüre im Wasserbad schmelzen. Marzipanmasse mit Puderzucker verkneten. Auf der mit Puderzucker bestäubten Arbeitsfläche ausrollen und mit dem Rand der Form einen Kreis ausstechen.
Kuchen oben glatt schneiden, quer halbieren. Beide Böden mit Konfitüre bestreichen und wieder zusammensetzen. Oberen Boden mit dem Marzipanboden belegen.
Restliche Kuvertüre in Stücke hacken, zur aufgelösten Kuvertüre geben und schmelzen lassen. Mit etwa der Hälfte die Tortenoberfläche bestreichen. Mit restlicher Kuvertüre den Rand überziehen.
Bevor die Glasur getrocknet ist, mit einem langen Messer, das vorher mit heißem Wasser abgespült wurde, Tortenstücke markieren.

Fruchtige Käsetorte
(Abb.)

Zutaten
125 g Butter oder Margarine,
200 g Zucker,
1 Päckchen Vanillinzucker,
1 kg Quark,
4 Eier,
Saft von 1 Zitrone,
2 EL Grieß,
1 Päckchen Backpulver,
1 Päckchen Vanille-Puddingpulver,
2 Pfirsichhälften (aus der Dose),
6 Aprikosenhälften (aus der Dose),
2 Kiwis,
350 g gemischte Beeren (tiefgekühlt),
einige Melonenkugeln

EW	Fett	KH	kcal/kJ
9 g	20 g	42 g	280/1170

Ofen auf 175 Grad vorheizen. Butter oder Margarine mit Zucker und Vanillinzucker schaumig rühren. Nach und nach Quark, Eier und Zitronensaft zugeben. Grieß mit Backpulver und Puddingpulver vermischen, auf die Quarkmasse streuen und alles gründlich verrühren. Teig in eine mit Backpapier ausgelegte Springform füllen (26 cm Durchmesser) und im vorgeheizten Ofen ca. 1 Stunde backen.
Kuchen auskühlen lassen. Springformrand vorsichtig lösen, Kuchen auf eine Tortenplatte stürzen und das Backpapier abziehen.
Pfirsiche und Aprikosen abtropfen lassen, Pfirsiche in Spalten, Kiwis schälen und in Scheiben schneiden. Beeren auftauen lassen. Obst auf dem Quarkkuchen anordnen.
Ergibt 16 Stücke.

Mandel-Waffeln
(Abb.)

Zutaten
200 g Butter oder Margarine,
150 g Zucker,
1 Päckchen Vanillinzucker, 1 Prise Salz,
3 Eier,
100 g Mehl,
100 g Speisestärke,
1/2 TL Backpulver,
5 EL gemahlene Mandeln, 125 g Sahne,
Öl zum Backen,
Puderzucker zum Bestäuben,
100 g Orangen-Marmelade,
100 g Vier-Frucht-Konfitüre

EW	Fett	KH	kcal/kJ
8 g	30 g	55 g	541/2260

Butter oder Margarine, Zucker, Vanillinzucker und Salz schaumig rühren. Eier trennen und Eigelb zugeben. Mehl, Speisestärke, Backpulver und Mandeln mischen und abwechselnd mit Sahne unterrühren. Eiweiß steif schlagen und vorsichtig unterheben.
Erhitztes Waffeleisen mit Öl einfetten, mit Teig füllen und nacheinander 8 Waffeln backen. Waffeln auf einem Kuchendraht einzeln auskühlen lassen, mit Puderzucker bestäuben und mit Orangen-Marmelade und Vier-Frucht-Konfitüre servieren.

Teekuchen

Zutaten

Butter und Paniermehl für die Form,
300 g Butter,
250 g Zucker,
1 Päckchen Vanillinzucker,
abgeriebene Schale von 1 Zitrone (unbehandelt),
6 Eier,
3 EL Madeira,
300 g Mehl,
80 g Speisestärke,
2 TL Backpulver,
125 g Rosinen,
150 g Belegkirschen,
160 g Pecannüsse,
1 Prise Salz,
1 TL Zimt,
1/2 TL gemahlener Kardamom,
100 g Kakaoglasur (Fertigprodukt),
50 g gehackte, ungesalzene Pistazien

EW	Fett	KH	kcal/kJ
6 g	25 g	42 g	445/1861

Eine Kastenform einfetten und mit Paniermehl ausstreuen. Backofen auf 190 Grad vorheizen. Butter mit Zucker, Vanillinzucker und Zitronenschale schaumig rühren. Nacheinander Eier, dann Madeira unterrühren. Mehl mit Speisestärke und Backpulver mischen und sieben, mit Rosinen vermengen. Belegkirschen und Nüsse grob hacken und mit Salz, Zimt und Kardamom zum Mehl geben. Mehlmischung löffelweise unter die Buttermasse rühren.
Teig in die Form füllen und glatt streichen. Auf der unteren Schiene im vorgeheizten Ofen 100 Minuten backen. Auf einem Kuchendraht auskühlen lassen.
Kakaoglasur im Wasserbad schmelzen, Kuchen damit gleichmäßig überziehen und mit gehackten Pistazien bestreuen.

Krümelkuchen

Zutaten

Butter für die Form,
200 g Butter,
200 g Zucker,
1 Ei,
abgeriebene Schale von 1 Zitrone (unbehandelt),
500 g Mehl,
1 TL Backpulver,
450 g Sauerkirschkonfitüre,
50 g geschälte, gemahlene Mandeln,
Puderzucker zum Bestäuben

EW	Fett	KH	kcal/kJ
3 g	12 g	50 g	358/1497

Eine Springform von 26 cm Durchmesser einfetten. Ofen auf 220 Grad vorheizen. Butter mit Zucker schaumig rühren. Ei und Zitronenschale unterrühren. Mehl mit Backpulver sieben, einige Löffel unter die Schaummasse rühren. Restliches Mehl hinzufügen und alles rasch zu Krümeln verarbeiten. Hälfte des Teiges in die Springform füllen und Konfitüre darüber streichen. Restlichen Teig mit Mandeln vermischen und über die Konfitüre krümeln.
Kuchen auf mittlerer Schiene im vorgeheizten Ofen 1 Stunde backen. Auf einem Kuchendraht auskühlen lassen und mit Puderzucker bestäuben.

Bozener Zwetschenkuchen

Zutaten

200 g Butter,
1 Prise Salz,
150–200 g Zucker,
4 Eier,
1/2 Päckchen Backpulver,
300 g Mehl,
100 g Speisestärke,
Fett für das Blech,
650 g Zwetschen,
1 Päckchen Vanillinzucker

EW	Fett	KH	kcal/kJ
4 g	12 g	38 g	268/1283

Ofen auf 180 Grad vorheizen. Butter schaumig rühren, Salz und löffelweise Zucker zugeben. Eigelb zufügen und weiterrühren, bis eine sehr schaumige Masse entsteht. Backpulver, Mehl und Speisestärke mischen, unter die Buttermasse rühren. Eiweiß steif schlagen und

Schnee unterheben. Backblech einfetten und die Hälfte des Teiges darauf streichen.
Im vorgeheizten Ofen ca. 10 Minuten backen. Inzwischen Zwetschen mit einem Tuch abreiben, halbieren und entsteinen. Vorgebackenen Teig mit Zwetschen belegen und restlichen Teig darüber füllen.
Weitere 50 Minuten backen. Kuchen noch warm mit Vanillinzucker bestreuen. In Stücke teilen und auf einem Kuchendraht auskühlen lassen. Mit Schlagsahne servieren.

Mohn-Streusel-Kuchen
(Abb.)

Zutaten
Für den Teig:
125 g Butter oder Margarine,
2 Eier,
125 g Zucker,
1 Prise Salz,
1 Päckchen Vanillinzucker,
1 TL Backpulver,
250 g Mehl,
etwas Milch;
für den Belag:
500 g Mohn,
700 ml Milch,
100 g Zucker,
100 g Rosinen,
100 g Mandelblättchen;
für die Streusel:
150 g Mehl,
75 g Butter oder Margarine,
75 g Zucker;
außerdem:
Fett für die Form

EW	Fett	KH	kcal/kJ
7 g	16 g	42 g	353/1476

Butter oder Margarine schaumig rühren, nach und nach Eier, Zucker, Salz, Vanillinzucker und mit Backpulver vermischtes Mehl unterrühren. So viel Milch zugeben, dass der Teig schwer reißend vom Löffel fällt. Teig in eine gefettete Springform (24 cm Durchmesser) füllen.
Mohn mit Milch und Zucker aufkochen und ca. 30 Minuten quellen lassen.
Rosinen abspülen und nach 20 Minuten zufügen, am Schluss Mandelblättchen unterheben.
Ofen auf 175 Grad vorheizen. Mohnmasse auf den Teig streichen.
Mehl, Butter oder Margarine mit Zucker zu Streuseln verarbeiten und diese über die Mohnmasse streuen.
Kuchen im vorgeheizten Ofen 45–50 Minuten backen.
Ergibt 12 Stücke.

Trauben-Marzipan-Muffins (Abb.)

Zutaten
Für den Teig:
125 g Butter,
75 g Zucker,
1 Prise Salz,
2 Beutel Rum-back,
3 Eier,
175 g Mehl,
100 g gemahlene Mandeln,
3 TL Backpulver,
4 EL Milch,
200 g Marzipan-Rohmasse,
1 Packung Schoko-Tröpfchen,
350 g kernlose Weintrauben;
zum Garnieren:
150 g Vollmilch-Kuvertüre,
350 g kernlose Weintrauben,
50 g weiße Kuvertüre;
außerdem:
Fett für die Förmchen

EW	Fett	KH	kcal/kJ
9 g	26 g	36 g	433/1809

Ofen auf 175 Grad vorheizen. Butter, Zucker, Salz und Rum-back verrühren. Eier nacheinander zugeben und so lange weiterrühren, bis der Zucker gelöst ist. Mehl, gemahlene Mandeln und Backpulver mischen. Mehlgemisch und Milch kurz unterrühren. Marzipan-Rohmasse in kleine Würfel schneiden.

Marzipanwürfel und Schoko-Tröpfchen leicht bemehlen und vorsichtig unterrühren.
Teig in gefettete Muffin-Förmchen füllen und Weintrauben vorsichtig in den Teig stecken. Muffins im vorgeheizten Ofen 30–35 Minuten backen. 10 Minuten in den Förmchen ruhen lassen, dann vorsichtig stürzen. Muffins auf einem Kuchendraht abkühlen lassen.

Zum Garnieren Vollmilch-Kuvertüre nach Packungsanleitung schmelzen. Untere Hälfte der Muffins in Kuvertüre tauchen. Umgedreht trocknen lassen. Trauben zur Hälfte in die Vollmilch-Kuvertüre tauchen. Auf Backpapier legen und fest werden lassen. Muffins umdrehen, mit Weintrauben belegen und mit gehobelter weißer Kuvertüre verzieren. Ergibt 12 Stück.

Feiner Apfelkuchen

Zutaten
150 g Butter,
100 g Zucker,
1 Päckchen Vanillinzucker,
abgeriebene Schale von 1 Zitrone (unbehandelt),
4 Eier,
250 g Mehl,
1/2 Päckchen Backpulver,
etwas Milch,
knapp 1 kg Äpfel (z. B. Cox Orange),
Butter für die Form

EW	Fett	KH	kcal/kJ
4 g	9 g	26 g	210/879

Butter mit Zucker und Vanillinzucker schaumig rühren, Zitronenschale hinzufügen. Eier nacheinander unterrühren.
Mehl mit Backpulver sieben, löffelweise unter die Schaummasse rühren.
Etwas Milch unter den Teig rühren; er soll schwer reißend vom Löffel fallen.
Ofen auf 175 Grad vorheizen.
Äpfel schälen, vierteln, vom Kernhaus befreien und fächerförmig einschneiden.
Eine Springform einfetten, Teig einfüllen und Äpfel leicht eindrücken.
Kuchen im vorgeheizten Ofen 1 Stunde backen. Etwas auskühlen lassen, dann aus der Form lösen und auf einem Kuchendraht auskühlen lassen.
Ergibt 12 Stücke.

Prinzregententorte

Zutaten
Für den Teig:
250 g Butter oder Margarine,
4 Eier,
250 g Zucker,
1 Prise Salz,
1 Päckchen Vanillinzucker,
200 g Mehl,
50 g Speisestärke,
1 TL Backpulver;
für die Füllung:
1/8 l Milch,
1 Prise Salz,
200 g Zartbitterschokolade,
200 g Butter,
175 g Puderzucker;
zum Garnieren:
125 g Schokoladenfettglasur,
12 Walnusshälften;
außerdem:
Fett für die Form

EW	Fett	KH	kcal/kJ
8 g	46 g	36 g	446/1867

Ofen auf 180 Grad vorheizen.
Für den Teig Butter oder Margarine in einer Schüssel schaumig schlagen. Eier trennen. Abwechselnd Zucker, Salz, Vanillinzucker und Eigelb unter die Butter rühren. Mehl, Speisestärke und Backpulver in einer Schüssel mischen.
Eiweiß in einer anderen Schüssel steif schlagen. Unter die Butter-Eigelb-Masse ziehen. Mehlmischung darauf geben und unterheben.
Eine Springform (24 cm Durchmesser) gut einfetten.
1/5 (2 EL) Teig auf den Springformboden geben und glatt streichen. Im vorgeheizten Ofen auf mittlerer Schiene 12 Minuten backen.
Tortenplatte herausnehmen.
Aus der Form lösen, auf einen Kuchendraht stürzen und abkühlen lassen. Aus restlichem Teig vier weitere Tortenplatten backen; erkalten lassen.
In der Zwischenzeit für die Füllung Milch mit Salz in einem Topf aufkochen. Topf vom Herd nehmen. Schokolade in Stücke brechen. In heißer Milch auflösen und unter häufigem Umrühren erkalten lassen.
Butter in einer Schüssel schaumig rühren. Puderzucker und aufgelöste Schokolade vorsichtig unterziehen.
Vier Tortenplatten mit Creme bestreichen. Zur Torte zusammensetzen. Letzte, unbestrichene Tortenplatte darauf legen.
Rand mit restlicher Creme bestreichen.
Für die Garnierung Fettglasur im Wasserbad auflösen. Tortenoberfläche damit überziehen.
12 Stücke markieren, jeweils eine Walnusshälfte mit der glatten Fläche nach unten auf die Tortenstücke setzen.
Schokoladenfettglasur fest werden lassen.
Ergibt 12 Stück.

QUARK-ÖLTEIG

Der Quark-Ölteig ist ein vielseitig einsetzbarer Teig, der schnell herzustellen ist und sowohl für Gebäck als auch für Kuchen verwendet werden kann. Salzige oder süße Geschmacksrichtungen können kreiert werden, der Fantasie sind hier keine Grenzen gesetzt. Wie wäre es, mit einem Quark-Ölteig einen köstlichen Obstkuchen zu zaubern, mit Früchten der Saison? Oder probieren Sie doch einmal Quarktaschen oder einen Nusskranz aus Quark-Ölteig. Typisch für einen Quark-Ölteig ist, dass statt Butter oder Margarine Quark oder Schichtkäse und etwas Öl, stets geschmacksneutral, verwendet wird. Als Treibmittel wird grundsätzlich Backpulver zugegeben.

Mit den folgenden Tipps gelingt der Quark-Ölteig optimal:

- Alle Zutaten vor Arbeitsbeginn zurechtlegen.
- Wird ein süßer Quark-Ölteig benötigt, verwendet man Zucker gemischt mit Vanillinzucker, diese beiden Zutaten werden bei der salzigen Teig-Variante durch Salz und Gewürze ersetzt.
- Quark mit Zucker, Vanillinzucker, Salz, Öl und Milch verrühren.
- Mehl und Backpulver miteinander vermischen und über die Quarkmasse sieben.
- Mehl kurz mit einem Rührlöffel untermischen, dann alles rasch mit den Händen zu einem geschmeidigen Teig verkneten. Den Teig nicht zu lange kneten, das macht ihn klebrig.
- Auf einer bemehlten Arbeitsfläche den Teig formen oder ausrollen wie im Rezept angegeben.
- Besonders beim Quark-Ölteig muss darauf geachtet werden, dass die Backform ausreichend eingefettet wurde.
- Das geformte Gebäck wird nun gefüllt, wie im Rezept angegeben, oder mit verquirltem Eigelb bestrichen.
- Kleinere Backwaren lässt man bei 190 Grad ca. 20 Minuten backen, größere, wie Kuchen, bei 200–220 Grad bis zu 40 Minuten.
- Kalorienbewusste können statt herkömmlichem Quark auch Magerquark verwenden.

GRUNDREZEPT

Quark-Ölteig (Backpulverteig)

für Obst-Blechkuchen, Kleingebäck

Zutaten

100 g Quark,
3 EL Öl,
50 g Zucker,
1 Eigelb,
abgeriebene Schale von 1/4 Zitrone (unbehandelt),
1 Prise Salz,
1/2 Päckchen Backpulver, 200 g Mehl

EW	Fett	KH	kcal/kJ
3 g	3 g	16 g	107/448

Quark auf einem Sieb abtropfen lassen, mit Öl, Zucker, Eigelb, Zitronenschale und Salz glatt rühren. Die Hälfte des gesiebten, mit Backpulver vermischten Mehls unterrühren, Rest auf dem Backbrett mit den Händen unterheben. Teig in gefettete, gemehlte Form füllen, im vorgeheizten Ofen bei 180 Grad sofort backen. Backzeit: 30–40 Minuten.

Die angegebene Menge ist ausreichend für eine Obstkuchenform. Für Backblech doppelte Menge verwenden.

Tipp

Beim Backen eines Obstkuchens vom Blech einen geknickten Alustreifen an der offenen Seite anbringen.

Quarktaschen mit Guss

Zutaten

Für den Teig:
250 g trockener Magerquark,
8–9 EL Sonnenblumenöl (kaltgepresst),
6 EL Milch,
100 g Zucker, 1 Päckchen Vanillinzucker,
500 g Mehl,
1 Päckchen Backpulver,
Mehl zum Ausrollen;
für die Füllung:
300 g Quark (40 %),
1 Päckchen Vanillinzucker, 40 g Zucker,
1 Ei, 2 EL Jogurt;
für den Guss:
150 g Puderzucker,
1 Eiweiß, 2 EL Rum;
außerdem:
Butter für das Blech

EW	Fett	KH	kcal/kJ
11 g	13 g	58 g	415/1735

Für den Teig Quark mit Öl, Milch, Zucker und Vanillinzucker verrühren. Mehl mit Backpulver mischen, nach und nach unter den Quark rühren. Teig zu einer Kugel kneten, dann auf bemehlter Arbeitsfläche dünn ausrollen und Scheiben von 10 cm Durchmesser ausstechen. Das Blech einfetten.
Für die Füllung Quark mit Vanillinzucker, Zucker, Ei und Jogurt cremig rühren. Füllung auf die Teigscheiben verteilen. Diese zu Halbkreisen zusammenklappen und die Ränder gut andrücken. Quarktaschen im vorgeheizten Ofen auf mittlerer Schiene 20 Minuten backen. Auf einem Kuchendraht abkühlen lassen.
Für den Guss Puderzucker, Eiweiß und Rum verrühren. Die Taschen damit glasieren und trocknen lassen.

Apfelkuchen mit Pudding

(Abb. S. 55)

Zutaten

Für den Teig:
150 g Quark,
6 EL Milch, 6 EL Öl,
75 g Zucker,
1 EL Vanillinzucker,
1 Prise Salz, 300 g Mehl,
2 TL Backpulver;
für den Belag:
1 Päckchen Vanille-Puddingpulver,
1 EL Speisestärke,
75 g Zucker,
3/8 l kalte Milch,
1 Ei, 1/8 l Sahne (125 g),
1,5 kg Äpfel;
außerdem:
Fett für das Blech

EW	Fett	KH	kcal/kJ
4 g	15 g	26 g	270/1130

Für den Teig Quark mit Milch, Öl, Zucker, Vanillinzucker und Salz verrühren. Mehl mit Backpulver vermischen, die Hälfte davon mit den Knethaken des Handrührgerätes unter die Quarkmischung rühren, Rest mit den Händen unterkneten. Teig auf einem gefetteten Backblech ausrollen.
Für den Belag Puddingpulver, Speisestärke und Zucker mit 6 EL Milch anrühren. Restliche Milch zum Kochen bringen, Puddingpulver einrühren, aufkochen und abkühlen lassen, dabei hin und wieder umrühren. Ofen auf 200 Grad vorheizen. Ei trennen, Eiweiß und Sahne getrennt steif schlagen, mit Eigelb unterziehen und Masse gleichmäßig auf den Teig streichen. Äpfel schälen, vierteln, entkernen, in Spalten schneiden und dachziegelförmig auf den Pudding legen. Damit der Teig nicht auslaufen kann, ein mehrfach geknicktes Stück Alufolie an den offenen Rand setzen. Kuchen im vorgeheizten Ofen ca. 35 Minuten backen. Ergibt 20 Stücke.

Rosenkuchen

Zutaten

Für den Teig:
200 g Quark,
6 EL Milch, 1 Ei,
1/8 l Öl, 100 g Zucker,
1 Päckchen Vanillinzucker, Salz, 400 g Mehl,
1 Päckchen und
2 gestr. TL Backpulver,
75 g weiche Butter oder Margarine;
für die Füllung:
75 g Korinthen,

75 g Rosinen,
50 g Zucker,
1 Päckchen Vanillinzucker, 100 g abgezogene, gehackte Mandeln;
außerdem:
Fett für die Form, Dosenmilch zum Bestreichen

EW	Fett	KH	kcal/kJ
6 g	17 g	37 g	332/1387

Quark mit Milch, Ei, Öl, Zucker, Vanillinzucker und Salz verrühren. Mehl mit Backpulver mischen, sieben, die Hälfte davon unter den Quark rühren, Rest des Mehls unterkneten.
Teig zu einem Rechteck von ca. 50 x 40 cm ausrollen, mit weicher Butter oder Margarine bestreichen. Ofen auf 175–200 Grad vorheizen. Für die Füllung Korinthen, Rosinen, Zucker, Vanillinzucker und Mandeln mischen, auf den Teig streuen. Teig von der längeren Seite her aufrollen, Rolle in 16 Stücke schneiden, diese in eine gefettete Springform (ca. 26 cm Durchmesser, Rand nicht fetten) setzen, mit Dosenmilch bestreichen. Kuchen im vorgeheizten Ofen 35–55 Minuten backen.

Käsekuchen vom Blech
(Abb.)

Zutaten
Für den Teig:
300 g Mehl,
1 Päckchen Backpulver,
150 g Quark,
1 Ei,
6 EL Milch,
6 EL Speiseöl,
75 g Zucker,
1 Prise Salz;
für die Füllung:
4 Eier,
2 Dosen Mandarinen,
1 kg Quark,
2 Päckchen Vanillinzucker,
120 ml Speiseöl,
Fett für das Blech,
1 Päckchen klarer Tortenguss

EW	Fett	KH	kcal/kJ
10 g	16 g	19 g	288/1202

Mehl und Backpulver in eine Schüssel sieben. Quark, Ei, Milch, Speiseöl, Zucker und Salz zugeben und alles zu einem glatten Teig verkneten. Für die Füllung Eier trennen. Mandarinen abtropfen lassen und Saft auffangen. Eigelb, Quark, Vanillinzucker und Öl glatt rühren. Eiweiß steif schlagen und unterziehen. Teig ausrollen, ein gefettetes Backblech damit auslegen, mit Quarkmasse bestreichen und mit Mandarinen belegen. Im vorgeheizten Backofen bei

200 Grad ca. 35–40 Minuten backen. Auskühlen lassen. Tortenguss mit Mandarinensaft nach Packungsanweisung zubereiten und gleichmäßig auf den Kuchen streichen.
Ergibt 20 Stücke.

Kokos-Ananas-Kuchen (Abb.)

Zutaten
Für den Teig:
300 g Mehl,
1 Päckchen Backpulver,
150 g Quark,
6 EL Milch,
6 EL Speiseöl,
75 g Zucker,
1 Päckchen Vanillinzucker,
1 Prise Salz,
Mehl zum Ausrollen;
für den Belag:
3 große Dosen Ananas,
4 Eier,
1/4 l Milch,
125 g Zucker,
200 g Kokosraspel,
2 EL Vanille-Puddingpulver;
außerdem:
Fett für das Blech

EW	Fett	KH	kcal/kJ
5 g	10 g	44 g	285/1193

Für den Teig Mehl und Backpulver in eine Schüssel sieben und mit Quark, Milch, Öl, Zucker, Vanillinzucker und Salz verkneten. Auf einer bemehlten Arbeitsplatte ausrollen und ein gefettetes Backblech damit auslegen.
Für den Belag Ananasscheiben gut abtropfen lassen. 2 Eier trennen. Eigelb, restliche Eier, Milch, 75 g Zucker, 100 g Kokosraspel und Puddingpulver verrühren. Auf dem Teig verteilen, mit Ananasscheiben belegen und im vorgeheizten Backofen bei 200 Grad ca. 35–40 Minuten backen.
Restliches Eiweiß steif schlagen, restlichen Zucker und Kokosraspeln einrieseln lassen. Eischnee in einen Spritzbeutel füllen und Tupfen in die Ananasringe spritzen. Weitere 10 Minuten backen.
Ergibt 20 Stücke.

Tipp
Den Kuchen nach Wunsch mit gerösteten Kokosraspeln bestreuen.

Quark-Ölteig-Plunder

Zutaten
Für den Teig:
150 g Quark,
6 EL Milch,
6 EL Speiseöl,
75 g Zucker,
1 Päckchen Vanillinzucker,
1 Prise Salz,
300 g Weizenmehl,
1 Päckchen Backpulver,
Mehl zum Ausrollen;

für die Füllung:
450 g Konfitüre nach Belieben (z. B. Preiselbeeren);
außerdem:
Dosenmilch zum Bestreichen

EW	Fett	KH	kcal/kJ
4 g	7 g	51 g	292/1219

Quark, Milch, Öl, Zucker, Vanillinzucker und Salz verrühren. Mehl und Backpulver vermischen und die Hälfte davon unter den Quark rühren, Rest des Mehls unterkneten.
Ofen auf 175–200 Grad vorheizen. Teig auf bemehlter Arbeitsfläche ca. 1/2 cm dick ausrollen und Vierecke ausschneiden.
In die Mitte je einen Klecks Konfitüre geben und zu Teigtaschen (rechteckig) oder -dreiecken zusammenschlagen, mit Dosenmilch bestreichen und auf ein Blech mit Backpapier legen.
Teigtaschen im vorgeheizten Ofen ca. 15 Minuten backen. Ergibt 12 Stücke.

Johannisbeer-Quark-Kuchen mit Baiser
(Abb.)

Zutaten
1 Becher Quark (250 g),
1 Prise Salz,
6 EL Milch,
4 EL Öl,
3 Eier,
400 g Zucker,
1 gestr. EL Backpulver,
400 g Mehl,
750 g Johannisbeeren,
500 g Magerquark,
1 Päckchen Vanille-Puddingpulver,
1 Päckchen Vanillinzucker,
50 g zerlassene Butter,
4 EL Speisestärke,
100 g gehobelte Mandeln

EW	Fett	KH	kcal/kJ
9 g	10 g	45 g	314/1317

Quark mit Salz, Milch, Öl, 1 Ei und 100 g Zucker glatt rühren. Backpulver mit Mehl vermischen, unterrühren, den Rest kräftig unterkneten.
Teig ausrollen und auf ein mit Backpapier ausgelegtem Backblech auslegen. Johannisbeeren verlesen, waschen, gut abtropfen lassen und entstielen. Restliche Eier trennen. Eiweiß für die Baisermasse beiseite stellen. Quark mit Eigelb, 200 g Zucker, Puddingpulver, Vanillinzucker, Butter und Speisestärke verrühren, die Johannisbeeren unterheben.
Masse auf den Teig streichen und den Kuchen im vorgeheizten Ofen bei 200 Grad 40–45 Minuten backen. Eiweiß steif schlagen und 100 g Zucker dabei langsam einrieseln lassen. Baiser gleichmäßig auf dem Kuchen verteilen, mit gehobelten Mandeln bestreuen und alles nochmals 5–10 Minuten backen, bis das Baiser hellbraun ist. Ergibt 20 Stücke.

Aprikosen-Quarktaschen *(Abb.)*

Zutaten

Für den Teig:
250 g Magerquark,
1 Ei,
100 ml Öl,
100 g Zucker,
1 Päckchen Vanillinzucker,
1 Prise Salz,
350 g Mehl,
1 Päckchen Backpulver;
für die Füllung:
1 Ei (getrennt),
50 g Zucker,
250 g Quark (20 %),
200 g Doppelrahmfrischkäse,
75 g getrocknete Aprikosen,
20 g gehackte Mandeln,
1–2 Zwieback;
außerdem:
1 Eigelb,
1–2 EL Dosenmilch,
100 g Puderzucker,
50 g getrocknete Aprikosen,
20 g gehackte Mandeln

EW	Fett	KH	kcal/kJ
9 g	12 g	32 g	275/1152

Für den Teig Quark auf Küchenkrepp auf 225 g Gewicht abtropfen lassen, dann mit Ei, Öl, Zucker, Vanillinzucker und Salz verrühren. Mehl mit Backpulver mischen und nach und nach unterarbeiten. Teig kühl stellen. Inzwischen Eigelb mit Zucker cremig schlagen. Quark und Doppelrahmfrischkäse unterrühren. Eiweiß steif schlagen und unter die Creme heben. Aprikosen fein würfeln und mit Mandeln unterheben.
Teig zu einem Rechteck von 40 x 50 cm ausrollen. Daraus 20 Quadrate von 10 x 10 cm schneiden. Teigstücke auf ein mit Backpapier belegtes Blech legen und jeweils die Ränder mit verquirltem Eigelb bestreichen. Ofen auf 200 Grad vorheizen.

Zwieback zerbröseln, auf die Teigstücke streuen. Quarkmasse darauf verteilen. Quadrate zu rechteckigen Taschen zusammenklappen, Ränder gut andrücken und an der Längsseite in Abständen von 2–3 cm jeweils 1 cm tief einschneiden. Oberfläche mit Dosenmilch bepinseln.
Taschen auf der 1. Schiene von unten im vorgeheizten Ofen 20 Minuten backen. Puderzucker mit etwa 3 EL Wasser verrühren, Taschen damit überziehen und mit gewürfelten Aprikosen und gehackten Mandeln bestreuen. Ergibt 20 Stücke.

Apfeltaschen

Zutaten

Für die Füllung:
750 g Äpfel,
50 g Rosinen,
60 g Zucker,
etwas Zitronensaft;
für den Teig:
300 g Mehl,
1 Päckchen Backpulver,
150 g trockener Magerquark,
6 EL Milch,
6 EL neutrales Öl,
75 g Zucker,
1 Päckchen Vanillinzucker,
1 Prise Salz;
für den Guss:
100 g Puderzucker;
außerdem:
Fett für das Blech,
Milch zum Bestreichen

EW	Fett	KH	kcal/kJ
4 g	6 g	50 g	278/1163

Äpfel schälen, vierteln, vom Kernhaus befreien und in Würfel schneiden. Mit Rosinen und Zucker knapp weich dünsten, auskühlen lassen. Mit etwas Zitronensaft abschmecken.
Mehl mit Backpulver mischen und in eine Schüssel sieben. Quark, Milch, Öl, Zucker, Vanillinzucker und Salz dazugeben

und alles mit den Knethaken des Handrührgeräts vermischen. Ofen auf 180–200 Grad vorheizen. Teig auf einer Arbeitsfläche zu einer Rolle formen, dünn ausrollen und Kreise von ca. 10 cm Durchmesser ausstechen. Auf eine Teighälfte jeweils etwas Apfelfülle geben, die zweite Teighälfte darüber klappen, Ränder gut andrücken und auf ein gefettetes Blech legen. Oberflächen mit Milch bestreichen. Apfeltaschen im vorgeheizten Ofen ca. 15 Minuten backen.
Inzwischen Puderzucker mit etwas heißem Wasser zu einer dickflüssigen Masse anrühren. Noch heiße Apfeltaschen damit glasieren. Auf einem Kuchendraht trocknen lassen.

Butterkuchen

Zutaten

Für den Teig:
150 g Quark,
6 EL Milch,
6 EL Öl,
75 g Zucker,
1 Päckchen Vanillinzucker,
Salz,
300 g Mehl,
1 Päckchen Backpulver,
75 g Rosinen;
für den Belag:
100–125 g Butter,
75 g Zucker,
1 Päckchen Vanillinzucker,
50 g abgezogene, gehobelte Mandeln;
außerdem:
Fett für das Blech

EW	Fett	KH	kcal/kJ
5 g	9 g	25 g	198/830

Quark mit Milch, Öl, Zucker, Vanillinzucker und Salz verrühren. Mehl mit Backpulver mischen, sieben, die Hälfte davon unter den Quark rühren, Rest des Mehls unterkneten. Rosinen unter den Teig kneten. Teig auf einem gefetteten Backblech ausrollen. Ofen auf 175–200 Grad vorheizen. Für den Belag Butter in Flöckchen gleichmäßig auf den Teig legen oder zerlassen darauf streichen. Zucker mit Vanillinzucker mischen, darüber streuen. Mandeln gleichmäßig darüber verteilen, einen mehrfach umgeknickten, gefetteten Streifen Alufolie vor den Teig legen. Kuchen im vorgeheizten Ofen auf mittlerer Schiene ca. 20 Minuten backen.

Mandelrolle

Zutaten

Für die Füllung:
50 g Rosinen,
3 EL Aprikosenlikör,
250 g gemahlene Mandeln, 50 g Zucker,
1 TL Zimtpulver,
1 Msp. Nelkenpulver,
abgeriebene Schale von 1/2 Orange (unbehandelt),
etwa 80 g Sahne,
150 g Marzipan-Rohmasse;
für den Teig:
250 g trockener Magerquark, 5 EL Milch,
1 Ei, 1/8 l Sonnenblumenöl (kaltgepresst),
80 g Zucker, 1 Prise Salz,
1 Päckchen Vanillinzucker, 400g Mehl,
1 Päckchen Backpulver;
außerdem:
40 g Butter, Puderzucker zum Bestäuben,
Butter für das Blech

EW	Fett	KH	kcal/kJ
7 g	22 g	42 g	412/1724

Rosinen klein schneiden und mit Likör verrühren. Mandeln mit Zucker, Gewürzen und Sahne verrühren. Marzipan in dünne Scheiben schneiden. Quark mit Milch, Ei, Öl, Zucker, Salz und Vanillinzucker verrühren. Mehl und Backpulver mischen. Nach und nach unter die Quarkmasse rühren, zum Schluss unterkneten. Backofen auf 180 Grad vorheizen. Ein Backblech einfetten. Teig auf bemehlter Arbeitsfläche zu einem Rechteck (40 x 25 cm) ausrollen. Mit Marzipan belegen. Füllung darauf verteilen. Beide Längsseiten des Teiges bis zur Mitte einrollen. Rolle auf das Blech legen. Mandelrolle auf mittlerer Schiene im vorgeheizten Ofen 55 Minuten backen. Heißen Kuchen mit zerlassener Butter bestreichen, dick mit Puderzucker bestäuben.

MÜRBETEIG

Mürbeteig, auch Knetteig genannt, ist ein kurz gekneteter, fettreicher Teig, der kaum aufgeht. Er ist einfach herzustellen und vielseitig verwendbar. Auf drei Teile Mehl kommen zwei Teile Fett und ein Teil Zucker. Flüssigkeit wird nicht oder in sehr geringen Mengen zugegeben, wodurch die mürbe Struktur entsteht. Bei Mürbeteig ist weder ein Quellen des Weizenklebers noch ein Verkleistern der Stärke notwendig. Deshalb kann Weißmehl ganz durch Vollkornmehl ersetzt werden.

Mürbeteig eignet sich in erster Linie für flaches und gefülltes Gebäck sowie für Kleingebäck. Aufgrund seiner wenigen Grundzutaten kann er durch entsprechende Verbesserungszutaten in zahlreichen Variationen, süß oder pikant, hergestellt werden.

Die Zubereitung ist denkbar einfach:

- Wer einen Mürbeteig ganz professionell herstellen möchte, siebt Mehl auf eine Arbeitsfläche und mischt es mit Geschmackszutaten wie Vanillinzucker, geriebener Zitronenschale, Salz oder gemahlenen Nüssen. Backpulver ist nur bei weniger fetthaltigen Teigen zur Lockerung notwendig. Es genügt eine kleine Messerspitze auf 200–250 g Mehl.
- Eier werden nur sparsam verwendet. Sie sorgen für die nötige Bräunung und tragen zum guten Aussehen und Geschmack des Gebäcks entscheidend bei.
- Damit der Teig nicht zäh wird, sollten Flüssigkeiten, wenn überhaupt, nur sehr sparsam verwendet werden.
- Damit der Teig nicht warm wird, sollte er nur portionsweise ausgerollt bzw. geformt werden.
- Backformen und -bleche müssen kühl sein und werden nicht gefettet. Ausnahmen sind Formen mit gewelltem Rand und Torteletteformen.
- Arbeitet man mit einer Springform, rollt man zunächst den Teig flach aus, drückt die Springform in den Teig hinein und schneidet den überschüssigen Teig außerhalb der Springform mit einem scharfen Messer weg. Aus den Resten wird dann der Kuchenrand geformt.
- Neigt sich die Backzeit zum Ende, muss geprüft werden, ob der Kuchen fertig ist (Nadelprobe!).
- Nach dem Herausnehmen des fertigen Kuchens aus dem Backrohr gönnt man ihm noch etwas Ruhe, damit er nicht bricht.
- Vor dem völligen Erkalten muss der Kuchen aus der Form entfernt werden, damit nichts anklebt.
- Kuchen, die mit Früchten, Cremes oder anderen Zutaten gefüllt werden sollen, müssen einen hohen, dünnwandigen Rand haben. Auch der Boden sollte flach und gleichmäßig ausgeformt sein. Dies erreicht man durch das so genannte »Blind backen«: Zunächst wird der Mürbeteig in die Form mit Rand eingepasst und gleichmäßig dick angedrückt. Damit der Boden beim Backen keine Blasen wirft, sticht man ihn mit einer Gabel mehrmals ein. Auf den Teigboden legt man ein Stück Pergamentpapier und füllt die Kuchenform mit getrockneten Hülsenfrüchten, wie z. B. Erbsen oder Bohnenkernen. Nun schiebt man zum Blindbacken den Teig in das Backrohr.

Die Herstellung als *Knetteig* ist die übliche Art und wird bei einem Großteil der Rezepte verwendet, *gerührter Mürbeteig* hingegen für fetthaltige Teige und Teige zum Spritzen. *Süßer Mürbeteig* eignet sich u. a. für Torten- und Kuchenböden, Kekse und Kleingebäck.

GRUNDREZEPT

Mürbeteig (Abb. 1–3)

Zutaten
300 g Mehl,
100 g Zucker,
200 g Butter,
2 Eigelb oder 1 Ei,
1 Prise Salz,
2 EL Rum,
saure Sahne
oder Wein

EW	Fett	KH	kcal/kJ
4 g	14 g	26 g	260/1088

Mehl auf das Backbrett sieben, Zucker untermengen. Kalte Butter in Stückchen darauf verteilen (Abb. 1). Mit einem Messer Butter unter das Mehl hacken (Abb. 2) oder mit den Händen abbröckeln. Eigelb oder Ei, Salz, Rum, saure Sahne oder Wein zugeben, mit einer Gabel leicht untermischen. Mit kalten Händen rasch zu einem glatten Teig kneten (Abb. 3). 60 Minuten im Kühlschrank ruhen lassen, am besten in Alufolie eingeschlagen.

Variationen:

Einfacher Mürbeteig: Nur 125 g Butter und 75 g Zucker nehmen.
Mandelmürbeteig: 100 g Mehl durch 100 g geriebene Mandeln ersetzen.
Dieses Rezept ist ausreichend für 1 Kuchenboden (26–28 cm Durchmesser).

Abb. 1

Abb. 2

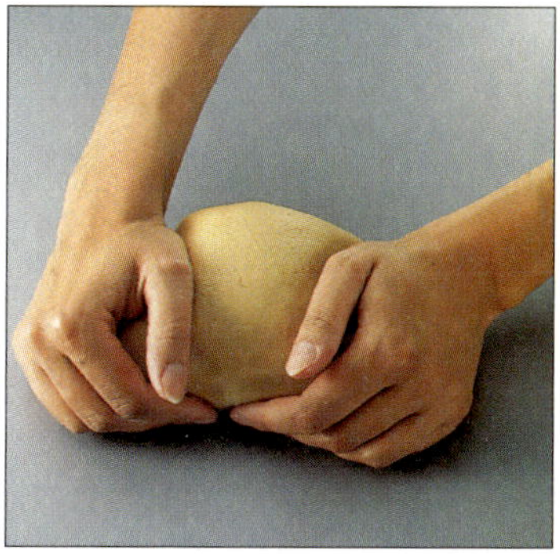

Abb. 3

GRUNDREZEPT

Mürbeteigboden, gerührt

Zutaten
55 g Butter,
35 g Zucker,
1 Eigelb,
1 Prise Salz,
70 g Mehl

EW	Fett	KH	kcal/kJ
1 g	5 g	8 g	85/356

Springformboden (26 cm Durchmesser) mit Backpapier auslegen.
Weiche Butter, Zucker, Eigelb und Salz schaumig rühren, gesiebtes Mehl unterrühren. Teig auf den Springformboden streichen.
Mit der Gabel mehrmals einstechen, mit Papier abdecken, 30 Minuten kalt stellen. Teig in den vorgeheizten Ofen (200 Grad) stellen, ca. 10–15 Minuten backen.
Die fertige Mürbeteigplatte verwendet man als Unterlage für Torten.

Tipp

Bereiten Sie gleich die drei- bis vierfache Menge an Mürbeteig auf Vorrat vor.
Packen Sie den Teig portionsweise gut ein und heben Sie ihn in der Tiefkühltruhe auf.

Obst-Käse-Torte
(Abb.)

Zutaten

Für den Teig:
200 g Mehl,
1 gestr. TL Backpulver,
60 g Zucker,
2 Päckchen Vanillinzucker,
1 Ei,
4 EL Butter oder Margarine;
für die Käsemasse:
4 Eier,
190 g Zucker,
1 Päckchen Käsekuchen-Hilfe,
750 g Magerquark,
1 Päckchen Vanillinzucker,
1/4 l Milch;
für den Obstbelag:
500–700 g verschiedene Obstsorten,
1 Päckchen klarer Tortenguss;
außerdem:
3 EL Aprikosenmarmelade,
100 g gehackte Mandeln

EW	Fett	KH	kcal/kJ
13 g	9 g	33 g	277/1158

Mehl mit Backpulver mischen, auf eine Arbeitsfläche sieben, in die Mitte eine Vertiefung drücken, Zucker, Vanillinzucker und Ei hineingeben. Butter oder Margarine in Flöckchen an den Rand setzen. Alles von außen nach innen zu einem glatten Teig verarbeiten. 2/3 des Teiges in Springformgröße ausrollen und in eine mit Backpapier ausgelegte Springform (26 cm Durchmesser) geben.
Aus restlichem Mürbeteig eine Rolle formen und diese entlang des Springformrandes hochdrücken.
Ofen auf 175 Grad vorheizen.
Für die Käsemasse Eier trennen. Eiweiß mit 1 EL Zucker steif schlagen.
Käsekuchen-Hilfe, Quark, restlichen Zucker, Vanillinzucker, Milch und Eigelb glatt rühren. Eischnee unter die Masse heben und diese gleichmäßig auf den Teigboden streichen.
Kuchen im vorgeheizten Ofen 60–70 Minuten backen. Auf dem abgekühlten Kuchen gewaschene und geputzte oder abgetropfte Früchte verteilen. Tortenguss nach Packungsvorschrift herstellen und über die Früchte geben. Rand der Torte mit Aprikosenmarmelade bestreichen und mit gehackten Mandeln bestreuen.
Ergibt 16 Stücke.

Tipp
Auch ohne Obstbelag schmeckt der Käsekuchen sehr lecker. Geben Sie nach einer kurzen Ruhezeit den Kuchen zum Auskühlen umgekehrt auf ein Kuchengitter, so bekommt er ein hübsches Muster.

Quarktorte mit Blütengelee *(Abb.)*

Zutaten

5–6 Calendulablüten (Ringelblumen),
15–20 Minzeblättchen,
1/4 l Weißwein,
200 g Mehl,
200 g Zucker,
125 g Butter,
3 Eier, Salz,
1 Vanilleschote,
500 g Magerquark,
6 EL Sahne,
1 Päckchen Vanillinzucker,
1 Päckchen Vanillepuddingpulver,
2 EL Zitronensaft,
3 Blatt weiße Gelatine

EW	Fett	KH	kcal/kJ
7 g	9 g	26 g	225/755

Blüten und Minze waschen. Von der Hälfte der Blüten Blütenblätter abzupfen. Blütenblätter und Minzeblättchen mit Wein übergießen und zugedeckt beiseite stellen.
Aus Mehl, 4 EL Zucker, Butter, 1 Ei und 1 Prise Salz einen Mürbeteig kneten. Teig ausrollen und eine Tarteform (26 cm Durchmesser) damit auslegen. Restliche Eier trennen. Vanilleschote längs aufritzen, Mark herauskratzen und mit Quark, Sahne, Eigelb, restlichem Zucker, Vanillinzucker, Vanillepuddingpulver und Zitronensaft verrühren. Eiweiß steif schlagen und unterziehen. Quarkmasse in die Form füllen, glatt streichen und im vorgeheizten Ofen bei 175 Grad ca. 45 Minuten backen. Gelatine nach Packungsvorschrift auflösen und in den Wein rühren. Torte damit bestreichen und mit restlichen Blüten und Minzeblättern dekorieren. Ergibt 16 Stücke.

Linzer Schnitten

Zutaten

250 g Mehl,
1 Prise Salz,
100 g Zucker,
4 Eigelb,
125 g Butter oder Margarine,
1 Glas Aprikosenkonfitüre,
4 cl Rum,
150 g geriebene Mandeln,
Mehl zum Bestäuben,
1 Ei zum Bestreichen,
Zucker zum Bestreuen

EW	Fett	KH	kcal/kJ
2 g	5 g	10 g	95/397

Mehl auf ein Backbrett sieben. In die Mitte eine Vertiefung drücken. Salz, Zucker und Eigelb hineingeben.
Kühle Butter oder Margarine in Flöckchen auf den Mehlrand setzen. Zutaten mit einem Teigmesser mischen. Mit kühlen Händen schnell zu einem glatten Teig kneten.
Den Teig in einer zugedeckten Schüssel 30 Minuten in den Kühlschrank stellen. Für die Füllung Konfitüre, Rum und Mandeln verrühren.

Aus 2/3 des Teiges eine 5 mm dicke Platte ausrollen.
Backblech mit Mehl bestäuben, die Teigplatte auf 3/4 des Bleches legen und mit der Füllung bestreichen.
Den Blechrand mit Pergamentpapierstreifen auskleiden, damit sich der fertige Kuchen besser löst.
Den restlichen Teig 2 mm dick ausrollen. Mit dem Kuchenrad 1 1/2 cm breite Streifen ausradeln und gitterartig über die Füllung legen. Teigstreifen mit verquirltem Ei bestreichen und mit Zucker bestreuen. Blech in den vorgeheizten Ofen (220 Grad) auf die mittlere Schiene schieben und 35 Minuten backen.
Blech aus dem Ofen nehmen. Papierstreifen herausziehen. Kuchen noch warm quer in 3 cm breite und 6 cm lange Stücke schneiden.
Auf einem Kuchendraht erkalten lassen. Ergibt 45 Stück.

Pfirsichtarte mit Mandeln (Abb.)

Zutaten
Für den Teig:
200 g Mehl,
50 g Zucker,
1 Ei, 1 Prise Salz,
100 g Butter;
für den Belag:
50 g Mandelblättchen,
1 große Dose Pfirsiche,
50 g Zucker,
30 g Butter,

2 EL Pfirsichsaft (aus der Dose);
außerdem:
200 g Sahne,
1 TL Zucker

EW	Fett	KH	kcal/kJ
4 g	15 g	32 g	302/1266

Mehl mit Zucker, Ei, Salz und Butter rasch zu einem glatten Teig verkneten und in Frischhaltefolie gewickelt in den Kühlschrank legen.
Ofen auf 200 Grad vorheizen. Für den Belag Mandelblättchen in einer Pfanne ohne Fett goldbraun rösten. Pfirsiche abtropfen lassen und in Spalten schneiden. 2 EL Saft abnehmen. Zucker bei mittlerer Hitze goldbraun karamellisieren. Butter unterrühren, bis sie sich mit dem Zucker verbunden hat. Topf vom Herd nehmen und 2 EL Pfirsichsaft unterrühren. Karamell in eine Tarteform gießen, Pfirsichspalten darauf verteilen und mit 2/3 der Mandelblättchen bestreuen. Teig zwischen Frischhaltefolie etwas größer als die Form ausrollen, über den Belag decken und die Ränder etwas nach unten drücken. Teig mehrmals mit einer Gabel einstechen und die Tarte auf der 1. Schiene von unten im vorgeheizten Ofen ca. 30 Minuten backen. Noch heiß auf eine Platte stürzen und erkalten lassen. Sahne mit Zucker steif schlagen, Tarte damit verzieren und restliche Mandeln auf die Sahne streuen.

Erdbeertorte Jamaika

Zutaten
Für den Teig:
120 g Mehl,
1/2 TL Backpulver,
1 Ei,
1 Päckchen Vanillinzucker, 40 g Zucker,
1 Prise Salz,
75 g Butter,
Mehl zum Ausrollen;
für den Belag:
4 Blatt weiße Gelatine,
30 g Speisestärke,
1/4 l Milch,
2 EL Zucker,
6 EL Jamaika-Rum,
500 g Erdbeeren

EW	Fett	KH	kcal/kJ
4 g	6 g	20 g	172/723

Mehl mit Backpulver mischen, Ei, Vanillinzucker, Zucker, Salz und Butter in Flocken hinzufügen und alles rasch zu einem Mürbeteig verkneten. Zu einer

Kugel formen und 30 Minuten abgedeckt kühl stellen.
Ofen auf 200 Grad vorheizen. Teig auf bemehlter Arbeitsfläche in Größe einer Springform von 26 cm Durchmesser ausrollen und die Tortenform damit auslegen. Rand leicht hochdrücken und Teig mit einer Gabel mehrmals einstechen. Teig im vorgeheizten Ofen 20 Minuten backen. Inzwischen Gelatine in kaltem Wasser einweichen, Speisestärke mit 6 EL Milch anrühren. Restliche Milch aufkochen lassen, Stärke einrühren und unter Rühren aufkochen lassen. Creme mit Zucker und Rum abschmecken. Gelatine gut ausdrücken, leicht erwärmen bis sie sich auflöst und in die noch heiße Creme rühren. Creme kühl stellen.
Sahne steif schlagen und unter die fast steife Creme heben. Erdbeeren waschen, putzen und halbieren. Creme auf den ausgekühlten, aus der Form gelösten Tortenboden streichen und mit Erdbeeren belegen.

Gedeckter Erdbeerkuchen

Zutaten
1 Grundrezept »Mürbeteig« (S. 65),
750 g Erdbeeren,
125 g Zucker,
4 Eiweiß,
125 g Sahne, geschlagen nach Belieben

EW	Fett	KH	kcal/kJ
4 g	13 g	31 g	265/1111

Mürbeteig herstellen, in Obstkuchenform drücken, im vorgeheizten Ofen (200–225 Grad) ca. 30 Minuten backen, auskühlen lassen.
Mit der Hälfte der gewaschenen, abgetropften Früchte belegen, große Erdbeeren teilen. Mit 2 EL Zucker bestreuen. Kaltes Eiweiß mit wenig Zucker zu steifem Schnee schlagen, restlichen Zucker zugeben, zu einer glatten, glänzenden Schaummasse weiterschlagen. Restliche Erdbeeren auf dem Kuchen verteilen, bei Oberhitze ca. 10 Minuten überbacken. Nach Belieben mit Schlagsahne verzieren.

Beerentörtchen (Abb.)

Zutaten
Für den Teig:
300 g Weizenvollkornmehl,
100 g Zucker,
1 Ei,
1/2 TL Backpulver,
100 g Butter oder Margarine;
für den Belag:
400 g gemischte Beeren,
100 g Marzipan-

SÜSSES BACKEN

Rohmasse,
1 Eigelb,
1 cl Mandellikör,
1 Päckchen klarer Tortenguss;
außerdem:
Fett für die Förmchen

EW	Fett	KH	kcal/kJ
9 g	13 g	53 g	388/1620

Mehl auf eine Arbeitsfläche sieben, in die Mitte eine Vertiefung drücken. Zucker, Ei und Backpulver hineingeben, Butter oder Margarine in Flöckchen an den Rand setzen. Alles von außen nach innen zu einem glatten Teig verkneten. Teig in Folie wickeln und ca. 30 Minuten kalt stellen. Ofen auf 200 Grad vorheizen. Acht Torteletts-Förmchen einfetten und mit Teig auslegen. Im vorgeheizten Ofen 20–25 Minuten backen. Beeren verlesen, waschen und gut abtropfen lassen. Marzipan-Rohmasse mit Eigelb und Mandellikör glatt rühren. Masse in die Törtchen streichen und Beeren darauf verteilen.
Tortenguss nach Packungsanweisung zubereiten und Obsttörtchen damit überziehen.
Nach Wunsch Vanillesauce dazu reichen. Ergibt 8 Stück.

Stachelbeertörtchen mit Crème-fraîche-Guss *(Abb.)*

Zutaten
60 g Speisestärke,
100 g Mehl,
2 Eier,
80 g Zucker,
75 g Butter,
Fett für die Form,
je 150 g grüne und rote Stachelbeeren,
100 g Crème fraîche,
eventuell 2 EL Weißwein,
Puderzucker zum Bestäuben

EW	Fett	KH	kcal/kJ
4 g	15 g	32 g	285/1193

50 g Speisestärke und Mehl in eine Schüssel geben. 1 Ei, 50 g Zucker und weiche Butter darauf geben. Alles mit dem Handrührgerät auf niedriger Schaltstufe verkneten und kalt stellen. Teig auf bemehlter Arbeitsfläche dünn ausrollen und gefettete kleine runde Backförmchen (7 cm Durchmesser) damit auskleiden. Teigböden mit einer Gabel mehrmals einstechen. Stachelbeeren waschen, trockentupfen und in die Förmchen verteilen. Für den Guss Crème fraîche mit 1 Ei, restlichem Zucker, eventuell Weißwein und restlicher Speisestärke verrühren; in die Förmchen gießen. Im vorgeheizten Ofen bei 175–200 Grad 20–30 Minuten backen. Törtchen abkühlen lassen, aus den Förmchen lösen, mit Puderzucker bestäuben.

Tipp
Statt der Stachelbeeren können Sie auch Kirschen oder Weintrauben verwenden.

Rhabarbertorte

Zutaten
Für den Belag:
1 kg Rhabarber,
40 g Zucker;

für den Teig:
100 g Butter oder Margarine,
75 g Zucker, 1 Ei,
2 EL Weißwein,
250 g Mehl,
2 TL Backpulver;
für den Guss:
125 g saure Sahne,
2 Eier,
50 g Zucker,
1 TL gemahlener Zimt,
50 g gemahlene Mandeln;
außerdem:
Fett für die Form,
Puderzucker zum Bestäuben

EW	Fett	KH	kcal/kJ
7 g	13 g	57 g	357/1492

Für den Belag Rhabarber abziehen, unter kaltem Wasser waschen, abtropfen lassen und in 3 cm lange Stücke schneiden. In eine Schüssel geben. Mit Zucker bestreut zugedeckt 1 Stunde ziehen lassen.
In der Zwischenzeit für den Teig Butter oder Margarine mit Zucker schaumig schlagen. Ei und Weißwein einrühren. Mehl mit Backpulver mischen. Erst unterrühren, dann von außen nach innen zu einem geschmeidigen Teig kneten. Zugedeckt 30 Minuten in den Kühlschrank stellen.
Ofen auf 180 Grad vorheizen. Eine Springform (Durchmesser 26 cm) mit Margarine einfetten. Mit dem Teig auskleiden. Dabei 3 cm hohen Rand formen. Rhabarber auf einem Sieb abtropfen lassen (Saft auffangen. Kann gut gekühlt als Getränk serviert werden). Rhabarber auf dem Teig verteilen. Kuchen im vorgeheizten Ofen auf mittlerer Schiene 40 Minuten backen.
Für den Guss saure Sahne mit Eiern in einer Schüssel verquirlen. Zucker, Zimt und gemahlene Mandeln unterrühren. Kuchen aus dem Ofen nehmen. Guss darauf verstreichen. Kuchen nochmals 25 Minuten backen.
Kuchen aus dem Ofen nehmen und aus der Form lösen. Auf einen Kuchendraht gleiten lassen. Mit Puderzucker bestäuben und abkühlen lassen.

Quark-Ananas-Torte
(Abb.)

Zutaten
200 g Mehl,
1 Prise Backpulver,
1 Ei, 200 g Zucker,
4 EL Butter,
1 kg Magerquark,
abgeriebene Schale von 1 Zitrone (unbehandelt), 8 Blatt Gelatine,
200 g Sahne,
7 Scheiben Ananas,
1 EL gehackte Pistazien

EW	Fett	KH	kcal/kJ
10 g	10 g	29 g	256/1071

Mehl mit Backpulver auf eine Arbeitsfläche geben, in die Mitte eine Mulde drücken, Ei und 100 g Zucker hineingeben. Butter in Flöckchen am Rand verteilen; alles zu einem glatten Teig verkneten. Teig ausrollen, auf einen mit Backpapier ausgelegten Springformboden (28 cm Durchmesser) legen, mit einer Gabel mehrmals einstechen und im vorgeheizten Ofen bei 200 Grad 15–20 Minuten backen. Quark mit restlichem Zucker und Zitronenschale verrühren. Gelatine nach Packungsvorschrift einweichen, auflösen und unter den angemachten Quark rühren. Sahne steif schlagen, 2/3 unter den Quark mischen, restliche Sahne kühl stellen. Boden und Rand einer zweiten Springform mit Backpapier auslegen. Ananasscheiben am Boden verteilen. Quarkmasse darauf geben, glatt streichen und mit Mürbeteigboden abdecken. Torte ca. 5 Stunden kalt stellen. Springformrand lösen, Papier vom Rand abziehen und eine Tortenplatte auf die Käsecreme legen. Torte stürzen, Papier von den Ananasscheiben abziehen. Torte mit restlicher Sahne und Pistazien verzieren. Ergibt 16 Stücke.

Gedeckter Apfelkuchen
(Abb. 1–4 u. S. 73)

Zutaten
400 g Mehl,
1 TL Backpulver,
210 g Zucker,
1 Päckchen Vanillinzucker,
1 Prise Salz,
2 Eier,
150 g Butter,
1 kg säuerliche Äpfel,
100 g Rum-Rosinen,
100 g gehackte Mandeln,
1 TL Zimtpulver,
100 g Puderzucker,
50 g Mandelblättchen

Abb. 1

Abb. 2

Abb. 3

Abb. 4

EW	Fett	KH	kcal/kJ
5 g	13 g	50 g	355/1486

Mehl mit Backpulver mischen, auf ein Backbrett sieben, in die Mitte eine Mulde drücken. 150 g Zucker, Vanillinzucker (Abb. 1), Salz und Eier hineingeben und Butter als Flöckchen am Rand verteilen. Alles rasch zu einem glatten Teig verarbeiten. 2/3 vom Teig ausrollen (Abb. 2), eine Springform (26 cm Durchmesser) damit auslegen und einen Rand hochziehen. Teig mit einer Gabel mehrmals einstechen.
Äpfel schälen, halbieren, vom Kerngehäuse befreien und in Stücke schneiden. Mit Rum-Rosinen, Mandeln, Zimt und restlichem Zucker mischen und unter häufigem Rühren ca. 3 Minuten dünsten. Apfelgemisch etwas abkühlen lassen und auf dem Teig verteilen. Restlichen Teig in Springformgröße ausrollen (Abb. 3), Apfelmasse damit abdecken (Abb. 4). Im vorgeheizten Ofen bei 200

Grad 40–45 Minuten backen; abkühlen lassen.
Puderzucker mit so viel Wasser verrühren, dass eine cremige Masse entsteht.
Apfelkuchen mit Glasur bestreichen und mit Mandelblättchen bestreuen.
Ergibt 16 Stücke.

Weintraubentorte

Zutaten
250 g Mehl,
1 Prise Salz,
1 Eigelb, 1 Ei,
205 g Zucker,
abgeriebene Schale von 1 Zitrone (unbehandelt),
125 g Butter oder Margarine,
500 g Weintrauben,
3 Eiweiß,
Saft von 1/2 Zitrone,
100 g gemahlene Mandeln

EW	Fett	KH	kcal/kJ
4 g	10 g	30 g	232/972

Mehl auf die Arbeitsfläche sieben. In die Mitte eine Mulde drücken. Salz, Eigelb und Ei dazugeben. 125 g Zucker und abgeriebene Zitronenschale darüber streuen. Die gut gekühlte Butter oder Margarine in Flöckchen auf dem Mehlrand verteilen. Von außen nach innen schnell einen glatten Teig kneten. Zugedeckt 20 Minuten im Kühlschrank ruhen lassen.

Teig in eine ungefettete Springform geben. Gleichmäßig ausrollen und einen ca. 3 cm hohen Rand formen.
In den vorgeheizten Ofen (200 Grad) auf die mittlere Schiene schieben und 10 Minuten backen. In der Zwischenzeit die Weintrauben waschen und abtropfen lassen. Trauben von den Stielen zupfen, halbieren, entkernen und eventuell häuten.
Eiweiß zu steifem Schnee schlagen. Dabei nach und nach 80 g Zucker einrieseln lassen. Mit Zitronensaft und Mandeln mischen. Zum Schluss die Weintrauben unterheben.
Kuchen aus dem Ofen nehmen und Temperatur herunterschalten. Weintraubenmasse auf den vorgebackenen Boden geben. Wieder in den Ofen auf die mittlere Schiene schieben (160 Grad) und 30 Minuten backen.
Weintraubentorte auf einen Kuchendraht gleiten und abkühlen lassen.

Käsekuchen

Zutaten
Für den Teig:
150 g Mehl,
100 g Butter,
50 g Zucker,
1 Eigelb,
Hülsenfrüchte zum Blindbacken;
für die Füllung:
500 g Quark,
200 g Zucker,

3 TL Vanillinzucker,
abgeriebene Schale
von 1 Zitrone
(unbehandelt),
je 1 gehäufter EL Mehl
und Speisestärke,
7 Eier, 50 g Butter

EW	Fett	KH	kcal/kJ
7 g	14 g	25 g	247/1147

Mehl auf eine Arbeitsplatte sieben, Butter in Stückchen dazugeben, Zucker darüber streuen. Eigelb in die Mitte geben, alles mit einem Messer durchhacken und rasch zu einem Mürbeteig zusammenkneten. Teig zugedeckt 1 Stunde kühl stellen. Ofen auf 190 Grad vorheizen. Eine Springform von 26 cm Durchmesser mit dem Teig auskleiden. Teigboden mit Backpapier belegen und mit Hülsenfrüchten beschweren. Dadurch bleibt er beim Backen ebenmäßig. Boden im vorgeheizten Ofen 15 Minuten backen. Quark mit Hälfte des Zuckers, Vanillinzucker, Zitronenschale, Mehl und Speisestärke verrühren. Eier trennen und Eigelb ebenfalls unterrühren. Eiweiß mit restlichem Zucker steif schlagen. Restliche Butter zerlassen, zusammen mit Eischnee vorsichtig unterheben. Masse auf den vorgebackenen Kuchenboden füllen und bei 180 Grad 40 Minuten backen. Kuchen warm aus der Form lösen; auf einen Kuchendraht heben und auskühlen lassen.

Schweizer Zitronentorte (Abb.)

Zutaten

250 g Mehl,
200 g Butter,
4 EL Puderzucker,
1 Ei, abgeriebene Schale von 1/4 Zitrone (unbehandelt),
4 Zitronen (unbehandelt), 150 g Zucker,
200 g geschälte, gemahlene Mandeln,
3 EL gehackte Mandeln,
3 Eigelb,
Fett für die Form

EW	Fett	KH	kcal/kJ
6 g	23 g	23	385/1616

Mehl, 150 g Butter, Puderzucker, Ei und Zitronenschale zu einem glatten, festen Teig verkneten. In Folie wickeln und ca. 1 Stunde kühl stellen. Zitronen heiß abwaschen und trockentupfen. Von 1 Zitrone die Schale abreiben und von 2 anderen die Schale möglichst dünn abschälen und in Streifen schneiden. Geriebene und geschälte Schale mit 75 g Zucker und 6 EL Wasser bei milder Hitze ca. 10 Minuten köcheln lassen; durchsieben, Saft auffangen und Zitronenschale aufheben.
Restliche Butter zerlassen, mit abgeriebener Zitronenschale, Saft, restlichem Zucker, Mandeln und Eigelb verrühren. Mürbeteig dünn ausrollen, eine gefettete Tarteform (20 cm Durchmesser) damit auslegen und einen Rand hochziehen. Mandelmasse einfüllen, glatt streichen und mit Zitronenscheiben belegen. Im vorgeheizten Ofen bei 175 Grad ca. 50 Minuten backen; auskühlen lassen. Ergibt 12 Stücke.

Nussecken
(Abb.)

Zutaten
150 g Mehl,
1/2 gestr. TL Backpulver,
145 g Zucker,
2 Päckchen Vanillinzucker, 1 Ei,
145 g Butter,
2 EL Aprikosenkonfitüre,
100 g gemahlene Haselnüsse, 100 g gehackte Haselnüsse,
50 g Kuvertüre

EW	Fett	KH	kcal/kJ
2 g	11 g	14 g	166/695

Mehl mit Backpulver mischen, auf eine Arbeitsfläche sieben und in die Mitte eine Vertiefung drücken. 45 g Zucker, 1 Päckchen Vanillinzucker und Ei hineingeben, 45 g Butter in Flöckchen an den Rand setzen und schnell zu einem glatten Teig verkneten. Ca. 30 Minuten kalt stellen.
Teig auf einem mit Backpapier ausgelegten Backblech ausrollen und mit Konfitüre bestreichen. Für den Belag 100 g Butter, 100 g Zucker, restlichen Vanillinzucker und 2 EL Wasser langsam erwärmen und zerlassen. Gemahlene und gehackte Haselnüsse unterrühren. Masse etwas abkühlen lassen und gleich-

mäßig auf dem Teig verteilen. Vor den Teig ein gefaltetes Stück Alufolie legen.
Im vorgeheizten Ofen bei 175–200 Grad 20–30 Minuten backen. Gebäck etwas auskühlen lassen, in Dreiecke schneiden, in aufgelöste Kuvertüre tauchen und auf einem Kuchengitter trocknen lassen. Ergibt 24 Stück.

Weinbackes
(Abb.)

Zutaten
60 g saure Sahne,
40 g Zucker,
3 EL Weißwein,
2 EL Zwetschgenwasser,
3 Eigelb,
300 g Mehl,
200 g Butter,
Mehl zum Ausrollen,
2 Eiweiß,
3 EL Zucker

EW	Fett	KH	kcal/kJ
1 g	1 g	6 g	37/149

Saure Sahne, Zucker, Weißwein, Zwetschgenwasser und Eigelb miteinander verrühren. Mehl einarbeiten, bis der Teig eine feste, geschmeidige Beschaffenheit hat, dann kräftig durchkneten. Kalte Butter in Flöckchen schneiden und rasch einarbeiten, dann Teig über Nacht kühl stellen.
Am nächsten Tag Teig auf der mit Mehl bestäubten Arbeitsplatte ca. 1/2 cm dick ausrollen und mit verschiedenen Formen Plätzchen ausstechen.
Ofen auf 220 Grad vorheizen. Eiweiß zu lockerem Schnee schlagen, Plätzchen mit einem Backpinsel damit bestreichen und mit Zucker bestreuen. Backblech mit Backpapier belegen. Plätzchen auf das Blech setzen und im vorgeheizten Ofen auf mittlerer Schiene in 10–15 Minuten goldgelb backen. Ergibt 50–60 Stück.

Linzer Torte

Zutaten
Für den Teig:
250 g geriebene Mandeln,
250 g Zucker,
250 g kalte Butter,
250 g Mehl,
4 Eigelb,
1 Msp. Zimt,
1 Msp. gemahlene Nelken,
Saft und abgeriebene Schale von 1 Zitrone (unbehandelt),
1 Prise Salz;
für den Belag:
250 g Himbeer- oder Johannisbeermarmelade;
außerdem:
Fett für die Form,
1 Eigelb zum Bestreichen, Puderzucker für die Garnitur

EW	Fett	KH	kcal/kJ
7 g	23 g	40 g	404/1688

Alle Zutaten für den Teig rasch zu einem geschmeidigen Mürbeteig kneten (wie im Rezept Käsekuchen beschrieben, S. 73). Zu einer Kugel formen, in Folie wickeln und gut 1 Stunde kalt stellen.
Ofen auf 180 Grad vorheizen. 2/3 vom Teig abschneiden, ca. 3 mm dick ausrollen und eine gefettete Springform (26 cm Durchmesser) damit auskleiden – dabei einen Rand hochziehen. Teigboden mit Konfitüre bestreichen. Restlichen Teig ausrollen, in Streifen schneiden und gitterförmig auf dem Marmeladenboden anordnen. Mit Eigelb bestreichen und im vorgeheizten Ofen ca. 1 Stunde backen. Mit Puderzucker bestäuben.

Das Plätzchen zum Kaffee
(Abb.)

Zutaten
375 g Mehl,
125 g gemahlene Mandeln,
150 g Zucker,
1 Päckchen Vanillinzucker,
250 g Butter,
je 3 EL Orangenmarmelade und Erdbeerkonfitüre,
100 g Puderzucker

EW	Fett	KH	kcal/kJ
2 g	9 g	19 g	167/701

Mehl, Mandeln, Zucker, Vanillinzucker mischen und auf eine Arbeitsfläche geben. Butter in Flöckchen darauf verteilen und alles zu einem glatten Teig verkneten. Teig in Folie verpackt ca. 30 Minuten kühl stellen, auf bemehlter Arbeitsfläche dünn ausrollen und runde Plätzchen von ca. 8 cm Durchmesser ausstechen.
Ergibt ca. 30 Stück.
Aus der Hälfte der Plätzchen in der Mitte einen kleinen Kreis ausstechen. Plätzchen und Ringe auf ein mit Backpapier ausgelegtes Backblech geben und im vorgeheizten Ofen bei 200 Grad ca. 10 Minuten backen, auskühlen lassen.
Jeweils die Hälfte der Plätzchen mit Orangenmarmelade und Erdbeerkonfitüre bestreichen. Ringe auf die Plätzchen setzen und mit Puderzucker bestäuben.

Herzogintorte

Zutaten
Für den Teig:
250 g Mehl,
1 Prise Salz,
4 Eigelb,
35 g Zucker,
1 Msp. gemahlener Zimt,
200 g kalte Butter;
für die Füllung:
1/2 Glas Aprikosenmarmelade;
zum Garnieren:
200 g Kuvertüre,
24 halbierte Mandeln

EW	Fett	KH	kcal/kJ
6 g	23 g	36 g	386/1614

Mehl auf ein Backbrett oder auf die Arbeitsfläche sieben. In die Mitte eine Mulde drücken. Salz und Eigelb hineingeben. Zucker und Zimt darüber streuen. Butter in Flöckchen auf dem Mehl-

rand verteilen. Von außen nach innen schnell einen glatten Teig kneten. 1 Stunde in den Kühlschrank stellen.
Ofen auf 200 Grad vorheizen. 1/4 des Teiges aus dem Kühlschrank nehmen. Ausrollen und in eine Springform von 24 cm Durchmesser geben. Einige Male mit einer Gabel einstechen, damit sich keine Blasen bilden. Teig im vorgeheizten Ofen auf mittlerer Schiene 15 Minuten backen.
Teig aus dem Ofen nehmen, auf einem Kuchendraht auskühlen lassen. In der Zwischenzeit aus restlichem Teig drei gleiche Tortenböden ausrollen und ebenso backen. Auch abkühlen lassen. Drei Böden mit Aprikosenmarmelade bestreichen, aufeinander setzen. Vierten Boden obenauf legen.
Kuvertüre im Wasserbad auflösen. Tortenoberfläche und Rand damit überziehen. Auf der Oberfläche 12 Stücke markieren. Jeweils 2 Mandelhälften an den Rand der Stücke legen. Kuvertüre fest werden lassen.

Käse-Sahnetorte

Zutaten

Für den Teig:
200 g Mehl,
120 g Butter,
60 g Zucker,
1 Eigelb,
1 Msp. Salz,
1 TL abgeriebene Zitronenschale (unbehandelt),
Mehl zum Ausrollen;
für die Füllung:
1/4 l Milch,
180 g Zucker,
1 Prise Salz,
etwas abgeriebene Zitronenschale (unbehandelt),
4 Eigelb,
8 Blatt weiße Gelatine,
500 g Sahne,
500 g Quark;
außerdem:
Puderzucker zum Bestäuben

EW	Fett	KH	kcal/kJ
10 g	29 g	37 g	457/1912

Mehl auf ein Backbrett sieben. In die Mitte eine Mulde drücken. Butter in Flöckchen auf dem Rand verteilen, Zucker darüber streuen. Eigelb, Salz und Zitronenschale in die Mulde geben. Alle Zutaten von der Mitte aus rasch zu einem Mürbeteig kneten; zu einer Kugel formen und abgedeckt 2 Stunden in den Kühlschrank stellen.
Ofen auf 190 Grad vorheizen. Teig auf bemehlter Arbeitsfläche zu zwei Böden von je 26 cm Durchmesser ausrollen. Auf einem Backblech im vorgeheizten Ofen auf mittlerer Schiene in 8–10 Minuten hellbraun backen. Einen Boden sofort in 12 Tortenstücke teilen.
Milch mit Zucker, Salz, Zitronenschale und Eigelb unter Rühren aufkochen, vom Feuer nehmen. Gelatine nach Packungsanweisung auflösen, in die Milch rühren. Milch in den Kühlschrank stellen. Sahne steif schlagen. Beginnt die Milch fest zu werden, Sahne und Quark unterheben.
Tortenboden in eine Springform legen, Rand mit Pergamentpapier auslegen. Sahne-Quark-Creme einfüllen und glatt streichen. Creme im Kühlschrank steif werden lassen.
Torte vorsichtig aus der Form lösen. Pergamentpapier entfernen. Geteilten Tortenboden auf der Käsesahne anordnen. Fertige Torte mit Puderzucker bestäubt servieren.

Zwetschenkuchen

Zutaten

300 g Mehl,
200 g Butter,
100 g Zucker,
1 Ei,
1,5 kg Zwetschen,
Mehl zum Ausrollen,
2 EL Hagelzucker

EW	Fett	KH	kcal/kJ
3 g	11 g	24 g	207/867

Mehl auf ein Backblech sieben, Butter in Flöckchen darauf verteilen. Zucker darüber streuen und Ei in die Mitte geben. Alles mit einem Messer durchhacken,

dann rasch zu einer Teigkugel zusammenkneten. Zugedeckt 2 Stunden in den Kühlschrank stellen.
Zwetschen waschen, entsteinen und einschneiden. Sie sollen an einer Seite noch zusammenhängen. Ofen auf 220 Grad vorheizen. Teig auf bemehlter Fläche ausrollen und Boden und Rand einer Springform von 26 cm Durchmesser damit auskleiden. Teigboden mehrmals mit einer Gabel einstechen und gleichmäßig rosettenförmig mit Zwetschen belegen. Mit Hagelzucker bestreuen, im vorgeheizten Ofen 20–30 Minuten backen. Auf einem Kuchendraht auskühlen lassen.

Haselnusskranz
(Abb.)

Zutaten
Für den Teig:
300 g Mehl,
1 gestr. TL Backpulver,
150 g Zucker,
1 Päckchen Vanillinzucker,
1 Prise Salz,
1 Ei,
3 EL Milch,
125 g Butter oder Margarine;
für die Füllung:
2 Eier,
200 g gemahlene Haselnüsse,
100 g Zucker,
2 Tropfen Bittermandelöl,
1 EL Sahne,
1 cl Rum

EW	Fett	KH	kcal/kJ
4 g	13 g	25 g	240/1002

Mehl mit Backpulver vermischt auf eine Arbeitsfläche sieben, in die Mitte eine Vertiefung drücken, Zucker, Vanillinzucker, Salz, Ei und 2 EL Milch hineingeben. Butter oder Margarine in Flöckchen an den Rand setzen, alles von innen nach außen zu einem glatten Teig verkneten und ca. 30 Minuten kalt stellen.
Für die Füllung 1 Ei trennen und Eiweiß, restliches Ei, Nüsse, Zucker, Bittermandelöl, Sahne und Rum zu einer geschmeidigen Masse verrühren.
Backofen auf 175–200 Grad vorheizen.
Teig zu einem Rechteck ausrollen, Nussmasse darauf streichen und Teig von der längeren Seite her aufrollen. Als Kranz auf ein

mit Backpapier ausgelegtes Backblech geben. Eigelb mit restlicher Milch verschlagen. Kranz damit bestreichen, dann zackenförmig einschneiden. Kranz im vorgeheizten Ofen ca. 45 Minuten backen.
Ergibt 20 Stücke.

Tipp
Aufgeplatzte Schnitte nach Wunsch mit Zuckerguss ausfüllen.

Mürbekuchen mit Erdbeerbelag
(Abb.)

Zutaten
Für den Teig:
200 g Mehl,
100 g Butter,
1 Ei,
1/2 TL Backpulver,
2 EL Zucker,
1 Prise Salz;
für den Belag:
100 g Zucker,
500 g Erdbeeren;
außerdem:
Mehl zum Ausrollen,
Butter für die Form

EW	Fett	KH	kcal/kJ
3 g	8 g	27 g	191/796

Mehl, Butter in Flocken, Ei, Backpulver, Zucker und Salz verrühren und zu einem festen Teig verarbeiten. Teig in Frischhaltefolie wickeln und mindestens 1 Stunde im Kühlschrank ruhen lassen.
Ofen auf 200 Grad vorheizen. Teig auf bemehlter Arbeitsfläche ausrollen. Springformboden darauf drücken und einen Kreis aus Teig ausschneiden. Teig auf den gut eingefetteten Springformboden legen. Aus Teigresten kleine Röllchen formen, Kuchen damit in Felder, z. B. Viertel, unterteilen und einen Rand legen. Rand der Springform schließen. Kuchen dicht mit Zucker bestreuen und Boden im vorgeheizten Ofen 20 Minuten backen.
Während der Kuchen im Backofen ist, Erdbeeren waschen und gut abtropfen lassen. Abgekühlten Kuchen aus der Springform nehmen und auf eine Kuchenplatte legen. Felder des Kuchens mit gewaschenen, halbierten Erdbeeren belegen.

Tipp
Kuchen mit Schlagsahne servieren.

Feigentörtchen
(Abb.)

Zutaten

Für den Mürbeteig:
175 g Mehl,
100 g gehackte Haselnüsse,
1 Beutel Orange-back,
75 g Zucker,
150 g Butter,
1 Eigelb,
Mehl zum Ausrollen;
für den Brandteig:
80 g Butter,
1 Prise Salz,
150 g Mehl,
3 Eier;
für die Creme:
5 Blatt weiße Gelatine,
150 ml Grenadine-Saft,
Saft von 1 Limette,
30 g Zucker,
1 Beutel Citro-back,
500 g Sahne,
50 g Vollmilch-Raspelschokolade;
zum Garnieren:
10 Feigen,
1 Packung Schoko-Dekor-Blätter, weiß,
50 g Vollmilch-Raspelschokolade

EW	Fett	KH	kcal/kJ
12 g	47 g	61 g	733/3062

Mürbeteigzutaten miteinander verkneten. Teig zugedeckt ca. 30 Minuten in den Kühlschrank stellen.
Inzwischen für den Brandteig

1/4 l Wasser, Butter und Salz in einen Kochtopf geben und aufkochen. Mehl auf einmal zufügen und so lange rühren, bis sich der Teig als Kloß vom Boden löst. Teig in eine Rührschüssel geben und 1 Ei unterrühren. Etwas abkühlen lassen und restliche Eier nacheinander unterrühren.
Ofen auf 190 Grad vorheizen. Mürbeteig auf einer bemehlten Arbeitsfläche quadratisch ausrollen. Daraus 10 kleine Quadrate (7 x 7 cm) schneiden. Vorsichtig auf ein mit Backpapier belegtes Backblech legen. Brandteig in einen Spritzbeutel mit Lochtülle geben und jeweils um den äußeren Rand der Mürbeteigquadrate herumspritzen. Törtchen im vorgeheizten Ofen auf der 2. Schiene von oben in 30 Minuten goldbraun backen. Auf einem Kuchendraht auskühlen lassen.
Für die Creme Gelatine in kaltem Wasser einweichen. Grenadine-Saft, Limettensaft, Zucker und Citro-back verrühren. Gelatine nach Packungsanweisung auflösen und unter den Saft rühren. Wenn der Saft zu gelieren beginnt, steif geschlagene Sahne unterheben. Einzelne Törtchen mit Raspelschokolade

bestreuen und Creme auf die Törtchen geben.
Feigen schälen und in Scheiben schneiden. Auf die Creme geben. Törtchen ca. 40 Minuten in den Kühlschrank stellen. Mit Schoko-Dekor-Blättern und Raspelschokolade verzieren.
Ergibt 10 Stück.

Tipp

Achten Sie beim Kauf der Feigen, dass sie noch fest sind, sonst haben Sie beim Schneiden Schwierigkeiten. Evtl. vorher in den Kühlschrank legen.

Apfeltorte mit Mandelfüllung
(Abb.)

Zutaten

Für den Teig:
250 g Mehl,
1 Ei,
1 Prise Salz,
125 g Zucker,
175 g Butter,
Mehl zum Ausrollen;
für den Belag:
1 Ei,
75 g Zucker,
1/2 TL Zimtpulver,
160 g gemahlene Mandeln,
6 mittelgroße feinwürzige Äpfel,
2 EL Zitronensaft,
4 EL Himbeerkonfitüre,
1 EL Puderzucker

EW	Fett	KH	kcal/kJ
6 g	21 g	49 g	417/1745

Mehl mit Ei, Salz, Zucker und Butter verkneten, in Folie verpackt 2 Stunden im Kühlschrank ruhen lassen.
Teig ausrollen, eine Springform damit auslegen, dabei einen Rand hochziehen.
Ofen auf 180 Grad vorheizen. Für den Belag Ei mit Zucker und Zimtpulver schaumig rühren, Mandeln unterheben. Äpfel schälen, halbieren und entkernen, mit Zitronensaft bestreichen. 1 Apfel in die Mandelmasse raspeln. Masse auf dem Teig verteilen. Apfelhälften an den Rundungen mehrmals gleichmäßig einschneiden. Mit der Schnittfläche nach unten auf die Füllung legen, mit 2 EL Himbeerkonfitüre bestreichen. Kuchen im vorgeheizten Ofen auf mittlerer Schiene 1 Stunde backen. Nach 20 Minuten herausnehmen, Äpfel mit restlicher Himbeerkonfitüre bestreichen, fertig backen. Ausgekühlt mit Puderzucker bestäuben.
Ergibt 12 Stücke.

Tipp

In die Mandelfüllung können gut Rosinen gegeben werden.

Johannisbeertorte

Zutaten
Für den Teig:
250 g Mehl,
125 g Butter,
65 g Zucker,
1 Ei;
für den Belag:
50 g Mandelstifte,
500 g rote Johannisbeeren,
3 Eiweiß,
150 g Zucker;
außerdem:
Fett für die Form

EW	Fett	KH	kcal/kJ
5 g	11 g	38 g	290/1213

Aus Mehl, Butter, Zucker und Ei einen Mürbeteig kneten (wie im Rezept Käsekuchen, S. 73) und 30 Minuten kalt stellen.
Ofen auf 180 Grad vorheizen. Eine Springform einfetten, mit dem Teig auslegen, dabei einen Rand hochziehen. Teigboden mehrmals mit einer Gabel einstechen und 10 Minuten im vorgeheizten Ofen vorbacken. Mandelstifte in einer trockenen Pfanne leicht rösten und auf dem Teigboden verteilen. Johannisbeeren einzeln abpflücken. Eiweiß mit Zucker sehr steif schlagen und Johannisbeeren unterheben. Masse auf dem Teig verteilen und den Kuchen noch ca. 25 Minuten backen.
Kuchen in der Form etwas abkühlen lassen, dann halbieren, auf einen Kuchendraht heben und auskühlen lassen.

Tipp
Verzieren Sie die Torte zur Abwechslung einmal mit einem Gitter aus Baisermasse.

Pfirsich-Erdbeer-Törtchen (Abb.)

Zutaten
Für den Teig:
300 g Mehl,
1/2 TL Backpulver,
100 g Zucker,
1 Ei,
100 g Butter oder Margarine;
für den Belag:
1 Dose Pfirsiche (850 ml),
2 Kiwis,
200 g Erdbeeren,
1 Päckchen klarer Tortenguss;
außerdem:
Fett für die Förmchen

EW	Fett	KH	kcal/kJ
6 g	13 g	52 g	395/1651

Mehl auf eine Arbeitsfläche sieben, in die Mitte eine Vertiefung drücken, Backpulver, Zucker und Ei hineingeben. Butter oder Margarine in Flöckchen auf den Rand setzen und alles von außen nach innen zu einem glatten Teig verkneten. Teig in Folie wickeln und 30 Minuten kalt stellen.
Ofen auf 200 Grad vorheizen. Förmchen einfetten und mit Teig auslegen. Im vorgeheizten

Ofen 20–25 Minuten backen, abkühlen lassen. Pfirsiche abtropfen lassen und in Spalten teilen, Kiwis schälen und in Scheiben schneiden. Erdbeeren putzen, waschen und halbieren. Obst dekorativ auf den Törtchen anrichten. Tortenguss nach Packungsanweisung zubereiten und Früchte damit überziehen. Ergibt 8 Stück.

Haselnuss-Mandel-Torte (Abb.)

Zutaten
Für den Teig:
500 g Weizenvollkornmehl,
1/2 TL Backpulver,
1 TL gemahlene Vanille,
2 Eier,
1 Prise Salz,
150 g Honig,
Saft von 1 Zitrone,
150 g Butter oder Margarine,
4 EL Milch;
für die Füllung:
500 g gemahlene Haselnüsse,
400 g gemahlene Mandeln,
4 EL Butter oder Margarine,
200 g Sahne,
200 g Honig,
6 cl Rum,
2 TL gemahlene Vanille,
100–150 ml Milch;
zum Bestreichen:
200 g Kuvertüre

EW	Fett	KH	kcal/kJ
20 g	70 g	76 g	1060/4431

Ofen auf 200 Grad vorheizen. Mehl mit Backpulver und Vanille vermischen und auf eine Arbeitsfläche sieben. In die Mitte eine Vertiefung drücken.
Eier, Salz, Honig und Zitronensaft hineingeben. Butter oder Margarine in Flöckchen an den Rand setzen und alles von außen nach innen zu einem glatten Teig verkneten. Bei Bedarf etwas Milch zugeben.
Teig in drei gleich große Portionen teilen und jeweils auf einem mit Backpapier ausgelegten Springformboden (28 cm Durchmesser) ausrollen. Mit der Gabel mehrmals einstechen.
Teig im vorgeheizten Ofen in jeweils 15–20 Minuten zu drei glatten Tortenböden backen.
Nüsse und Mandeln in erhitzter Butter oder Margarine anrösten, dann mit Sahne, Honig, Rum, Vanille und so viel Milch verrühren, dass eine streichfähige Masse entsteht.
Böden mit je 1/3 der Masse bestreichen und zu einer Torte zusammensetzen.
Kuvertüre im Wasserbad schmelzen, Torte damit überziehen.
Ergibt 12 Stücke.

Kirsch-Käse-Kuchen mit Streusel
(Abb.)

Zutaten
Für den Teig:
400 g Mehl,
1/2 TL Backpulver,
150 g Butter oder Margarine,
200 g Zucker,
2 Eier;
für die Käsecreme:
1/2 l Milch,
1 Päckchen Sahne-Puddingpulver,
190 g Zucker,
2 Eier,
500 g Quark,
2 Päckchen Vanillinzucker,
2 cl Rum,
1 Glas Sauerkirschen ohne Steine (720 ml);
für die Streusel:
300 g Mehl,
150 g Butter,
300 g Zucker

EW	Fett	KH	kcal/kJ
9 g	17 g	64 g	742/3100

Mehl mit Backpulver mischen und in die Mitte eine Vertiefung drücken. Butter oder Margarine in Flöckchen an den Rand setzen, Zucker und Eier in die Vertiefung geben, alles zu einem glatten Mürbeteig verkneten und ca. 30 Minuten kalt stellen.
Für die Käsecreme aus Milch, Puddingpulver und 50 g Zucker nach Packungsanweisung einen Pudding kochen und erkalten lassen. Eier trennen. Quark, restlichen Zucker, Vanillinzucker, Eigelb und Rum verrühren. Pudding unterrühren. Eiweiß steif schlagen und unterheben.
Ofen auf 200 Grad vorheizen. Teig auf einem mit Backpapier ausgelegten Backblech ausrollen. Im vorgeheizten Ofen ca. 10 Minuten vorbacken. Kirschen gut abtropfen lassen, auf dem Boden verteilen und Käsecreme darüber streichen.
Für die Streusel Mehl, Butter oder Margarine und Zucker verarbeiten, über die Käsecreme streuen und Kuchen bei 200 Grad in ca. 45 Minuten fertig backen.
Ergibt 20 Stücke.

Johannisbeerkuchen

Zutaten
Für den Teig:
200 g Mehl,
100 g Butter,
5 EL Zucker,
1 Ei;
für den Belag:
500 g rote Johannisbeeren,
3 Eier,
100 g Zucker,
125 g geschälte, gemahlene Mandeln,
Mehl zum Ausrollen,
Puderzucker zum Bestäuben

EW	Fett	KH	kcal/kJ
4 g	11 g	26 g	226/943

Mehl auf eine Arbeitsfläche sieben, mit Butter in Stückchen, Zucker und Ei zu einem Mürbeteig verarbeiten. Teigkugel in Folie wickeln und 2 Stunden in den Kühlschrank stellen.
Johannisbeeren von den Rispen streifen, waschen und abtropfen lassen. Eier trennen, Eigelb mit 50 g Zucker schaumig rühren, Mandeln untermischen. Eiweiß mit restlichem Zucker steif schlagen und unter die Eigelbmasse heben. Johannisbeeren ebenfalls unterheben. Ofen auf 190 Grad vorheizen.
Teig auf bemehlter Arbeitsfläche ausrollen und Boden und Rand einer Springform von 26 cm Durchmesser damit auslegen. Teigboden mehrmals mit einer Gabel einstechen. Fruchtmasse darauf verteilen. Kuchen auf mittlerer Schiene im vorgeheizten Ofen 40 Minuten backen. 5 Minuten in der Form abkühlen, dann auf einem Kuchendraht auskühlen lassen. Mit Puderzucker bestäuben.

Quarkkuchen mit Johannisbeergelee
(Abb.)

Zutaten
Für den Teig:
375 g Mehl,
1/2 TL Backpulver,
100 g Zucker,
1 Prise Salz,
200 g Butter oder Margarine;
für den Belag:
1 kg Speisequark (20 %),
4 Eier,
30 g Hartweizen-Grieß,
2 Päckchen Vanillinzucker,
100 g Zucker,
abgeriebene Schale von 1/2 Zitrone (unbehandelt),
3 EL Zitronensaft,
350 g Johannisbeergelee,
100 g Puderzucker,
Saft von 1 1/2 Zitronen;
außerdem:
Mehl zum Ausrollen,
Fett für das Blech

EW	Fett	KH	kcal/kJ
5 g	15 g	54 g	377/1575

Mehl mit Backpulver, Zucker und Salz in einer Schüssel mischen. Butter oder Margarine in Stückchen und 1–2 EL Wasser dazugeben und alles rasch zu einem glatten Teig verkneten. Teig auf bemehlter Arbeitsfläche in Backblechgröße ausrollen und auf das gefettete Blech legen. Ofen auf 200 Grad vorheizen.
Für den Belag Quark mit Eiern, Grieß, Vanillinzucker, Zucker, Zitronenschale und -saft verrühren, auf den Teig streichen und auf der zweiten Schiene von unten im vorgeheizten Ofen 35–40 Minuten backen. Kuchen auskühlen lassen.
Johannisbeergelee bei milder Hitze dünn rühren, auf den Quark streichen und wieder fest werden lassen.
Puderzucker und Zitronensaft verrühren, in einen Gefrierbeutel füllen, Spitze abschneiden und Streifen auf das Gelee spritzen. Anschließend mit dem Messer ein Wellenmuster ziehen.

Ingwerplätzchen (Abb.)

Zutaten
250 g Mehl,
1 Ei, 1 Prise Salz,
100 g Butter oder Margarine,
100 g Zucker,
Mark einer Vanilleschote,
1 TL Ingwerpulver,
1 Eigelb,
50 g kandierte Ingwerfrüchte,
Mehl zum Ausrollen

EW	Fett	KH	kcal/kJ
1 g	3 g	10 g	78/327

Mehl auf eine Arbeitsfläche sieben, in die Mitte eine Vertiefung drücken, Ei und Salz hineingeben. Butter oder Margarine in Flöckchen an den Rand setzen, Zucker, Vanillemark und Ingwerpulver darüber streuen und alles von außen nach innen zu einem glatten Teig verkneten. In Frischhaltefolie verpacken und ca. 30 Minuten kalt stellen.
Ofen auf 200 Grad vorheizen. Teig auf einer bemehlten Arbeitsfläche ca. 3 mm dick ausrollen und ca. 3 cm breite und 6 cm lange Streifen ausradeln. Eigelb verquirlen, Streifen damit bestreichen und mit Ingwerstückchen belegen.
Auf ein mit Backpapier ausgelegtes Backblech geben und im vorgeheizten Ofen ca. 10 Minuten backen.
Ergibt 30 Stück.

Mignon-Torte

Zutaten
Für den Teig:
500 g Mehl,
2 gestr. TL Backpulver,
140 g Zucker,
1 Prise Salz,
2 Päckchen Vanillinzucker,
2 Eier,
250 g Butter oder Margarine;
für die Creme:
4 Blatt Gelatine,
8 Eigelb,
250 g Zucker,
abgeriebene Schale von 1 Zitrone (unbehandelt),
40 g Speisestärke,
1/4 l Weißwein,
Saft von 1 Zitrone,
5 EL Weißwein;
für den Guss:
250 g Puderzucker,
3 EL Zitronensaft;
zum Garnieren:
80 g gehackte Pistazien,
80 g gemischte kandierte Früchte;
außerdem:
Fett für die Form,
Mehl zum Ausrollen

EW	Fett	KH	kcal/kJ
9 g	25 g	94 g	516/2169

Für den Teig Mehl mit Backpulver auf ein Backbrett oder auf die Arbeitsfläche geben. In die Mitte eine Mulde drücken. Zucker, Salz, Vanillinzucker und Eier hineingeben. Butter oder Margarine in Flöckchen auf dem Rand verteilen. Dann von außen nach innen einen Mürbeteig kneten. Zugedeckt 30 Minuten in den Kühlschrank stellen.
Ofen auf 200 Grad vorheizen. Eine Springform von 26 cm Durchmesser einfetten. Teig in 5 gleich große Teile schneiden. 1/5 auf bemehlter Arbeitsfläche in Größe der Springform ausrollen. Springform damit auslegen. Im vorgeheizten Ofen auf mittlerer Schiene 15 Minuten backen.
Den ersten Boden aus dem Ofen und aus der Form nehmen. Auf einem Kuchendraht abkühlen lassen. Übrige 4 Böden backen.
In der Zwischenzeit für die Creme Gelatine in einer Schüssel mit Wasser einweichen. Übrige Zutaten bis auf die 5 EL Weißwein in einem Topf vermischen. Topf auf den Herd stellen.
Bei kleiner Hitze schlagen, bis die Masse cremig wird. Topf beiseite stellen. Wein in einem Topf erhitzen. Ausgedrückte Gelatine darin auflösen und in die Creme rühren, abkühlen lassen.
Den ersten Tortenboden wieder in die Springform geben und mit 1/4 der Creme bestreichen. Die nächsten Tortenböden ebenfalls bestreichen und in die Springform geben. Den fünften darüber legen.
Für den Guss Puderzucker, Zitronensaft und 3 EL Wasser in einem Schälchen verrühren. Tortenoberfläche und Rand damit bestreichen. 16 Tortenstücke markieren.
Mit den Pistazien einen 2 cm breiten Rand bestreuen.
Mit kandierten Früchten garnieren. Guss erstarren lassen.

Kirschkuchen mit Guss

Zutaten

Für den Mürbeteig:
300 g Mehl, 100 g Zucker, 1 Prise Salz, 1 Ei, abgeriebene Schale von 1/2 Zitrone (unbehandelt), 125 g Margarine, Mehl zum Ausrollen;
für die Füllung:
1 kg Sauerkirschen,
4 EL Zucker,
2 EL Paniermehl;
für den Guss:
3 Eier, 75 g Zucker,
1 Prise Salz,
3 EL Speisestärke,
3 EL saure Sahne,
1 Msp. Zimtpulver

EW	Fett	KH	kcal/kJ
6 g	11 g	56 g	357/1494

Für den Teig Mehl in eine Backschüssel geben. In die Mitte eine Mulde drücken. Zucker, Salz, Ei und Zitronenschale hineingeben. Margarine in Flöckchen auf dem Mehlrand verteilen. Von außen nach innen schnell zu einem glatten Teig kneten. Zugedeckt 30 Minuten in den Kühlschrank stellen.
Ofen auf 220 Grad vorheizen. Arbeitsfläche mit Mehl bestäuben. Teig darauf zu einer runden Platte ausrollen. Eine Springform (24 cm Durchmesser) damit auslegen, dabei einen hohen Rand formen. Teig im vorgeheizten Ofen auf mittlerer Schiene 15 Minuten backen.
Für die Füllung Kirschen in kaltem Wasser waschen, entstielen, abtropfen lassen und entsteinen. 1/8 l Wasser mit Zucker in einem Topf aufkochen. Kirschen zugeben, 5 Minuten kochen, leicht abkühlen lassen.
Kuchen aus dem Ofen nehmen. Paniermehl, dann abgetropfte Kirschen darauf verteilen.
Für den Guss Eier trennen, Eigelb, Zucker, Salz und Speisestärke in einer Schüssel schaumig rühren. Saure Sahne und Zimtpulver zugeben. Steif geschlagenes Eiweiß unterheben. Guss über die Kirschen verteilen. Form wieder in den vorgeheizten Ofen auf die mittlere Schiene stellen, Kuchen 20 Minuten backen.
Kuchen aus dem Ofen nehmen. Vorsichtig aus der Form lösen und auf einen Kuchendraht gleiten lassen. Vor dem Servieren in 12 Stücke schneiden.

Quittentarte
(Abb.)

Zutaten
Für den Teig:
250 g Mehl,
50 g Zucker,
100 g gemahlene Haselnüsse,
1 Beutel Citro-back,
1 Prise Salz,
200 g Butter,
Mehl zum Ausrollen;
für den Belag:
1 kg Quitten,
Saft von 1 Zitrone,
1/4 l Apfelsaft,
150 g Sahne,
2 Eier,
200 g Marzipan-Rohmasse,
30 g Zucker,
1 TL Zimtpulver,
1 Beutel Rum-Rosinen;
zum Garnieren:
125 g Quittengelee,
1 Dose Dekorschnee,
1 Packung Dekor-Schoko-Borke,
1 Packung Schoko-Dekor-Blätter, weiß,
Zitronenmelisse

EW	Fett	KH	kcal/kJ
5 g	25 g	50 g	448/1875

Mehl, Zucker, Haselnüsse, Citroback, Salz, Butter und 3 EL kaltes Wasser verkneten. Zugedeckt ca. 30 Minuten in den Kühlschrank stellen.
Auf einer bemehlten Arbeitsfläche ausrollen. Mit dem Mürbeteig eine Tarteform (30 cm Durchmesser) auslegen.
Ofen auf 190 Grad vorheizen.
Quitten schälen, vom Kernhaus befreien und in schmale Spalten schneiden.
Quittenspalten mit Zitronen- und Apfelsaft 3–4 Minuten dünsten, abtropfen und etwas abkühlen lassen.
Sahne, Eier, geraffelte Marzipan-Rohmasse, Zucker und Zimtpulver verrühren.
Guss auf dem Teig verteilen. Quittenspalten darauf legen. Rum-Rosinen darüber streuen. Tarte im vorgeheizten Ofen ca. 45 Minuten backen. Etwas abkühlen lassen und mit verrührtem Quittengelee bestreichen. Quittentarte mit Dekorschnee bestäuben und mit Dekor-Schoko-Borke, weißen Schoko-Dekor-Blättern und Zitronenmelisse verzieren.

Marzipan-Erdbeertorte
(Abb.)

Zutaten
Für den Mürbeteig:
125 g Mehl,
50 g Zucker,
1 Prise Salz,
100 g Butter,
1 kleines Eigelb;
für den Mandelteig:
100 g weiße Kuvertüre,
50 g Butter,
50 g Zucker,
2 Beutel Rum-back,
3 Eier,
100 g gemahlene Mandeln,
1 TL Backpulver;
für die Füllung:
8 Blatt weiße Gelatine,
1 kg Erdbeeren,
75 g Zucker,

1 Beutel Citro-back,
Saft von 1 Zitrone,
400 g Sahne,
125 g Erdbeerkonfitüre;
für die Garnitur:
200 g Marzipan-Rohmasse,
100 g Puderzucker,
rote Speisefarbe,
125 g Erdbeeren,
50 g weiße Kuvertüre

EW	Fett	KH	kcal/kJ
6 g	20 g	41 g	369/1541

Ofen auf 200 Grad vorheizen. Mehl, Zucker, Salz, Butter und Eigelb zu einem Mürbeteig verkneten. Backpapier auf einen Springformboden geben und Mürbeteig darauf ausrollen. Teig mehrfach mit einer Gabel einstechen und im vorgeheizten Ofen in 15–18 Minuten goldbraun backen. Auf einem Kuchendraht abkühlen lassen.
Für den Mandelteig Kuvertüre in Stücke schneiden und nach Packungsanweisung schmelzen. Butter und Zucker verrühren. Rum-back zufügen. Eier trennen. Eigelb nacheinander unterrühren. Kuvertüre unterheben. Eiweiß steif schlagen und auf den Teig geben. Gemahlene Mandeln und Backpulver mischen. Mandelgemisch über das Eiweiß streuen und vorsichtig unterheben. Teig in eine mit Backpapier ausgelegte Springform (26 cm Durchmesser) geben und im vorgeheizten Ofen bei 175 Grad 45–50 Minuten backen. 10 Minuten in der Form ruhen lassen. Anschließend auf einem Kuchendraht auskühlen lassen.
Für die Creme Gelatine in kaltem Wasser einweichen. Erdbeeren waschen und putzen. Hälfte der Erdbeeren vierteln, Rest pürieren. Gelatine nach

Packungsanweisung auflösen und zufügen. Zucker, Citro-back und Zitronensaft zufügen. Sahne steif schlagen und mit den Erdbeeren unter die gelierende Creme heben.
Mürbeteigboden mit Erdbeerkonfitüre bestreichen. Mandelboden darauf setzen. Einen Tortenring um die Böden legen. Creme auf den Mandelboden geben und glatt streichen. Torte 1 Stunde in den Kühlschrank stellen.
Inzwischen Marzipan-Rohmasse mit Puderzucker verkneten und mit roter Speisefarbe rosa einfärben.
2/3 des Marzipans zu einem dünnen, 6 cm breiten und 45 cm langen Teigstreifen ausrollen.
Restliches Marzipan zwischen zwei Gefrierbeuteln dünn ausrollen und Herzen ausstechen. Tortenring vorsichtig entfernen. Marzipanstreifen um den Tortenrand legen. Torte mit Marzipanherzen, Erdbeeren und gehobelter Kuvertüre verzieren.

Kiwi-Mango-Torte
(Abb.)

Zutaten
Für den Teig:
250 g Weizenvollkornmehl,
1/2 Päckchen Backpulver,
Mark von 1 Vanilleschote,
1 Ei,
1 Prise Salz,
75 g Honig,
Saft von 1 Zitrone,
75 g Butter oder Margarine,
3 EL Milch;
für den Belag:
3 Kiwis,
3 Mangos,
250 g Marzipan-Rohmasse,
100 g Honig;
außerdem:
Fett für die Form

EW	Fett	KH	kcal/kJ
5 g	9 g	51 g	312/1303

Mehl mit Backpulver vermischen. Vanilleschote längs halbieren und Mark herauskratzen. Mehl, Backpulver und Vanillemark vermischen und in die Mitte eine Vertiefung drücken. Ei, Salz, Honig und Hälfte des Zitronensaftes hineingeben. Butter oder Margarine in Flöckchen an den Rand setzen und alles von außen nach innen zu einem glatten Teig verkne-

ten. Nach Bedarf Milch zufügen. Teig ca. 30 Minuten kalt stellen.
Ofen auf 200 Grad vorheizen. Teig ausrollen und eine gefettete Tortenbodenform damit auslegen. Mit einer Gabel mehrmals einstechen und im vorgeheizten Ofen 20–25 Minuten backen. Tortenboden auf einen Kuchendraht stürzen und abkühlen lassen.
Kiwis und Mangos schälen, Mangos halbieren und Kern auslösen. Kiwis in Scheiben schneiden, Mangos grob würfeln.
Marzipan mit restlichem Zitronensaft und Honig verkneten und gleichmäßig in einer Schicht auf den Tortenboden geben. Vorbereitetes Obst dekorativ darauf anrichten und nach Wunsch mit ganzen Mandeln bestreuen.
Ergibt 12 Stücke.

Quarkkuchen mit Früchten (Abb.)

Zutaten
Für den Mürbeteig:
200 g Mehl,
100 g Butter,
50 g Zucker,
1 Eigelb (Eiweiß für die Quarkmasse aufheben);
für die Quarkmasse:
50 g Butter,
100 g Zucker,
1 Päckchen Vanillinzucker,
2 Eier, getrennt,
500 g Magerquark,
2 EL Grieß;
außerdem:
Butter für die Form,
500 g gemischte Früchte,
1 Päckchen roter Tortenguss,
1/4 l roter Johannisbeersaft,
2 EL Zucker,
1 EL gehackte Pistazien,
Puderzucker zum Bestäuben

EW	Fett	KH	kcal/kJ
9 g	14 g	42 g	333/1392

Mehl auf eine Arbeitsplatte sieben. In die Mitte eine Vertiefung drücken. Butter in Stückchen, Zucker, Eigelb und 2 EL kaltes Wasser hineingeben. Alle Zutaten mit einem großen Messer durchhacken, sodass sich die feuchten und trockenen Teile verbinden. Teig mit den Händen schnell zusammenkneten. In Folie wickeln und 30 Minuten in den Kühlschrank legen.
Teig einmal kurz durchkneten und etwas größer als eine Pieform (25 cm Durchmesser) ausrollen. Teig in die leicht gebutterte Form geben, Rand hochdrücken und sauber abschneiden. Teig mit einer Gabel mehr-

mals einstechen.
Ofen auf 175–180 Grad vorheizen.
Für die Quarkmasse Butter, 50 g Zucker, Vanillinzucker und Eigelb schaumig rühren. Quark und Grieß zufügen und verrühren. Eiweiß steif schlagen, dabei restlichen Zucker einrieseln lassen. Eischnee unterheben. Quarkmasse auf dem Mürbeteig verteilen. Kuchen im vorgeheizten Ofen 60–70 Minuten backen. Auskühlen lassen.
Früchte vorsichtig abspülen, verlesen und auf dem Kuchen verteilen. Tortenguss nach Vorschrift mit Saft und Zucker anrühren und über die Früchte geben. Mit Pistazien und Puderzucker bestäuben.
Ergibt 12 Stücke.

Reistorte *(Abb.)*

Zutaten

Für den Teig:
200 g Weizenvollkornmehl,
1 gestr. TL Backpulver,
80 g Honig,
1 Prise Salz,
1/2 TL gemahlene Vanille, 1 Ei,
4 EL Butter oder Margarine;
für den Belag:
250 g Milchreis,
1/2 l Milch,
500 g Sahne,
1 Prise Salz,
2 TL gemahlene Vanille,
4 Eier,
200 g Honig,
Saft von 1 Zitrone,
500 g Quark,
1 Päckchen Vanille-Puddingpulver,
Früchte nach Wunsch;
außerdem:
Fett für die Form,
500 g getrocknete Erbsen

EW	Fett	KH	kcal/kJ
12 g	25 g	50 g	498/2081

Mehl mit Backpulver vermischen, auf eine Arbeitsfläche sieben und in die Mitte eine Vertiefung drücken. Honig, Salz, Vanille und Ei hineingeben. Butter oder Margarine in Flöckchen an den Rand setzen und alles von außen nach innen zu einem Teig verkneten. In Folie verpackt ca. 30 Minuten im Kühlschrank ruhen lassen.
Ofen auf 175 Grad vorheizen.
Teig auf dem Boden einer gefetteten Springform (26–28 cm Durchmesser) ausrollen und mit einer Gabel mehrmals einstechen. Pergamentpapier in Springformgröße ausschneiden, auf den Teig legen und mit Erbsen füllen. Tortenboden im vorgeheizten Ofen ca. 10 Minuten vorbacken. Erbsen und Pergamentpapier entfernen.

SÜSSES BACKEN

Während der Teig ruht, Reis in Milch und Sahne mit Salz und Vanille aufkochen, bei geringer Hitze ausquellen, dann abkühlen lassen. Eier trennen, Eigelb mit Honig dickschaumig rühren, mit Zitronensaft, Quark und Puddingpulver mischen und Reis unterziehen. Eiweiß steif schlagen und vorsichtig unterheben. Masse auf den vorgebackenen Tortenboden geben und Torte im vorgeheizten Ofen bei 175 Grad 60–70 Minuten backen. Vor dem Servieren mit Früchten nach Wunsch belegen und nach Belieben mit Sahne verzieren. Ergibt 12 Stück.

Torteletts mit roter Grütze (Abb. S. 63)

Zutaten

Für den Mürbeteig:
300 g Mehl,
100 g Zucker, 1 Ei,
200 g Butter oder Margarine;
für die Füllung:
5 EL Mandelblättchen,
1 Glas rote Grütze (1/2 l);
außerdem:
Fett für die Form,
Hülsenfrüchte zum Blindbacken

EW	Fett	KH	kcal/kJ
5 g	19 g	44 g	392/1638

Mehl auf eine Arbeitsfläche sieben, in die Mitte eine Vertiefung drücken. Zucker und Ei hineingeben, Butter oder Margarine in Flöckchen auf den Mehlrand setzen. Alles von außen nach innen rasch zu einem glatten Teig verarbeiten, zu einer Kugel formen und in Folie eingewickelt ca. 30 Minuten kalt stellen.
Ofen auf 200 Grad vorheizen. 10 Tortelettförmchen einfetten, Teig dünn ausrollen und Förmchen damit auskleiden. Mit einer Gabel mehrmals einstechen und Hülsenfrüchte einfüllen. Im vorgeheizten Ofen ca. 15 Minuten backen.
Hülsenfrüchte entfernen, Torteletts aus den Förmchen lösen und auf einem Kuchendraht auskühlen lassen. Torteletts mit Mandelblättchen bestreuen und mit roter Grütze füllen.
Ergibt 10 Stück.

Quarktorte

Zutaten

Für den Teig:
250 g Mehl,
180 g Butter,
100 g Zucker,
1 Eigelb,
abgeriebene Schale von 1/2 Zitrone (unbehandelt);
für die Füllung:
400 g Quark (Topfen),
6 Eier,
125 g Sahne,
100 g Puderzucker,
1/2 Päckchen Vanillinzucker,
Saft von 1/2 Zitrone,
100 g Rosinen (in 4 cl Rum eingeweicht);
außerdem:
Mehl für die Arbeitsfläche,
Butter für die Form,
Puderzucker zum Bestäuben

EW	Fett	KH	kcal/kJ
10 g	23 g	39 g	419/1752

Rasch wie im Rezept Käsekuchen (Rezept siehe S. 73) einen Mürbeteig aus gesiebtem Mehl, Butter, Zucker, Eigelb und Zitronenschale herstellen; etwa 1 Stunde kühl stellen.
Für die Füllung Quark in einem Tuch auspressen, damit die Flüssigkeit abtropfen kann. Eier trennen, Quark mit 6 Eigelb, Sahne, Puderzucker, Vanillinzucker und Zitronensaft cremig rühren. Rosinen hinzufügen. Eiweiß zu steifem Schnee schlagen und unter die Quarkmasse heben. Ofen auf 180 Grad vorheizen. Mürbeteig auf einer bemehlten Arbeitsfläche leicht ausrollen und eine eingefettete Springform (26 cm Durchmesser) damit auskleiden, auch einen Teigrand nach oben ziehen. Teigboden mit einer Gabel mehrfach einstechen. Im vorgeheizten Ofen 10 Minuten vorbacken. Quarkmasse einfüllen und weitere 50 Minuten backen. Ausgekühlten Kuchen aus der Form nehmen und mit Puderzucker bestäuben.

BISKUITTEIG

Ein Fachmann würde Sie sicherlich berichtigen, wenn Sie von einem Biskuitteig sprechen, denn eigentlich ist es kein Teig, sondern eine Masse, wie der Fachbegriff heißt. Eine Masse aus Eiern, Zucker und Mehl – und das Allerwichtigste – eine Masse, aus der sich äußerst leckere Backwaren machen lassen. Der Biskuitteig kann mit oder ohne Backpulver hergestellt werden. Er ist leicht verdaulich, obwohl er viele Eier benötigt, enthält aber dafür wenig Mehl und kein Fett. Egal, wie Biskuitteig verwendet wird, eines sollte beachtet werden: Dieser Teig muss sorgfältig und gründlich geschlagen werden. Durch die eingeschlagene Luft wird der Teig locker. Wenn man die folgenden Tipps beachtet, ist er problemlos und schnell herzustellen:

- Es dürfen nur ganz frische Eier verwendet werden.
- Der Eischnee muss so lange geschlagen werden, bis er schnittfest ist und wird vorsichtig unter die Schaummasse gehoben.
- Es darf nur sehr feiner Zucker verwendet werden, der nach und nach untergeschlagen wird.
- Auch das Mehl sollte von feiner Konsistenz sein, es sollte immer frisch gesiebt werden.
- Alle schweren Zutaten passen nicht zu der Leichtigkeit eines Biskuitteiges. Also weglassen! Werden doch einmal Nüsse oder Kakaopulver zugegeben, sollte dafür weniger Mehl verwendet werden.
- Ein Biskuitteig sollte nie länger stehen gelassen werden, da die Gefahr besteht, dass er in sich zusammensackt.
- Die verwendeten Backformen müssen immer gut eingefettet sein.
- Springformen werden nur am Boden gebuttert, damit der Teig hochgehen kann.
- Für das Teilen einer Biskuittorte in mehrere Tortenplatten verwendet man entweder ein großes, scharfes Messer (mit winzigen Zähnchen). Genauso gut kann man zum Teilen einer Torte einen starken Faden verwenden (siehe Kapitel »Cremes und Glasuren«).
- Wichtig beim Backvorgang ist das Vorheizen des Backrohres auf 180 Grad.
- Löst sich der Biskuitkuchen von der Kuchenform und bleibt eine eingestochene Nadel trocken, ist er durchgebacken.
- Der fertige Kuchen wird sofort auf ein Kuchengitter gestürzt, damit er langsam auskühlen kann.
- Beim Füllen des Biskuitkuchens ist darauf zu achten, dass die Füllung möglichst fest ist, damit sie nicht zwischen den Tortenplatten herausquillt. Bei Torten die Füllung nicht ganz bis zum Rand streichen!
- Will man eine Torte herstellen, sollte der Biskuitteig schon am Vortag gebacken werden.
- Beim Zusammensetzen einer Torte leistet ein Tortenring wertvolle Dienste. Dieser Ring besteht aus einem verstellbaren Reifen aus beschichtetem Kunststoff oder Metall, in den man die einzelnen Tortenplatten hinein schichtet.
- Wird nicht der gesamte Biskuitkuchen verwendet, kann der Rest gut eingefroren werden. Allerdings nur in ausgekühltem Zustand. Einfach in eine Folie packen und in die Tiefkühltruhe geben. Beim Wiederverwenden bei Zimmertemperatur langsam auftauen lassen.

GRUNDREZEPT
Biskuittorte

Zutaten
6 Eier (ganz oder getrennt),
200 g Zucker,
1 abgeriebene Zitronenschale (unbehandelt) oder 1 Päckchen Vanillinzucker,
200 g Mehl (eventuell bis zur Hälfte mit Speisestärke vermischt),
1 TL Backpulver

EW	Fett	KH	kcal/kJ
5 g	3 g	22 g	140/588

1. Zubereitungsart: Eier trennen, Eigelb und Zucker gut schaumig rühren. Geschmackszutaten zugeben. Eiweiß zu sehr steifem Schnee schlagen, vorsichtig auf die Schaummasse geben. Mehl mit Backpulver gemischt darüber sieben, alles locker und schnell unterheben. In die vorbereitete Form füllen, sofort backen.

2. Zubereitungsart: Eier trennen, Eiweiß sehr steif schlagen, Zucker löffelweise unterschlagen, Eigelb verquirlen, die Geschmackszutaten untermischen. Mehl eventuell mit Backpulver gemischt darüber sieben, locker und schnell unterheben. In die vorbereitete Form füllen, sofort backen.

3. Zubereitungsart: Die ganzen Eier schaumig schlagen, Zucker einrieseln lassen, weiterschlagen, bis eine sehr lockere Schaummasse entsteht. Geschmackszutaten unterrühren. Mehl und eventuell Backpulver darüber sieben, rasch unterheben. In die vorbereitete Springform (28 cm Durchmesser) füllen, im vorgeheizten Ofen sofort backen.
Ergibt 16 Stücke.
Backtemperatur: 180–200 Grad,
Backzeit: 50–60 Minuten.

GRUNDREZEPT
Wasserbiskuittorte

Zutaten
6 Eier (ganz oder getrennt),
300 g Zucker,
1 abgeriebene Zitronenschale
(unbehandelt) oder
1 Päckchen Vanillinzucker,
300 g Mehl (eventuell bis zur Hälfte mit Speisestärke vermischt),
2 TL Backpulver

EW	Fett	KH	kcal/kJ
5 g	3 g	33 g	174/731

1. Zubereitungsart: Eier trennen, Eigelb sehr schaumig rühren. 6 El heißes Wasser löffelweise unterrühren. Gut die Hälfte des Zuckers langsam einrieseln lassen, die Geschmackszutaten zugeben. Die Masse zu einer Creme rühren, Eiweiß zu sehr steifem Schnee schlagen.
Restlichen Zucker unterrühren. Den steifen Eischnee auf die Crememasse geben. Mehl mit Backpulver vermischt darüber sieben, alles locker und schnell unterheben. In die vorbereitete Springform (28 cm Durchmesser) füllen, im vorgeheizten Ofen sofort backen.
Ergibt 16 Stücke.
Backtemperatur: 180–200 Grad,
Backzeit: 50–60 Minuten.

2. Zubereitungsart: Eier trennen, steifen Schnee aus Eiweiß und 6 EL kaltem Wasser schlagen. Zucker langsam zugeben, weiterschlagen. Eigelb verquirlen, mit Geschmackszutaten mischen. Mehl mit Backpulver gemischt darüber sieben, locker unterheben. In die vorbereitete Form füllen, sofort backen.

3. Zubereitungsart: Ganze Eier mit 6 EL heißem Wasser schaumig schlagen, Zucker einrieseln lassen. Weiterschlagen, bis eine sehr lockere Schaummasse entsteht. Geschmackszutaten unterrühren. Mehl mit Backpulver gemischt darüber sieben, rasch unterheben.
In die vorbereitete Form füllen, sofort backen.

Nach der Backzeit Garprobe machen. An einer eingestochenen Nadel darf kein Teig mehr kleben. Torte vorsichtig aus der Form nehmen, nach vollständigem Abkühlen, am besten über Nacht, entweder mit einem scharfen, langen Messer in 3–4 Scheiben schneiden oder mit dem Messer 3–4 Rillen einritzen, einen Faden hineinlegen, die Enden überkreuzen und die einzelnen Platten so abtrennen. Die erste Schicht auf eine mit Tortenpapier belegte Tortenplatte legen. Zum Schutz des Tortenpapiers 4 Pergamentstreifen unter die Tortenplatte schieben.
Die einzelnen Platten mit Flüssigkeit tränken, danach mit Creme oder Konfitüre zusammensetzen.
Die schönste Platte immer als Deckplatte verwenden, diese nicht tränken.
Nun die Torte mit Creme bestreichen, mit Spritzbeutel Muster aufspritzen. Den Rand mit Streuseln, geschnittenen Nüssen, Mandeln oder mit Krokant bewerfen.

Glasierte Torten werden mit passierter Aprikosenmarmelade aprikotiert.
Den Guss von der Mitte aus durch Schräghalten über die Torte laufen lassen, den Rand glatt streichen.

Torte bis zum Verzehr kühl stellen.

Punschtorte
(Abb.)

Zutaten
Für den Teig:
6 Eier,
240 g Zucker,
Schale von 1 Zitrone (unbehandelt),
120 g Speisestärke,
120 g Mehl,
1 1/2 gestr. TL Backpulver,
Fett für die Form;
für die Füllung:
3 Orangen,
1 Zitrone,
3 EL Johannisbeergelee,
2 EL Rum;
für den Guss:
300 g Puderzucker,
8 EL roter Likör z. B. »Red Orange«,
1–2 EL Zitronensaft

EW	Fett	KH	kcal/kJ
7 g	3 g	70 g	367/1536

Ofen auf 175–200 Grad vorheizen. Eier trennen.
Eiweiß und 6 EL kaltes Wasser

mit einem Handrührgerät auf höchster Schaltstufe sehr steif schlagen. Zucker und Zitronenschale unter Schlagen einrieseln lassen. Gerät auf niedrigste Stufe schalten und Eigelb leicht unter die Eiweißmasse ziehen. Gemisch aus Speisestärke, Mehl und Backpulver unterheben. Biskuitmasse in eine nur am Boden gefettete Springform (26 cm Durchmesser) füllen und im vorgeheizten Ofen 40–45 Minuten backen.
Nach dem Backen auf einen Kuchendraht stürzen und erkalten lassen.
Biskuitboden zweimal durchschneiden.
Orangen und Zitrone auspressen, Fruchtsaft in eine große Schüssel geben und gut mit Johannisbeergelee und Rum verrühren.
Mittlere Teigplatte in Würfel schneiden, dazugeben und alles zu einer glatten Masse verrühren.
Boden auf eine Tortenplatte legen und einen Torten- oder Springformrand darumstellen. Masse auf dem Boden verteilen und obere Teigplatte darauf legen. Torte mit einem Brett beschweren und am besten über Nacht durchziehen lassen.
Für den rosa Guss 250 g Puderzucker mit Likör verrühren. Torte rundherum damit bestreichen.
50 g Puderzucker mit Zitronensaft verrühren und im Streifenmuster darauf verteilen.

Beerentorte halb und halb *(Abb.)*

Zutaten

1/2 Rezept »Biskuittorte« oder »Wasserbiskuittorte« (s. Rezept S. 97) oder 1 Biskuittortenboden (fertig gekauft),
Butter für die Form,
8 Blatt weiße Gelatine,
500 g Jogurt,
170 g Zucker,
Saft von 1 Zitrone,
200 g Sahne,
2 cl Himbeergeist,
250 g Himbeeren (frisch oder tiefgekühlt),
250 g Brombeeren (frisch oder tiefgekühlt),
1 Päckchen klarer Tortenguss,
1 EL geröstete Mandelblättchen,
1 EL gehackte Pistazien,
1 EL Schokoladenraspel,
Zitronenmelisse zum Garnieren

EW	Fett	KH	kcal/kJ
6 g	10 g	46 g	313/1311

Biskuitteig nach Vorschrift zubereiten, eine Springform am Boden buttern, Teig einfüllen, glatt streichen und im vorgeheizten Ofen bei 200 Grad 15–20 Minuten backen. Gelatine nach Packungsvorschrift einweichen. Jogurt mit 150 g Zucker und Zitronensaft verrühren. Sahne steif schlagen. Gelatine ausdrücken, mit Himbeergeist leicht erwärmen, damit sie sich auflöst.

Jogurt nach und nach in die aufgelöste Gelatine rühren und Sahne unterheben. Tortenring um den Biskuitboden legen, Jogurtmasse einfüllen und Torte im Kühlschrank einige Stunden fest werden lassen.
Himbeeren und Brombeeren verlesen, waschen, abtropfen oder auftauen lassen. Torte halb mit Himbeeren und halb mit Brombeeren belegen. Tortenguss mit restlichem Zucker nach Packungsvorschrift zubereiten und mit einem Pinsel auf die Beeren streichen. Die Himbeerhälfte mit Mandelblättchen und gehackten Pistazien bestreuen. Brombeerhälfte mit Schokoladenraspeln und Zitronenmelisse verzieren. Ergibt 12 Stücke.

Buttercremetorte

Zutaten

1 Rezept »Biskuittorte« oder »Wasserbiskuittorte« (s. Rezept S. 97),
1/2 l Flüssigkeit nach Belieben: Arrak, Maraschino, Kaffee oder mit Alkohol parfümierter Fruchtsaft,
1 Rezept »Buttercreme« (s. Rezept S. 224),
blättrig geschnittene Mandeln, Nüsse oder Krokant

EW	Fett	KH	kcal/kJ
6 g	19 g	50 g	417/1746

Biskuittorte oder Wasserbiskuittorte backen, erkalten lassen, in 3–4 Platten schneiden. Jede Platte tränken (die oberste nicht). Auf jede Platte eine Schicht Buttercreme streichen, dabei am Rand ca. 1 cm frei lassen. Die Torte zusammensetzen, mit Creme bestreichen. Mit einem Messer, in heißes Wasser getaucht, lässt sich die Butter schön glatt streichen. Nach Belieben Rand mit Mandeln etc. bewerfen. Ergibt 16 Stücke.

Tipp
Sehr saftig wird die Torte durch Zugabe von Dosenobst, das man gut abgetropft zwischen die einzelnen Platten auf die Cremeschicht legt.

Biskuit-Igel

Zutaten

Für den Teig:
3 Eier,
2 EL Arrak,
1 Prise Salz,
200 g Zucker,
200 g Mehl;
für die Creme:
150 g Butter,
3 Eigelb,
6 EL Puderzucker,
3 EL Kakao;
zum Garnieren:
2 Packungen Kuvertüre,
50 g Mandelstifte,
2 Mandelhälften,
1 kandierte Kirsche,
1 ganze Mandel;
außerdem:
Fett für die Form

EW	Fett	KH	kcal/kJ
5 g	16 g	35 g	316/1320

Ofen auf 180 Grad vorheizen.
Für den Teig Eier trennen, Eigelb, Arrak, Salz und Zucker gut schaumig rühren.
Eiweiß zu steifem Schnee schlagen, auf die Masse gleiten lassen. Mehl darüber sieben und unterheben. Teig in eine gefettete Igelform oder in kleine Igelformen (oder in andere ovale Formen, aus denen Sie später Igel schneiden können) füllen. Im vorgeheizten Ofen 45 Minuten backen; erkalten lassen.
Für die Creme Butter schaumig rühren. Eigelb, Puderzucker und Kakao unterrühren. Igel zweimal durchschneiden und mit Creme füllen.
Kuvertüre im Wasserbad auflösen. Igel mit Mandelstiften bestecken. Kuvertüre darüber gießen.
Je eine Mandelhälfte als Auge aufdrücken. Darauf je eine halbe Kirsche kleben und als Schnäuzchen eine ganze Mandel.

Tipp
Biskuit-Igel ist eine schöne Dekoration für den Kinder-Geburtstagstisch. Anstelle des Arraks 2 EL Wasser verwenden.

Rote Grütze Kuppeltorte
(Abb.)

Zutaten
Für den Teig:
6 Eier,
175 g Zucker,
100 g Mehl,
50 g Speisestärke,
90 g Butter oder Margarine;
zum Bestreichen:
1 Glas rote Marmelade;
für die Füllung:
370 g rote Grütze,
200 ml Buttermilch,
8 Blatt Gelatine,
2–3 EL Zucker,
Saft von 1/2 Zitrone,
250 g Sahne;
außerdem:
1 EL Zucker zum Bestreuen

EW	Fett	KH	kcal/kJ
5 g	12 g	35 g	270/1130

Ofen auf 220 Grad vorheizen. Eier schaumig schlagen, dabei Zucker langsam einrieseln lassen und so lange rühren, bis eine dickschaumige Masse entstanden ist. Mehl mit Speisestärke mischen, über die Eimasse sieben und mit dem Schneebesen locker unterheben. Butter oder Margarine schmelzen und unter den Teig ziehen. Teig auf ein mit Backpapier ausgelegtes Backblech streichen und im vorgeheizten Ofen ca. 10 Minuten backen.

Fertige Teigplatte auf ein mit Zucker bestreutes Küchentuch stürzen. Backpapier mit kaltem Wasser bepinseln und abziehen. Biskuitteig sofort mit Marmelade bestreichen und längs vorsichtig aufrollen; abkühlen lassen. Biskuitrolle in fingerdicke Scheiben schneiden und eine gefettete runde Schüssel oder Bombenform damit auskleiden. Für die Füllung rote Grütze mit Buttermilch glatt rühren. Gelatine nach Packungsanweisung einweichen, ausdrücken, auflösen und unterziehen. Zucker und Zitronensaft einrühren. Sahne steif schlagen und locker unterheben. Creme in die Form gießen und im Kühlschrank in 3–4 Stunden erstarren lassen. Schüssel kurz in ein heißes Wasserbad stellen und Torte anschließend auf eine Platte stürzen.
Ergibt 16 Stück.

Tipp
Diese dekorative Torte eignet sich ausgezeichnet als feiner Nachtisch nach einem festlichen Essen. Dazu reichen Sie dann Vanillesauce oder Schlagsahne.

Biskuitrolle

Zutaten

1/2 Rezept »Biskuittorte« oder 1/2 Rezept »Wasserbiskuittorte« (s. Rezept S. 97),
Butter für das Blech,
Zucker zum Bestreuen,
250 g Marmelade,
Puderzucker oder Punschglasur

EW	Fett	KH	kcal/kJ
3 g	1 g	39 g	184/770

Biskuit- oder Wasserbiskuitteig herstellen, Backblech gut buttern, mit Pergamentpapier belegen. Den Teig ca. 1 cm dick auf das Pergamentpapier streichen. An der offenen Seite des Backbleches einen Papierrand falten, so kann der Teig nicht auslaufen. Im vorgeheizten Backrohr bei 200 Grad ca. 10 Minuten backen. Die Biskuitplatte nach dem Backen auf ein mit Zucker bestreutes Papier stürzen. Das Backpapier mit kaltem Wasser bepinseln und vorsichtig abziehen. Die Biskuitplatte mit glatt gerührter Marmelade bestreichen und sofort aufrollen. Der Biskuitteig muss noch heiß gerollt werden. Nach dem Erkalten mit Puderzucker bestäuben oder mit Punschglasur (s. Rezept S. 223) überziehen.

Tipp

Schokoladen-, Aprikosen- und Orangenglasur eignen sich ebenfalls zum Überziehen der Biskuitrolle.

Biskuitrolle mit Ananas-Sahne-Füllung (Abb.)

Zutaten

3 Eier,
100 g Zucker,
2 Päckchen Vanillinzucker,
1 TL Backpulver,
150 g Mehl,
8 Scheiben Ananas (frisch oder aus der Dose),
600 g Sahne,
2 Päckchen Sahnesteif,
100 g Kuchenglasur

EW	Fett	KH	kcal/kJ
4 g	16 g	23 g	251/1050

Eier trennen. Eiweiß schaumig rühren, 4 EL Zucker einrieseln lassen und steif schlagen. Eigelb mit 4 EL warmem Wasser aufschlagen, 4 EL Zucker, 1 Päckchen Vanillinzucker und Backpulver dazugeben, cremig rühren.
Mehl auf Eigelbmasse sieben, steif geschlagenes Eiweiß darüber geben, vorsichtig unterheben. Teig auf ein mit Backpapier ausgelegtes Backblech streichen. Im vorgeheizten Ofen bei 200 Grad 10 Minuten backen.
Auf ein mit Zucker bestreutes Küchentuch stürzen, sofort Backpapier lösen, Teig aufrollen, abkühlen lassen.

Ananasscheiben in mundgerechte Stücke schneiden, einige Stücke für die Garnitur zurückbehalten.
Sahne mit Sahnesteif und restlichem Vanillinzucker steif schlagen. Ananasstücke unter 2/3 der Sahne heben, Biskuitrolle aufrollen, Handtuch entfernen, mit Ananassahne bestreichen, zusammenrollen, mit restlicher Sahne und Ananasstücken belegen.
Kuchenglasur erwärmen und in Fäden über die Biskuitrolle ziehen.
Ergibt 16 Stücke.

Schwarzwälder Kirschtorte

Zutaten

Für den Biskuit:
6 Eier,
150 g Zucker,
1 Päckchen Vanillinzucker,
1 Prise Salz,
75 g Mehl,
75 g Speisestärke,
25 g Kakaopulver;
für den Mürbeteig:
150 g Mehl,
1 kleines Eigelb,
65 g Zucker,
1/2 Päckchen Vanillinzucker,
abgeriebene Schale von 1/2 Zitrone (unbehandelt),
1 Prise Salz,
75 g Butter;
für die Füllung:
3 EL Johannisbeergelee,
1 EL Kirschwasser,
1 Glas entsteinte Sauerkirschen,
5 g Speisestärke,
6 EL Kirschwasser,
1 kg Sahne,
2 EL Puderzucker,
1 Päckchen Vanillinzucker,
20 g Borkenschokolade;
außerdem:
Butter für die Form

EW	Fett	KH	kcal/kJ
8 g	34 g	56 g	592/2477

Für den Biskuit Eier trennen, Eigelb mit 6 EL heißem Wasser, Zucker und Vanillinzucker schaumig rühren. Eiweiß mit Salz zu steifem Eischnee schlagen. Über die Eigelbcreme gleiten lassen. Mehl, Speisestärke und Kakaopulver in einer Schüssel mischen. Über das Eiweiß sieben und alles locker mischen. Boden einer Springform (26 cm Durchmesser) einfetten, Teig einfüllen. Im vorgeheizten Ofen auf mittlerer Schiene 50 Minuten backen. Biskuit aus der Form lösen und auf einem Kuchendraht auskühlen lassen.
Während der Biskuit im Ofen ist, Mürbeteig vorbereiten. Mehl auf eine Arbeitsfläche sieben, in die Mitte eine Mulde drücken. Eigelb hineingeben. Zucker, Vanillinzucker, Zitronenschale und Salz darüber streuen. Kalte Butter in Flöckchen auf dem Rand verteilen. Alles von innen nach außen mit einem großen Messer durchhacken. Dann schnell zu einem Mürbeteig verkneten und 30 Minuten zugedeckt in den Kühlschrank stellen.
Boden einer Tortenform (26 cm Durchmesser) mit dem Teig auslegen. Das geht am besten mit den Händen. Der Teig wird dazu nicht ausgerollt. Auf mittlerer Schiene im vorgeheizten Ofen bei 220 Grad 25 Minuten backen. Boden auf einem Kuchendraht auskühlen lassen.
Johannisbeergelee mit Kirschwasser verrühren. Biskuit einmal quer durchschneiden. Einen Biskuitboden auf den Mürbeteigboden setzen.
Kirschen abtropfen lassen, 12 Kirschen beiseite legen. Saft auffangen und knapp 1/8 l abmessen. Speisestärke mit etwas Kirschsaft anrühren. Kirschsaft aufkochen und mit Speisestärke binden, abkühlen lassen. Dann mit den Kirschen und 2 EL Kirschwasser mischen. Masse auf den Biskuit streichen.
Hälfte der Sahne mit 1/2 EL Puderzucker und 1/2 Päckchen Vanillinzucker steif schlagen. 2 EL Kirschwasser unterziehen. Sahne auf die Kirschen streichen. Zweiten Biskuitboden darauf legen. Torte 20 Minuten abgedeckt in den Kühlschrank stellen.
Inzwischen restliche Sahne mit restlichem Puderzucker und Vanillinzucker steif schlagen und mit restlichem Kirschwasser mi-

schen. 6 EL Sahne in einen Spritzbeutel mit Sterntülle füllen. Oberfläche und Rand der Torte mit Sahne bestreichen. 12 Tortenstücke markieren. Auf jedes Stück einen Sahnetupfer spritzen und mit je einer Kirsche belegen. Borkenschokolade zerkrümeln und auf die Sahnetupfen streuen.
Torte frisch servieren.

Mandeltorte
(Abb.)

Zutaten
4 Eier,
100 g Zucker,
3 EL Vanillinzucker,
175 g gehackte Mandeln,
5 EL gemahlene Mandeln,
5 EL Mehl,
1 TL Backpulver,
Schale von 1/2 Zitrone (unbehandelt),
Fett für die Form,
1 EL Mehl für die Form,
150 g Puderzucker,
2 EL Zitronensaft,
2 cl Mandellikör,
gehackte Zitronenmelisse

EW	Fett	KH	kcal/kJ
5 g	9 g	22 g	204/853

Eier trennen. Eigelb mit Zucker und Vanillinzucker schaumig rühren. 150 g gehackte und gemahlene Mandeln, Mehl, Backpulver und Zitronenschale untermischen. Eiweiß steif schlagen und vorsichtig unterheben. Teig in eine gefettete, mit Mehl ausgestäubte Backform füllen und im vorgeheizten Ofen bei 175 Grad ca. 40 Minuten backen.
Puderzucker, Zitronensaft und Mandellikör glatt rühren. Restliche gehackte Mandeln in einer Pfanne ohne Fett leicht rösten. Glasur auf ausgekühlten Kuchen streichen, mit gerösteten Mandeln und Zitronenmelisse bestreuen.
Ergibt 16 Stücke.

Mohrenköpfe

Zutaten
Für den Teig:
4 Eier,
1 Prise Salz,
1 Päckchen Vanillinzucker,
200 g Zucker,
130 g Mehl,
80 g Speisestärke,
1 gestr. TL Backpulver;
für die Glasur:
2 Becher Kuvertüre,
Saft von 1 Orange;
für die Füllung:
250 g Sahne,
1/2 Glas Orangen- oder Pomeranzenlikör;
außerdem:
Butter für die Förmchen

EW	Fett	KH	kcal/kJ
6 g	10 g	31 g	243/1016

Ofen auf 180 Grad vorheizen. Eier trennen. Eigelb mit 4 EL heißem Wasser schaumig rühren. Salz, Vanillinzucker und 2/3 des Zuckers unterrühren. Eiweiß steif schlagen. Restlichen Zucker unterschlagen. Eischnee über die Eigelbmasse häufen. Mehl, Speisestärke und Backpulver mischen und darüber sieben, vorsichtig unterheben. Mohrenkopfförmchen einfetten und mit dem Teig füllen, auf ein Blech stellen und auf mittlerer Schiene im vorgeheizten Ofen 15 Minuten backen. Kuchen vorsichtig aus den Formen lösen und auf einem Küchendraht auskühlen lassen. Dann waagerecht halbieren.
Für die Glasur Kuvertüre im Wasserbad schmelzen lassen, mit Orangensaft verrühren. Alle Teighälften auf die Schnittfläche legen, dick mit Kuvertüre bestreichen und erstarren lassen. Für die Füllung Sahne steif schlagen, mit Likör aromatisieren. Mit einem Spritzbeutel dick auf die Hälfte der Kuchen spritzen. Die anderen Kuchenhälften darauf setzen. Frisch servieren.

Tipp
Für jeden Geschmack ist etwas dabei, wenn die Mohrenköpfe abwechselnd mit dunkler, weißer und Vollmilchkuvertüre überzogen werden.

Erdbeer-Mandel-Torte
(Abb.)

Zutaten
Für den Teig:
2 Eier,
100 g Zucker,
1 Beutel Rum-back,
50 g gemahlene Mandeln,
75 g Mehl,
50 g Speisestärke,
1 gestr. TL Backpulver;
für die Füllung:
2 Päckchen Vanille-Saucenpulver,
25 g Zucker,
1/4 l Milch (knapp),
50 g gemahlene Mandeln,
500–750 g Erdbeeren (frisch oder tiefgekühlt),
400–600 g Sahne,
30 g Puderzucker,
1 Päckchen Sahnesteif,
2 EL Erdbeerkonfitüre;
zum Garnieren:
Schlagsahne,
100 g gehobelte Mandeln,
Erdbeeren,
Schoko-Dekor-Blätter, zartbitter,
gehackte Pistazien

EW	Fett	KH	kcal/kJ
8 g	24 g	34 g	399/1669

Ofen auf 180–200 Grad vorheizen. Eier mit 2 EL heißem Wasser schaumig schlagen. Zucker und Rum-back dazugeben und weiterschlagen, bis eine cremige Masse entstanden ist. Mandeln unterrühren, Mehl, Stärke und Backpulver mischen und auf die

Masse sieben. Boden einer Springform (25 cm Durchmesser) mit Backpapier auslegen. Teig einfüllen und im vorgeheizten Ofen 20–30 Minuten backen. Tortenboden abkühlen, Rand mit einem Messer lösen, aus der Form stürzen und das Backpapier abziehen.
Für die Füllung aus Saucenpulver, Zucker und Milch nach Packungsanleitung einen festen Pudding kochen und abkühlen lassen. Umrühren und Mandeln unterziehen.
Erdbeeren waschen, gut abtropfen lassen und entstielen. Sahne mit Puderzucker und Sahnesteif aufschlagen.
Tortenboden einmal durchschneiden und mit Konfitüre bestreichen. Unteren Boden mit Pudding bestreichen und mit Erdbeeren belegen (große Erdbeeren einmal durchschneiden). Mandelsahne auf die Erdbeeren streichen. Zweiten Tortenboden auflegen und leicht andrücken. Torte von allen Seiten mit Sahne uneben bestreichen, oben sollen sich kleine Mulden bilden. Rand mit leicht gerösteten, gehobelten Mandeln bestreuen. Oberfläche mit Erdbeeren, Schoko-Dekor-Blättern und Pistazien garnieren.

Malakov-Torte

Zutaten

Für den Teig:
4 Eier,
125 g Puderzucker,
1 Prise Salz,
2 EL Zitronensaft,
125 g Mehl,
125 g Speisestärke,
1 TL Backpulver,
4 Glas Rum;
für die Buttercreme:
1/2 l Milch,
100 g Zucker,
1 Prise Salz,
1 Päckchen Vanillinzucker,
2 Tropfen Bittermandelaroma,
45 g Speisestärke,
1 Eigelb,
125 g gemahlene Mandeln,
200 g Butter,
40 g Mandelblättchen;
außerdem:
Butter für die Form

EW	Fett	KH	kcal/kJ
10 g	25 g	42 g	463/1938

Ofen auf 200 Grad vorheizen. Eier trennen, Eiweiß mit 3 EL kaltem Wasser steif schlagen. Puderzucker und Salz unter Schlagen einrieseln lassen. Langsam Eigelb und Zitronensaft unterrühren. Mehl mit Speisestärke und Backpulver mischen, darüber sieben und vorsichtig unterheben.
Boden einer Springform von 24 cm Durchmesser einfetten. Teig einfüllen und im vorgeheizten Ofen auf mittlerer Schiene 30 Minuten backen. Biskuit aus der Form lösen; dann waagerecht halbieren. Beide Böden mit Rum beträufeln.
Für die Creme Milch mit Zucker aufkochen. Salz, Vanillinzucker, Bittermandelaroma, Speisestärke und 4 EL Wasser glatt rühren. Kochende Milch damit binden, einmal aufkochen lassen, dann unter Rühren auskühlen lassen; dabei Eigelb und gemahlene Mandeln einrühren. Butter schaumig rühren, erkaltete Creme löffelweise unterziehen.
Unteren Tortenboden mit der Hälfte der Creme bestreichen. Zweiten Boden darauf setzen. Rand und Oberfläche der Torte mit Creme bestreichen. Restliche Creme in einen Spritzbeutel füllen. Torte mit Cremetupfen garnieren.
Mandeln in einer Pfanne trocken goldbraun rösten, abkühlen lassen. Tortenrand damit garnieren.
Torte zugedeckt 24 Stunden kühl stellen.

Löffelbiskuits

Zutaten

7 Eier,
125 g Zucker,
1 Päckchen Vanillinzucker,
abgeriebene Schale von 1/2 Zitrone (unbehandelt),
150 g Mehl,
80 g Puderzucker,
Butter zum Einfetten

EW	Fett	KH	kcal/kJ
3 g	2 g	14 g	86/360

Ofen auf 220 Grad vorheizen. Eier trennen. Eigelb mit 50 g Zucker, Vanillinzucker und Zitronenschale schaumig rühren. Eiweiß steif schlagen. Restlichen Zucker kurz unterschlagen. Eischnee auf die Eigelbmasse gleiten lassen, Mehl darüber sieben. Masse locker mit einem Schneebesen vermischen.
Teig in einen Spritzbeutel mit 1 cm breiter Lochtülle füllen. Auf 10 cm breite Pergamentpapierstreifen 8 cm lange Stäbchen in Abständen von 5 cm spritzen. Mit Puderzucker bestäuben. Überschüssigen Puderzucker vorsichtig vom Papier entfernen. Stäbchen auf das leicht eingefettete Blech setzen. Im vorgeheizten Ofen auf mittlerer Schiene ca. 5 Minuten backen. Sofort vom Papier lösen und auf einem Kuchendraht auskühlen lassen.

Tipp

Löffelbiskuits sind die Grundlage für den auch bei uns sehr beliebten italienischen Nachtisch »Tiramisu«. Dafür werden die Biskuits kurz in Kaffee getaucht und abwechselnd mit einer Creme aus Mascarpone, Eiern, Zucker und Likör in eine Form geschichtet und mit geriebener Schokolade bestreut.

Schokoladenrolle mit Aprikosen-Sahne
(Abb.)

Zutaten

Für den Teig:
6 Eier,
130 g Honig,
150 g Mehl,
1 EL Kakaopulver;
für die Füllung:
1 Dose Aprikosenhälften (850 ml),
1 EL Honig,
2 EL Zitronensaft,
1 EL Speisestärke,
400 g Sahne,
2 Päckchen Sahnesteif;
außerdem:
1 TL Zucker zum Bestreuen,

Zitronenmelisse zum Verzieren

EW	Fett	KH	kcal/kJ
4 g	13 g	15 g	195/815

Ofen auf 200 Grad vorheizen. Eier trennen und Eigelb mit Honig und 3 EL lauwarmem Wasser zu einer dicken Creme schlagen. Mehl mit Kakaopulver vermischen und vorsichtig unter die Creme rühren. Eiweiß zu sehr steifem Schnee schlagen und unterheben. Teig auf ein mit Backpapier belegtes Backblech streichen und im vorgeheizten Ofen 12–15 Minuten backen.
Biskuitplatte auf ein mit Zucker bestreutes Küchentuch stürzen, aufrollen und erkalten lassen. Aprikosen abtropfen lassen, Saft auffangen und 1/4 l davon abmessen, evtl. mit Wasser auffüllen. Aprikosen in kleine Stücke schneiden, 4 Hälften zum Garnieren zurückbehalten. Saft mit Honig und Zitronensaft aufkochen lassen und mit in Wasser angerührter Speisestärke binden. Aprikosenstückchen unterrühren, kalt stellen.
Sahne mit Sahnesteif aufschlagen und unter die Aprikosencreme heben. Biskuitrolle auseinander rollen, mit Aprikosensahne bestreichen, etwas zum Verzieren zurückbehalten.
Biskuit wieder aufrollen, mit restlicher Aprikosensahne bestreichen und mit Aprikosenspalten und Zitronenmelisse verzieren.
Ergibt 12 Stücke.

Tipp
Die Aprikosen-Sahne eignet sich auch hervorragend als Nachspeise oder zum Füllen von Torteletts.

Erdbeer-Quark-Torte
(Abb.)

Zutaten
Für den Teig:
4 Eier,
120 g Zucker,
1 Päckchen Vanillinzucker,
100 g Mehl,
1 EL Speisestärke,
1/2 TL Backpulver;
für die Füllung:
500 g Quark,
150 g Zucker,
abgeriebene Schale von 1 Orange (unbehandelt),
6 Blatt Gelatine,
400 g Sahne,
750 g Erdbeeren

EW	Fett	KH	kcal/kJ
8 g	13 g	29 g	270/1109

Ofen auf 200 Grad vorheizen. Eier mit 1 EL Wasser schaumig rühren, dabei Zucker und Vanillinzucker langsam einrieseln lassen. Mehl mit Speisestärke und Backpulver mischen und über die Eimasse sieben. Alles

vorsichtig unterheben. Teig in eine mit Backpapier ausgelegte Springform (28 cm Durchmesser) füllen und im vorgeheizten Ofen 30–40 Minuten backen. Springformrand lösen und Boden auf einen Kuchendraht stürzen. Backpapier abziehen, Boden auskühlen lassen und quer durchschneiden.
Quark mit Zucker und Orangenschale verrühren, Gelatine nach Packungsanweisung auflösen und unter den Quark ziehen. Wenn der Quark fest zu werden beginnt, steif geschlagene Sahne unterheben.
Erdbeeren waschen, putzen und vierteln. Unteren Boden erst mit Erdbeeren belegen. Hälfte der Quark-Sahne darauf streichen. Zweiten Boden auflegen und mit restlicher Quark-Sahne bestreichen. Fest werden lassen. Restliche Erdbeeren darauf verteilen.
Ergibt 16 Stücke.

Tipp
Rand der Torte mit Schokoblättchen bestreuen.

Badische Pflaumentorte

Zutaten
Für den Teig:
6 Eier,
100 g Zucker,
1 Päckchen Vanillinzucker,
40 g Paniermehl,
150 g geriebene Haselnüsse,
1 EL Rum;
für die Füllung:
1 kg Pflaumen,
5 gehäufte EL Zucker,
1 kleines Stück Zimt,
1 Nelke,
30 g Speisestärke,
250 g Sahne,
1 gehäufter EL Zucker,
3–4 Blatt Gelatine;
zum Garnieren:
250 g Sahne,
2 TL Zucker,
etwas Vanillinzucker,
100 g blättrig geschnittene Mandeln;
außerdem:
Butter und Mehl für die Form

EW	Fett	KH	kcal/kJ
6 g	22 g	30 g	330/1379

Ofen auf 190 Grad vorheizen. Eier trennen, Eigelb, Zucker und Vanillinzucker schaumig rühren. Eiweiß zu steifem Schnee schlagen, auf die Eigelbmasse verteilen. Darüber Paniermehl, Haselnüsse und Rum geben. Vorsichtig untereinander heben.
Den Boden einer Springform buttern und bemehlen oder die Form mit Pergamentpapier auslegen. Teig einfüllen und im vorgeheizten Ofen 30–35 Minuten backen.
Tortenboden auskühlen lassen, dann einmal durchschneiden.
Für die Füllung Pflaumen waschen, entsteinen und halbieren. Früchte mit Zucker, Zimt, Nelke und 1/4 l Wasser gar kochen. Saft abgießen. Mit in kaltem Wasser angerührter Speisestärke binden. Pflaumen einlegen und abkühlen lassen. Masse als erste Schicht auf den Tortenboden geben.
16 Pflaumenhälften zum Garnieren zurückbehalten. Auf Küchenpapier abtropfen lassen. Sahne mit Zucker steif schlagen. Gelatine einweichen, ausdrücken, auflösen. Sahne damit dicken. Auf die Pflaumen streichen. 20 Minuten kalt stellen. Dann zweite Teigplatte auflegen und so lange kaltstellen, bis der zweite Viertelliter Sahne für das Garnieren mit Zucker und Vanillinzucker steif geschlagen ist. Torte mit Sahne überziehen, mit Sahnetuffs und Pflaumen auf der Oberfläche garnieren. Mandeln am Tortenrand verteilen.
Ergibt 16 Stück.

Tipp
Es eignen sich auch bereits eingekochte Pflaumen, der zusätzliche Kochvorgang entfällt damit.

Sahnetorte

Zutaten
4 Eier (getrennt),
200 g Zucker,
abgeriebene Schale von
1 Zitrone (unbehandelt),
1 Päckchen Vanillinzucker,
100 g Mehl,
50 g Speisestärke,
1 TL Backpulver,
Margarine zum Einfetten,
3 Gläser Maraschinolikör,
750 g Sahne,
40 g Puderzucker,
2 Päckchen Vanillinzucker,
1 Beutel blättrige Mandeln

EW	Fett	KH	kcal/kJ
7 g	27 g	35 g	438/1836

Eiweiß mit 4 EL kaltem Wasser steif schlagen. Zucker einrieseln lassen, Zitronenschale, Vanillinzucker und Eischnee kurz unterrühren. Mehl, Speisestärke und Backpulver mischen, auf die Creme sieben, locker unterheben. Boden einer Springform (26 cm Durchmesser) einfetten, Teig einfüllen. In den vorgeheizten Ofen auf die untere Schiene schieben. Bei 180 Grad 40 Minuten backen.
Tortenboden nach dem Abkühlen einmal durchschneiden und mit Maraschinolikör beträufeln. Sahne steif schlagen. Puderzucker und Vanillinzucker einrühren.
Torte mit der Hälfte der Sahne füllen. Ringsum mit Sahne bestreichen.
Mit der restlichen Sahne Muster aufspritzen. Blättrige Mandeln in einer Pfanne 3 Minuten bräunen.
Torte damit bestreuen.
Ergibt 12 Stücke.

Maraschino-Torte

Zutaten
1 Rezept »Biskuittorte« oder »Wasserbiskuittorte« (s. Rezept S. 97),
1/4 l Milch,
1 Vanillestange,
2 EL Speisestärke,
200 g Butter,
200 g Zucker,
2 Gläser Maraschinolikör,
200 g Orangenmarmelade,
12 dünne kandierte Zitronenscheiben,
12 Maraschinokirschen

EW	Fett	KH	kcal/kJ
5 g	13 g	67 g	418/1751

Biskuittorte oder Wasserbiskuittorte backen, Form aus dem Ofen nehmen. Tortenboden aus der Form lösen, auskühlen lassen.
In der Zwischenzeit die Milch mit der aufgeschnittenen Vanillestange unter Rühren zum Kochen bringen. Die Stange herausnehmen. Speisestärke mit etwas Wasser glatt rühren, in die Milch einrühren, kurz aufkochen lassen. Unter häufigem Rühren erkalten lassen.
In der Zwischenzeit Butter und Zucker schaumig rühren. Die Vanillecreme und den Maraschinolikör einrühren.
Erkalteten Tortenboden in 3 Platten schneiden.
2 Tortenplatten mit je der Hälfte der Marmelade und dann 1/3 der Creme bestreichen, zusammensetzen. Die Oberseite der Torte und die Ränder mit der restlichen Creme bestreichen.
Mit den kandierten Zitronenscheiben und den Maraschinokirschen garnieren.
Ergibt 16 Stücke.

Nussbiskuitrolle

Zutaten
Für den Teig:
6 Eier,
75 g Zucker,
50 g gemahlene Haselnüsse oder Walnüsse,
50 g Mehl;
für den Belag:
250 g Sahne,
1 Päckchen Vanillinzucker,
50 g gemahlene Haselnüsse oder Walnüsse,

Schokoladenglasur,
einige ganze Nüsse

EW	Fett	KH	kcal/kJ
5 g	15 g	13 g	214/894

Ofen auf 210 Grad vorheizen. Eier trennen, Eigelb mit Zucker schaumig rühren, Eiweiß steif schlagen, auf die Schaummasse geben, Nüsse und Mehl darüber streuen, alles locker vermengen. Ein Blech mit Backpapier auslegen, Masse ca. 1 cm hoch aufstreichen. Im vorgeheizten Ofen 15 Minuten backen, stürzen und das Papier abziehen. Biskuit auskühlen lassen. Sahne mit Vanillinzucker steif schlagen, Nüsse untermengen. Auf die Teigplatte streichen und diese zusammenrollen. Mit Schokoladenglasur überziehen und mit ganzen Nüssen verzieren.

Tiramisu-Kiwitorte
(Abb.)

Zutaten

Für den Teig:
3 Eier (getrennt),
80 g Puderzucker,
1 Prise Salz,
50 g Mehl,
50 g Speisestärke,
1 Msp. Backpulver,
1 Beutel Kirschwasserback;
für die Füllung:
4–5 EL Aprikosenkonfitüre, 6–8 Kiwis,
1 Päckchen klarer Tortenguss,
1 EL Zitronensaft;
für den Belag:
4 Eier,
50 g Zucker,
1 Beutel Kirschwasserback,
500 g Mascarpone,
6 Blatt weiße Gelatine,
2 EL Kakaopulver,
Schoko-Dekor-Blätter, weiß

EW	Fett	KH	kcal/kJ
13 g	18 g	31 g	354/1482

Ofen auf 200–220 Grad vorheizen. Eigelb schaumig schlagen. Puderzucker sieben und nach und nach unter die Eigelbmasse heben. Eiweiß mit Salz steif schlagen. Mehl, Speisestärke und Backpulver auf die Eiermasse sieben und mit dem Schneebesen unterheben. Boden einer Springform (26 cm Durchmesser) mit Backpapier auslegen, Biskuitmasse einfüllen und im vorgeheizten Ofen 10–15 Minuten backen; auskühlen lassen.
Biskuitboden mit Kirschwasserback beträufeln. Aprikosenkonfitüre erwärmen, durch ein Sieb streichen und Tortenboden damit bestreichen. Kiwis schälen, in Scheiben schneiden und ab-

gekühlten Tortenboden damit belegen. Tortenguss nach Packungsanleitung mit 1 EL Zitronensaft zubereiten, auf die Kiwischeiben gießen und abkühlen lassen.
Für den Belag Eier trennen, Eigelb mit etwas heißem Wasser schaumig schlagen, Zucker einstreuen, weiterschlagen, bis sich der Zucker gelöst hat. Kirschwasser-back und Mascarpone unterrühren.
Gelatine nach Packungsanweisung auflösen, etwas abkühlen lassen und unter die Mascarponemasse rühren. Eiweiß steif schlagen, ebenfalls unterheben. Creme auf den mit Kiwis belegten Tortenboden streichen. Torte von allen Seiten mit Kakaopulver bestreuen. Mit Kiwischeiben und mit Schoko-Dekor-Blättern garnieren.

Petit Fours
(Abb.)

Zutaten
6 Eier, 150 g Zucker,
200 g Mehl,
1 TL Backpulver,
100 g Speisestärke,
2 EL Kakaopulver,
3 cl Rum,
abgeriebene Schale von
1 Zitrone und Orange
(unbehandelt),
250 g Johannisbeergelee, 500 g Puderzucker, Zitronensaft

EW	Fett	KH	kcal/kJ
1 g	1 g	13 g	62/260

Eier trennen, Eigelb mit Zucker schaumig schlagen. Mehl, Backpulver und Speisestärke mischen und darüber sieben. Eiweiß steif schlagen und lose unter die Masse heben. Teig teilen, unter eine Hälfte Kakaopulver und Rum, unter die andere Zitronen- und Orangenschale mischen. Je 1 Teighälfte ca. 2 cm dick auf ein mit Backpapier ausgelegtes Backblech streichen und im vorgeheizten Ofen bei 200 Grad jeweils ca. 15 Minuten backen.
Nach dem Erkalten in kleine Rechtecke schneiden oder mit einem Plätzchenausstecher Formen ausstechen; mit Johannisbeergelee bestreichen und je 2 zusammensetzen. Puderzucker mit Zitronensaft glatt rühren und Petit Fours damit überziehen. Ergibt 80 Stücke.

Zitronenrolle

Zutaten
Für den Biskuitteig:
4 Eier,
150 g Zucker,
abgeriebene Schale von
1/2 Zitrone (unbehandelt),
150 g Mehl,
1 TL Backpulver;
für die Füllung:
6 Blatt weiße Gelatine,
Saft von 3 Zitronen,
1 Ei (getrennt),
100 g Zucker,
125 g Sahne,
30 g Puderzucker
zum Bestäuben;
außerdem:
Butter oder Margarine
zum Einfetten,
Zucker zum Bestreuen

EW	Fett	KH	kcal/kJ
4 g	4 g	26 g	163/683

Ofen auf 220 Grad vorheizen. Für den Teig Eier trennen, Eigelb mit 4 EL heißem Wasser in einer Schüssel schaumig schlagen. Nach und nach Zucker und Zitronenschale zugeben. Eiweiß zu steifem Schnee schlagen, auf die Eigelbcreme gleiten lassen. Mehl und Backpulver mischen, auf den Eischnee geben. Alles locker unterheben.
Ein Backblech mit Pergamentpapier auslegen und mit Butter oder Margarine einfetten. Teig darauf streichen. Pergamentpapier an der Vorderkante hochklappen, damit der Teig nicht herunterlaufen kann. Teig im vorgeheizten Ofen auf mittlerer Schiene 10–12 Minuten backen. In der Zwischenzeit ein Küchentuch auf die Arbeitsfläche legen und mit Zucker bestreuen. Biskuitplatte aus dem Ofen nehmen. Auf das Tuch stürzen und das Pergamentpapier abziehen. Teig sofort mit dem Tuch aufrollen; abkühlen lassen. Dabei hin und wieder auseinander rollen und zusammenrollen.
Für die Füllung Gelatine 5 Minten in kaltem Wasser einweichen. Zitronensaft mit Wasser zu 1/8 l auffüllen, in einem Topf erhitzen. Topf vom Herd nehmen. Ausgedrückte Gelatine in den Zitronensaft rühren, bis sie sich aufgelöst hat; abkühlen lassen. Eigelb mit 2 EL heißem Wasser in einer Schüssel schaumig schlagen. Zucker nach und nach einstreuen. Schlagen, bis eine weiße, schaumige Creme entsteht. Leicht gelierende Gelatinemasse löffelweise zufügen. Eiweiß in einer anderen Schüssel zu steifem Eischnee schlagen. Sahne steif schlagen. Eischnee und Schlagsahne locker unter die Zitronencreme ziehen. Creme zugedeckt 10 Minuten in den Kühlschrank stellen. Biskuitrolle auseinander rollen, Zitronencreme darauf streichen. Rolle locker zusammenrollen. Auf eine längliche Tortenplatte legen. Vor dem Servieren mit Puderzucker bestäuben.

Johannisbeercreme-Torte (Abb.)

Zutaten

Für den Teig:
4 Eier (getrennt),
200 g Zucker,
1 Päckchen Vanillinzucker,
150 g Mehl,
35 g Speisestärke,
15 g Kakaopulver,
1/2 gestr. TL Backpulver;
für die Creme:
250 g schwarze Johannisbeeren,
120 g Zucker,
50 g Vanille-Puddingpulver, 150 g Butter,
2 EL Zitronensaft

EW	Fett	KH	kcal/kJ
4 g	12 g	42 g	308/1289

Ofen auf 180 Grad vorheizen. Eigelb mit Zucker und Vanillinzucker schaumig rühren. 4 EL heißes Wasser esslöffelweise unter ständigem Rühren beigeben. Unter die cremige Masse gesiebtes Mehl, Speisestärke, Kakaopulver und Backpulver ziehen und zuletzt steif geschlagenen Eischnee unterheben. Teig in eine gefettete und gebröselte Springform füllen und im vorgeheizten Ofen ca. 30 Minuten backen.

Johannisbeeren waschen und entstielen. Mit 200 ml Wasser und Zucker aufkochen und pürieren. Puddingpulver mit Wasser anrühren und unter das Püree schlagen, einmal aufkochen lassen. Butter schaumig rühren, kalte Fruchtcreme nach und nach zugeben. Creme mit Zitronensaft abschmecken und weiterschlagen, bis sie luftig ist. Tortenboden quer halbieren und mit einem Drittel der Creme füllen. Zweiten Boden darauf setzen und Torte mit restlicher Creme bestreichen.
Ergibt 12 Stücke.

Himbeer-Sahne-Rolle

Zutaten

Für den Teig:
6 Eier,
180 g Zucker,
70 g Mehl,
70 g Speisestärke,
1 gestr. TL Backpulver,
70 g gemahlene Mandeln;
für die Füllung:
700 g Himbeeren,
50 g Zucker,
6 Blatt weiße Gelatine,
500 g Sahne,
2 EL Puderzucker,
1 EL geschälte Pistazien;
außerdem:
Butter zum Einfetten,
Zucker zum Bestreuen

EW	Fett	KH	kcal/kJ
6 g	14 g	28 g	266/1111

Ofen auf 200 Grad vorheizen. Für den Teig Eier trennen. Eigelb schaumig rühren. Nach und nach 100 g Zucker einrieseln lassen. Eiweiß mit restlichem Zucker steif schlagen und auf das Eigelb gleiten lassen. Mehl mit Speisestärke und Backpulver mischen und darüber sieben. Mandeln darüber streuen, alles locker unterheben.
Ein Backblech mit Pergamentpapier belegen und einfetten. Teig gleichmäßig darauf verteilen. Im vorgeheizten Ofen auf mittlerer Schiene 15 Minuten backen. Sofort auf ein mit Zucker bestreutes Küchentuch stürzen. Papier mit kaltem Wasser befeuchten und abziehen. Teig mit dem Tuch locker zusammenrollen und auskühlen lassen. Inzwischen Himbeeren verlesen und mit Zucker bestreut ziehen lassen. Gelatine in kaltem Wasser einweichen. Sahne steif schlagen und mit Puderzucker süßen. Gelatine ausdrücken, auflösen und abgekühlt unter die Sahne rühren. Biskuit auseinander rollen, 2/3 der Sahne darauf verstreichen. Abgetropfte Himbeeren darauf verteilen. Ein paar große Himbeeren zum Garnieren beiseite stellen. Biskuit locker zusammenrollen. Rolle rundherum mit Sahne bestreichen. Restliche Sahne in einen Spritzbeutel füllen und Tupfen auf die Rolle spritzen. Mit Himbeeren und Pistazien garnieren. Himbeer-Sahne-Rolle abgedeckt kühl stellen oder sofort servieren.

Mandeltorte mit Erdbeersahne

Zutaten

1 Rezept »Biskuittorte« oder »Wasserbiskuittorte« (s. Rezept S. 97),
1 kg Erdbeeren,
100 g Zucker,
750 g Sahne,
1 Päckchen Vanillinzucker,
12 Blatt weiße Gelatine,
1 Päckchen Tortenguss,
20 g Butter,
100 g blättrige Mandeln

EW	Fett	KH	kcal/kJ
9 g	21 g	47 g	420/1755

Torte zweimal durchschneiden. Erdbeeren putzen, waschen und abtropfen lassen. 18 Erdbeeren zum Garnieren beiseite legen. Restliche Früchte halbieren und mit Zucker mischen. Saft ziehen lassen.
Sahne mit Vanillinzucker steif schlagen. Hälfte der Erdbeeren pürieren. In die Sahne mischen. Gelatine in kaltem Wasser einweichen, auflösen. Ebenfalls zur Sahne geben.
Einen Biskuitboden mit abgetropften, halbierten Erdbeeren belegen. Saft mit nach Vorschrift zubereitetem Tortenguss binden, darüber verteilen; abkühlen lassen. Dann mit abgekühlter Sahnecreme bestreichen. Zweiten Boden auflegen. Mit Sahnecreme bestreichen und mit Erdbeeren belegen. Dritten Boden darauf setzen. Die ganze Torte mit Sahnecreme überziehen. Etwas zum Garnieren zurücklassen.
Butter erhitzen. Mandeln darin hellgelb rösten, abkühlen lassen. Torte mit Sahnetupfen, Erdbeeren und gerösteten Mandeln garnieren.

Tipp
Mandeltorte schmeckt auch mit Himbeersahne. Anstelle der Erdbeeren einfach frische oder tiefgefrorene Himbeeren verwenden.

Fruchtige Biskuittorte mit Erdbeeren
(Abb.)

Zutaten
Für den Biskuitteig:
4 Eier,
120 g Zucker,
1 Päckchen Vanillinzucker,
1 Prise Salz,
80 g Mehl,
40 g Speisestärke;
für den Belag:
6 Erdbeer-Mini-Windbeutel (tiefgekühlt),
750 g Sahne,
2 Päckchen Vanillinzucker,
1 Glas Aprikosenkompott (370 ml),
100 g Schokoraspel,
250 g Erdbeeren

EW	Fett	KH	kcal/kJ
6 g	6 g	33 g	218/911

Ofen auf 175 Grad vorheizen. Eier trennen. Eigelb mit 80 g Zucker, Vanillinzucker, Salz und 4 EL lauwarmem Wasser zu einer cremigen Masse aufschlagen, bis sich der Zucker gelöst hat.
Eiweiß mit restlichem Zucker steif schlagen, auf die Eigelb-

masse geben und Mehl und Stärke darüber sieben. Alles vorsichtig mit einem Schneebesen unterziehen.
Boden einer Springform (26 cm Durchmesser) mit Backpapier belegen oder mit Butter bestreichen und mehlen, Teig einfüllen und glatt streichen.
Im vorgeheizten Ofen 25–30 Minuten backen.
Biskuit in der Form 10 Minuten abkühlen lassen, aus der Form lösen, vollständig auskühlen lassen und einmal waagerecht teilen.
Mini-Windbeutel nach Packungsanweisung auftauen lassen. Sahne mit Vanillinzucker steif schlagen.
Aprikosenkompott pürieren, auf unterem Biskuitboden verteilen, eine Schicht Sahne darüber streichen, anderen Boden darauf setzen und leicht andrücken.
Torte rundherum mit Sahne bestreichen. Etwas Sahne für die Verzierung zurückbehalten.
Tortenrand und -mitte mit Schokoraspel verzieren.
12 Tortenstücke markieren, 12 Sahnetupfen aufspritzen.
Windbeutel halbieren und jeweils eine Hälfte auf einen Tupfen setzen. Erdbeeren waschen, mit Küchenpapier trockentupfen, halbieren und auf die Torte legen.
Nach Wunsch unteren Tortenrand mit kleinen Sahnetupfen verzieren.
Ergibt 12 Stücke.

Tipp

Auch mit Himbeeren ist diese festliche Torte ein Traum. Statt der Erdbeer-Mini-Windbeutel kann man auch hauchdünne Schokoladenplättchen oder -herzchen in die Sahnerosetten stecken.

Elisabethen-Torte

Zutaten

Für den Teig:
6 Eier,
125 g Zucker,
120 g Mehl,
1 TL Backpulver,
50 g geriebene Haselnüsse;
für die Füllung:
4 EL Kirschwasser,
1 Glas Kirschkonfitüre (etwa 450 g);
für die Glasur:
150 g Puderzucker,
1 TL Zitronensaft,
2 EL Kirschsirup;
zum Garnieren:
250 g Sahne,
2 EL Kirschsirup,
16 halbe Walnusskerne;
außerdem:
Margarine oder Öl und Mehl für die Form

EW	Fett	KH	kcal/kJ
4 g	13 g	23 g	246/1029

Ofen auf 200 Grad vorheizen. Eier trennen. Eigelb schaumig schlagen. Zucker dabei langsam einrieseln lassen. Mehl, Backpulver und Haselnüsse mischen. In die Eigelbmasse rühren. Eiweiß steif schlagen, locker unterziehen. Springform mit Pergamentpapier auslegen, mit Butter oder Margarine einfetten oder Tortenboden buttern und mehlen. Teig einfüllen.
Im vorgeheizten Ofen auf unterer Schiene 20–25 Minuten backen. Aus dem Ofen nehmen, auskühlen lassen.
Torte waagerecht zweimal durchschneiden. Eventuell Backpapier abziehen. Zwei Tortenplatten erst mit Kirschwasser beträufeln, dann mit Kirschkonfitüre bestreichen; aufeinander legen.
Darauf die nicht bestrichene Platte legen.
Für die Glasur Puderzucker, Zitronensaft und Kirschsirup verrühren. Tortenbodenfläche damit überziehen. 15–20 Minuten trocknen lassen. 16 Stücke markieren.
Sahne steif schlagen. Hälfte mit Kirschsirup verrühren. Tortenrand damit bestreichen. Restliche Sahne in einen Spritzbeutel geben. Auf jedes Tortenstück einen Sahnetuff setzen. Mit je einer Walnusshälfte garnieren.

Tipp

Diese Torte schmeckt bestens zum Kaffee; aber auch mit trockenem Sherry.

Biskuittorte getränkt

Zutaten

1 Rezept »Biskuittorte« oder »Wasserbiskuittorte« (s. Rezept S. 97);
außerdem:
4 EL Maraschino,
2 EL Zitronensaft,
1 kl. Glas Himbeermarmelade,
750 g Schlagsahne,
Zucker,
geraspelte Borkenschokolade,
16 Himbeeren zum Garnieren

EW	Fett	KH	kcal/kJ
6 g	17 g	43 g	349/1466

Ausgekühlte Torte zweimal durchschneiden.
Maraschino und Zitronensaft mischen. Teigplatten damit tränken. Unterste Platte mit Himbeermarmelade bestreichen. Darauf knapp 1/3 der gesüßten Schlagsahne verteilen.
Nächste Platte darauf setzen, ebenfalls mit Marmelade und Schlagsahne bestreichen. Letzte Platte darauf legen. Mit Sahne bestreichen. Etwas Sahne zum Garnieren übrig lassen.
Restliche Sahne in den Spritzbeutel füllen. Auf die Torte spritzen.
Mit geraspelter Borkenschokolade und Himbeeren garnieren. Kalt stellen.
Ergibt 16 Stück.

Biskuit-Omeletts

Zutaten

2 Eier,
50 g Zucker, 1 Päckchen Vanillinzucker,
2 TL Puderzucker,
40 g Mehl,
25 g Speisestärke,
1 Msp. Backpulver,
250 g Schlagsahne,
200 g Obst aus der Dose

EW	Fett	KH	kcal/kJ
3 g	8 g	23 g	210/880

Eier trennen. Eigelb mit 2 EL heißem Wasser schaumig schlagen. Nach und nach Zucker und Vanillinzucker einrühren. Eiweiß mit Puderzucker steif schlagen. Auf die Eierschaummasse geben. Mehl mit Speisestärke und Backpulver mischen und darüber sieben. Locker unterheben. Backblech mit Pergamentpapier auslegen. Einfetten. Teigplatten von etwa 8 cm Durchmesser zentimeterdick darauf streichen. (Es gibt auch Metallringe, die man einfach auf das Blech setzt und mit Teig füllt.) In den vorgeheizten Ofen schieben. Bei 200 Grad 10–12 Minuten backen. Herausnehmen. Auf ein Backbrett stürzen. Papier sofort anfeuchten und abziehen. Omeletts von zwei Seiten zur Mitte hin zusammenklappen. Auskühlen lassen. Sahne schlagen. Mit in Würfel geschnittenem Obst mischen. Die Omeletts kurz vor dem Servieren füllen.
Ergibt 4 Stück.

Orangen-Buttercremetorte

Zutaten

Für den Teig:
4 Eier (getrennt),
175 g Zucker,
abgeriebene Schale von 1/2 Orange (unbehandelt),
100 g Mehl,
100 g Speisestärke,
1 TL Backpulver;
für die Creme:
1/4 l Milch,
abgeriebene Schale von 1 Orange (unbehandelt),
1/4 l Orangensaft,
150 g Zucker,
30 g Speisestärke,
1 Eigelb, 250 g Butter;
außerdem:
100 g gehackte Mandeln,
24 Mandarin-Orangen aus der Dose,
Butter für die Form

EW	Fett	KH	kcal/kJ
7 g	24 g	50 g	442/1846

Ofen auf 200 Grad vorheizen. Eier trennen. Eigelb mit 2 EL warmem Wasser und Zucker schaumig schlagen. Orangenschale unterrühren. Eiweiß steif schlagen und auf die Eigelbmasse geben. Mehl mit Speisestärke und Backpulver mischen und auf den Eischnee sieben. Vorsichtig unterziehen. Eine Springform (24 cm Durchmesser) am Boden einfetten. Teig einfüllen, glatt streichen und im vorgeheizten Ofen auf mittlerer Schiene 35 Minuten backen. Tortenboden auf einem Kuchendraht auskühlen lassen. Inzwischen für die Creme Milch, Orangenschale, Orangensaft und Hälfte des Zuckers aufkochen lassen. Speisestärke mit wenig kaltem Wasser glatt rühren. In die Milch rühren und aufkochen lassen. Vom Feuer nehmen und etwas Creme mit Eigelb verquirlen, wieder in die Creme rühren. Creme im Wasserbad abkühlen lassen, dabei mehrfach umrühren. Butter mit restlichem Zucker schaumig rühren und kalte Creme esslöffelweise unterrühren. Tortenboden zweimal durchschneiden. Tortenböden mit 2/3 der Creme bestreichen und aufeinander setzen. Rand mit Hälfte der restlichen Creme bestreichen. Rand der Oberfläche mit Mandeln bestreuen. 12 Tortenstücke markieren. Restliche Creme mit einem Spritzbeutel als Tupfen auf die einzelnen Tortenstücke spritzen. Jeden Cremetupfer mit 2 Mandarin-Orangen garnieren. Vor dem Servieren muss die Torte kühl gestellt werden.

Biskuitschnitten mit Johannisbeersahne

Zutaten

6 Eier (getrennt),
150 g Zucker,
1 Päckchen Vanillinzucker,
100 g Mehl,
50 g Speisestärke,
1 gestrichener TL Backpulver,
Butter für das Blech,
400 g Johannisbeeren,
500 g Sahne,
100 g Puderzucker,
3 Päckchen Sahnesteif

EW	Fett	KH	kcal/kJ
3 g	1 g	39 g	184/769

Eigelb mit 6 EL warmem Wasser schaumig schlagen. Zucker und Vanillinzucker langsam dazugeben, zu einer Creme weiterschlagen. Eiweiß zu sehr steifem Schnee schlagen, auf die Crememasse geben. Mehl, Speisestärke und Backpulver mischen, über den Teig sieben und mit dem Schnee locker unterheben. Backblech buttern oder mit Backpapier belegen. Den Teig etwa fingerdick aufstreichen. An der offenen Seite des Backblechs eine Falte knicken, so kann der Teig nicht auslaufen. Im vorgeheizten Ofen bei 200–220 Grad ca. 10 Minuten backen. Noch heiß auf ein mit Zucker bestreutes Backpapier stürzen, mit kaltem Wasser bepinseln. Das Papier schnell abziehen. Nach dem Abkühlen die Biskuitplatte in der Mitte durchschneiden. Die Johannisbeeren waschen, abstreifen und mit dem Mixer pürieren, durch ein Sieb streichen. Sahne, Puderzucker und Sahnesteif schlagen. Johannisbeeren unterrühren. Gut die Hälfte der Creme auf eine Biskuitplatte streichen, die zweite Platte darauf setzen, mit der restlichen Sahne bestreichen. Mit Johannisbeertrauben garnieren.
Ergibt 16 Stücke.

Biskuitringe

Zutaten

4 Eier (getrennt),
200 g Zucker,
1 Päckchen Vanillinzucker,
100 g Mehl,
100 g Speisestärke,
Fett für das Blech,
Zitronengelee,
1 Päckchen Kuvertüre

EW	Fett	KH	kcal/kJ
5 g	5 g	34 g	205/857

Eigelb mit 4 EL heißem Wasser cremig schlagen. Nach und nach Zucker und Vanillinzucker dazugeben.
Eiweiß steif schlagen. Auf die Crememasse geben.
Mehl und Speisestärke mischen, darüber sieben.
Locker unterheben.
Mit dem Spritzbeutel Ringe auf ein gefettetes Backblech spritzen, bei 180 Grad ca. 15 Minuten backen.
Noch heiß mit Zitronengelee bestreichen, abkühlen lassen.
Mit aufgelöster Kuvertüre überziehen.
Ergibt 12 Stück.

Pistazien-Biskuittorte mit Ananascreme (Abb.)

Zutaten

Für den Mürbeteig:
50 g Speisestärke,
100 g Mehl,
50 g Zucker,
1 Eigelb,
75 g Butter oder Margarine,
Fett für die Form;
für den Biskuitteig:
4 Eier,
160 g Zucker,
60 g Speisestärke,
60 g Mehl,
2 gestr. TL Backpulver,
75 g gemahlene Pistazien;
für die Ananascreme:
3/8 l Ananassaft,
1–2 EL Zucker,
50 g Speisestärke,
100 g Ananas (frisch oder aus der Dose),
4 Blatt weiße Gelatine,
200 g Sahne;
zum Verzieren:
3 EL Ananaskonfitüre,
50 g gehackte Pistazien,
1 Päckchen klarer Tortenguss,
1/4 l Ananassaft,
400 g Ananas (frisch oder aus der Dose)

EW	Fett	KH	kcal/kJ
8 g	19 g	57 g	447/1870

Speisestärke und Mehl in eine Schüssel geben, Zucker, Eigelb und weiches Fett dazugeben. Alles mit einem Handrührgerät verkneten und den Teig kalt stellen.
Ofen auf 200–225 Grad vorheizen. Teig zwischen Frischhaltefolie ausrollen und in eine gefettete Springform (26 cm Durchmesser) geben. Im vorgeheizten Ofen 10–15 Minuten backen. Nach dem Backen den Boden in der Form erkalten lassen.
Eier trennen. Eiweiß und 4 EL kaltes Wasser in einer Schüssel mit einem Handrührgerät auf der höchsten Schaltstufe sehr steif schlagen. Zucker unter Schlagen einrieseln lassen. Gerät auf die niedrigste Stufe umschalten. Eigelb leicht unter die Eiweißmasse ziehen und zuletzt Gemisch aus Speisestärke, Mehl, Backpulver und gemahlenen Pistazien darunter heben. Biskuitmasse gleichmäßig auf ein mit Backpapier ausgelegtes Backblech streichen und im vorgeheizten Ofen bei 200–225 Grad 12–15 Minuten backen. Biskuitplatte auf ein mit Zucker bestreutes Tuch stürzen, das Papier abziehen und den Biskuit erkalten lassen.
Für die Ananascreme Ananassaft, Zucker und Speisestärke verrühren. In kleine Stücke geschnittene Ananas dazugeben. Unter Rühren kurz kochen lassen. Eingeweichte, ausgedrückte Gelatine darunter ziehen. Creme unter mehrmaligem Umrühren erkalten lassen. Danach steif geschlagene Sahne untermengen. Biskuitplatte mit Ananascreme gleichmäßig be-

streichen, etwa 4 EL Creme zurückbehalten.
Biskuit der Länge nach in 4 cm breite Streifen schneiden. Einen Streifen aufrollen und in die Mitte des Mürbeteigbodens in der Springform legen. Die nächsten Biskuitstreifen schneckenartig darum herum setzen, bis die ganze Form gefüllt ist. Zurückbehaltene Creme auf der Oberfläche verstreichen. Torte im Kühlschrank fest werden lassen.
Torte aus der Form lösen. Rand der Torte mit glatt gerührter Ananaskonfitüre bestreichen und mit Pistazien bestreuen. Für den Guss Tortenguss nach Anweisung mit Ananassaft zubereiten. Oberfläche der Torte mit Ananasstücken verzieren und mit Guss überziehen.

Erdbeerkuchen
(Abb.)

Zutaten
3 Eier,
180 g Zucker,
150 g Mehl,
2 EL Speisestärke,
Fett für die Form,
500 g Erdbeeren,
100 g gehackte Mandeln,
1 Päckchen roter Tortenguss,
50 g gehobelte Mandeln

EW	Fett	KH	kcal/kJ
4 g	6 g	22 g	166/697

Eier mit 1 EL Wasser schaumig rühren, dabei den Zucker langsam einrieseln lassen. Mehl und Speisestärke mischen, über die Eimasse sieben und unterheben. Teig in eine gefettete Obstkuchenform füllen und im vorgeheizten Ofen bei 200 Grad 20–25 Minuten backen. Auf ei-

nem Tortengitter auskühlen lassen.
Erdbeeren waschen, putzen und abtropfen lassen. Tortenboden mit gehackten Mandeln bestreuen und mit Erdbeeren belegen. Tortenguss nach Packungsanweisung zubereiten und über die Erdbeeren gießen. Gehobelte Mandeln in einer Pfanne ohne Fett kurz rösten und die Torte damit bestreuen.
Ergibt 16 Stücke.

Tipp
Mit gesüßter Schlagsahne servieren.

Erdbeerbiskuitrolle
(Abb. S. 95)

Zutaten
Für den Teig:
4 Eier,
1 Päckchen Vanillinzucker, 125 g Zucker,
50 g Mehl,
50 g Instant-Haferflocken,
20 g Speisestärke,
1 TL Backpulver,
50 g zerlassene Butter,
Zucker zum Bestreuen;
für die Füllung:
5 Blatt weiße Gelatine,
500 g Erdbeeren (frisch oder tiefgekühlt),
1 Limette,
50 g Zucker,
500 g Sahne

EW	Fett	KH	kcal/kJ
8 g	27 g	48 g	485/2027

Ofen auf 200 Grad vorheizen. Eier trennen und Eigelb mit 3 EL lauwarmem Wasser schaumig schlagen. Vanillinzucker und 80 g Zucker zugeben. Eiweiß mit restlichem Zucker steif schlagen und unterziehen. Mehl, Instant-Haferflocken und Speisestärke mit Backpulver sieben und vorsichtig mit der Masse verrühren. Butter ebenfalls zum Teig geben. Ein Backblech mit Pergament auslegen und Teigmasse darauf streichen. Biskuit im vorgeheizten Ofen auf mittlerer Schiene in 8–10 Minuten goldbraun backen.
Für die Füllung Gelatine in kaltem Wasser einweichen. Frische Erdbeeren waschen, putzen und vierteln, mit Limettensaft und Zucker in einem Topf aufkochen und ca. 5 Minuten köcheln lassen. Masse durch ein Sieb streichen, ausgedrückte Gelatine darin auflösen und Erdbeermasse im Kühlschrank fest werden lassen.
Ein Geschirrtuch dünn mit Zucker bestreuen und Biskuit darauf stürzen. Backpapier abziehen, Biskuit mithilfe des Tuchs von der Längsseite her locker aufrollen und abkühlen lassen.
Sahne steif schlagen und unter die inzwischen leicht angezogene Erdbeermasse heben. Biskuit vorsichtig zurückrollen, mit Creme bestreichen und wieder aufrollen. Fertige Biskuitrolle 1 Stunde im Kühlschrank ruhen lassen.
Ergibt 8 Scheiben.

Apfeltorte mit Weincreme

Zutaten
Für den Belag:
500 g Äpfel,
70 g Zucker,
1/4 l Weißwein;
für die Creme:
4 Eigelb,
125 g Zucker,
1 Msp. abgeriebene Zitronenschale (unbehandelt),
50 g Speisestärke,
1/8 l Weißwein,
1/3 Rezept »Biskuittorte« oder »Wasserbiskuittorte« (s. Rezept S. 97);
zum Garnieren:
100 g gehackte Mandeln,
330 g Sahne,
Zucker,
1 Päckchen Vanillinzucker

EW	Fett	KH	kcal/kJ
5 g	12 g	33 g	274/1145

Äpfel schälen, vierteln, entkernen, in Scheiben schneiden, zuckern. In Weißwein bissfest dünsten; abtropfen lassen.
Für die Creme 1/2 l Wasser, Eigelb, Zucker, abgeriebene Zitronenschale und Speisestärke im

Kochtopf verrühren. Wein zufügen. Mischung zum Kochen bringen und dabei mit dem Schneebesen schaumig schlagen. Nur sekundenlang aufkochen. Creme lauwarm abkühlen lassen.
Tortenboden mit Äpfeln und Creme belegen.
Mandeln rösten. Tortenrand damit garnieren.
Sahne mit Zucker und Vanillinzucker steif schlagen. An den Tortenrand und am Rand der Tortenoberfläche ein Zackenband spritzen. Sahnetuffs obenauf spritzen. Mit Mandeln garnieren.

Tipp
Wer auf Wein als Zutat verzichten möchte, kann ihn durch Apfel- oder Traubensaft ersetzen.

Zitronen-Flockentorte mit Johannisbeeren
(Abb.)

Zutaten
Für den Teig:
125 g Zucker,
1 Päckchen Zitronen-Zucker,
4 Eier,
40 g Butter,
125 g Mehl,
1 gestr. TL Backpulver;
für die Creme:
75 g Zucker,
4 Eigelb,
fein abgeriebene Schale und Saft von 1 Zitrone (unbehandelt),
200 g weiche Butter,
2 Baiserschalen,
250 g rote Johannisbeeren;
zum Garnieren:
3 Baiserschalen,
Zitronenmelisse

EW	Fett	KH	kcal/kJ
3 g	15 g	21 g	244/1019

Ofen auf 180 Grad vorheizen. Zucker, Zitronen-Zucker und Eier in einer großen Schüssel verrühren.
Auf einem heißen Wasserbad Zucker-Ei-Masse mit den Schneebesen des Handrührgerätes auf mittlerer Stufe so lange schlagen, bis die Creme weiß und cremig ist. Schüssel in Eiswasser (kaltes Wasser mit Eiswürfeln) stellen und so lange schlagen, bis die Masse erkaltet ist. Abgekühlte zerlassene Butter in dünnem Strahl zugießen und unterrühren. Mehl und Backpulver mischen und darüber sieben. Vorsichtig unterheben.
Boden einer Springform (26 cm Durchmesser) mit Backtrennpapier auslegen. Biskuitmasse einfüllen und im vorgeheizten Ofen 25–30 Minuten backen. Biskuit aus der Form lösen und auf einem Kuchendraht auskühlen lassen.
Für die Creme 1/8 l Wasser und Zucker 1 Minute sprudelnd kochen lassen. Eigelb in einer großen Schüssel verrühren. Zucker-Wasser in dünnem Strahl unterrühren. Schüssel auf ein kochendes Wasserbad stellen und Creme mit einem Schneebesen so lange schlagen, bis sie weißlich cremig ist.
Schüssel in Eiswasser stellen. Zitronenschale und -saft unterrühren und Creme unter ständi-

gem Rühren abkühlen lassen. Butter schaumig rühren. Portionsweise Eigelb-Zucker-Creme unterschlagen. Baiserschalen zerbröckeln und unter die Hälfte der Buttercreme mischen. Biskuitboden einmal waagerecht durchschneiden. Johannisbeeren vorsichtig abspülen und auf Küchenpapier trocknen. Einige schöne Rispen zum Garnieren abnehmen. Restliche Johannisbeeren mit einer Gabel von den Rispen streifen.
Unteren Boden mit Creme bestreichen. Johannisbeeren darauf verteilen und leicht in die Creme drücken. Oberen Tortenboden darauf setzen. Torte mit Buttercreme einstreichen, mit Johannisbeeren, zerbröckeltem Baiser und Zitronenmelisse garnieren.
Ergibt 16 Stücke.

Walnuss-Torte mit Vanillecreme
(Abb.)

Zutaten
Für den Teig:
4 Eier,
200 g Zucker,
1 Päckchen Vanillinzucker,
200 g Mehl,
1/2 TL Backpulver,
100 g gehackte Walnusskerne;
für die Füllung:
1/2 l Milch,
75 g Zucker,
1 Päckchen Vanille-Puddingpulver,
200 g weiche Butter,
3 EL rotes Johannisbeer-Gelee;
außerdem:
400 g weiße Kuvertüre,
12 Walnusskernviertel oder etwas Johannisbeer-Gelee und gehackte Walnusskerne zum Verzieren

EW	Fett	KH	kcal/kJ
10 g	34 g	62 g	614/2567

Ofen auf 175 Grad vorheizen. Eier trennen, Eigelb und 4 EL heißes Wasser schaumig schlagen. 2/3 des Zuckers nach und nach einrieseln lassen. Rühren, bis die Creme dicklich wird. Eiweiß mit restlichem Zucker und Vanillinzucker steif schlagen. 1/3 Eischnee unter die Eigelbcreme heben. Restlichen Eischnee darauf geben. Mehl und Backpulver mischen, darauf geben und alles vorsichtig unterheben. Walnüsse ebenfalls unterheben.
Biskuitteig in eine am Boden mit Backpapier ausgelegte Springform (26 cm Durchmesser) füllen, glatt streichen und auf der mittleren Schiene im vorgeheizten Ofen 40 Minuten backen. Eventuell nach 30 Minuten mit Backpapier bedecken. Biskuit 5 Minuten im ausgeschalteten Ofen ruhen lassen, herausnehmen und auskühlen lassen.
Von der Milch 5 EL abnehmen und mit Zucker und Puddingpulver verrühren. Übrige Milch aufkochen, Puddingpulver einrühren. Nochmals kurz aufkochen lassen. Pudding in eine Schüssel füllen, auskühlen lassen (ca. 45 Minuten). Dabei mehrmals umrühren, damit sich keine Haut bildet. Butter schaumig schlagen, Pudding esslöffelweise unterrühren (Pudding und Butter müssen Zimmertemperatur haben).
Biskuit zweimal waagerecht durchschneiden. Johannisbeer-Gelee erwärmen und auf den unteren Boden streichen. 1/3 Buttercreme darauf verteilen. Zweiten Boden darauf setzen. 1/3 Buttercreme darauf streichen, mit drittem Boden bedecken. Rand mit Hälfte der übrigen Buttercreme bestreichen. Restliche Creme in einen Spritzbeutel mit Sterntülle füllen. Torte und Creme ca. 2 Stunden kalt stellen.
Kuvertüre grob hacken, im warmen Wasserbad schmelzen, etwas abkühlen lassen. Torte damit gleichmäßig überziehen. Mit Buttercremespritzern und

Walnüssen oder geschmolzenem Johannisbeer-Gelee und gehackten Walnüssen verzieren. Ergibt 12 Stücke.

Pfirsich-Jogurt-Torte
(Abb.)

Zutaten

Für den Biskuit:
6 Eier,
1 Prise Salz,
175 g Zucker,
175 g Mehl;
für die Füllung:
1 kg vollreife Pfirsiche oder 1 große und 1 kleine Dose Pfirsichhälften (1230 g),
10 Blatt Gelatine,
2 Eier,
150 g Zucker,
Saft und abgeriebene Schale von 1 Zitrone (unbehandelt),
450 g Jogurt,
250 ml Sahne,
1 Päckchen Sahnesteif,
2 EL Puderzucker;
außerdem:
Schokoladenspäne,
Zitronenmelisse,
80 g gehackte Pistazien

EW	Fett	KH	kcal/kJ
11 g	9 g	53 g	261/1029

Ofen auf 175 Grad vorheizen. Eier trennen.
Eigelb mit 6 EL warmem Wasser, Salz und 100 g Zucker cremig rühren. Eiweiß zu steifem Schnee schlagen, restlichen Zucker hinzufügen und auf die Eigelbmasse gleiten lassen.

Mehl darüber sieben. Alles locker vermischen.
Teig in eine Springform (28 cm Durchmesser) füllen und im vorgeheizten Ofen ca. 40 Minuten backen. Aus der Form lösen, kurz abkühlen und mit einem Zwirn einmal quer durchteilen. Pfirsiche mit heißem Wasser überbrühen und häuten, halbieren und entsteinen oder Dosenpfirsiche abtropfen lassen. 2 Pfirsichhälften beiseite legen. Von den übrigen Pfirsichen die Hälfte in Spalten schneiden, die andere Hälfte fein pürieren. Gelatine nach Packungsanweisung auflösen. Eier und Zucker schaumig schlagen, Pfirsichpüree, Saft und Schale der Zitrone und Jogurt unterrühren. Aufgelöste Gelatine unter die Jogurtmasse mischen. Sahne mit Sahnesteif steif schlagen und unter die Jogurtmasse ziehen. Tortenring um einen Biskuitboden legen.
Mit Pfirsichspalten belegen, 1/3 Jogurtcreme einfüllen und glatt streichen; kalt stellen.
Zweiten Boden auf die erstarrte Masse legen. Zum Verzieren restliche Jogurtcreme mit Puderzucker vermengen. Tortenring lösen, Torte mit Creme bestreichen. Nach Wunsch mit Creme-Tupfen versehen. Beiseite gelegte Pfirsichhälften in Spalten schneiden und auflegen. Torte mit Schokoladenspänen und Zitronenmelisse garnieren. Äußeren Rand mit Pistazien bestreuen. Ergibt 12 Stücke.

Mousse au Chocolat Birnen-Torte
(Abb.)

Zutaten

Für den Teig:
3 Eier,
80 g Puderzucker,
1 Prise Salz,
50 g Mehl,
50 g Speisestärke,
1 Msp. Backpulver;
für die Füllung:
1 Dose Williams-Birnen,
1 Päckchen klarer Tortenguss,
1/4 l Birnensaft,
Zucker nach Geschmack,
1 Beutel Rum-back;
für den Belag und zum Garnieren:
250 g Halbbitter-Kuvertüre,
4 Eier,
60 g Puderzucker,
200 g Sahne,
Schoko-Dekor-Blätter, zartbitter,
Vollmilch-Raspelschokolade
außerdem:
Fett für die Form

EW	Fett	KH	kcal/kJ
8 g	17 g	37 g	342/1433

Ofen auf 180–200 Grad vorheizen. Eier trennen. Eigelb mit 2–3 EL heißem Wasser schaumig schlagen.
Puderzucker sieben und nach und nach unter die Eigelbmasse heben. Eiweiß mit Salz steif schlagen und auf die Eigelbmasse geben. Mehl, Speisestärke und Backpulver auf die Eiermasse sieben und mit dem Schneebesen unterheben.
Eine Springform (26 cm Durchmesser) fetten. Teig einfüllen und im vorgeheizten Ofen 20–25 Minuten backen. Birnen abtropfen lassen, in Scheiben schneiden und fächerförmig auf den abgekühlten Tortenboden legen.
Aus Birnensaft nach Packungsanleitung einen Tortenguss zubereiten, mit Zucker und Rumback abschmecken.
Über die Birnen gießen und abkühlen lassen.
Kuvertüre in kleine Stücke brechen, im Wasserbad oder in der Mikrowelle schmelzen. Eier trennen. Eigelb mit Puderzucker schaumig schlagen.
Abgekühlte, aber noch weiche Kuvertüre nach und nach mit einem Schneebesen unter die Eigelbmasse rühren. Sahne steif schlagen, mit steif geschlagenem Eiweiß unter die Schokoladenmasse heben und gleichmäßig auf den Birnen verteilen.
Tortenrand ebenfalls mit Creme bestreichen.
Mit Schoko-Dekor-Blättern und Raspelschokolade garnieren.

Krokanttorte

Zutaten

Für den Teig:
5 Eier,
200 g Zucker,
150 g Mehl,
2 TL Backpulver,
100 g geriebene Mandeln;
für Füllung und Garnierung:
150 g Zucker,
150 g gehackte Mandeln,
1 kg Sahne,
1 EL Puderzucker,
2 Päckchen Vanillinzucker;
außerdem:
Margarine zum Einfetten

EW	Fett	KH	kcal/kJ
10 g	39 g	46 g	509/2130

Ofen auf 180 Grad vorheizen. Für den Teig Eier in eine Schüssel geben. Mit 2 EL heißem Wasser schaumig schlagen. Nach und nach Zucker einrieseln lassen. Schlagen, bis die Masse weiß und cremig ist. Mehl mit Backpulver und geriebenen Mandeln mischen. Auf die Eierschaummasse geben, locker unterheben. Eine Springform (26 cm Durchmesser) mit Margarine einfetten.
Teig einfüllen. Im vorgeheizten Ofen auf mittlerer Schiene 35–40 Minuten backen. Aus dem Ofen nehmen. Auf einem Kuchendraht auskühlen lassen. In der Zwischenzeit Füllung und Garnierung vorbereiten. Dazu ein Backblech mit Alufolie auslegen und gut mit Öl bestreichen. Zucker in einer Pfanne unter Rühren schmelzen und goldgelb werden lassen. Mandeln einstreuen. Mit Karamellmasse verrühren. Auf die Alufolie streichen. Mit dem Messerrücken 12 kleine Dreiecke eindrücken.
Krokant 15 Minuten erkalten lassen. Dreiecke vorsichtig abbrechen. Restlichen Krokant fein zerbröckeln. Sahne steif schlagen. Mit Puderzucker und Vanillinzucker süßen.
Etwa 1/3 der Sahne für die Garnierung in den Kühlschrank stellen. Zerbröckelten Krokant unter die übrige Sahne heben. Torte zweimal durchschneiden. Mit Krokantsahne füllen und zusammensetzen. Rand und Oberfläche der Torte mit Sahne bestreichen. 12 Stücke markieren. Restliche Sahne in einen Spritzbeutel geben.
Je einen dicken Sahnetupfer auf ein Stück setzen. Krokantdreiecke hineinstecken. Bis zum Servieren in den Kühlschrank stellen.

Savoyer Biskuittorte

Zutaten

Für den Teig:
4 Eier,
125 g Zucker,
1 Päckchen Vanillinzucker,
50 g Mehl,
50 g Speisestärke;
für die Füllung:
500 g Sahne,
4 cl Orangenlikör,
Saft von 2 Orangen,
1 EL Zitronensaft,
6 Blatt weiße Gelatine,
12 Orangenstückchen zum Garnieren;
außerdem:
Margarine und Mehl für die Form

EW	Fett	KH	kcal/kJ
5 g	15 g	22 g	257/1075

Für den Teig Ofen auf 220 Grad vorheizen. Eier trennen, Zucker, Eigelb und 4 EL heißes Wasser in einer Schüssel schaumig rühren, bis sich der Zucker aufgelöst hat. Eiweiß mit Vanillinzucker in einer anderen Schüssel zu steifem Schnee schlagen. Über die Eigelbmasse verteilen. Darüber Mehl und Speisestärke sieben. Mit einem Schneebesen locker unterheben.
Den Boden einer Springform (26 cm Durchmesser) buttern und bemehlen oder die Form mit Papier auslegen, mit flüssiger Butter oder Margarine einfetten. Teig einfüllen. Form im vorgeheizten Ofen auf mittlerer Schiene 25 Minuten backen. Torte aus dem Backofen nehmen und aus der Form lösen. Abkühlen lassen. Eventuell Backpapier ablösen.
Für die Füllung Sahne in einer

Schüssel steif schlagen. Mit Orangenlikör, Orangen- und Zitronensaft mischen. Gelatine einweichen, ausdrücken und in heißem Wasser auflösen, abkühlen lassen. Durch ein Sieb in die Sahne gießen und unterrühren. Sahne 20 Minuten im Kühlschrank etwas fest werden lassen.
Torte in zwei Platten teilen. Hälfte der Sahnemasse auf die untere Tortenplatte streichen. Zweite Platte vorsichtig darauf setzen. Oberfläche und Ränder mit restlicher Sahne bestreichen. 30 Minuten kühl stellen. Auf jedes Stück ein Orangenstückchen setzen.

Kiwibömbchen
(Abb.)

Zutaten
Für den Teig:
1 Zitrone (unbehandelt),
2 Eier,
100 g Zucker,
40 g Speisestärke,
40 g Mehl,
1/2 gestr. TL Backpulver;
für die Jogurtmasse:
750 g Rahmjogurt,
Saft von 1/2 Zitrone,
9 Blatt weiße Gelatine,
150 g Himbeeren (frisch oder tiefgekühlt);
außerdem:
4 Kiwis

EW	Fett	KH	kcal/kJ
22 g	16 g	48 g	418/1749

Ofen auf 200–225 Grad vorheizen. Schale der Zitrone abreiben. Eier trennen, Eiweiß und 2 EL kaltes Wasser mit einem Handrührgerät auf höchster Schaltstufe sehr steif schlagen. 80 g Zucker mit Hälfte der Zitronenschale unter Schlagen einrieseln lassen. Gerät auf niedrigste Stufe umschalten. Eigelb leicht unter die Eiweißmasse ziehen. Zuletzt Gemisch aus Speisestärke, Mehl und Backpulver unterheben.
Ein mit Backpapier ausgelegtes Backblech bis zur Hälfte mit der Biskuitmasse gleichmäßig bestreichen und im vorgeheizten Ofen 12–15 Minuten backen. Nach dem Backen Biskuitplatte stürzen, Papier abziehen und runde Kreise von 9 cm Durchmesser ausschneiden und erkalten lassen.

Rahmjogurt, Zitronensaft und restliche Zitronenschale mit 20 g Zucker verrühren.
Gelatine nach Packungsanweisung auflösen. Mit etwas Jogurtmasse vermischen, dann unter die übrige Jogurtmasse rühren. Himbeeren vorsichtig unterziehen.
Kiwis schälen und in dünne Scheiben schneiden.
Glasschälchen (9 cm Durchmesser, 0,2 l) damit auslegen.
Jogurtmasse einfüllen und Biskuitböden darauf setzen. Im Kühlschrank in 3–4 Stunden fest werden lassen. Ränder lösen und stürzen.
Ergibt 6 Stück.

Kaffee-Mandel-Torte (Abb.)

Zutaten

Für den Biskuit:
6 Eier,
150 g Zucker,
170 g Mehl,
1 TL Backpulver,
100 g geschälte, gemahlene Mandeln;
für die Füllung:
3 EL Instant-Kaffeepulver,
5 EL Kakaopulver,
500 g Sahnequark,
100 g Zucker,
400 g Sahne,
4–6 cl Mandellikör,
5 EL Aprikosenkonfitüre,
250 g Mascarpone;
außerdem:
Kakaopulver,
Puderzucker

EW	Fett	KH	kcal/kJ
17 g	30 g	46 g	552/2307

Ofen auf 175 Grad vorheizen. Eier trennen. Eiweiß steif schlagen, Eigelb mit Zucker schaumig rühren. Mehl mit Backpulver mischen, auf die Eigelbmasse sieben, mit Mandeln und steif geschlagenem Eiweiß unterheben. Teig in eine mit Backpapier ausgelegte Springform (26 cm Durchmesser) füllen und im vorgeheizten Ofen ca. 40 Minuten backen. Auskühlen lassen.
Instant-Kaffeepulver und Kakaopulver mit 3 EL warmem Wasser verrühren und mit Sahnequark und Zucker mischen. Sahne steif schlagen und unter die Quarkmasse ziehen.
Biskuit zweimal durchteilen, Böden mit Likör beträufeln und mit Aprikosenmarmelade bestreichen. 1/3 der Quarkmasse auf den ersten Boden streichen, zweiten Boden darauf setzen und mit zweitem Drittel Quarkmasse bestreichen, dritten Boden aufsetzen. Restliche Quarkmasse mit Mascarpone vermischen und Torte rundherum damit bestreichen.
Aus festem Karton drei unterschiedlich große Ringe ausschneiden. Torte erst mit Puder-

zucker, nachdem Ringe aufgelegt wurden, mit Kakaopulver bestäuben, sodass ein Kreismuster entsteht. Torte bis zum Servieren kühl stellen.
Ergibt 12 Stücke.

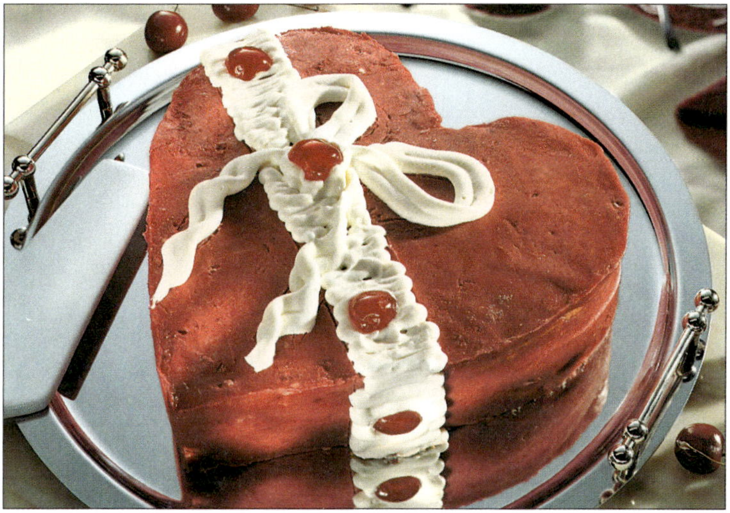

Beschwipstes Kirschherz
(Abb.)

Zutaten
Für den Biskuit:
1 Zitrone (unbehandelt),
5 Eier,
160 g Zucker,
1 Päckchen Vanillinzucker,
Salz,
100 g Mehl,
100 g Speisestärke,
1 gehäufter TL Backpulver;
für die Buttercreme:
2 EL Speisestärke,
1/4 l Kirschsaft,
2 Eier, 250 g Butter,
100 g Puderzucker,
8 cl Kirschlikör;
außerdem:
100 g Sauerkirschkonfitüre,
4 cl Kirschlikör

EW	Fett	KH	kcal/kJ
6 g	20 g	41 g	427/1783

Für den Biskuitboden eine Springform (24 cm Durchmesser) am Boden mit Backpapier auslegen, Ofen auf 200 Grad vorheizen. Zitrone waschen und Schale abreiben. Eier trennen, Eigelb mit 5 EL warmem Wasser, 80 g Zucker, Vanillinzucker, 1 Prise Salz und abgeriebener Zitronenschale schaumig rühren. Eiweiß mit restlichem Zucker steif schlagen. Mehl, Speisestärke und Backpulver mischen. Zuerst Eischnee, dann Mehlmischung auf das Eigelb geben und locker unterheben. Masse in die Springform füllen und im vorgeheizten Ofen etwa 30 Minuten backen, auf einem Kuchendraht auskühlen lassen. Kompletten Biskuitboden in Herzform und anschließend zweimal waagerecht durchschneiden.
Für die Buttercreme Speisestärke mit 4 EL Kirschsaft verrühren, restlichen Kirschsaft aufkochen. Angerührte Speisestärke dazugeben, nochmals kurz aufkochen und vom Herd nehmen. Kirschflammeri zum Abkühlen in ein kaltes Wasserbad stellen, dabei häufiger umrühren.
Eier trennen. Zimmerwarme Butter mit 60 g gesiebtem Puderzucker schaumig rühren, Eigelb nach und nach dazugeben. Kirschflammeri esslöffelweise unterrühren, zum Schluss Kirschlikör dazugießen. Buttercreme kalt stellen.
Sauerkirschkonfitüre mit restlichem Kirschlikör verrühren und auf den unteren Boden streichen. Mittleren Biskuitboden darauf setzen, mit 1/3 Buttercreme bestreichen, letzten Boden darauf setzen. Biskuitherz mit restlicher Buttercreme rundherum bestreichen.
Eiweiß mit restlichem, gesiebten Puderzucker steif schlagen, in einen Spritzbeutel füllen und Kirschherz damit verzieren. Vor dem Anschneiden Kirschherz nochmals kalt stellen.

Weintrauben-schnitten

Zutaten

Für den Biskuit:
4 Eier,
150 g Zucker,
1 Prise Salz,
125 g gemahlene Haselnüsse,
150 g Mehl,
1 Msp. Backpulver;
für Belag und Garnierung:
1 kg Weintrauben,
300 g Sahne,
2 Päckchen Vanillinzucker,
10 g Butter,
40 g blättrige Mandeln;
außerdem:
Margarine zum Einfetten

EW	Fett	KH	kcal/kJ
2 g	10 g	23 g	181/758

Für den Biskuitteig Ofen auf 200 Grad vorheizen. Eier trennen. Eigelb mit 4 EL heißem Wasser in einer Schüssel schaumig schlagen. Dabei nach und nach Zucker einstreuen. In einer anderen Schüssel Eiweiß mit Salz zu steifem Schnee schlagen. Auf die Eigelbcreme gleiten lassen. Gemahlene Haselnüsse mit Mehl und Bachpulver mischen, über den Eischnee streuen und alles locker mischen. Backblech mit Pergamentpapier auslegen und mit Margarine einfetten. Teig gleichmäßig darauf streichen. Im vorgeheizten Ofen auf mittlerer Schiene 15 Minuten backen. Blech aus dem Ofen nehmen. Biskuit auf einen Kuchendraht stürzen, Pergamentpapier mit kaltem Wasser bepinseln, abziehen. Biskuit abkühlen lassen und Ränder gerade schneiden.
In der Zwischenzeit Weintrauben in kaltem Wasser waschen. Abtropfen lassen und Beeren von den Stielen zupfen. Beeren halbieren und entkernen.
Sahne in einer Schüssel steif schlagen. Mit Vanillinzucker süßen. Hälfte der Sahne in einen Spritzbeutel füllen und in den Kühlschrank legen. Restliche Sahne gleichmäßig auf die Teigplatte verteilen.
Teigplatte mit einem scharfen Messer in 4 cm breite und 7 cm lange Schnitten schneiden. Abgetropfte Weintraubenhälften dicht darauf legen. Mit einem Spritzbeutel mit Sterntülle Sahnetupfer darauf setzen.
Butter in einer Pfanne erhitzen. Mandeln darin in 2 Minuten goldgelb rösten. Abgekühlt auf die Sahnetupfer streuen. Schnitten sofort servieren oder bis zum Servieren in den Kühlschrank stellen.

Brottorte

Zutaten

150 g Schwarzbrotbrösel,
30 g Butter,
3 EL Rum,
6 Eier,
200 g Zucker,
1 TL Zimtpulver,
1 Prise Muskatnuss,
etwas abgeriebene Zitronenschale (unbehandelt),
150 g geriebene Mandeln,
Butter und Paniermehl für die Form,
150 g Johannisbeermarmelade

EW	Fett	KH	kcal/kJ
7 g	12 g	33 g	278/1162

Ofen auf 180 Grad vorheizen. Schwarzbrotbrösel in Butter rösten und mit Rum tränken. Eier trennen. Schaummasse aus Eigelb, Zucker und Gewürzen herstellen. Mandeln und gut durchgezogene Schwarzbrotbrösel untermengen; zuletzt Eiweiß steif schlagen und unterziehen. Eine Tortenform mit Butter ausstreichen, mit Paniermehl ausstreuen (die Form dabei hin- und herbewegen und die Brösel, die nicht haften bleiben, ausschütten) und die Schwarzbrotmasse einfüllen. Im vorgeheizten Ofen 1 Stunde backen. Abgekühlten Kuchen aus der Form nehmen und am besten erst am nächsten Tag mit Marmelade füllen. Dabei die Torte in der Mitte durchschneiden, mit Marmelade bestreichen und wieder zusammensetzen.

Ein Hefeteig kann sehr vielseitig eingesetzt werden – für Blechkuchen, Pizza, Zwiebelkuchen, Christstollen, Osterzopf, Nusskuchen, Bienenstich, Streuselkuchen, Zwetschgendatschi, Brioche – die Aufzählung könnte noch beliebig lang fortgesetzt werden!
Dieser Teig genießt unter den verschiedenen Teigsorten den größten Respekt. Man bangt, hofft und fiebert, ob er »geht«, das heißt, ob er durch den Gärungsprozess der Hefe sein Teigvolumen erheblich vergrößert.
Allem Bangen zum Trotz sei verraten, dass die Zubereitung eines Hefeteiges keineswegs ein Buch mit sieben Siegeln ist, sondern ziemlich einfach zu realisieren ist. Drei Zauberworte gibt es, die zum Gelingen beitragen:
Das erste Wort heißt »Zeit«. Ein Hefeteig beansprucht für sein Wachsen einen gewissen Zeitraum, den man ihm auch geben soll.
Das zweite Zauberwort heißt »Wärme«. Hefeteig muss mit viel Wärme verwöhnt werden. Eiskalte Zutaten, zugige Küchen oder kalte Hände verträgt er überhaupt nicht.
»Hefe« ist das dritte Zauberwort. Für einen Hefeteig, der schön aufgehen soll, darf nur frische Hefe, erkennbar an ihrem seidig schimmernden Glanz, verwendet werden. Von der Verwendung älterer Hefewürfel ist unbedingt abzuraten. Natürlich kann die frische Hefe auch durch Trockenhefe ersetzt werden.

Aber es gibt noch einige kleinere Geheimnisse, die für ein gutes Gelingen wichtig sind:

- Mehl, Flüssigkeit, Hefe und Salz heißen die Grundzutaten für einen Hefeteig. Wichtig ist, dass all diese Zutaten gut temperiert (Zimmertemperatur!) sind, damit die Gärung der Hefeplilze schnell in Gang gesetzt wird.

- Damit die Hefe zum Gären animiert wird, benötigt sie neben Wärme auch Flüssigkeit. Überwiegend wird Milch verwendet, seltener Wasser. Ideal ist eine handwarme Temperatur der Flüssigkeit (37–40 Grad). Hohe Temperaturen zerstören die Hefepilze!

- Die Menge der Hefe bestimmt das Volumen, zu dem der Teig aufgehen soll. Viel Hefe macht den Teig auch lockerer. Weniger Volumen erreicht ein Teig, wenn wenig Hefe oder mehr Fett verwendet wird.

- Eine Prise Salz verbessert nicht nur den Geschmack des Backwerks, sondern optimiert auch die Quellfähigkeit des Klebers.

- Als Grundregel kann festgehalten werden: auf 500 g Mehl kommen 20–40 Gramm Frischhefe (oder 7–10 Gramm Trockenhefe), abhängig von der Teigschwere und Teigführung. Bei der *»indirekten Teigführung«* wird ein Vorteig angesetzt, der zur Vermehrung der Hefezellen beiträgt. Bei der *»direkten Teigführung«* wird die Hefe sofort, also ohne Vorteig, mit den restlichen Zutaten vermischt. Die direkte Teigführung erfordert eine etwas größere Hefemenge.

- Neben der *»warmen Führung«*, bei der alle Zutaten auf Zimmertemperatur gebracht werden, gibt es auch die Möglichkeit einer *»kalten Führung«*. Hierbei werden bei der Teigherstellung gekühlte Zutaten verwendet. Der Vorteil dieser Methode liegt darin, dass die Hefe bei niedrigen Temperaturen nur ganz langsam ihre Triebkraft entfaltet. Man kann also am Vortag den Teig zubereiten, über Nacht gehen lassen und am nächsten Morgen das gewünschte Gebäck daraus backen.

- Falls Trockenhefe verwendet wird, muss kein Vorteig angesetzt werden.

- Zugluft sollte unbedingt vermieden werden. Fenster und Türen daher lieber schließen, Dunstabzugshaube über dem Herd ausschalten.

- Falls die Küche, aus welchem Grund auch immer, nicht warm genug ist, kann man den Hefeteig (natürlich auch den Vorteig) im Backofen bei 50 Grad gehen lassen. Schüssel unbedingt abdecken und die Backofentür einen Spalt offen halten!

- Hefeteig verträgt Wärme, aber keine Hitze. Nie auf eine Herdplatte stellen, weil dadurch die Triebkraft der Hefe vollständig verloren geht.

- Frische Hefe immer gekühlt aufbewahren. Eingefrorene und wieder aufgetaute Hefe ist nicht mehr »bröselig«, besitzt aber noch ihre ursprüngliche Triebkraft.

- Hefeteig muss so lange geschlagen werden, bis er Blasen wirft. Eine andere Methode ist, den Teig zu einem großen Kloß zu formen und diesen mehrmals auf die Arbeitsfläche zu werfen. Die Arbeitsfläche wird dabei immer mit Mehl bestreut.

- Wird der Hefeteig in Kuchenformen gebacken, dürfen die Formen nur zu zwei Drittel gefüllt werden, da der Teig noch aufgeht.

- Damit der Teig auf dem Backblech keine Bläschen wirft, sticht man ihn vor dem Backen mehrere Male mit einer Gabel ein.

- Leichter Hefeteig kann auf einem Blech gebacken und belegt werden. Auch für Füllungen ist leichter Hefeteig gut verwendbar. Schwerer Hefeteig enthält mehr Fett und eignet sich z. B. für Stollen. Heferührteig wird nicht geknetet, sondern – wie der Name sagt – gerührt. Durch die Zugabe von Eiern und Wasser erhält er eine zähflüssige Konsistenz.

- Manche Backwaren, wie z. B. Nusszöpfe, werden direkt auf dem Backblech gebacken. Damit die Unterseite nicht schwarz wird, legt man die Fläche zwischen Zopf und Backblech mit einem Backpapier aus.

- Falls Sie keinen Backofen haben und/oder etwas Neues ausprobieren wollen, können Sie Hefeteig auch in einer Pfanne oder einem Waffeleisen verarbeiten.

- Will man wissen, ob das Backwerk gar ist, steckt man eine Stricknadel in den Teig. Bleibt beim Herausziehen kein Teig haften, kann man es aus dem Ofen nehmen.

- Ist das Backwerk fertig, legt man kleine Gebäckteile sofort auf ein Kuchengitter, wo sie dann in Ruhe abkühlen können. Größere Teile lässt man einige Minuten direkt auf dem Backblech abkühlen, ehe man sie vorsichtig auf ein Kuchengitter gibt.

- Hagelzucker, Zimt oder Puderzucker, über den fertigen Hefekuchen gestreut, sorgen für ein appetitliches Aussehen.

- Wer aus Hefeteig einen Obstkuchen zaubern möchte, bestreut den Teigboden dünn mit Paniermehl oder gemahlenen Nüssen, damit der Obstsaft nicht den Boden durchweicht.

- Hefeteig lässt sich sowohl beim »süßen Backen« als auch beim »pikanten Backen« hervorragend einsetzen.

- Bleibt von einem Hefeteig ein Rest übrig, kann man diesen zu beliebigen Teilen formen und frittieren.

- Hefeteig kann gut 1–2 Tage im Kühlschrank aufbewahrt werden, im Gefrierschrank ca. 3 Monate.

Abb. 1

Abb. 2

Abb. 3

Abb. 4

Abb. 5

Abb. 6

GRUNDREZEPT

Mittelfester Hefeteig

Zutaten

500 g Mehl,
20–30 g Hefe,
100–150 g Zucker,
1/4 l Milch,
1–2 Eier,
1 Prise Salz,
125 g Butter

EW	Fett	KH	kcal/kJ
4 g	1 g	25 g	126/526

Mehl in eine Schüssel oder auf eine Arbeitsplatte sieben (Abb. 1), in die Mitte eine Grube eindrücken, Hefe einbröckeln (Abb. 2), 50 g Zucker und 1/8 l lauwarme Milch dazugeben und mit etwas Mehl vom Rand zum Vorteig anrühren (Abb. 3). Mit Mehl bestäuben (Abb. 4) und zugedeckt ca. 15 Minuten an einem warmen, zugfreien Ort gehen lassen, bis er eine rissige Oberfläche hat.

Restlichen Zucker, Eier und Salz auf den Mehlrand legen. Butter in etwas lauwarmer Milch schmelzen lassen und in den Vorteig rühren (Abb. 5). Vorteig in alle Zutaten einarbeiten, restliche Milch nur zugeben, wenn der Teig zu fest ist. Teig kräftig abschlagen, bis er Blasen wirft und sich glatt vom Boden löst. Mit einem Küchentuch zudecken und nochmals gehen lassen, bis er doppeltes Volumen erreicht hat (ca. 30 Minuten). Teig mit den Händen zusammendrücken (Abb. 6) und formen. Das geformte Gebäck soll

vor dem Backen nochmals kurz gehen.
Dieses Rezept ist die Grundlage für jedes Hefegebäck und ausreichend für 1 Blechkuchen. Für Obstkuchen 3/4 der Mengen verwenden.
Im vorgeheizten Rohr bei ca. 200 Grad backen.
Ergibt ca. 20 Stücke.

GRUNDREZEPT
Hefeteig gerührt

Zutaten
20–30 g Hefe,
100–125 g Zucker,
bis 1/4 l Milch,
500 g Mehl,
150 g weiche Butter,
2–4 Eigelb, 1 Prise Salz,
abgeriebene Schale von 1/2 Zitrone (unbehandelt), Sultaninen, Rosinen (nach Belieben)

EW	Fett	KH	kcal/kJ
4 g	7 g	24 g	178/745

Für den Vorteig zerbröckelte Hefe in einer Tasse mit 1 TL Zucker und etwa 2 EL lauwarmer Milch flüssig rühren. Etwas Mehl unterrühren und 15 Minuten gehen lassen. Aus weicher Butter, Zucker und Eiern Schaummasse rühren, Mehl darüber sieben, Vorteig und übrige Zutaten dazugeben und alles kräftig abschlagen, bis ein glatter, glänzender Teig entsteht. Nicht zuviel Milch zugeben, sonst wird der Teig zu klebrig. Geschmackszutaten nach Belieben unterarbeiten. Teig in vorbereitete Form geben und nochmals zugedeckt gehen lassen. Im vorgeheizten Rohr bei etwa 200 Grad backen.
Dieses Rezept ist die Grundlage für 1 Gugelhupf, Hefezopf, Hefekranz, Nussring.
Ergibt ca. 20 Stücke.

GRUNDREZEPT
Hefeblätterteig

Zutaten
500 g Mehl,
1 Prise Salz,
30 g Hefe,
bis 1/4 l Milch,
50–60 g Zucker,
250–300 g Butter,
1 Ei,
1 Eigelb

EW	Fett	KH	kcal/kJ
4 g	12 g	21 g	209/874

Mittelfesten Hefeteig (siehe Grundrezept) herstellen, zudecken und kalt gehen lassen. 3/4 cm dick zu einem Rechteck ausrollen. Restliche Butter kalt in Scheiben schneiden, die Hälfte der Teigplatte damit belegen, Ränder frei lassen. Andere Hälfte darüber klappen, Ränder etwas festdrücken, nach den offenen Seiten hin zu einer etwa 1 cm dicken Platte ausrollen. Noch einmal zusammenklappen, noch einmal ca. 1 cm dick ausrollen (Tourenschlagen, das Ganze viermal). Darauf achten, dass der Teig beim Tourenschlagen nicht zu warm wird, eventuell zwischendurch eingepackt in Folie im Kühlschrank ruhen lassen.
Teig ca. 10 Minuten kalt gehen lassen, formen (Kleingebäck, Hefe-, Nusszopf), nochmals kurz kalt gehen lassen, mit Eigelb bestreichen, im vorgeheizten Rohr bei 220–225 Grad backen. Backzeit 15–45 Minuten, je nach Form.
Ergibt ca. 20 Stücke.

GRUNDREZEPT
Blechkuchen

Zutaten
500 g Mehl,
30 g Hefe,
1/4 l lauwarme Milch,
75 g Zucker,
abgeriebene Schale von 1 Zitrone (unbehandelt),
1 Prise Salz,
100 g Butter oder Margarine,
Butter oder Margarine zum Einfetten

EW	Fett	KH	kcal/kJ
3 g	5 g	23 g	156/652

Mehl in eine Schüssel sieben, in die Mitte eine Mulde drücken. Hefe hineinbröckeln, lauwarme Milch darüber gießen. Mit Zucker bestreuen und mit etwas

Mehl vom Rand zum Vorteig verrühren. Zugedeckt an einem warmen Ort 15 Minuten gehen lassen.
Abgeriebene Zitronenschale, Salz und Butter oder Margarine in Flöckchen auf dem Mehlrand verteilen. Alles zu einem glatten Teig verarbeiten, so lange schlagen, bis sich der Teig vom Schüsselboden löst und Blasen wirft. Nochmals zugedeckt an einem warmen Ort 30 Minuten gehen lassen. Backblech einfetten. Teig darauf geben und ausrollen. An die offene Blechseite einen hochgekippten Alufolienstreifen legen, damit der Teig beim Backen nicht herunterläuft. Den Teig mit einem Belag belegen. Nochmals 20 Minuten gehen lassen.
Ergibt 20 Stücke.

Blechkuchen mit Sauerkirschen

Zutaten

1,5 kg Sauerkirschen,
250 g Zucker,
2 Eier,
500 g Sahnequark,
abgeriebene Schale von 1 Zitrone (unbehandelt),
2 EL Zitronensaft,
40 g Speisestärke,
1 Prise Zimtpulver,
1 Teigplatte (Blechkuchen-Grundrezept S. 135)

EW	Fett	KH	kcal/kJ
7 g	9 g	45 g	312/1304

Sauerkirschen waschen, abtrocknen und entsteinen. In eine Schüssel geben, mit der Hälfte des Zuckers bestreuen. Zugedeckt 15 Minuten ziehen lassen.
Eier trennen. Quark in einer Schüssel mit Zitronenschale, Zucker, Zitronensaft, Eigelb, Speisestärke und Zimt glatt rühren. Eiweiß zu steifem Schnee schlagen und unter die Quarkmasse heben. Sauerkirschen abtropfen lassen, zufügen und untermischen.
Masse auf dem Teigboden verteilen. Teig 20 Minuten gehen lassen. Ofen auf 200 Grad vorheizen.
Kuchen im vorgeheizten Ofen auf mittlerer Schiene 40 Minuten backen.

Blechkuchen mit Weintrauben

Zutaten

1,5 kg Weintrauben,
1 Teigplatte (Blechkuchen-Grundrezept siehe S. 135),
5 Eiweiß,
250 g Zucker,
1 Päckchen Vanillinzucker,
1 EL Zitronensaft

EW	Fett	KH	kcal/kJ
5 g	6 g	49 g	269/1124

Weintrauben waschen, abtropfen lassen, halbieren und entkernen. Mit der Schnittfläche auf die Teigmasse legen. Teig 20 Minuten gehen lassen. Ofen auf 200 Grad vorheizen.
Kuchen im vorgeheizten Ofen auf mittlerer Schiene 20 Minuten backen.
Eiweiß steif schlagen. Zucker und Vanillinzucker einrieseln lassen. Zitronensaft dazugeben. Kuchen aus dem Ofen nehmen. Baisermasse darauf verteilen. Im Ofen auf mittlerer Schiene nochmals 15 Minuten backen.

Blechkuchen mit Pflaumen

Zutaten

1,5 kg Pflaumen,
1 Teigplatte (Blechkuchen-Grundrezept siehe S. 135),
100 g grob gehackte Mandeln,
150 g Zucker

EW	Fett	KH	kcal/kJ
5 g	8 g	43 g	265/1108

Pflaumen waschen, abtrocknen und entsteinen. Schuppenartig auf den Teig legen (aufgeschnittene Seite nach oben). Mit grob gehackten Mandeln und 75 g Zucker bestreuen. Teig 20 Minuten gehen lassen. Ofen auf 220 Grad vorheizen. Kuchen im vorgeheizten Ofen auf mittlerer Schiene 30 Minuten backen. Mit restlichem Zucker bestreuen.

Blechkuchen mit Stachelbeeren

Zutaten
1,5 kg Stachelbeeren,
250 g Zucker,
1 Stück Zitronenschale (unbehandelt),
1 Teigplatte (Blechkuchen-Grundrezept siehe S. 135),
5 Eiweiß,
250 g Zucker,
1 Päckchen Vanillinzucker,
2 TL Zitronensaft

EW	Fett	KH	kcal/kJ
5 g	5 g	61 g	315/1317

Stachelbeeren putzen, waschen und abtropfen lassen. 175 ml Wasser, Zucker und Zitronenschale in einem Topf aufkochen. Stachelbeeren dazugeben und 10 Minuten bei kleiner Hitze gar ziehen lassen. Mit einem Schaumlöffel herausnehmen. Abtropfen lassen und auf die Teigplatte geben. Teig 20 Minuten gehen lassen. Ofen auf 200 Grad vorheizen.
Kuchen im vorgeheizten Ofen auf mittlerer Schiene 20 Minuten backen.
Eiweiß in einer Schüssel zu steifem Schnee schlagen. Zucker und Vanillinzucker einrieseln lassen. Zitronensaft dazugeben. Kuchen aus dem Ofen nehmen. Baisermasse gitterförmig auf den Kuchen spritzen. Im Ofen auf mittlerer Schiene 15 Minuten backen.

Blechkuchen mit Äpfeln

Zutaten
120 g Korinthen,
1,5 kg Äpfel,
1 Teigplatte (Blechkuchen-Grundrezept, siehe S. 135),
30 g zerlassene Butter,
125 g Zucker,
1/2 TL Zimtpulver

EW	Fett	KH	kcal/kJ
3 g	6 g	43 g	250/1045

Korinthen in einer Schüssel mit kochendem Wasser übergießen, 5 Minuten ziehen lassen. Danach gut abtropfen lassen. Äpfel schälen, vierteln, entkernen, in 3 mm dicke Scheiben schneiden. Teigplatte schuppenförmig damit belegen. Mit zerlassener Butter bestreichen. Korinthen darauf streuen. Zucker und Zimtpulver in einer Schüssel mischen, darüber geben. Kuchen 20 Minuten gehen lassen. Ofen auf 220 Grad vorheizen.
Kuchen im vorgeheizten Ofen auf mittlerer Schiene 30 Minuten backen.

Altdeutscher Napfkuchen

Zutaten
50 g Hefe,
1/8 l lauwarme Milch,
1 kg Mehl,
250 g Butter,
4 Eier,
4 Eigelb,
100 g Zucker,
1 kleine Zitrone (unbehandelt),
1 Prise Salz,
100 g geriebene Mandeln,
Butter und Mehl für die Form,
Puderzucker zum Bestreuen

EW	Fett	KH	kcal/kJ
11 g	20 g	54 g	464/1941

Hefe in etwas Milch auflösen, mit 2 EL Mehl verrühren und an einem warmen Ort 30 Minuten ruhen lassen.
Inzwischen Butter schaumig rühren, Eier, Eigelb, Zucker und abgeriebene Schale der Zitrone beifügen. Unter das gesiebte Mehl den Vorteig »Dampferl« mengen, Buttermasse, Salz und Mandeln hinzufügen. Einen lockeren Hefeteig herstellen und 1 Stunde an einem warmen Ort gehen lassen.
Teig in eine sehr gut ausgebutterte, leicht bemehlte Gugelhupfform füllen und glatt streichen. Ofen auf 200 Grad vorheizen, Kuchen inzwischen noch einmal ruhen lassen.
Kuchen dann im vorgeheizten Ofen 1 gute Stunde backen. (Gabelprobe – beim Einstechen darf kein Teig mehr kleben bleiben.) Napfkuchen in der Form noch etwas abkühlen lassen, dann vorsichtig auf eine Ku-

chenplatte stürzen und erkaltet mit Puderzucker bestreuen.

Bienenstich
(Abb.)

Zutaten
500 g Mehl,
1 Würfel frische Hefe (42 g),
knapp 1 l Milch,
325 g Zucker,
200 g Butter,
Salz,
1 Ei,
1 Päckchen Vanillinzucker,
200 g Mandelblättchen,
1 Päckchen Puddingpulver (Mandel-Sahne-Geschmack),
125 ml Sahne

EW	Fett	KH	kcal/kJ
6 g	17 g	40 g	349/1461

Mehl in eine Schüssel sieben, in die Mitte eine Mulde drücken, Hefe hineinbröckeln und 1/4 l Milch erwärmen. Mit einem Teil der erwärmten Milch und 1 Prise Zucker zu einem Vorteig rühren.
Abgedeckt ca. 15 Minuten an einen warmen Ort stellen.
100 g Butter in restlicher warmer Milch auflösen, mit knapp 80 g Zucker, 1 Prise Salz und verschlagenem Ei zu einem geschmeidigen Teig verkneten.
Ca. 30 Minuten an einem warmen Ort zugedeckt gehen lassen.
Für den Belag Butter, Zucker, Vanillinzucker und Mandelblättchen in einer Pfanne bei mittlerer Hitze verrühren, bis der Zucker karamellisiert. 4 EL Milch einrühren, abkühlen lassen.
Hefeteig auf einem mit Backpapier ausgelegten Backblech ausrollen, mit Mandelmasse bestreichen und nochmals ca. 15 Minuten gehen lassen. Im vorgeheizten Ofen bei 200 Grad ca. 30 Minuten backen, auskühlen lassen.
Mandel-Sahne-Pudding nach Packungsvorschrift mit 1/2 l Milch, restlichem Zucker und 1 Prise Salz zubereiten und abkühlen lassen.
Sahne steif schlagen, unter den Pudding heben. Kuchenplatte waagerecht durchschneiden. Untere Hälfte mit Puddingcreme bestreichen, obere Hälfte auflegen und Bienenstich in 20 Stücke teilen.

Rhabarber-Hefekuchen

Zutaten
Für den Teig:
500 g Mehl,
1 Würfel Hefe (42 g),
1/4 l Milch,
75 g Zucker,
100 g Butter,
1 Ei,
Salz,
abgeriebene Schale von 1/2 Zitrone (unbehandelt);
für den Belag:
1 kg Rhabarber,
180 g Zucker,

1 Päckchen Vanillinzucker,
1 Päckchen Vanille-Puddingpulver,
60 g saure Sahne,
50 g Butter,
3 Eier;
außerdem:
Fett für das Blech,
2 EL Butter,
Puderzucker

EW	Fett	KH	kcal/kJ
5 g	10 g	20 g	254/1063

Mehl in eine Schüssel sieben, eine Mulde hineindrücken und Hefe hineinbröckeln. Etwas lauwarme Milch und 1 TL Zucker zugeben und mit etwas Mehl einen flüssigen Vorteig rühren. An einem warmen Ort zugedeckt ca. 30 Minuten gehen lassen.
Restliche Milch, restlichen Zucker, weiche Butter, 1 Ei, 1 Prise Salz und Zitronenschale zugeben und alles zu einem geschmeidigen Teig kneten. Der Teig soll sich vom Schüsselrand lösen. Zugedeckt nochmals 30 Minuten gehen lassen.
Teig auf einem gefetteten Blech ausrollen. Rhabarber abziehen und in Stücke schneiden. Mit Zucker und Vanillinzucker bestreuen und Saft ziehen lassen. Es sollen 3/8 l Saft sein. Eventuell mit Apfelsaft auffüllen. Ofen auf 190 Grad vorheizen.
Puddingpulver mit saurer Sahne verrühren. Saft aufkochen lassen und mit Puddingpulver binden. Etwas abkühlen lassen, dann Butter und Eier unterrühren. Pudding auf dem Teig verteilen, Rhabarberstückchen darüber geben. Kuchen im vorgeheizten Ofen ca. 40 Minuten backen. Sofort mit flüssiger Butter beträufeln und mit Puderzucker besieben.

Tipp
Mit gesüßter Schlagsahne servieren.

Kirschteilchen (Abb.)

Zutaten
Für den Teig:
250 g Mehl,
1 Päckchen Trockenhefe,
40 g Zucker,
1/8 l lauwarme Milch,
2 EL Butter oder Margarine,
1 Ei,
1 Prise Salz;
für die Füllung:
1 Glas Kirschen (720 g),

2 EL Vanille-Pudding-pulver,
2 cl Kirschwasser,
1 Ei zum Bestreichen,
4 EL Mandelblättchen

EW	Fett	KH	kcal/kJ
8 g	10 g	51 g	324/1354

Mehl und Trockenhefe in einer Schüssel sorgfältig mischen. Übrige Teigzutaten zufügen und mit den Knethaken eines Handrührgerätes zu einem geschmeidigen Teig verarbeiten. Falls der Teig klebt, noch etwas Mehl hinzufügen. Teig an einem warmen Ort ca. 30 Minuten gehen lassen, bis sich das Volumen in etwa verdoppelt hat.
In der Zwischenzeit für die Füllung Kirschen auf einem Sieb abtropfen lassen, Saft auffangen und diesen zum Kochen bringen. Puddingpulver in etwas Wasser glatt rühren, zum Kirschsaft geben und aufkochen lassen. Kirschen und Kirschwasser unterheben und Masse erkalten lassen. Teig mit den Händen nochmals 5–10 Minuten durchkneten, bis er geschmeidig ist. Anschließend etwa 1/2 cm dick ausrollen, in 6 Quadrate schneiden und in die Mitte jedes Teigstückes 1 gehäuften EL Füllung setzen. Ei verquirlen und Ränder damit bestreichen. Ecken überschlagen und Teigstücke zugedeckt ca. 15 Minuten gehen lassen.
Ofen auf 200 Grad vorheizen. Teilchen mit restlichem verquirlten Ei bestreichen und mit Mandelblättchen bestreuen. Im vorgeheizten Ofen ca. 20 Minuten backen. Kirschteilchen nach Belieben warm oder kalt servieren. Ergibt 6 Stücke.

Dresdner Eierschecke
(Abb.)

Zutaten

Für den Hefeteig:
125 g Mehl,
10 g Hefe,
20 g Zucker,
20 g Butterschmalz,
1 Prise Salz;
für die Quarkmasse:
290 g Quark (20% Fett),
30 g Mehl,
1 Ei,
50 g Korinthen;
für die Scheckenmasse:
300 g Vanillepudding,
100 g Butterschmalz,
je 2 g Zitronen- und Vanillearoma,
3 Eigelb,
4 Eiweiß,
50 g Zucker,
2 g Salz,

25 g Mehl;
außerdem:
Fett für das Blech

EW	Fett	KH	kcal/kJ
5 g	9 g	7 g	170/709

Mehl in eine Schüssel sieben. Mit einem Löffel eine Mulde eindrücken. Hefe mit etwas Zucker und 75 ml lauwarmem Wasser verrühren, in die Mulde gießen und mit Mehl bestäuben.
Vorteig ca. 10 Minuten gehen lassen, dann restliche Zutaten zugeben und alles zu einem Teig verkneten.
Teig ca. 1 Stunde gehen lassen, bis sich das Teigvolumen verdoppelt hat.
Aus dem Hefeteig einen Boden für den Kuchen ausrollen, auf das gefettete Blech legen und andrücken.
Ofen auf 200 Grad vorheizen.
Für die Quarkmasse alle Zutaten verrühren, auf den Teig streichen und Korinthen darüber streuen.
Für die Scheckenmasse Pudding glatt rühren, Butterschmalz und Aromen dazugeben, weiter rühren, bis eine glatte Creme entsteht. Eigelb schnell unterrühren. Eiweiß, Zucker und Salz zu Schnee schlagen, Puddingmasse und Mehl unterziehen. Auf die Quarkmasse streichen.
Dresdner Eierschecke im vorgeheizten Ofen ca. 50 Minuten backen. Ergibt 20 Stücke.

Pflaumenkuchen mit Marzipan
(Abb.)

Zutaten

Für den Teig:
250 g Mehl,
1/2 Würfel Hefe,
1/8 l Milch,
2 EL Zucker,
2 EL Butter oder Margarine,
2 Eier,
1 Prise Salz;
für den Belag:
200 g Marzipan-Rohmasse,
1 cl Rum,
Zimtpulver,
1 kg Pflaumen

EW	Fett	KH	kcal/kJ
4 g	4 g	16 g	156/652

Mehl in eine Schüssel sieben, in die Mitte eine Vertiefung drücken, Hefe hineinbröckeln und mit etwas lauwarmer Milch und 1 TL Zucker zu einem Vorteig verrühren. Zugedeckt an einem warmen Ort ca. 30 Minuten gehen lassen.

Butter oder Margarine in restlicher lauwarmer Milch auflösen und mit 1 Ei, restlichem Zucker und Salz zum Vorteig geben. Alles zu einem glatten Teig verkneten und weitere 30 Minuten gehen lassen.
Marzipan-Rohmasse mit restlichem Ei, Rum und etwas Zimtpulver verrühren. Pflaumen waschen, vierteln und entsteinen. Teig in Springformgröße (28 cm Durchmesser) ausrollen, in die mit Backpapier ausgelegte Springform legen und mit Marzipanmasse bestreichen. Pflaumen fächerartig darauf legen. Kuchen weitere 15 Minuten gehen lassen.
Ofen auf 200 Grad vorheizen. Kuchen im vorgeheizten Ofen ca. 30 Minuten backen. Pflaumenkuchen auskühlen lassen und nach Wunsch mit Hagelzucker bestreut servieren. Ergibt 20 Stücke.

Aprikosen-Hörnchen
(Abb.)

Zutaten

200 ml Milch,
500 g Mehl,
1 Päckchen Trockenbackhefe,
2 EL Zucker,
1 Prise Salz,
2 EL Butter oder Margarine,
30 Aprikosenhälften (aus der Dose)

EW	Fett	KH	kcal/kJ
4 g	2 g	37 g	192/802

Milch lauwarm erwärmen. Mehl und Trockenbackhefe gut vermischen, Zucker, Salz, lauwarme Milch und Butter oder Margarine zufügen und alles zu einem glatten Hefeteig verkneten. Sollte er kleben, noch etwas Mehl zufügen. Zugedeckt an einem warmen Ort ca. 30 Minuten gehen lassen. Teig nochmals gut durchkneten und knapp fingerdick ausrollen. Aus dem Teig ca. 10 x 10 cm große Quadrate schneiden. Aprikosenhälften halbieren, jeweils vier Viertel auf ein Teigstück geben und dieses diagonal aufrollen. Hörnchen auf ein mit Backpapier ausgelegtes Backblech geben und nochmals ca. 30 Minuten gehen lassen. Ofen auf 200 Grad vorheizen. Hörnchen mit Wasser bestreichen und im vorgeheizten Ofen 10–15 Minuten backen. Ergibt 15 Stücke.

Apfel-Butterkuchen
(Abb. S. 131)

Zutaten
1/4 l Milch,
500 g Mehl,
225 g Zucker,
1 Würfel Hefe (42 g),
1,5 kg Äpfel,
100 ml Zitronensaft,
1 Päckchen Vanillinzucker,
225 g Butter,
1 Ei,
3 TL Zimtpulver,
1 Prise Salz,
Fett für das Blech,
50 g Mandelblättchen

EW	Fett	KH	kcal/kJ
4 g	11 g	41 g	294/1228

Milch erwärmen. Mehl und 50 g Zucker vermengen, in eine Rührschüssel geben, in die Mitte eine Mulde drücken, Hefe hineinbröckeln, warme Milch darüber gießen, mit einer Gabel verrühren und zugedeckt an einem warmen Ort ca. 20 Minuten gehen lassen. In der Zwischenzeit Äpfel waschen, schälen, Kerngehäuse herausschneiden und Äpfel in Stückchen schneiden. Äpfel, Zitronensaft, 100 ml Wasser, 75 g Zucker und Vanillinzucker in einem Topf zum Kochen bringen. Bei schwacher Hitze ca. 15 Minuten köcheln lassen.
Zum Mehl-Hefegemisch 75 g weiche Butter, Ei, 1 TL Zimtpulver und Salz zufügen, alles mit den Knethaken des Handrührgerätes verkneten und Teig an einem warmen Ort nochmals 40 Minuten gehen lassen.
Ofen auf 200 Grad vorheizen. Restliches Zimtpulver und restlichen Zucker vermengen. Hefeteig auf einem gefetteten Backblech (34 cm x 39 cm) ausrollen. Apfelkompott auf dem Teig verteilen, Mulden in den Teig drücken, in die Mulden restliches Fett in Flöckchen verteilen, alles mit Zucker-Zimtgemisch und Mandelblättchen bestreuen.
Kuchen im vorgeheizten Ofen ca. 30 Minuten backen.

Tipp
Ebenso fein schmeckt dieser Butterkuchen mit Birnenkompott. Zum Kochen der Birnen ein paar Nelken zugeben.

Früchte-Allerlei (Abb.)

Zutaten
500 g Mehl, 30 g Hefe,
60 g Zucker,
1 1/4 l Milch,
1/2 TL Salz,
80 g weiche Butter,
Butter für das Blech,
1 Päckchen Vanillinzucker,
150 g Grieß, 3 Eigelb,
1 1/4 kg Früchte (Äpfel, Birnen, Johannisbeeren, Stachelbeeren, Kirschen, Heidelbeeren)
Nach Belieben:
250 g saure Sahne,
125 g Schmand,
50 g Zucker,
1 Msp. Zimtpulver,
20 g Speisestärke

EW	Fett	KH	kcal/kJ
7 g	9 g	42 g	282/1181

Mehl in eine Schüssel sieben, in die Mitte eine Mulde drücken, Hefe hineinbröckeln, mit 5 g Zucker und 1/4 l lauwarmer Milch zum Vorteig rühren. Zugedeckt an einem warmen Ort ca. 15 Minuten gehen lassen. 55 g Zucker, Salz und Butter hinzufügen und alles zu einem glatten Teig verarbeiten. Zugedeckt an einem warmen Ort ca. 20 Minuten gehen lassen. Teig auf einem gebutterten Blech ausrollen.
1 l Milch mit Vanillinzucker aufkochen, vom Feuer nehmen, Grieß einrieseln lassen. 1 Eigelb schnell einrühren. Grieß gut ausquellen lassen. Nach dem Auskühlen auf den Hefeteig streichen. Darauf vorbereitete Früchte legen.
Saure Sahne, Schmand, Zucker und Zimtpulver gut verrühren, 2 Eigelb und Speisestärke untermengen, über die Früchte gießen.
Im vorgeheizten Ofen bei 200 Grad ca. 45 Minuten backen.

Hefe-Mohn-Kranz
(Abb.)

Zutaten
Für den Teig:
500 g Mehl,
1 Würfel Hefe (42 g),
1/4 l Milch,
1 Ei,
75 g Butter oder Margarine,
80 g Zucker,
abgeriebene Schale von 1 Zitrone (unbehandelt),
1/4 TL Salz;
für die Füllung:
1/4 l Milch,
75 g Zucker,
250 g Mohn,
abgeriebene Schale von 1 Zitrone (unbehandelt),
100 g Rosinen,
100 g gewürfeltes Zitronat,
1 Msp. Zimtpulver,
3 cl Rum,
1 Eigelb;
außerdem:
Fett für die Form

EW	Fett	KH	kcal/kJ
7 g	10 g	31 g	227/949

Mehl in eine Schüssel sieben, in die Mitte eine Vertiefung drücken, Hefe hineinbröckeln und mit etwas lauwarmer Milch zu einem Vorteig verrühren, zugedeckt an einem warmen Ort ca. 15 Minuten gehen lassen. Restliche lauwarme Milch mit

verquirltem Ei, zerlassener Butter oder Margarine und Zucker verrühren, Zitronenschale und Salz zufügen und zum Vorteig geben. Alles zu einem geschmeidigen Teig verkneten und diesen ca. 1 Stunde abgedeckt an einem warmen Ort gehen lassen.
Für die Füllung Milch und Zucker in einen Topf geben, aufkochen lassen. Mohn mahlen, mit Zitronenschale in die aufgekochte Milch geben und zu einem dicken Brei kochen. Abkühlen lassen und mit Rosinen, Zitronat, Zimtpulver und Rum vermischen.
Ofen auf 200 Grad vorheizen. Teig zu einem Rechteck ausrollen, Mohnmasse gleichmäßig darauf streichen. Teig aufrollen, Rand mit Eigelb bestreichen und festkleben. Teigrolle und die Hälften miteinander verschlingen und in eine gefettete Kranzform legen.
Im vorgeheizten Ofen 30–40 Minuten backen, etwas abkühlen lassen und aus der Form nehmen.
Ergibt 20 Stück.

Brombeer-Quarkkuchen
(Abb.)

Zutaten
Für den Teig:
350 g Mehl,
25 g Hefe,
1/8 l Milch,
60 g Butter,
40 g Zucker,
1 Prise Salz,
1 Beutel Citro-back,
1 Päckchen Orangeat oder Zitronat,
2 Eier;

für die Quarkmasse:
3 Eier,
100 g Zucker,
1 Prise Salz,
1 Beutel Citro-back,
750 g Magerquark;
für die Butter-Eiermasse:
120 g Butter,
100 g Zucker,
2 Päckchen Vanillinzucker,
3 Eier,
30 g Mehl;
für den Belag:
375 g Brombeeren,
40 g gehobelte Mandeln;
zum Garnieren:
150 g weiße Kuvertüre,
1 Beutel gehackte Pistazien,
1 Packung Schokoladen-Streusel
außerdem:
Fett für das Blech

EW	Fett	KH	kcal/kJ
10 g	14 g	31 g	303/1270

Mehl in eine Schüssel sieben und in die Mitte eine Vertiefung

Abb. 1

drücken. Hefe mit lauwarmer Milch verrühren, in die Mulde geben und ca. 15 Minuten zugedeckt gehen lassen. Flüssige Butter, Zucker, Salz, Citro-back, sehr fein gehacktes Orangeat oder Zitronat und Eier zum Vorteig geben und alles zu einem glatten Hefeteig verkneten. Teig zugedeckt ca. 30 Minuten gehen lassen.
Inzwischen für die Quarkmasse Eier, Zucker, Salz und Citro-back verrühren. Quark zufügen und alles cremig rühren.
Für die Butter-Eiermasse Butter mit Zucker und Vanillinzucker verrühren. 2 Eier nacheinander unterrühren. Mehl zufügen und anschließend letztes Ei unterrühren.
Hefeteig kräftig durchkneten und auf einem tiefen, eingefetteten Backblech ausrollen. Quarkmasse darauf glatt streichen. Erst Brombeeren darüber verteilen, dann Butter-Eiermasse darauf glatt streichen. Mit gehobelten Mandeln bestreuen und nochmals 10 Minuten gehen lassen.
Ofen auf 190 Grad vorheizen. Teig im vorgeheizten Ofen in 35–40 Minuten goldbraun backen. Anschließend abkühlen lassen und Kuchen in 24 Dreiecke schneiden.
Zum Garnieren Kuvertüre nach Packungsanweisung schmelzen und in einen kleinen Gefrierbeutel geben. Eine äußere Spitze des Beutels abschneiden und Dreiecke mit Kuvertüre verzieren (Abb. 1). Zum Schluss Dreiecke abwechselnd mit Pistazien und Schokoladen-Streuseln bestreuen.
Ergibt 24 Stück.

Aprikosen-Sonnen
(Abb.)

Zutaten
Für den Teig:
1 Würfel Hefe (42 g),
2 EL Zucker,
1/8 l warme Milch,
40 g Butter oder Margarine,
1 Päckchen Vanillinzucker, 1 Prise Salz,
375 g Mehl,
Mehl zum Ausrollen;
für die Füllung:
100 g Studentenfutter (Walnüsse, Mandeln, Cashewkerne, Haselnüsse, Rosinen),
4 TL Aprikosen-Konfitüre,
50 g Marzipan-Rohmasse,
8 Aprikosenhälften (aus der Dose);

außerdem:
1 Eigelb

EW	Fett	KH	kcal/kJ
4 g	12 g	66 g	420/1755

Zerbröckelte Hefe und Zucker in die Milch geben, verrühren und 15 Minuten an einem warmen Ort gehen lassen. Dann mit 100 ml warmem Wasser, Butter oder Margarine, Vanillinzucker und Salz zum Mehl geben und zu einem glatten Teig verkneten. Zugedeckt 30 Minuten gehen lassen. Teig auf bemehlter Arbeitsfläche ca. 5 mm dick ausrollen und 16 Sterne von 8–10 cm Durchmesser ausstechen. Hälfte auf das mit Backpapier ausgelegte Blech legen.
Ofen auf 200 Grad vorheizen. Studentenfutter grob hacken, mit Konfitüre und gewürfeltem Marzipan mischen, auf die Sterne in der Mitte verteilen. Jeweils 1 Aprikosenhälfte darauf setzen. Restliche Sterne versetzt darauf legen und zusammendrücken. Eigelb mit 1 EL Wasser verrühren, Oberflächen damit bestreichen und Sterne im vorgeheizten Ofen auf zweiter Schiene von unten 30–35 Minuten backen. Ergibt 8 Stücke.

Tipp
Eine Variante: Anstelle der Aprikosen-Konfitüre Kirschkonfitüre verwenden und die Aprikosenhälften durch abgetropfte Sauerkirschen ersetzen.

Nusshörnchen (Abb.)

Zutaten
450 g Hefeteig (tiefgekühlt),
100 g geriebene Haselnüsse,
50 g Zucker,
1 Päckchen Vanillinzucker,
4 EL Sahne,
50 g Puderzucker,
1–2 EL Zitronensaft

EW	Fett	KH	kcal/kJ
6 g	8 g	36 g	250/1047

Hefeteig nach Packungsvorschrift auftauen, kneten und gehen lassen. Teig dünn ausrollen und zu 10 Quadraten ausschneiden.
Nüsse mit Zucker, Vanillinzucker und Sahne mischen. Masse auf die Quadrate streichen und diese von einer Ecke her aufrollen.
Hörnchen auf ein mit Backpapier ausgelegtes Backblech legen und im vorgeheizten Ofen bei 200 Grad 15–20 Minuten backen.
Puderzucker mit so viel Zitronensaft verrühren, dass ein dickflüssiger Zuckerguss daraus wird. Masse auf die Hörnchen träufeln.
Ergibt 10 Stück.

Abb. 1

Abb. 2

Sonntagshörnchen

Zutaten

Für den Teig:
1 Würfel Hefe (42 g),
1/4 l lauwarme Milch,
500 g Mehl,
1 TL Salz,
40 g Butter,
Mehl für die Arbeitsfläche;
zum Bestreichen:
1 Eigelb,
1 EL Milch;
außerdem:
Butter für das Blech

EW	Fett	KH	kcal/kJ
4 g	3 g	24 g	149/624

Hefe zerbröckeln und in der Milch auflösen. Mehl, Salz, Butter und aufgelöste Hefe in einer Schüssel zu einem glatten Teig verarbeiten. Zugedeckt an einem warmen Ort gehen lassen, bis sich das Volumen verdoppelt hat. Teig nochmals auf einer bemehlten Arbeitsfläche kräftig durchkneten und 16 gleich große Kugeln daraus formen. Dann jede Teigkugel zu einer länglichovalen Platte ausrollen. Von einer Schmalseite her aufrollen. Dabei Teig an beiden Seiten nach außen drücken, damit die Hörnchen die richtige Länge bekommen. Ein Backblech mit Butter fetten. Hörnchen leicht gebogen darauf legen und 15 Minuten gehen lassen. Ofen auf 200 Grad vorheizen. Eigelb und Milch verquirlen. Hörnchen damit bestreichen und im vorgeheizten Ofen 15–20 Minuten backen. Ergibt 16 Stück.

Abb. 3

Pflaumen-Rahmtorte
(Abb. 1, 2 u. 3)

Zutaten

Für den Teig:
250 g Mehl,
100 g gemahlene Mandeln,
1 Beutel Citro-back,
40 g Zucker,
1 Prise Salz,
1/2 Päckchen Trockenhefe,
150 ml Milch,
50 g Butter,
1 Ei;
für den Belag:
1 kg Pflaumen,
100 g Mandelsplitter;
für den Guss:
200 g Sahne,
2 Eier,
20 g Speisestärke,
40 g Zucker,
1 Beutel Citro-back,
1 Prise Zimtpulver;
zum Garnieren:
1 Beutel gehackte Pistazien,
1 Dose Dekor-Schnee

EW	Fett	KH	kcal/kJ
9 g	17 g	40 g	364/1522

Mehl, gemahlene Mandeln, Citro-back, Zucker, Salz und Hefe mischen. Lauwarme Milch, weiche Butter und Ei zufügen. Mit den Knethaken des Handrührgerätes so lange rühren, bis sich der Teig vom Schüsselrand löst. Teig mit einem Geschirrtuch abdecken und an einem

warmen Ort ca. 40 Minuten gehen lassen.
Inzwischen Pflaumen waschen und entsteinen. Hefeteig nochmals gut durchkneten. Teig in eine am Boden mit Backpapier ausgelegte Springform (28 cm Durchmesser) füllen. Pflaumen auf den Hefeteig geben (Abb. 1). Zutaten für den Guss verrühren und über die Pflaumen gießen und mit Mandelsplittern bestreuen (Abb. 2). Abgedeckt nochmals 20 Minuten gehen lassen. Ofen auf 190 Grad vorheizen. Kuchen im vorgeheizten Ofen auf der zweiten Schiene von unten ca. 1 Stunde backen. Springformrand vorsichtig lösen und Torte auf einem Kuchendraht abkühlen lassen. Torte mit gehackten Pistazien bestreuen (Abb. 3) und mit Dekor-Schnee bestäuben.

Buchteln mit Himbeermark und Vanillesauce
(Abb.)

Zutaten
1 Würfel Hefe (42 g),
270 ml Milch,
500 g Mehl und Mehl zum Arbeiten,
90 g Zucker,
2 Eier,
8 Eigelb,
220 g Butter,
1 Prise Salz,
1 Vanilleschote und ausgekratztes Mark von 1 Vanilleschote,
10 ml Rum,
abgeriebene Schale von 1 Zitrone (unbehandelt),
100 g Himbeermark (Fertigprodukt),
Puderzucker zum Bestäuben

EW	Fett	KH	kcal/kJ
10 g	19 g	44 g	397/1660

Hefe in 85 ml lauwarmer Milch mit 100 g Mehl und 30 g Zucker glatt rühren. Zugedeckt gehen lassen.
2 Eier, 3 Eigelb, 60 ml Milch und restliches Mehl dazukneten. Nach und nach 120 g handwarme Butter, Salz, Vanillemark, Rum und Zitronenschale hinzugeben. 20 Minuten gehen lassen. In 3 Teile schneiden, durcharbeiten und dünn ausrollen. Kreise von 3 cm Durchmesser ausstechen. Eine feuerfeste Form dick mit 80 g Butter ausstreichen. Teigkreise mit Himbeermark füllen und Ränder schließen.
Teigballen dicht nebeneinander in die Form legen und zugedeckt nochmals gehen lassen. Buchteln großzügig mit restlicher Butter einstreichen und in

10–20 Minuten bei 180 Grad braun backen.
Für die Sauce 1/8 l Milch mit der Vanilleschote aufkochen.
60 g Zucker und 5 Eigelb gut verrühren.
Gekochte Milch unter ständigem Rühren in die Eiermasse einlaufen lassen.
Im Wasserbad erhitzen, bis sie dicklich wird, und zu den Buchteln reichen.
Ergibt 12 Portionen.

Plunderkranz
(Abb.)

Zutaten
500 g Mehl,
1 Würfel Hefe (42 g),
50 g Zucker,
1/4 l lauwarme Milch,
350 g Butter,
1 Ei,
1/2 TL Salz,
200 g Marzipan-Rohmasse,
3 EL Rum,
125 g Rosinen,
50 g Korinthen,
50 g gehackte Mandeln,
Fett für das Blech,
50 g Puderzucker,
150 g Mandelblättchen

EW	Fett	KH	kcal/kJ
6 g	23 g	37 g	386/1621

Mehl in eine Schüssel sieben, in die Mitte eine Mulde drücken. Zerbröckelte Hefe mit 1 TL Zucker und etwas Milch hineingeben und zum Vorteig rühren. Zugedeckt an einem warmen Ort ca. 15 Minuten gehen lassen.
Restlichen Zucker, restliche Milch, 50 g geschmolzene Butter, verschlagenes Ei und Salz dazugeben und alles zu einem geschmeidigen Teig verkneten.
Zugedeckt an einem warmen Ort ca. 30 Minuten gehen lassen. Teig auf bemehlter Arbeitsfläche ca. 1 cm dick ausrollen.
Aus 250 g Butter Flöckchen schneiden. Mittleres Drittel der Teigplatte mit Butterflöckchen belegen, ein äußeres Teigdrittel darüber schlagen und restliche Butterflöckchen darauf verteilen. Mit restlichem Teigdrittel bedecken. Teigrolle flach klopfen, erneut zusammenfalten, ausrollen. Vorgang zwei- bis dreimal wiederholen; jeweils vor dem Ausrollen 20 Minuten kalt stellen.
Marzipan-Rohmasse mit 50 g Butter und 1 EL Rum verkneten.
Teig zu einem Rechteck von 40 x 50 cm ausrollen, mit Marzipanmasse bestreichen. Rosinen, Korinthen waschen und mit den Mandeln darauf streuen. Teigplatte längs durchschneiden.
Beide Teighälften von der Längsseite her aufrollen, umeinander schlingen und als Kranz auf ein gefettetes Backblech legen.
Ca. 30 Minuten bei Zimmertemperatur gehen lassen. Im vorgeheizten Ofen bei 200 Grad 35–40 Minuten backen.
Puderzucker mit 2 EL Rum verrühren, Plunderkranz damit überziehen.
Mandelblättchen ohne Fett in einer Pfanne rösten und auf den noch nicht fest gewordenen Guss streuen.
Ergibt 20 Stücke.

Ostfriesischer Butterkuchen (Abb.)

Zutaten

Für den Teig:
30 g Hefe,
1/4 l lauwarme Milch,
500 g Mehl,
Salz, 1 Ei,
3 EL Zucker,
1 TL abgeriebene Zitronenschale (unbehandelt),
5 EL Butter;
für den Belag:
150 g Butter,
100 g Zucker,
1 TL Zimtpulver,
100 g Mandelblättchen;
außerdem:
Fett für das Blech

EW	Fett	KH	kcal/kJ
4 g	11 g	28 g	243/1015

Hefe in lauwarmer Milch auflösen und mit Mehl, Salz, Ei, Zucker, Zitronenschale und Butter zu einem glatten Teig verkneten. Zugedeckt an einem warmen Ort ca. 1 Stunde gehen lassen, ausrollen und auf ein gefettetes Backblech legen. Teig mehrmals mit einer Gabel einstechen und weitere 30 Minuten ruhen lassen.
Ofen auf 175 Grad vorheizen. Für den Belag Butter, Zucker und Zimtpulver verrühren, in Flöckchen auf den Teig setzen und mit Mandelblättchen bestreuen. Kuchen im vorgeheizten Ofen ca. 30 Minuten backen. Ergibt 20 Stück.

Hefeschnecken

Zutaten

Für den Teig:
500 g Mehl,
30 g Hefe,
100 g Zucker,
ca. 1/8 l lauwarme Milch,
120 g Butter,
1 Prise Salz,
2 Eier,
Mehl zum Ausrollen;
für die Füllung:
50 g gehackte Mandeln,
50 g Zitronat,
50 g Sultaninen,
50 g Korinthen,
abgeriebene Schale von 1 Zitrone (unbehandelt),
30 g Zucker,
40 g Butter;
für den Guss:
150 g Puderzucker,
4 1/2 EL Zitronensaft;
außerdem:
Margarine oder Öl für das Blech

EW	Fett	KH	kcal/kJ
4 g	7 g	29 g	191/798

Für den Teig Mehl in eine Schüssel sieben. In die Mitte eine Mulde drücken. Hefe hineinbröckeln. 1 TL Zucker darüber

streuen. Mit etwas Milch und Mehl zum Vorteig verrühren. Zugedeckt 15 Minuten an einem warmen Ort gehen lassen. Restlichen Zucker, Butter in Flöckchen, Salz und Eier dazugeben. Alles mit restlicher Milch zu einem glatten Teig verrühren. Schlagen, bis er sich vom Schüsselboden löst und Blasen wirft. 20 Minuten gehen lassen. Dann auf bemehlter Arbeitsfläche gut 1/2 cm dick zu einem Rechteck ausrollen.
Füllung aus Mandeln, fein gehacktem Zitronat, gewaschenen und gut getrockneten Sultaninen und Korinthen und abgeriebener Zitronenschale in einer Schüssel mischen. Auf dem Hefeteig verteilen. Mit Zucker bestreuen. Butter in Flöckchen darauf verteilen; zusammenrollen. Mit einem scharfen Messer ca. 1 cm dicke Scheiben abschneiden. Auf ein gut gefettetes Backblech nicht zu dicht aneinander legen. 10 Minuten zugedeckt gehen lassen. Ofen auf 200 Grad vorheizen.
Kuchen im vorgeheizten Ofen auf mittlerer Schiene 20 Minuten backen. Aus dem Ofen nehmen und auf einen Kuchendraht legen.
Für den Guss Puderzucker mit Zitronensaft in einer Schüssel verrühren. Schnecken damit sofort überziehen; auskühlen lassen. Ergibt 27 Stück.

Tipp
Dieses Gebäck schmeckt ganz frisch am besten.

Stachelbeer-Stückchen
(Abb.)

Zutaten
Für den Teig:
300 g Mehl,
30 g Hefe,
2 EL Zucker,
150 ml lauwarme Milch,
40 g Crème fraîche,
6 EL Öl,
1 Prise Salz;
für den Belag:
1/4 l Milch,
1/2 Päckchen Vanille-Puddingpulver,
1 EL Zucker,
85 g Crème fraîche,
150 g Stachelbeeren (aus dem Glas; oder anderes Obst),
4 Kiwis;
außerdem:
Fett für das Blech

EW	Fett	KH	kcal/kJ
3 g	4 g	17 g	140/586

Mehl in eine Schüssel sieben, eine Mulde in die Mitte drücken, Hefe hineinbröckeln und mit Zucker, Milch und etwas Mehl vom Muldenrand zu einem Vorteig verrühren. 15 Minuten an einem warmen Ort gehen lassen.
Crème fraîche, Öl und Salz dazugeben, zu einem glatten Teig verkneten und an einem warmen Ort nochmals 20 Minuten gehen lassen.
Inzwischen aus Milch, Pudding-

pulver und Zucker einen Pudding nach Packungsanweisung kochen. Crème fraîche unterrühren und Puddingmasse abkühlen lassen. Dabei gelegentlich umrühren. Stachelbeeren abtropfen lassen.
Ofen auf 200 Grad vorheizen. Teig in 6 Portionen teilen und 6 Kreise (ca. 12 cm Durchmesser) ausrollen. Dabei jeweils einen etwas dickeren Rand formen. Auf ein mit Backpapier belegtes Blech legen. Erst Puddingcreme, dann Stachelbeeren auf dem Teig verteilen. Kuchenstücke auf der 2. Schiene von unten im vorgeheizten Ofen 25 Minuten backen. Kiwis schälen, längs halbieren, in Scheiben schneiden und jeweils als Rand in den Pudding stecken. Die Stückchen gleich servieren.

Kerniger Zwetschenkuchen
(Abb.)

Zutaten
Für den Teig:
300 g Mehl,
1/2 Würfel Hefe,
etwa 1/8 l lauwarme Milch,
1 EL Zucker,
1 Prise Salz, 1 Ei,
60 g weiche Butter,
100 g fein geriebene Sonnenblumenkerne,
Mehl zum Ausrollen,
Fett für das Blech;
für den Belag:
1,5 kg Zwetschen,
6 EL Sonnenblumenkerne,
4 EL Hagelzucker

EW	Fett	KH	kcal/kJ
3 g	4 g	24 g	132/550

Mehl in eine Schüssel sieben, in die Mitte eine Mulde drücken, Hefe hineinbröckeln, lauwarme Milch darüber gießen. Hefe mit Milch und etwas Mehl zu einem Vorteig rühren, mit Zucker und wenig Mehl bestäuben. Zugedeckt an einem warmen Ort ca. 10 Minuten gehen lassen, bis das Mehl auf der Oberfläche Risse zeigt. Salz, Ei, weiche Butter und Sonnenblumenkerne zugeben. Mit den Knethaken des Handrührgerätes zu einem glatten Teig verarbeiten, bis dieser sich vom Schüsselrand löst. Teig zu einer Kugel formen, leicht mit Mehl bestäuben und nochmals zugedeckt gehen lassen, bis sich das Teigvolumen fast verdoppelt hat.
In der Zwischenzeit Zwetschen waschen, abtropfen lassen, entsteinen und vierteln. Backblech fetten. Teig nochmals durchkne-

ten und auf dem Blech ausrollen. Teig an den Rändern leicht hochdrücken. Zwetschen schuppenförmig, mit der Hautseite nach unten, dicht auf den Teig geben, nochmals 15 Minuten gehen lassen. Ofen auf 200 Grad vorheizen. Kuchen im vorgeheizten Ofen ca. 30 Minuten backen. Sonnenblumenkerne in einer Pfanne trocken anrösten. Kuchen warm mit Sonnenblumenkernen und Hagelzucker bestreuen. Ergibt 20–24 Stücke.

Tipp
Mit gesüßter Schlagsahne servieren.

Aprikosen-Marzipanrolle
(Abb.)

Zutaten
Für den Teig:
ca. 200 ml lauwarme Milch,
500 g Mehl,
1 Würfel Hefe (42 g),
8 EL Zucker,
4 EL Butter oder Margarine,
1 Prise Salz,
1 Ei;
für die Füllung:
300 g Aprikosen (aus der Dose),
400 g Marzipan-Rohmasse,
200 g gehackte Walnüsse,
1 cl Rum;
für den Guss:
125 g Puderzucker

EW	Fett	KH	kcal/kJ
6 g	15 g	47 g	294/1229

Milch lauwarm erhitzen. Mehl in eine Schüssel sieben, in die Mitte eine Vertiefung drücken. Hefe hineinbröckeln und mit etwas lauwarmer Milch und 1 TL Zucker zu einem Vorteig verrühren. Zugedeckt an einem warmen Ort ca. 15 Minuten gehen lassen.
Butter oder Margarine in restlicher lauwarmer Milch auflösen, mit restlichem Zucker, Salz und Ei zum Vorteig geben und alles zu einem glatten Teig verkneten. Weitere 30 Minuten gehen lassen.
Aprikosen auf einem Sieb abtropfen lassen und Saft dabei auffangen. Früchte pürieren und mit Marzipan-Rohmasse und Nüssen verrühren. Rum dazu geben.
Hefeteig zu einem ca. 30 x 40 cm großen Rechteck ausrollen und mit Füllung bestreichen. Teig jeweils von beiden Längsseiten zur Mitte hin aufrollen, auf ein mit Backpapier ausgelegtes Backblech geben und erneut 15 Minuten gehen lassen. Ofen auf 200 Grad vorheizen. Teigrolle im vorgeheizten Ofen

40–50 Minuten backen und auf einem Kuchendraht etwas auskühlen lassen.
Puderzucker und aufgefangenen Aprikosensaft verrühren und die Rolle noch warm damit bestreichen.
Ergibt 20 Stücke.

Zwetschgendatschi mit Streuseln

Zutaten
Für den Teig:
500 g Mehl,
1 Prise Salz,
75 g Zucker,
1 TL abgeriebene Zitronenschale (unbehandelt),
1 Würfel Hefe (42 g),
1/8 l lauwarme Milch,
100 g Butter,
2 Eier;
für den Belag:
1,2 kg Zwetschen;
für die Streusel:
150 g Mehl,
75 g Zucker,
75 g Butter,
1 TL Zimtpulver;
außerdem:
Butter für das Blech

EW	Fett	KH	kcal/kJ
5 g	8 g	41 g	267/1114

Mehl in eine Schüssel sieben, Salz, Zucker und Zitronenschale dazugeben. Alles mischen und in die Mitte eine Mulde drücken. Hefe hineinbröckeln und mit Milch und etwas Mehl zum Vorteig rühren. Zugedeckt an einem warmen Ort 15 Minuten gehen lassen.
Zerlassene Butter und Eier unterkneten und Teig schlagen, bis er sich vom Schüsselrand löst. Zugedeckt an einem warmen Ort 15 Minuten gehen lassen.
Ein Backblech einfetten, Teig nochmals durchkneten, ausrollen und das Blech damit belegen. Ränder etwas hochziehen. Nochmals 15 Minuten gehen lassen.
Inzwischen Ofen auf 200 Grad vorheizen. Zwetschen mit einem Küchentuch abreiben, halbieren und entkernen.
Für die Streusel Mehl, Zucker, zerlassene Butter und Zimtpulver verkrümeln. Zwetschen mit der Schnittfläche nach oben in den Teig drücken, Streusel darüber verteilen.
Kuchen im vorgeheizten Ofen auf mittlerer Schiene 35 Minuten backen, bis die Ränder hellbraun sind.
Auf einem Kuchendraht abkühlen lassen, in Stücke schneiden.

Tipp
Sie können das Rezept auch mit Aprikosen zubereiten. Auf jeden Fall gehört ein kräftiger Schlag süße Sahne dazu.

Französische Brioche

Zutaten
500 g Mehl,
20 g Hefe,
4 EL Milch,
60 g Zucker,
1 Prise Salz,
6 Eier,
400 g Butter,
Mehl für die Schüssel,
Butter für die Form,
1 Eigelb zum Bestreichen

EW	Fett	KH	kcal/kJ
4 g	15 g	19 g	229/959

Mehl in eine Rührschüssel sieben; Hefe in die leicht erwärmte Milch bröckeln, 4 EL Mehl hinzufügen und zu einem dicken Brei verrühren, 1 Prise Zucker zugeben und Hefebrei unter einem Tuch 30 Minuten gehen lassen.
Restliches Mehl mit Zucker und Salz mischen, eine Mulde hineindrücken, Eier aufschlagen und hineingleiten lassen, Hefebrei aus dem Topf hinzugießen und alles miteinander zu einem glatten Teig verarbeiten. Zimmerwarme Butter auf der Arbeitsfläche mit dem Handballen geschmeidig kneten und stückchenweise unter den Teig arbeiten, ihn dabei kräftig schlagen, damit genügend Luft hineingelangt. Teig, zu einer Kugel geformt, in einer bemehlten Schüssel unter einem Tuch 1 Stunde gehen lassen.
Teig erneut durchwalken, auf-

Abb. 1

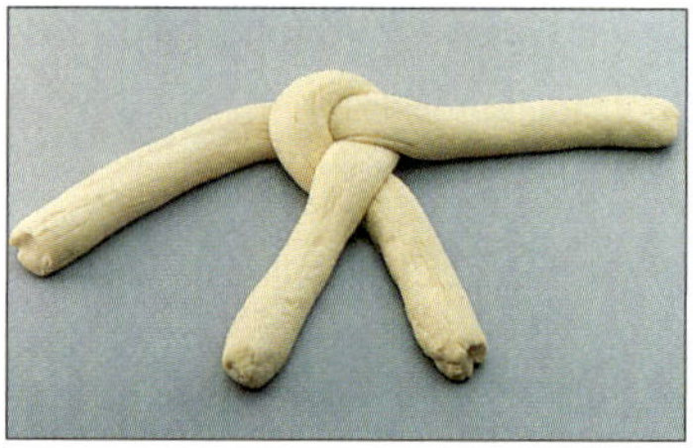

Abb. 2

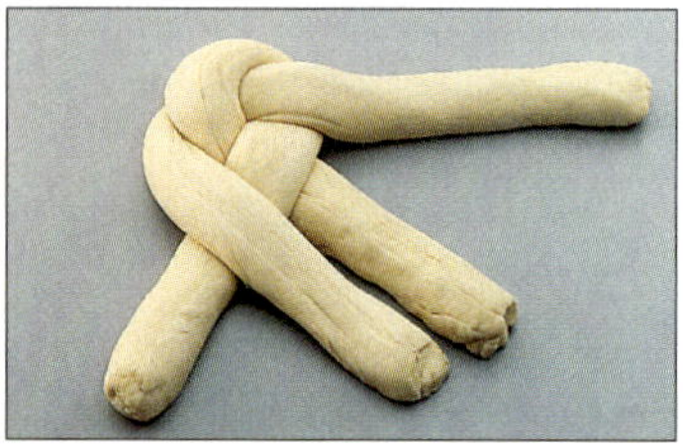

Abb. 3

Abb. 4

teilen im Verhältnis 1:3. Für eine große Briocheform aus den beiden Teigstücken je 1 Kugel rollen. Für Portionsbriocheförmchen aus dem großen Teigstück 12 kleine Kugeln rollen, aus dem restlichen Teig 12 murmelgroße Bällchen. Die größere Kugel jeweils in die gebutterte Briocheform legen, in die Mitte mit dem Finger eine Mulde drücken. Kleine Kugel tropfenförmig rollen und in die Mulde setzen – sie ergibt das für die Brioche typische Köpfchen. Geformten Teig erneut 1 Stunde unter einem Tuch gehen lassen. Teig mit verquirltem Eigelb bestreichen und bei 180 Grad im vorgeheizten Ofen goldbraun backen. Die kleinen Brioches sind schon nach 20 Minuten fertig. Die Brioches aus der Form nehmen und am besten noch warm servieren.

Hefezopf (Abb.)

Zutaten

300 g Mehl,
25 g Hefe,
50 g Zucker,
1/8 l lauwarme Milch,
2 Eigelb,
1 Prise Salz,
abgeriebene Schale von 1/2 Zitrone (unbehandelt),
75 g Butter,
75 g kernlose Rosinen,
2 EL Rum,
30 g Zitronat,
30 g Orangeat,
50 g gehackte Mandeln,
Fett für das Blech,
1 Eigelb zum Bestreichen

EW	Fett	KH	kcal/kJ
3 g	5 g	18 g	142/595

Mittelfesten Hefeteig herstellen (siehe Grundrezept S. 134), den abgeschlagenen Teig 30 Minuten gehen lassen.
In der Zwischenzeit die gewaschenen, abgetropften Rosinen mit Rum begießen und quellen lassen. Zitronat und Orangeat fein hacken. Mit den Rosinen und den Mandeln in den Teig kneten. Teig mit bemehlten Händen in 3 Teile teilen. Jedes Teigstück etwa 4 cm breit ausrollen. Ein Backblech mit gefetteter Alufolie belegen. Die Teigstücke darauf legen. Am besten von der Mitte aus nach beiden Enden hin zu einem Zopf flechten (Abb. 1–4). An den Enden etwas andrücken. Zopf nochmals 20 Minuten gehen lassen. Dann mit verquirltem Eigelb bestreichen. Blech in den vorgeheizten Ofen (200 Grad) auf die untere Schiene schieben und 35 Minuten backen.
Ergibt ca. 20 Stücke.

Tipp

Bevor der mit Eigelb bestrichene Zopf in den Ofen kommt, mit Mandelblättern bestreuen.

Bei der Herstellung von Fettgebäck werden die Teigwaren – wie der Name schon sagt – schwimmend in heißem Fett ausgebacken. Darin besteht auch der wesentliche Unterschied zu anderem Gebäck, das im Backofen hergestellt wird.
Die gebräuchlichsten Teigarten für Fettgebackenes sind Hefeteig, Brandteig, Rührteig und Nudelteig. Beim Backen in heißem Fett entstehen Röststoffe, die dem Gebäck den typischen Geschmack verleihen.

- Beim Fettgebäck benötigen Sie einen Topf mit einem möglichst hohen Rand. Besonders gut geeignet sind Töpfe aus Edelstahl mit einem dicken Boden. Der Vorteil dieses Bodens ist, dass das Fett gleichmäßig erhitzt wird und die Hitze, dank des guten Materials, auch lange gehalten wird.
  Zum Ausbacken eignen sich Butterschmalz, Schweineschmalz oder Kokosfett genauso wie Öle.
- Fettgebäck kann außerdem in der Fritteuse hergestellt werden. Geht problemlos und ist nicht so geruchsintensiv wie das Ausbacken im einfachen Topf.
- Bei herzhaft deftigem Fettgebäck kommt der Geschmack besonders gut zur Geltung, wenn man etwas Sesamöl in das Pflanzenöl gibt. Wegen seines intensiven Geschmacks sollte Sesamöl jedoch nur sehr sparsam verwendet werden.
- Geben Sie so viel Fett in den Topf, bis er zu zwei Drittel gefüllt ist. Mit dem Öl darf nicht gespart werden, da die Backstücke darin locker schwimmend ausgebacken werden.
- Wichtig ist die richtige Backtemperatur. Die ideale Temperatur liegt etwa bei 175 Grad. Wenn ein eingelegtes Teigstück sofort hochsteigt und sich Bläschen bilden, stimmt die Temperatur. Das Fett darf aber nicht zum Rauchen kommen! Ist die Backtemperatur zu niedrig, saugt sich der Teig voll Fett und wird ungenießbar.
- Nachdem Sie das Öl erhitzt haben, stellen Sie aus dem Teig die gewünschten Formen her und geben diese Teigstücke in das heiße Öl hinein. Vorsicht Spritzgefahr!
- Während die Gebäckstücke appetitlich goldbraun backen, sollten Sie darauf achten, dass die Teile nicht aneinander kleben. Verwenden Sie zum Trennen eine Gabel, mit der Sie die jeweiligen Gebäckstücke voneinander lösen. Achten Sie darauf, die Teile einmal umzudrehen, damit auch die andere Seite schön braun wird.
- Zwischen den einzelnen Frittiergängen fischen Sie mit einem Schaumlöffel die kleinen Teigreste aus dem Öl heraus.
- Sind die Gebäckstücke fertig, werden sie mit einer Kelle oder einer Zange aus dem heißen Fett genommen. Damit die Teile für den Verzehr nicht zu fettig sind, legen Sie sie auf ausgebreitete Küchentücher, die das überschüssige Fett aufsaugen. Zum vollständigen Auskühlen kommt die Backware dann auf ein Kuchengitter.
  Je nach vorgesehener Verarbeitung werden die Teile gefüllt oder mit einer Seite kurz in Sesam, Hagelzucker, Zimt oder auch Kakaopulver getaucht.
- Besonders lecker schmeckt Fettgebäck, wenn es noch leicht warm serviert wird. Falls Sie größere Mengen dieses köstlichen Gebäcks herstellen möchten, sollten Sie nach einigen »Backvorgängen« das Fett im Topf wechseln.
- Nach jedem Gebrauch das noch heiße Fett durch ein Sieb, mit Küchenpapier ausgelegt, oder eine Papierfiltertüte gießen. Die Röststoffe und kleine Teigreste werden dabei herausgefiltert. Überhitztes Fett darf nicht wieder verwendet werden.

Leipziger Ringelschwänzchen (Abb.)

Zutaten

50 g Butterschmalz,
100 g Zucker,
1 Prise Salz,
2 TL Lebkuchengewürz,
1 TL gemahlener Ingwer,
abgeriebene Schale von
1 Zitrone (unbehandelt),
2 Eier,
6 EL Weißwein,
300 g Mehl,
750 g Butterschmalz,
75 g Puderzucker

EW	Fett	KH	kcal/kJ
1 g	4 g	10 g	66/277

Weiches Butterschmalz, Zucker, Salz, Lebkuchengewürz, Ingwer, Zitronenschale, Eier, Weißwein und Mehl in eine Rührschüssel geben und mit einem elektrischen Handrührgerät (mit Knethaken) verkneten. Butterschmalz in einer Fritteuse auf 175 Grad erhitzen.

Teig auf einer bemehlten Arbeitsfläche ca. 8 mm dick ausrollen und anschließend in 2 x 12 cm Streifen schneiden. Teigstreifen um einen Holzlöffelstiel wickeln und sofort vorsichtig in das heiße Butterschmalz streifen. Ringelschwänze nacheinander in 3–5 Minuten goldgelb ausbacken und anschließend auf Küchenkrepp abtropfen lassen. Mit Puderzucker bestäuben.
Ergibt 40 Stück.

Tipp
Am besten schmecken die Ringelschwänzchen ganz frisch.

Hefekrapfen
(Abb. S. 157)

Zutaten

500 g Mehl,
1 Würfel Hefe (42 g),
6 EL Zucker,
1/8 l lauwarme Milch,
150 g saure Sahne,
1 Ei,
abgeriebene Schale von
1 Zitrone (unbehandelt),
1 Prise Salz,
4 EL Butter,
200 g Pflaumenmus,
4 EL gehobelte Mandeln,
Fett zum Frittieren,
1 Päckchen Vanillinzucker

EW	Fett	KH	kcal/kJ
7 g	9 g	45 g	295/1233

Mehl in eine Schüssel sieben, in die Mitte eine Mulde drücken, Hefe hineinbröckeln, mit 2 EL Zucker und etwas Milch zum Vorteig rühren.
Zugedeckt an einem warmen Ort ca. 15 Minuten gehen lassen. 2 EL Zucker, saure Sahne, Ei, Zitronenschale und Salz an den Rand des Vorteiges geben. In restlicher Milch Butter schmelzen, zum Vorteig gießen und alles zu einem glatten Teig verarbeiten. Zugedeckt an einem warmen Ort ca. 30 Minuten gehen lassen. Teig zu einer Rolle formen und in 15 Scheiben schneiden. Scheiben flach drücken, etwas Pflaumenmus und gehobelte Mandeln darauf geben und zu Teigbällchen formen. Nochmals ca. 15 Minuten gehen lassen. Frittierfett auf 180 Grad erhitzen, Bällchen darin 5–8 Minuten frittieren, abtropfen lassen. Restlichen Zucker mit Vanillinzucker mischen und die noch heißen Hefekrapfen darin wenden. Ergibt 12 Stück.

Pflaumenkrapfen
(Abb.)

Zutaten

Für den Teig:
500 g Mehl,
1 Päckchen Trockenhefe,
1 Prise Salz,
25 g Zucker,
abgeriebene Zitronenschale (unbehandelt),
2 Eier,
50 g Butterschmalz,
200 ml lauwarme Milch,
100 g entsteinte Dörrpflaumen,
100 g gehackte Haselnusskerne;
außerdem:
ca. 125 g Pflaumenmus,
1 kg Butterschmalz,
2 EL Puderzucker

EW	Fett	KH	kcal/kJ
3 g	13 g	16 g	345/1445

Aus den angegebenen Zutaten einen Hefeteig kneten und bei Zimmertemperatur ruhen lassen, bis er sein Volumen verdoppelt hat. Klein geschnittene Dörrpflaumen und Haselnüsse unterkneten.
Teig in 12 Stücke teilen. Jedes Stück zu einem ca. 10 cm großen Kreis auseinander drücken. Auf jedes Stück etwa 1 TL Pflaumenmus in die Mitte geben. Teig darüber zusammendrücken. Krapfen mit der Nahtstelle nach unten auf einem be-

mehlten Blech 20 Minuten gehen lassen.
Butterschmalz in einer Fritteuse auf 170 Grad erhitzen. Krapfen portionsweise darin von jeder Seite 3–4 Minuten hellbraun ausbacken. Mit Puderzucker bestäuben. Ergibt 12 Stück.

Ausgezogene aus Bayern

Zutaten
500 g Mehl,
1 Würfel Hefe (42 g),
85 g Zucker,
1/4 l lauwarme Milch,
2 Eier,
1 Prise Salz,
abgeriebene Schale von 1/2 Zitrone (unbehandelt),
80 g Butter,
500 g Kokosfett oder 1/2 l Öl zum Frittieren,
Zucker zum Bestreuen

EW	Fett	KH	kcal/kJ
7 g	9 g	40 g	281/1175

Mehl in eine Schüssel sieben. In die Mitte eine Mulde drücken, Hefe hineinbröckeln, 1 TL Zucker darüber streuen. 1/8 l Milch dazugeben und mit etwas Mehl zum Vorteig rühren. Zugedeckt an einem warmen Ort 20 Minuten gehen lassen. Restliche Milch, Eier, Zucker, Salz und Zitronenschale zum Vorteig geben. Butter in Flöckchen am Mehlrand verteilen. Zutaten von innen nach außen verrühren und zu einem Hefeteig verkneten. Teig zu Kugeln von etwa 5 cm Durchmesser kneten. Auf einem bemehlten Brett zugedeckt 20 Minuten gehen lassen.
Jede Kugel mit bemehlten Händen von der Mitte zu den Rändern so dünn ausziehen, dass die Mitte durchsichtig ist. Sie darf aber dabei nicht reißen. Frittierfett auf 180 Grad erhitzen. Ausgezogene ins Fett geben und auf beiden Seiten in je 3 Minuten goldbraun backen. Die dünne Mitte soll weiß bleiben, d. h. sie darf beim Wenden kein heißes Fett berühren. Teigstücke herausnehmen, abtropfen lassen. In Zucker wälzen und frisch servieren.

Apfelkrapfen

Zutaten
1/2 Tasse Bier,
100 g Mehl,
2 Eigelb,
1 Prise Salz,
2 Eiweiß,
750 g Äpfel,
Öl zum Frittieren,
Zucker,
evtl. Zimtpulver zum Bestreuen

EW	Fett	KH	kcal/kJ
2 g	3 g	20 g	97/404

Bier, 1 Tasse Wasser, Mehl, Eigelb und Salz zu einem Teig verrühren. Eiweiß zu steifem Schnee schlagen, unterheben. Äpfel schälen. Kerngehäuse herausschneiden und Äpfel sehr fein schneiden. In den Teig mischen.
Frittierfett erhitzen. Mit einem Löffel kleine Krapfen vom Teig abstechen. Ins Fett gleiten lassen und knusprig braun backen. Aus dem Fett nehmen. In Zucker oder Zucker-Zimt-Gemisch wälzen.

Muzen (Abb.)

Zutaten
50 g Butterschmalz,
40 g Zucker,
1 TL Vanillinzucker,
etwas abgeriebene Zitronenschale (unbehandelt),
1 Prise Salz,
1 Ei, 2 EL Rum,
250 g Mehl,
Mehl zum Ausrollen,
750 g Butterschmalz,
2 EL Puderzucker

EW	Fett	KH	kcal/kJ
1 g	2 g	7 g	48/200

Butterschmalz schmelzen und lauwarm abkühlen lassen. Zusammen mit Zucker, Vanillinzucker, Zitronenschale, Salz, Ei und Rum schaumig rühren. Mehl untermischen. Teig auf bemehlter Arbeitsfläche ca. 3 mm dick ausrollen und 7 cm lange Rauten ausschneiden. Butterschmalz in einer Fritteuse auf 170 Grad erhitzen. Muzen portionsweise beidseitig in 1–2 Minuten goldbraun ausbacken und abtropfen lassen. Mit Puderzucker bestäuben.
Ergibt 40 Stück.

Tipp
Herzhaft schmecken Muzen in Schweineschmalz gebacken.

Rahmküchle *(Abb.)*

Zutaten
3 Eigelb,
30 g Crème fraîche,
1 EL Vanillinzucker,
Salz,
100 g Mehl,
500 g Butterschmalz

EW	Fett	KH	kcal/kJ
1 g	2 g	4 g	39/163

Eigelb, Crème fraîche, Vanillinzucker und Salz verrühren. Mehl löffelweise unter den Teig rühren.
Teig 1 Stunde ziehen lassen. Auf einer bemehlten Arbeitsfläche Teig portionsweise dünn ausrollen und Kreise bzw. Dreiecke ausstechen.
Teigstücke schwimmend im heißen Butterschmalz hellbraun ausbacken. Rahmküchle mit Puderzucker bestäuben.
Ergibt 20 Stücke.

Tip
Dazu passt Johannisbeer-Kompott.

Faschingskrapfen nach Wiener Art

Zutaten
Für den Teig:
500 g Mehl,
1 Würfel Hefe (42 g),
40 g Zucker,
1/8 l lauwarme Milch,
1 Päckchen Vanillinzucker,
1 Prise Salz,
1 Prise gemahlener Kardamom,
abgeriebene Schale von 1/2 Zitrone (unbehandelt),
2 Eier,
1 Eigelb,
100 g Butter,
Mehl zum Ausrollen;
für die Füllung:
180 g Aprikosenmarmelade;
außerdem:
2 kg Schweineschmalz oder Kokosfett zum Ausbacken,
150 g feiner Zucker zum Bestreuen

EW	Fett	KH	kcal/kJ
1 g	6 g	15 g	218/911

2/3 des Mehls in eine Schüssel sieben. In die Mitte eine Mulde drücken. Hefe hineinbröckeln. Mit 1 TL Zucker, der gesamten Milch und etwas Mehl zu einem Vorteig rühren. Zugedeckt an einem warmen Ort 15 Minuten gehen lassen.
Restlichen Zucker, Vanillinzucker, Salz, Kardamom und Zitronenschale mit Eiern, Eigelb und zerlassener, abgekühlter Butter und übrigem Mehl in der Schüssel mit dem Vorteig zu einem glatten Teig verkneten. Teig so lange schlagen, bis er Blasen wirft. Dann restliches Mehl einkneten. Krapfenteig muss weich und zart, aber trocken sein. Wenn man zu große Eier verwendet, kann der Teig leicht klebrig werden. In diesem Fall noch etwas Mehl unterkneten. Ist der Teig zu fest, helfen 1–2 EL lauwarme Milch. Teig zugedeckt 20 Minuten an einem warmen Ort aufgehen lassen.
Teig auf bemehlter Fläche ca. 5 mm dick ausrollen. Auf der einen Teighälfte mit einer Rundform oder einem Glas Kreise von ca. 6 cm Durchmesser andeuten. Jeweils in die Mitte der Kreise 1 TL Marmelade geben. Andere Teighälfte darüber klappen. Jetzt rund um die Marmeladenhäufchen Plätzchen ausstechen. Ränder dabei zusammendrücken. Teigreste ausrollen und ebenfalls ausstechen.
Krapfen auf ein bemehltes Backblech legen und nochmals 15 Minuten gehen lassen.
In der Zwischenzeit Schweineschmalz oder Kokosfett in einer Fritteuse auf 180 Grad erhitzen. Immer 2–3 Krapfen auf einmal mit einem Schaumlöffel vorsichtig ins heiße Fett gleiten lassen. Im geschlossenen Topf 3 Minuten schwimmend ausbacken. Deckel abnehmen, Krapfen umdrehen und im offenen Topf nochmals 3 Minuten ausbacken. Krapfen mit einem Schaumlöffel herausnehmen und auf Haushaltspapier abtropfen lassen. Mit Zucker bestreuen und warm servieren.

Ballbäuschen (Abb.)

Zutaten

75 g Butterschmalz,
1/8 l Milch,
500 g Mehl,
1 Päckchen Trockenhefe,
1 Prise Salz,
100 g Zucker,
2 Eier,
150 g Rosinen,
Butterschmalz zum Ausbacken,
Zucker und Zimtpulver zum Bestreuen

EW	Fett	KH	kcal/kJ
3 g	2 g	13 g	162/677

Butterschmalz zerlassen und abkühlen lassen, Milch leicht erwärmen. Mehl, Trockenhefe, Salz und Zucker in eine Schüssel geben und vermengen. Lauwarme Milch und abgekühltes, nur noch lauwarmes Butterschmalz hinzufügen, ebenso die Eier; alles zu einem glatten Teig verrühren und diesen schlagen, bis er sich vom Schüsselrand löst. Zuletzt Rosinen darunter arbeiten.

Teig zugedeckt an einem warmen Ort 40–50 Minuten gehen lassen. Reichlich Butterschmalz in einer Fritteuse oder in einer großen tiefen Pfanne erhitzen. Mit einem Teelöffel Bällchen abstechen und in dem heißen Butterschmalz ringsherum goldbraun backen.

Zucker und Zimtpulver vermischen und Ballbäuschen noch heiß damit bestreuen.

Ergibt 24 Stück.

Rheinische Muzenmandeln (Abb.)

Zutaten

125 g Butter,
5 Eier,
200 g Zucker,
1/2 TL Hirschhornsalz,
375 g Mehl,
100 g geriebene Mandeln,
Öl zum Backen,
Puderzucker zum Bestreuen

EW	Fett	KH	kcal/kJ
1 g	3 g	8 g	70/292

Butter schaumig rühren, nach und nach Eier und Zucker dazugeben und alles schaumig rühren. Hirschhornsalz in wenig Wasser auflösen und mit Mehl und Mandeln unterheben. Öl in einer Fritteuse auf ca. 175 Grad erhitzen, mit 2 Teelöffeln Teig abstechen und goldbraun backen. Abtropfen lassen und mit Puderzucker bestreut servieren. Ergibt ca. 60 Stück.

Hobelspäne

Zutaten

500 g Mehl,
1 TL Backpulver,
120 g Zucker,
1/2 TL Rum-Aroma,
abgeriebene Schale von 1/2 Zitrone (unbehandelt), 3 Eier,
120 g kalte Butter oder Margarine,
Schweineschmalz zum Ausbacken, Puderzucker zum Bestreuen

EW	Fett	KH	kcal/kJ
3 g	6 g	23 g	160/667

Mehl und Backpulver gut vermischen, in eine Schüssel sieben und in die Mitte eine Mulde drücken. Zucker, Rum-Aroma, Zitronenschale, Eier und 4 EL Wasser mit einem Teil des Mehles zu einem festen Teig kneten. Gekühlte Butter oder Margarine in kleine Würfel schneiden und dazugeben und alles schnell zu einem glatten Teig verarbeiten. Auf einer bemehlten Arbeitsfläche dünn ausrollen und in ca. 1 cm breite und 10 cm lange Streifen schneiden. Jeden Streifen in der Mitte längs einschneiden und ein Ende durch den Schlitz ziehen.
In heißem Fett goldbraun ausbacken, abtropfen lassen und mit Puderzucker bestreuen.

Kräppelchen (Abb.)

Zutaten
250 g Mehl,
1/2 Würfel Hefe (21 g),
1/8 l lauwarme Milch,
75 g Zucker,
50 g Butter,
1 Ei, Schale von 1/2 Zitrone (unbehandelt),
Salz,
Fett zum Frittieren,
Zucker zum Wälzen

EW	Fett	KH	kcal/kJ
10 g	28 g	74 g	594/2487

Mehl in eine Schüssel geben, in die Mitte eine Mulde drücken. Hefe hineinbröckeln und mit etwas Milch und 1 TL Zucker zu einem Vorteig rühren. Zugedeckt an einem warmen Ort ca. 20 Minuten gehen lassen. Restliche Milch, geschmolzene Butter, restlichen Zucker, Ei, Zitronenschale und Salz dazugeben und alles zu einem glatten Hefeteig verarbeiten. Zugedeckt 30 Minuten gehen lassen. Kräftig durchkneten und ausrollen. Mit einem Kuchenrädchen Rechtecke ausschneiden und in der Mitte einen Längsschnitt machen. Hefeteile 15 Minuten gehen lassen. Frittierfett erhitzen, Kräppelchen darin goldbraun ausbacken. Auf Küchenkrepp entfetten, in Zucker wälzen und warm oder kalt servieren.
Ergibt 4 Portionen.

Rosinenkrapfen

Zutaten

Für den Teig:
500 g Mehl,
1 Würfel Hefe (42 g),
80 g Zucker,
1/4 l lauwarme Milch,
80 g Butter,
2 Eier,
1/2 TL Salz,
abgeriebene Schale von 1 Zitrone (unbehandelt),
120 g kernlose Rosinen,
50 g fein gehacktes Orangeat,
Mehl zum Bestäuben;
zum Ausbacken:
2 l Öl oder 2 kg reines Pflanzenfett;
außerdem:
80 g Zucker,
1 Päckchen Vanillinzucker

EW	Fett	KH	kcal/kJ
3 g	4 g	28 g	170/707

Mehl in eine Schüssel sieben. In die Mitte eine Mulde drücken. Hefe hineinbröckeln. 1 TL Zucker darüber streuen und mit der Milch zum Vorteig verrühren. Mit einem Küchentuch zugedeckt an einem warmen Platz in 15 Minuten zur doppelten Menge aufgehen lassen.
In der Zwischenzeit Butter zerlassen. Eier, Salz, restlichen Zucker und Zitronenschale dazugeben. Mischung zum Hefevorteig geben. Mit dem Handrührgerät zu einem glatten, schwer reißenden Hefeteig kneten. Rosinen unter heißem Wasser waschen, abtropfen lassen und abtrocknen. Zusammen mit Orangeat unter den Teig kneten. Zugedeckt 20 Minuten gehen lassen.
Ein Backblech mit einem Küchentuch belegen und mit Mehl bestäuben. Teig in 50 g schwere Stücke teilen und diese zu Kugeln formen. Hefeteigkugeln auf das Leinentuch setzen und an einem warmen Platz 20 Minuten gehen lassen. Das Volumen der Krapfen soll danach ungefähr doppelt so groß sein.
Fett in einen Topf oder in eine Fritteuse geben und auf 180 Grad erhitzen. Je vier Krapfen auf einmal darin von beiden Seiten in 8–10 Minuten knusprig braun backen. Nach 4–5 Minuten einmal wenden. Dann herausnehmen und abtropfen lassen. Zucker und Vanillinzucker mischen, Krapfen noch warm darin wenden.

Berliner Pfannkuchen

Zutaten

500 g Mehl,
1 Würfel Hefe (42 g),
45 g Zucker,
ca. 1/8 l lauwarme Milch,
2 EL Öl, 2 Eigelb,
1 TL Salz,
2 EL Rum,
Marmelade zum Füllen,
Fett für das Blech,
Butterschmalz zum Frittieren,
Puderzucker oder Zucker zum Bestreuen

EW	Fett	KH	kcal/kJ
3 g	3 g	28 g	154/643

Mehl in eine Schüssel sieben, in die Mitte eine Mulde drücken, Hefe hineinbröckeln.
Mit 1 TL Zucker und etwas Milch verrühren und mit Mehl bestäuben. Zugedeckt an einem warmen Ort 15 Minuten gehen lassen. Restliche Milch, Zucker, Öl, Eigelb, Salz und Rum dazugeben und den Teig so lange kneten, bis er sich vom Schüsselrand löst. Zugedeckt 20 Minuten gehen lassen.
Teig gut daumendick ausrollen und mit einem Glas runde Plätzchen von ca. 8 cm Durchmesser ausstechen. In die Mitte je 1 TL Marmelade geben und Teig über der Marmelade zusammenziehen. Teigränder gut zusammendrücken. Mit der Nahtstelle nach unten auf ein gefettetes Blech setzen und 15 Minuten gehen lassen.
Butterschmalz in der Fritteuse oder in einem großen Topf auf 175 Grad erhitzen. Aufgegangene Pfannkuchen mit der glatten Seite zuerst in das heiße Fett geben. Zugedeckt 2–3 Minuten backen. Dann den Deckel abnehmen und wenden. Weitere 3 Minuten im offenen Topf backen. Abtropfen lassen und in Puderzucker oder Zucker wenden.

Da die Herstellung von Blätterteig mit etwas Aufwand und Mühe verbunden ist, sollten stets größere Mengen zubereitet werden. Kuchen, der nicht gleich gegessen wird, kann ein bis zwei Tage im Kühlschrank oder ca. drei Monate in der Tiefkühltruhe aufbewahrt werden. Für viele gilt der Blätterteig als König aller Teigsorten. Viele zarte Schichten liegen einzeln aufeinander und ergeben den unvergleichlich knusprigen Geschmack, den man z. B. an üppigen Torten, Käsestangen oder klassischen Schweinsöhrchen schätzt. Ob pikant, salzig oder süß – Blätterteig lässt sich sehr vielseitig einsetzen. Besonders lecker schmeckt er, wenn er ganz frisch, möglichst noch leicht warm, genussvoll auf der Zunge zergehen kann. Die Frage, ob Margarine oder Butter verwendet werden soll, bleibt Ihrem Geschmack überlassen. Klassisch wird Blätterteig mit Butter zubereitet.
Die folgenden Tipps zeigen, wie der Teig zu seinen „Blättern" kommt:

- Äußerst wichtig ist, dass alle Zutaten gekühlt sind. Das trifft auch möglichst auf den Raum zu, in dem sie verarbeitet werden.

- Sehr kalte Butter in dünne Scheiben schneiden und mit einem Teil des gesiebten Mehls zu einem festen Teig kneten, der dann zum Ruhen in den Kühlschrank gestellt wird!

- Aus dem restlichen Mehl und allen Zutaten stellt man eine Art Strudelteig her, der in eine Folie gewickelt und im Kühlschrank kalt gestellt wird.

- Nun das Butterstück in den ausgerollten Teig einschlagen und zu einem Band ausrollen. Nie in nur eine Richtung rollen, immer von oben nach unten und von links nach rechts arbeiten. Damit die einzelnen Butterschichten erhalten bleiben, darf nur sehr vorsichtig und mit wenig Druck ausgerollt werden.

- Den Teig mit der Butter nun mehrmals zusammenlegen und wieder ausrollen. Diesen Vorgang bezeichnet man als „Touren schlagen" oder „tourieren". Je öfter touriert wird, desto mehr „Blätter" bekommen die Backwaren. Dazwischen jeweils für ca. 30 Minuten kalt stellen.

- Blätterteig nur mit einem sehr scharfen Messer schneiden (aber nicht eindrücken), damit der Teig gleichmäßig aufgeht und die Ränder nicht aneinander kleben.

- Damit der Kuchen luftig aufgehen kann und nicht zusammenklebt, sollten beim Bestreichen der Backware mit Eigelb die Schnittkanten ausgespart werden.

- Wichtig ist, die Kuchenformen vor Gebrauch mit kaltem Wasser auszuspülen und vor dem Backen in gefülltem Zustand ca. 20 Minuten stehen zu lassen.

- Der Backofen muss vorgeheizt werden. Die Backtemperatur beträgt 210–230 Grad.

- Wem das alles zu aufwändig und zeitintensiv ist, dem sei fertiger Blätterteig aus der Kühlung im Supermarkt empfohlen.

- Wer fertigen Blätterteig erwirbt, darf auch in der Verarbeitung etwas mogeln. Damit der gekaufte Blätterteig geschmacklich fast mit dem selber hergestellten identisch ist, wendet man folgenden kleinen Trick an: Man gibt zwischen die einzelnen Teigplatten dünne, gut gekühlte Butterscheiben, wobei das Deckblatt ausgelassen wird. Durch den Vorgang des Touren bekommt man die gewünschten Schichten und erhält gleichzeitig einen intensiven Buttergeschmack.

GRUNDREZEPT

Echter Blätterteig

Zutaten

250 g kalte Butter,
250 g Mehl,
1 Prise Salz,
5–6 Tropfen Essig,
bis 1/8 l Wasser (kann bis zur Hälfte durch Wein ersetzt werden)

EW	Fett	KH	kcal/kJ
5 g	33 g	29 g	445/1866

Kalte Butter fein in 50 g Mehl einschneiden, kurz mit kalten Händen verkneten, zu einem Rechteck formen, in Pergamentpapier eingepackt kalt stellen. Restliches Mehl auf eine Arbeitsunterlage sieben, eine Mulde eindrücken, Salz, Essig und die Hälfte der Flüssigkeit hineingeben. Mit etwas Mehl vermischen, mit restlicher Flüssigkeit zu einem mittelfesten Teig kneten, bis er sich vom Boden löst. Zu einem Laib formen, 30 Minuten ruhen lassen. Teig zu einer Platte ausrollen, ca. 3/4 cm dick. Eine Hälfte mit dem Butterstück belegen, andere Teighälfte darüber klappen. Teig zu den offenen Seiten hin leicht zu einer ca. 1 cm dicken langen Platte ausrollen. Die Enden einschlagen, sodass vier Schichten aufeinander liegen. 30 Minuten im Kühlschrank ruhen lassen.
Nach der Ruhezeit das Ganze noch viermal wiederholen, den Teig zwischen den einzelnen Vorgängen kurz in den Kühlschrank stellen. Teig formen (Kaffeegebäck, gefüllte Schnitten, Hörnchen, Pasteten, Teighülle von Schinken), nochmals kalt stellen. In den vorgeheizten Ofen (220–230 Grad) schieben und 20–30 Minuten backen.
In den ersten 15 Minuten das Backrohr nicht öffnen.

Tipp

Man kann auch die kalte Butter in feine Scheiben schneiden und so auf die Teigplatte geben. Das spart Zeit, ist aber etwas schwieriger zu verarbeiten. Man nimmt dann das ganze Mehl für den Teig.

Rahmblätterteig

Zutaten

250 g Mehl,
1 TL Backpulver,
250 g Butter,
1 Prise Salz,
125 g saure Sahne,
1 TL Zucker nach Belieben

EW	Fett	KH	kcal/kJ
3 g	37 g	20 g	435/1821

Kaltes Mehl mit Backpulver vermischt auf eine Arbeitsunterlage sieben, kalte Butter einschneiden, untermischen, eine Mulde eindrücken. Salz und gekühlte saure Sahne hinzugeben, mit kalten Händen rasch abarbeiten, zu einem Laib formen. Zugedeckt in den Kühlschrank stellen und 30 Minuten ruhen lassen.
Weitere Bearbeitung siehe Grundrezept »Echter Blätterteig«. Verwendung wie „Echter Blätterteig".

Quarkblätterteig

Zutaten

250 g Mehl,
1 TL Backpulver,
250 g Butter,
250 g Quark,
1 Prise Salz

EW	Fett	KH	kcal/kJ
9 g	35 g	31	492/2061

Kaltes Mehl mit Backpulver vermischt auf eine Arbeitsunterlage sieben, kalte Butter einschneiden, untermischen.
Quark auf einem Sieb abtropfen lassen, zugeben, Salz darüber streuen. Mit kalten Händen rasch abarbeiten, zu einem Laib formen. Zugedeckt in den Kühlschrank stellen, 30 Minuten ruhen lassen.
Weitere Bearbeitung siehe Grundrezept »Echter Blätterteig«. Verwendung wie »Echter Blätterteig« für Käsegebäck, Kümmelstangen, Tortenböden.

Gefüllte Apfel-Blätterteigtaschen

Zutaten
300 g Blätterteig (tiefgekühlt),
70 g Sultaninen,
4 cl Rum,
300 g säuerliche Äpfel,
1 TL Zimt,
2 EL Kleehonig,
2 EL Zucker,
Fett für die Förmchen,
Mehl zum Ausrollen,
3 Eiweiß

EW	Fett	KH	kcal/kJ
4 g	24 g	24 g	330/1382

Blätterteig nach Packungsvorschrift auftauen lassen. Sultaninen mit kochendem Wasser überbrühen, abtropfen lassen und auf ein Brett geben. Mit einem großen Messer oder Wiegemesser Sultaninen im Häufchen einige Male hacken, sodass die meisten einen Einschnitt haben; in eine Schüssel geben und mit Rum übergießen, ca. 1 Stunde ziehen lassen. Äpfel schälen, vierteln und vom Kernhaus befreien. Mit einem scharfen Messer oder dem Gurkenhobel in feine Scheibchen schneiden. Apfelschnitzel mit Zimt und warmem Honig vermischen. Ofen auf 200 Grad vorheizen. 4 Pastetenförmchen von 10 cm Durchmesser mit einem Pinsel gut einfetten und mit Zucker ausstreuen. Aufgetauten Blätterteig auf einer bemehlten Arbeitsplatte ausrollen und damit die Pastetenförmchen ausfüttern. Aus übrig gebliebenem Blätterteig 4 Deckel ausstechen – lieber etwas zu groß. Es sieht sehr nett aus, wenn man zum Ausstechen der Deckel Ausstecher z. B. aus der Weihnachtsbäckerei (Herzen, Sternchen usw.) verwendet.
Apfelmasse gleichmäßig auf die Förmchen verteilen, Teigränder mit Eiweiß bestreichen, Deckel aufsetzen und mit den Fingern gut andrücken. Deckel ebenfalls mit Eiweiß bestreichen. Blätterteigtaschen im vorgeheizten Ofen auf die mittlere Schiene stellen und 20–25 Minuten backen. Heiße Apfeltaschen aus den Formen lösen und anrichten.

Blätterteigtaschen

Zutaten
300 g Blätterteig (tiefgekühlt),
2 EL Aprikosengelee,
1 Ei,
1 TL blättrige Mandeln

EW	Fett	KH	kcal/kJ
1 g	5 g	8 g	86/360

Blätterteig auftauen lassen. Scheiben halbieren. Aprikosengelee darauf verteilen. Ei trennen, Teigränder mit Eiweiß bestreichen. Zum Dreieck zusammenklappen. Ränder leicht andrücken. Eigelb verquirlen, Teigstücke damit bestreichen. Mit blättrigen Mandeln bestreuen. Backblech mit kaltem Wasser abspülen. Teigstücke darauf legen. 15 Minuten ruhen lassen. Ofen auf 200 Grad vorheizen, Teigstücke 25 Minuten backen. Blätterteigtaschen auf einem Kuchendraht auskühlen lassen.

Erdbeer-Blätter-Torte

Zutaten
200 g Blätterteig (tiefgekühlt),
500 g Erdbeeren,
350 g Johannisbeergelee

EW	Fett	KH	kcal/kJ
1 g	3 g	21 g	116/486

Blätterteig nach Packungsvorschrift auftauen lassen. Ofen auf 225 Grad vorheizen. Teig dünn ausrollen und mit einem Springformrand ausstechen. Auf ein kalt abgespültes Blech setzen und im vorgeheizten Ofen 15 Minuten backen.
Inzwischen Erdbeeren waschen, entstielen und trockentupfen. Teigboden auf einem Kuchendraht abkühlen lassen.
Erdbeeren dicht nebeneinander auf den Teigboden setzen. Johannisbeergelee in einem Topf kurz erwärmen, 1 Minute köcheln lassen und Erdbeeren dick damit bestreichen.

Himbeer-Blätterteigschnitten mit Sektcreme
(Abb.) (für 8 Personen)

Zutaten
250 g Blätterteig (tiefgekühlt),
135 ml Milch,
250 g Sahne,
100 g Zucker,
2 Vanilleschoten,
3 Eigelb,
40 g Speisestärke,
400 g Himbeeren,
125 g Crème fraîche,
60 g Puderzucker,
50 ml trockener Sekt,
40 ml Weinbrand,
80 g geschlagene Sahne,
5 EL Himbeermark (Fertigprodukt),
Puderzucker zum Bestäuben

EW	Fett	KH	kcal/kJ
5 g	30 g	46 g	497/2082

Aufgetauten Blätterteig sehr dünn ausrollen, auf ein Blech legen und mit einer Gabel dicht nebeneinander einstechen. Bei 220 Grad 25–30 Minuten goldbraun backen.
125 ml Milch mit Sahne, Zucker und ausgekratztem Vanillemark aufkochen. Eigelb mit Stärke und 10 ml Milch verquirlen und mit dem Schneebesen in die Vanillemilch rühren.
Bei milder Hitze 5 Minuten köcheln lassen.
Blätterteig in 24 Rechtecke von 5 x 5 cm schneiden.
Abgekühlte Creme jeweils auf ein Rechteck spritzen und mit Himbeeren belegen (einige für die Garnitur aufbewahren).
2 belegte Böden aufeinander legen. Mit einem unbelegten Boden abschließen und mit Himbeeren garnieren.
Crème fraîche mit Puderzucker und Sekt verrühren, mit Weinbrand aromatisieren und Schlagsahne unterziehen.
Auf jeden Teller einen Kreis von Sektcreme bilden, mit etwas Fruchtmark und Himbeeren garnieren. Eine Schnitte in die Mitte setzen und mit Puderzucker bestäuben.
Sofort servieren.

Zitronenschnitten
(Abb. S. 167)

Zutaten
450 g Blätterteig (tiefgekühlt),
1 Eiweiß,
3 EL Hagelzucker,
1/8 l trockener

Weißwein,
80 g Zucker,
4 Blatt Gelatine,
2 Zitronen,
100 g Jogurt,
250 g Sahne

EW	Fett	KH	kcal/kJ
2 g	10 g	15 g	164/688

Blätterteig in 10 Quadrate teilen und nach Packungsvorschrift auftauen lassen, mit Eiweiß bestreichen und mit Hagelzucker bestreuen.
Teig für 20 Schnitten halbieren oder für 40 Schnitten vierteln. Auf ein mit Backpapier ausgelegtes Backblech legen und im vorgeheizten Ofen bei 220 Grad ca. 15 Minuten backen; auskühlen lassen.
Blätterteigquadrate waagerecht durchschneiden.
Für die Füllung Wein und Zucker so lange unter Rühren erhitzen, bis sich der Zucker gelöst hat.
Nach Packungsvorschrift eingeweichte und ausgedrückte Gelatine im heißen Wein auflösen, Zitronensaft unterrühren und alles kalt stellen. Jogurt mit dem Schneebesen unterheben. Beginnt die Creme zu stocken, steif geschlagene Sahne unterziehen.
Füllung auf untere Blätterteigscheiben verteilen und mit bestreuten Gegenstücken abdecken. Ergibt 20 Stück.

Bunte Obstteilchen-Landschaft
(Abb.)

Zutaten
900 g Blätterteig (tiefgekühlt, 12 Scheiben),
1 Ei,
1 Päckchen Vanille-Puddingpulver,
1/2 l Milch,
40 g Zucker,
1 Kiwi,
1 Pflaume,
2 Erdbeeren,
50 g Himbeeren,
50 g rote Johannisbeeren,
50 g Brombeeren,

gebräunte Mandelblättchen,
gehackte Pistazien,
Zitronenmelisse,
Schokoladenglasur

EW	Fett	KH	kcal/kJ
9 g	36 g	56 g	582/2434

12 Blätterteigquadrate nach Packungsanweisung auftauen lassen, restliche Blätterteigscheiben wieder einfrieren.
Ei trennen.
Ofen auf 200 Grad vorheizen.
6 Teigscheiben dicht nebeneinander auf ein mit Backpapier ausgelegtes Backblech legen, mit Eiweiß bestreichen. Übrige 6 Scheiben in der Mitte rund ausstechen und auf die Blätterteigquadrate setzen, mit Eigelb bestreichen. Blätterteigkreise aufbewahren.
Im vorgeheizten Ofen 15–20 Minuten backen.
Vanillepudding nach Packungsanweisung mit Milch und Zucker zubereiten. Abkühlen lassen und jeweils eine kleine Portion in die Blätterteigteilchen füllen.
Obst waschen und putzen.
Kiwi, Pflaume und Erdbeeren in Scheiben schneiden.
Jeweils eine Obstsorte auf ein mit Pudding gefülltes Blätterteigquadrat geben. Mit gebräunten Mandelblättchen, gehackten Pistazien, Zitronenmelisse und Schokoladenglasur garnieren.
Ergibt 6 Stück.

Blätterteigschiffchen
(Abb.)

Zutaten
450 g Blätterteig (tiefgekühlt),
1 Ei,
100 g Hagelzucker,
500 g Himbeeren,
4 EL Zucker,
1 Päckchen Vanillinzucker,
1 Packung Pistazieneis (500 ml),
3 EL gehackte Pistazien

EW	Fett	KH	kcal/kJ
3 g	5 g	21 g	174/730

Blätterteigplatten nach Packungsvorschrift auftauen lassen. Platten zu Rauten schneiden, mit verquirltem Ei bestreichen und mit Hagelzucker bestreuen. Auf ein mit Backpapier ausgelegtes Backblech legen und im vorgeheizten Ofen bei 200 Grad ca. 20 Minuten backen. Blätterteig auf einem Kuchengitter auskühlen lassen, waagerecht durchschneiden.
Himbeeren verlesen. Hälfte der Himbeeren mit Zucker und Vanillinzucker pürieren.
Eiskugeln formen, auf untere Blätterteighälften verteilen, mit Beerenpüree garnieren, mit rest-

SÜSSES BACKEN

lichen Beeren verzieren und mit Pistazien bestreuen. Obere Blätterteighälften auflegen und sofort servieren.
Ergibt 20 Stück.

Schweineöhrchen
(Abb.)

Zutaten
450 g Blätterteig (tiefgekühlt),
3 EL Zucker,
100 g Zartbitter-Kuvertüre

EW	Fett	KH	kcal/kJ
1 g	8 g	7 g	124/519

Blätterteig in 10 Quadrate teilen und nach Packungsvorschrift auftauen lassen. Quadrate mit etwas Wasser einpinseln, mit Zucker bestreuen und je 5 Scheiben übereinander legen. Auf einer Arbeitsfläche ausrollen. Längsseiten zur Mitte hin zweimal einklappen und zusammenlegen. Blätterteigrolle 10 Minuten leicht anfrieren lassen (damit sie sich besser schneiden lässt) und in 1 cm breite Scheiben schneiden. »Öhrchen« mit genügend Zwischenraum auf ein mit Backpapier ausgelegtes Backblech legen. Im vorgeheizten Ofen bei 200 Grad 15–20 Minuten backen. Abgekühlt in aufgelöste Kuvertüre tauchen.
Ergibt 20 Stück.

Tipp
Schweineöhrchen schmecken auch mit Vollmilch-Kuvertüre oder einfach »solo«.

Blätterteigräder

Zutaten
1 Paket Blätterteig (tiefgekühlt),
1 Eigelb,
10 kandierte rote Kirschen

EW	Fett	KH	kcal/kJ
3 g	14 g	21 g	214/897

Aufgetaute Blätterteigscheiben halbieren. Eines der entstandenen Quadrate in kleine Quadrate schneiden. Die übrigen von den Ecken her einschneiden und die Spitzen so umbiegen, dass Windräder entstehen. Mit verquirltem Eigelb bestreichen. Kleine Quadrate auf die Mitte setzen und ebenfalls mit Eigelb bestreichen. Eine Kirsche darauf setzen.
Auf das kalt abgespülte Backblech legen.
15 Minuten ruhen lassen.
Blätterteigräder bei 220 Grad für 25 Minuten in den vorgeheizten Ofen schieben.

Blätterteig-Schichttorte mit Himbeer-Frischkäsefüllung
(Abb. S. 175)

Zutaten
4 Blätterteigplatten (26 cm Durchmesser),
400 g Frischkäse,
200 g Sahne,

80 g Zucker,
Saft von 2 Zitronen,
5 cl Himbeergeist,
500 g Himbeeren,
4 Blatt weiße Gelatine,
100 g Puderzucker,
100 g Himbeergelee

EW	Fett	KH	kcal/kJ
10 g	39 g	57 g	634/2654

Blätterteigplatten einzeln auf ein mit Wasser benetztes Blech legen, mit einer Gabel einstechen und 20 Minuten ruhen lassen. Dann im vorgeheizten Ofen bei 220 Grad hellbraun backen.
Frischkäse mit Sahne, Zucker, Saft von 1 Zitrone und Himbeergeist glatt rühren. Himbeeren, bis auf ein paar schöne für die Garnitur, vorsichtig unter die Creme heben. In lauwarmem Wasser aufgelöste Gelatine unterrühren und Creme gleichmäßig auf 3 Böden verteilen. Böden übereinander setzen, leeren Boden obenauf setzen. Schichttorte mit Zuckerglasur aus Puderzucker, Zitronensaft und Himbeergelee bestreichen. Mit Himbeeren garnieren.
Ergibt 16 Stücke.

Tipp
Wenn Sie als Frischkäse Mascarpone verwenden, wird die Creme besonders sahnig. Diese Torte schmeckt auch mit Erdbeeren sehr lecker.

Quarktaschen
(Abb.)

Zutaten
450 g Blätterteig (tiefgekühlt),
1 Ei,
500 g Speisequark,
100 g Zucker,
1 Päckchen Vanillinzucker,
30 g Speisestärke,
50 g Rosinen,
abgeriebene Schale von 1 Zitrone (unbehandelt)

EW	Fett	KH	kcal/kJ
9 g	16 g	34 g	317/1328

Blätterteig in 10 Quadrate teilen und nach Packungsvorschrift auftauen lassen. Ei trennen, Teigränder mit Eiweiß bestreichen. Quark mit Zucker, Vanillinzucker, Eigelb, Speisestärke, Rosinen und Zitronenschale mischen. 1 EL Quarkmischung auf jede Blätterteigscheibe geben und diese über Eck zusammenklappen. Ränder andrücken und mit einem Messer in ca. 1 cm Abstand einschneiden. Taschen auf ein mit Backpapier ausgelegtes Backblech legen, mit Eigelb bestreichen und im vorgeheizten Ofen bei 200 Grad 20–25 Minuten backen.
Ergibt 10 Stück.

Tipp
Anstelle der Rosinen können auch kleine Weintrauben aus der Dose verwendet werden.

Blätterteigstäbchen

Zutaten
1 Paket Blätterteig (tiefgekühlt),
1 Eiweiß,
100 g Puderzucker,
1 TL Vanillinzucker

EW	Fett	KH	kcal/kJ
3 g	13 g	26 g	227/951

Blätterteig nach Vorschrift auftauen. Aus Eiweiß, Puderzucker und Vanillinzucker eine dickflüssige Glasur rühren.
Blätterteigscheiben damit bestreichen.
Ein Teigrädchen in heißes Wasser tauchen und damit von den Teigscheiben 1 1/2 cm breite Streifen abschneiden.
Auf ein mit kaltem Wasser abgespültes Blech setzen.
Glasur antrocknen lassen.
In den heißen Ofen schieben und bei 220 Grad 10–15 Minuten backen.

Kirschstrudel

Zutaten
1 Paket Blätterteig (tiefgekühlt),
Mehl zum Ausrollen,
50 g Biskuitbrösel,
1 EL Kirschwasser,
500 g entsteinte, abgetropfte Kirschen (Glas),
1 Eigelb zum Bestreichen,

40 g Puderzucker,
2–3 TL Zitronensaft,
2 TL gehackte Pistazien zum Bestreuen

EW	Fett	KH	kcal/kJ
4 g	15 g	34 g	281/1177

Blätterteig auftauen lassen. Platten aneinander legen und auf einer bemehlten Arbeitsfläche zu einem Rechteck von 50 x 35 cm ausrollen.
In der Mitte der Teigplatte einen 8 cm breiten Streifen mit Brösel bestreuen und mit Kirschwasser beträufeln.
Die Kirschen auf die Biskuitbrösel legen.
Teig oben und unten über die Kirschen legen und mit Eigelb bestreichen.
Die linken und rechten Teigseiten darüber schlagen.
Strudel auf ein mit Wasser abgespültes Blech setzen.
Oberfläche mit Eigelb bestreichen und mit einer Gabel oder Stricknadel öfter einstechen, damit der Dampf beim Backen entweichen kann.
Blech in den vorgeheizten Ofen auf die mittlere Schiene stellen und bei 210 Grad 25 Minuten backen.
Für die Glasur Puderzucker und Zitronensaft verrühren und den Strudel damit bestreichen.
Mit Pistazien bestreuen.
Ergibt 10 Strudelschnitten von 5 cm Breite.

Pflümli-Taschen
(Abb.)

Zutaten
450 g Blätterteig (tiefgekühlt),
1 Ei,
300 g Pflaumenmus,
2 EL gehackte Mandeln,
2 cl Rum

EW	Fett	KH	kcal/kJ
3 g	14 g	33 g	281/1177

Blätterteig in 10 Quadrate teilen und nach Packungsvorschrift auftauen lassen. Ei trennen. Teigränder mit verquirltem Eiweiß bestreichen. Pflaumenmus mit Mandeln und Rum mischen.
Je 1 EL der Mischung auf die Teigquadrate geben und zusammenklappen. Ränder fest andrücken. Taschen mit einem Holzstäbchen einmal einstechen, auf ein mit Backpapier ausgelegtes Backblech legen und mit Eigelb bestreichen. Im vorgeheizten Ofen bei 220 Grad ca. 20 Minuten backen.

Tipp
Heiß oder kalt mit Vanillesauce oder Walnusseis servieren.

SÜSSES BACKEN

Blättriger Bienenstich
(Abb.)

Zutaten
450 g Blätterteig (tiefgekühlt, 10 Scheiben);
für den Belag:
100 g Butter oder Margarine,
200 g Zucker,
1 Päckchen Vanillinzucker,
200 g Mandelblättchen,
4 EL Milch;
für die Füllung:
1 Päckchen Vanille-Puddingpulver,
1/2 l Milch,
3 EL Zucker,
1 Prise Salz,
250 g Sahne

EW	Fett	KH	kcal/kJ
7 g	38 g	44 g	567/2370

Blätterteigquadrate nach Packungsvorschrift auftauen lassen. Ofen auf 200 Grad vorheizen. Für den Belag Butter oder Margarine, Zucker, Vanillinzucker und Mandelblättchen in einer Pfanne bei milder Hitze verrühren, bis der Zucker karamelisiert. Milch einrühren und Masse auf die Blätterteigquadrate streichen.
Teigstücke im vorgeheizten Ofen ca. 25 Minuten backen.
In der Zwischenzeit für die Füllung aus Vanille-Puddingpulver, Milch, Zucker und Salz einen Pudding kochen und kalt stellen. Sahne steif schlagen und unterziehen.
Blätterteigscheiben erkalten lassen und waagerecht durchschneiden. Untere Hälfte mit der Füllung bestreichen, mit der oberen Hälfte abdecken und diese leicht andrücken.
Ergibt 10 Stück.

Rosinen-Blätterteig-Schnecken

Zutaten
4 große Platten Blätterteig (450 g, tiefgekühlt),
1 Päckchen Vanillinzucker,
1 Päckchen Rumrosinen,
100 g Schokostückchen,
75 g Aprikosenkonfitüre

EW	Fett	KH	kcal/kJ
3 g	15 g	29 g	262/1095

Blätterteig bei Zimmertemperatur auftauen lassen, mit Wasser bestreichen, je 2 Platten aufeinander legen und zu einer Größe von 25 x 30 cm ausrollen. Ofen auf 200 Grad vorheizen.
Teigplatten mit Vanillinzucker bestreuen, Rumrosinen und Schokostückchen darauf verteilen und etwas andrücken. Jede

Platte in 10 Streifen von je 3 cm Breite schneiden und zu Schnecken einrollen.
Schnecken auf ein mit kaltem Wasser abgespültes Blech legen und im vorgeheizten Ofen ca. 20 Minuten backen.
Konfitüre erwärmen, durch ein Sieb streichen und noch warme Schnecken damit bepinseln.

Tipp
Das Schöne an tiefgekühltem Blätterteig ist, dass man ihn jederzeit zur Hand hat, die einzelnen Platten stückweise der Packung entnehmen kann und bei der Zubereitung eigentlich nichts schief gehen kann. Auftauen lassen, ausrollen, nach Wunsch belegen und 15–20 Minuten backen – fertig!

Quark-Kirschkuchen vom Blech (Abb.)

Zutaten
450 g Blätterteig (tiefgekühlt, 10 Scheiben),
4 Eier,
1 kg Quark,
200 g Zucker,
2 EL Zitronensaft,
2 EL Rum,
1 Packung Vanille-Puddingpulver,
1 kg Süßkirschen

EW	Fett	KH	kcal/kJ
9 g	13 g	26 g	266/1112

Blätterteig nach Packungsvorschrift auftauen lassen. Ofen auf 200 Grad vorheizen. Teigplatten überlappend zu einem Rechteck zusammenlegen und in der Größe eines Backblechs ausrollen. Backblech mit Wasser abspülen und mit Blätterteig bis zum oberen Rand auslegen. Teig mit einer Gabel mehrmals einstechen.
Teig im vorgeheizten Ofen 10 Minuten vorbacken. Inzwischen Eier trennen. Eigelb mit Quark, 150 g Zucker, Zitronensaft, Rum und Puddingpulver glatt rühren. Eiweiß mit restlichem Zucker sehr steif schlagen und unter die Quarkmasse heben. Masse auf den vorgebackenen Blätterteig streichen. Ofentemperatur auf 175 Grad reduzieren. Kirschen waschen, entsteinen und auf dem Quark verteilen. Quarkkuchen im vorgeheizten Ofen 25–30 Minuten backen. Nach Wunsch mit Puderzucker bestreut servieren.

Nuss-Blätterteig-Strudel

Zutaten
600 g Blätterteig (tiefgekühlt),
3 Eigelb,
75 g Zucker,
50 g Butter,
200 g gemahlene Walnusskerne (ersatzweise Haselnusskerne),
100 g Biskuitbrösel,
1/2 TL Zimt,
1/2 TL abgeriebene Zitronenschale (unbehandelt),
2 cl Rum,

2 EL Sultaninen,
3–4 EL Sahne

EW	Fett	KH	kcal/kJ
5 g	19 g	28 g	327/1367

Blätterteig nach Packungsanweisung auftauen lassen.
2 Eigelb mit Zucker schaumig rühren. Butter zerlassen.
Schaummasse mit Butter, Nüssen, Biskuitbröseln, Gewürzen, Rum und Sultaninen vermischen. So viel Sahne hinzufügen, dass eine feste Masse entsteht.
9 Teigscheiben übereinander legen und zu einem Rechteck von 35 x 40 cm ausrollen. Füllung in der Mitte verteilen.
Teigränder mit verquirltem Eigelb bestreichen und über der Füllung zusammenschlagen.
Restlichen Blätterteig ausrollen, Streifen ausradeln und gitterförmig über den Strudel legen. Mit Eigelb bestreichen.
Strudel auf ein kalt abgespültes Blech legen und 15 Minuten ruhen lassen. Ofen auf 220 Grad vorheizen. Strudel auf mittlerer Schiene im vorgeheizten Ofen 45 Minuten backen. Auf einem Kuchendraht auskühlen lassen.

Tipp
Nuss-Blätterteig-Strudel mit Schlagsahne servieren.

Exotische Schlemmerei (Abb.)

Zutaten

450 g Blätterteig (tiefgekühlt, 10 Scheiben),
4 Kiwis,
2 Papayas,
100 g Marzipan-Rohmasse,
2 cl weißer Rum,
1 Eigelb

EW	Fett	KH	kcal/kJ
5 g	17 g	39 g	322/1350

Blätterteigquadrate nach Packungsanweisung auftauen lassen. Ofen auf 200 Grad vorheizen.
Kiwis und Papayas schälen, Kiwis in Scheiben, Papayas in Spalten schneiden.
Marzipan-Rohmasse mit Rum verrühren. Jeweils 1 TL Marzipan in die Mitte von 8 Teigquadraten streichen, Obst darauf legen. Restliche Teigquadrate mit einem Teigrädchen in Streifen schneiden und kreuzweise über das Obst legen. Blätterteiggebäck auf ein mit Backpapier ausgelegtes Backblech geben, mit Eigelb bestreichen. Gebäck im vorgeheizten Ofen ca. 20 Minuten backen.
Ergibt 8 Stück.

Tipp
Gebäckstücke mit Vollmilch-Kuvertüre verzieren.

Gefüllte Makronen-Ecken
(Abb.)

Zutaten

450 g Blätterteig (tiefgekühlt, 10 Scheiben),
1 Eigelb,
2 Eiweiß,
125 g Puderzucker,
125 g Kokosflocken,
2 Dosen Mandarinen (à 315 ml),
250 g Mascarpone,
50 g Zucker,
Saft von 1/2 Zitrone,
4 Blatt Gelatine,
200 g Sahne

EW	Fett	KH	kcal/kJ
4 g	15 g	20 g	243/1016

Blätterteigquadrate nach Packungsanweisung auftauen lassen. Ofen auf 200 Grad vorheizen. Teigquadrate diagonal halbieren, auf ein mit Backpapier ausgelegtes Backblech geben und mit Eigelb bestreichen. Eiweiß zu steifem Schnee schlagen, dabei nach und nach Puderzucker zugeben, anschließend Kokosflocken unterheben. Kokosmasse auf die Blätterteigdreiecke streichen. Teigstücke im vorgeheizten Ofen ca. 15 Minuten backen; abkühlen lassen. Ecken waagerecht aufschneiden.
Eine Dose Mandarinen in eine Schüssel geben, pürieren und mit Mascarpone vermengen. Zucker und Zitronensaft zufügen. Masse mit nach Packungsanweisung aufgelöster Gelatine verrühren. Sobald die Creme anfängt zu stocken, steif geschlagene Sahne unterheben. Creme in einen Spritzbeutel füllen, auf die unteren Hälften

der Blätterteigecken spritzen. Abgetropfte Mandarinenspalten der zweiten Dose an den Rand legen und mit der Kokos-Blätterteigecke abdecken.
Ergibt 20 Stück.

Aprikosenteilchen
(Abb.)

Zutaten
1 Packung Blätterteig (tiefgekühlt, 10 Scheiben), 1 Dose Aprikosenhälften,
125 g Marzipan-Rohmasse,
3 EL Puderzucker,
1 cl Rum,
1 Eigelb,
Zitronensaft

EW	Fett	KH	kcal/kJ
4 g	14 g	29 g	266/1390

Blätterteig nach Packungsvorschrift auftauen lassen. Ofen auf 200 Grad vorheizen. Aprikosen abtropfen lassen. Marzipan-Rohmasse mit 1 EL Puderzucker und Rum verkneten.
Je 1 TL der Mischung in die Aprikosenhälften geben.
Aufgetaute Blätterteigscheiben mit jeweils 2 Aprikosenhälften belegen. Teig an zwei gegenüberliegenden Ecken über den Aprikosen zusammenlegen. Teilchen auf ein mit Backpapier ausgelegtes Backblech setzen, mit Eigelb bestreichen und im vorgeheizten Ofen 15–20 Minuten backen.
Restlichen Puderzucker mit Zitronensaft verrühren und noch warme Aprikosenteilchen damit beträufeln.
Ergibt 10 Stück.

Cremeschnitten

Zutaten
300 g Blätterteig (tiefgekühlt),
125 g Puderzucker,
2 cl Rum,
1 EL Zitronensaft,
1/4 l Milch,
1/4 Vanilleschote,
1 Prise Salz,
20 g Speisestärke,
4 Eigelb,
50 g Zucker,
5 Blatt weiße Gelatine,
125 g Sahne

EW	Fett	KH	kcal/kJ
3 g	11 g	25 g	234/979

Blätterteig nach Packungsvorschrift auftauen lassen. Teigplatten vierteln und auf ein mit kaltem Wasser abgespültes Blech legen. Mit einem Holzstab mehrmals einstechen und 15 Minuten stehen lassen. Ofen

auf 220 Grad vorheizen. Platten 15 Minuten backen.
Inzwischen für die Glasur Puderzucker mit Rum und Zitronensaft verrühren. Heiße Teigstücke flach durchschneiden und obere Hälften jeweils mit Glasur bestreichen; trocknen und auskühlen lassen.
Für die Füllung Milch mit ausgekratztem Mark der Vanilleschote, Schote und Salz aufkochen lassen. Stärke mit wenig Wasser kalt anrühren. Milch vom Feuer nehmen, Stärke einrühren. Unter Rühren kurz aufkochen, dann abkühlen lassen. Vanilleschote entfernen.
Eigelb mit Zucker schaumig rühren. Unter die abgekühlte Creme rühren.
Die Gelatine kalt einweichen, ausdrücken, auflösen und unter die Creme rühren.
Beginnt die Creme fest zu werden, Sahne steif schlagen und unterziehen. Creme in eine schmale, rechteckige Form füllen und erkalten lassen. Dann mit einem nassen Messer in Scheiben schneiden. Auf den unteren Teighälften verteilen und mit je einem Teigdeckel belegen. Sofort servieren.

Tipp
Auf die noch nicht getrocknete Glasur der „Teigdeckel" Fruchtstücke wie Himbeeren, Aprikosenspalten oder halbierte Erdbeeren setzen.

Blätterteigbirne (Abb.)

Zutaten
5 Birnen oder 10 Birnenhälften aus der Dose,
450 g Blätterteig (tiefgekühlt, z. B. Koopmans),
2 Eigelb,
Puderzucker zum Bestäuben,
50 g Wild-Preiselbeeren

EW	Fett	KH	kcal/kJ
3 g	12 g	27 g	237/991

Birnen schälen, halbieren, entkernen und in ca. 1/2 l Wasser gar ziehen lassen (pochieren), abkühlen lassen.
Birnenhälften aus der Dose abtropfen lassen.
In der Zwischenzeit Blätterteigquadrate nach Packungsanweisung auftauen lassen.
Ofen auf 220 Grad vorheizen. Blätterteigstücke jeweils birnenförmig ausschneiden, dabei einen ca. 1 cm breiten Rand lassen. Birnenhälften mit der

Innenseite nach oben darauf legen. Blätterteig mit Eigelb bestreichen und im vorgeheizten Ofen ca. 10 Minuten backen. Blätterteigbirnen mit Puderzucker bestäuben und im Ofen ca. 8 Minuten karamellisieren lassen.
Birnenhälften mit Wild-Preiselbeeren füllen. Ergibt 10 Stück.

Tipp

Servieren Sie Blätterteigbirnen mit Schokoladen- oder Vanilleeis. Reichen Sie dazu heiße Schokoladen- oder Vanillesauce.

Ministrudel
(Abb.)

Zutaten

450 g Blätterteig (tiefgekühlt, 10 Scheiben),
1 Ei,
200 g Marzipan,
2 kleine Äpfel,
50 g Rosinen,
40 g Mandelblättchen

EW	Fett	KH	kcal/kJ
5 g	17 g	34 g	320/1338

Blätterteigquadrate nach Packungsvorschrift auftauen lassen.

Ofen auf 180 Grad vorheizen. Ei trennen, Teigränder mit Eiweiß bestreichen. Marzipan ganz dünn ausrollen und in Rechtecke schneiden, auf jede Blätterteigscheibe ein Rechteck legen. Äpfel schälen, vierteln, vom Kerngehäuse befreien und in Würfel schneiden. Apfelwürfel mit Rosinen mischen, auf die Rechtecke verteilen, diese zu kleinen Strudeln aufrollen und die Enden gut andrücken. Mit verquirltem Eigelb bestreichen und mit Mandelblättchen bestreuen.
Strudel im vorgeheizten Ofen ca. 25 Minuten backen.
Ergibt 10 Stück.

Orangen-Windräder

Zutaten

300 g Blätterteig (tiefgekühlt),
60 g Marzipan-Rohmasse,
2 EL Orangenmarmelade,
1 EL Orangenlikör,
2 EL gemahlene Mandeln,
1 Eigelb,
50 g Puderzucker,
20 g gehackte, gehäutete Mandeln

EW	Fett	KH	kcal/kJ
4 g	14 g	29 g	268/1120

Blätterteig 30 Minuten auftauen lassen. Vier Teigscheiben zu je einer Platte von 12 x 24 cm ausrollen und in je 2 Quadrate teilen. Jedes Quadrat etwa 4 cm lang zur Mitte hin einschneiden. Marzipan-Rohmasse mit Marmelade, Likör und Mandeln verrühren. In die Mitte von jedem Teigquadrat etwas Füllung verteilen. Eingeschnittene Ecken zur Mitte einschlagen, sodass ein Windrad ensteht. Enden gut zusammendrücken. Windräder mit verquirltem Eigelb bestreichen.
Fünfte Teigplatte ausrollen und 8 Plätzchen von 6 cm Durchmesser ausstechen. Jeweils auf die Mitte der Windräder legen und leicht andrücken. Auch mit Eigelb bestreichen.
Windräder auf einem kalt abgespülten Backblech 15 Minuten ruhen lassen. Inzwischen Ofen auf 220 Gard vorheizen.
Windräder dann im vorgeheizten Ofen auf mittlerer Schiene 12–15 Minuten backen.
Puderzucker mit 1 EL Wasser verrühren. Windräder damit bestreichen und mit Mandeln bestreuen. Frisch servieren.
Ergibt 8 Stück.

Tipp
Windräder anstelle von Orangenmarmelade und Orangenlikör mit Pflaumenmus und Zwetschgenwasser zubereiten.

Mascarpone-Schnitten (Abb.)

Zutaten
450 g Blätterteig (tiefgekühlt, 10 Scheiben),
2 Eier,
250 g Mascarpone,
250 g Quark,
80 g Zucker,
Zitronensaft,
400 g frische Erdbeeren,
Hagelzucker
zum Bestreuen

EW	Fett	KH	kcal/kJ
11 g	24 g	33 g	390/1630

Blätterteigquadrate nach Packungsvorschrift auftauen lassen. Ofen auf 200 Grad vorheizen. Eier verquirlen, Quadrate damit bestreichen, auf ein mit Backpapier ausgelegtes Backblech legen und im vorgeheizten Ofen 15–20 Minuten backen. Abkühlen lassen und Quadrate jeweils waagerecht durchschneiden.
Mascarpone, Quark, Zucker und Zitronensaft zu einer Creme verrühren.
Erdbeeren putzen, waschen, vierteln, einige Stücke zum Verzieren beiseite legen und den Rest vorsichtig unter die Creme heben. Blätterteigunterseiten damit bestreichen, Oberseiten wieder aufsetzen und mit Erdbeervierteln und Hagelzucker verzieren. Ergibt 10 Stück.

Tipp
Damit die Cremefüllung der Mascarpone-Schnitten schön fest ist, sollten die Schnitten bis ca. 10 Minuten vor dem Verzehr im Kühlschrank aufbewahrt werden.

Holländer Kirschschnitten (Abb.)

Zutaten

450 g Blätterteig (tiefgekühlt, 10 Scheiben),
500 g Sauerkirschen,
1 EL Speisestärke,
8 EL Zucker,
1 Msp. Zimtpulver,
400 g Sahne,
2 cl Kirschwasser,
Puderzucker,
1 Päckchen roter Tortenguss

EW	Fett	KH	kcal/kJ
6 g	40 g	58 g	624/2608

Aus der Packung 6 Blätterteigquadrate entnehmen. Nicht benötigte Scheiben wieder ins Tiefkühlfach legen. Blätterteigquadrate nach Packungsanweisung auftauen lassen. Ofen auf 200 Grad vorheizen. Jeweils drei Teigscheiben so zu einem Rechteck aneinander legen, dass sie sich leicht überlappen. Ränder mit Wasser bepinseln und gut zusammendrücken. Rechtecke auf ein mit Backpapier ausgelegtes Backblech legen und einige Male mit einer Gabel einstechen.
Teigstücke im vorgeheizten Ofen ca. 15 Minuten backen, dann auf einem Kuchendraht auskühlen lassen. In der Zwischenzeit Sauerkirschen abtropfen lassen, Saft auffangen. Spei-

sestärke mit 5 EL Kirschsaft anrühren. 2/3 des Kirschsaftes mit 4 EL Zucker und Zimtpulver aufkochen und mit angerührter Speisestärke andicken, Kirschen unterheben.
Auf einem der Blätterteigböden erkaltete Kirschmasse verteilen. Sahne mit 2 EL Zucker steif schlagen, Kirschwasser unterziehen. Sahne auf die Kirschmasse verteilen, zweiten Blätterteigboden darauf legen und leicht andrücken. Mit Puderzucker bestäuben.
Restlichen Kirschsaft mit Wasser auf 1/4 l auffüllen, mit Tortenguss und 2 EL Zucker verrühren, kurz aufkochen und etwas abkühlen lassen. Oberen Blätterteigstreifen mit noch warmem Tortenguss bestreichen. Bis zum Servieren kühl stellen.
Ergibt 6 Stück.

Blätterteig-Zuckerecken mit Eis und Früchten (Abb.)

Zutaten
450 g Blätterteig (tiefgekühlt, 10 Scheiben),
8 EL Hagelzucker,
200 g Walnusseis,
1 kleine Dose Pfirsichhälften oder Früchte nach Wunsch (etwa 400 g)

EW	Fett	KH	kcal/kJ
1 g	3 g	8 g	69/287

Blätterteigquadrate nach Packungsvorschrift auftauen lassen. Ofen auf 200 Grad vorheizen. Teigquadrate mit Wasser einpinseln, mit Zucker bestreuen und diesen etwas festdrücken. Scheiben diagonal vierteln und auf ein mit Backpapier ausgelegtes Backblech geben.
Scheiben im vorgeheizten Ofen ca. 15 Minuten backen.
Gebäck mit Walnusseis und Pfirsichspalten oder Früchten nach Wahl auf Tellern anrichten und als Dessert servieren.
Ergibt 40 Stück.

Süße Mohnbrezeln

Zutaten
2 Platten Blätterteig zu je 60 g (tiefgekühlt),
Mehl zum Ausrollen,
50 g Mohnfüllung (backfertig),

2 EL Puderzucker,
2 EL Zitronensaft

EW	Fett	KH	kcal/kJ
5 g	13 g	18 g	205/857

Blätterteig bei Zimmertemperatur auftauen lassen und beide Platten auf bemehlter Arbeitsfläche zu je 30 x 8 cm ausrollen. Ofen auf 225 Grad vorheizen. Mohnfüllung auf einer Teigplatte verteilen, die andere Platte darüber legen und leicht andrücken. In 4 lange Streifen schneiden, diese in sich eindrehen und zu Brezeln formen. Brezeln auf ein Blech mit Backpapier setzen und im vorgeheizten Ofen 10–15 Minuten backen. Puderzucker mit Zitronensaft verrühren und Brezeln damit bestreichen.
Ergibt 4 Stück.

Tipp
Diese süße Variante der beliebten Salzbrezeln sollten Sie unbedingt frisch genießen, da das Gebäck am folgenden Tag zäh und trocken wird.

Süße Spiegeleier (Abb.)

Zutaten
450 g Blätterteig (tiefgekühlt, 10 Scheiben),
1 Dose Pfirsichhälften (850 ml),
1 Eigelb,
100 g Puderzucker,
Saft von 1 Zitrone

EW	Fett	KH	kcal/kJ
3 g	12 g	27 g	225/939

Blätterteigquadrate nach Packungsvorschrift auftauen lassen. Ofen auf 200 Grad vorheizen. Pfirsichhälften gut abtropfen lassen. In die Mitte jeden Quadrates eine Pfirsichhälfte setzen, Teigränder mit Eigelb bestreichen und Teilchen auf ein mit Backpapier ausgelegtes Backblech legen.
Im vorgeheizten Ofen 15–20 Minuten backen. Abkühlen lassen.
Puderzucker mit Zitronensaft glatt rühren und einen »Eiweißspiegel« um jede Pfirsichhälfte gießen.
Ergibt 10 Stück.

Knuspriges Erdbeerherz (Abb. S. 189)

Zutaten
Für die Böden:
300 g Blätterteig (tiefgekühlt),
20 g Zucker,
30 g Mandelblättchen;
für die Creme:
700 g Erdbeeren,
200 ml Milch,
2 Päckchen Vanille-Puddingpulver,

200 g Sahne,
1 Päckchen Vanillinzucker,
1 Päckchen Sahnesteif

EW	Fett	KH	kcal/kJ
5 g	20 g	25 g	300/1253

Blätterteig nach Packungsvorschrift auftauen lassen. Platten aufeinander legen, leicht andrücken und dünn ausrollen. Entweder 2 große oder 8 kleine Herzen ausschneiden, mit einer Gabel häufig einstechen, mit Wasser einpinseln und mit Zucker und Mandelblättchen bestreuen. Ofen auf 200 Grad vorheizen. Herzen auf ein mit Backpapier ausgelegtes Backblech legen und im vorgeheizten Ofen ca. 15 Minuten backen. Böden gut auskühlen lassen. Erdbeeren waschen, putzen und abtropfen lassen. Die Hälfte der Beeren zur Seite legen. Restliche Erdbeeren mit Milch pürieren, mit Puddingpulver verrühren und mit einem Handrührgerät ca. 3 Minuten auf höchster Stufe aufschlagen. Creme ca. 30 Minuten kalt stellen. Sahne mit Vanillinzucker und Sahnesteif steif schlagen und unter die Creme ziehen. Creme in einen Spritzbeutel mit großer Tülle füllen und auf die Hälfte der Böden spritzen. Mit beiseite gelegten Beeren belegen. Mit einem zweiten Boden abdecken und nach Wunsch mit Creme und Beeren verzieren. Bis zum Verzehr kalt stellen.

Tipp
Knuspriges Erdbeerherz macht sich gut auf dem Muttertags-Kaffeetisch.

Marzipan im Blätterteigbett
(Abb.)

Zutaten

450 g Blätterteig (tiefgekühlt), 100 g Marzipan-Rohmasse,
2 cl Rum,
2 Eigelb,
50 g geriebene Mandeln, 50 g getrocknete Aprikosen,
3 EL Puderzucker,
1–2 EL Zitronensaft

EW	Fett	KH	kcal/kJ
6 g	23 g	32 g	371/1555

Blätterteig in 10 Quadrate teilen und nach Packungsvorschrift auftauen lassen. Marzipan-Rohmasse mit Rum, 1 Eigelb, Mandeln und gewürfelten Aprikosen vermischen. 8 Teigquadrate auf ein mit Backpapier ausgelegtes Backblech legen. Ca. 1 TL Marzipanmasse auf jedes Blätterteigquadrat geben, etwas verteilen. Ränder mit Eigelb bestreichen. Aus restlichen Teigquadraten 16 Streifen schneiden und jeweils 2 kreuzweise über das Marzipan legen, mit Eigelb bestreichen. Teilchen im vorgeheizten Ofen bei 200 Grad ca. 20 Minuten backen. Puderzucker und Zitronensaft verrühren und Gebäck damit glasieren. Ergibt 8 Stück.

Erdbeerschnitten

Zutaten

1 Packung Blätterteig (tiefgekühlt),
1 Eigelb zum Bestreichen,
500 g Erdbeeren,
100 g Zucker,
375 g Sahne,
2 Päckchen Vanillinzucker, Puderzucker zum Bestäuben

EW	Fett	KH	kcal/kJ
4 g	25 g	32	370/1550

Blätterteig nach Vorschrift auftauen lassen. Jede Platte halbieren. (Es sind 5 Platten in einer Packung.) Die Oberfläche mit verquirltem Eigelb bestreichen. Auf ein mit kaltem Wasser abgespültes Backblech setzen. In den vorgeheizten Ofen auf die mittlere Schiene schieben und bei 200 Grad 25 Minuten backen. Aus dem Ofen nehmen und abkühlen lassen. Die Schnitten einmal quer durchschneiden. Für die Füllung Erdbeeren in kaltem Wasser kurz waschen; entstielen. Gut abtropfen lassen; halbieren. Mit Zucker bestreuen, mischen und zugedeckt 10 Minuten durchziehen lassen. In der Zwischenzeit die Sahne steif schlagen. Mit Vanillinzucker süßen. Erdbeeren abtropfen lassen und auf die unteren Blätterteigschnitten verteilen. Sahne darüber geben. Mit den Teighälften belegen. Mit Puderzucker bestäuben. Ergibt 10 Stück.

Blätterteigquadrate

Zutaten

300 g Blätterteig (tiefgekühlt),
250 g Aprikosenhälften aus der Dose,
1 Eigelb

EW	Fett	KH	kcal/kJ
2 g	8 g	16 g	143/598

Aufgetaute Blätterteigscheiben halbieren und zu 10 Quadraten ausrollen. Von jedem Quadrat 2 dünne Streifen abschneiden. Backblech mit kaltem Wasser abspülen und die Quadrate darauf legen.
Aprikosenhälften gut abtropfen lassen und jedes Teigstück zuerst mit einer Fruchthälfte, dann mit 2 gekreuzten Teigstreifen belegen. Eigelb verquirlen und die Quadrate damit bestreichen.
Im vorgeheizten Ofen bei 220 Grad ca. 25 Minuten backen. Auf einem Kuchendraht auskühlen lassen.

Aus Brandteig lässt sich luftiges und zugleich knuspriges Gebäck zubereiten. Man denke nur an die – besonders bei Kindern – beliebten Windbeutel, Schwanenhälse oder Brandteigbällchen.

Der Brandteig wird, wie der Name schon sagt, angebrannt. Praktisch bedeutet das: Wasser, Butter und Salz werden in einem Topf zum Kochen gebracht. Dann nimmt man den Topf vom Herd, schüttet das Mehl auf einmal hinein, rührt es gut unter und stellt den Topf wieder auf die Kochplatte zurück. Nun wird der Teig so lange gerührt, bis er sich als Kloß vom Topfboden löst. Die so entstandene feste Teigmasse hat keine Poren. Durch sofortige Hinzugabe von frischen Eiern, die als Lockerungs- und gleichzeitig als Bindemittel dienen, plustert sich der Teig beim Garen auf und es bilden sich die für dieses Gebäck typischen luftigen Hohlräume.

Lässt sich der Brandteig mit einem Löffel leicht hochziehen, ist er fertig. Da der Brandteig relativ weich ist, kann man mit einem Spritzbeutel daraus verschiedene Formen auf ein vorbereitetes Backblech spritzen oder ihn mit zwei Löffeln zu kleinen Häufchen formen. Weitere Tipps für ein gutes Gelingen:

- Bei einem Brandteig müssen die Zutaten äußerst präzise abgemessen werden.
- Brandteig lässt sich sehr einfach herstellen. Nur das kräftige Rühren der Teigmasse ist etwas mühsam. Ein Mixer erleichtert hierbei die Arbeit deutlich.
- Verwendet man Backpulver, wird dieses erst in den abgekühlten Teig eingerührt.
- Am besten gelingt der Brandteig, wenn das Mehl vor der Zugabe gesiebt wird. Dadurch wird es luftig und klumpt nicht so leicht.
- Die Menge der verwendeten Eier trägt entscheidend zum Gelingen bei: Zu viele Eier machen den Teig flüssig, während eine zu geringe Menge den Teig zu fest macht und ein Aufgehen verhindert. Die Eier einzeln aufschlagen und nacheinander in den Teig rühren! Dazu können Sie den Knethaken des Mixers benutzen.
- Wer möchte, kann dem Teig einen süßen, pikanten oder salzigen Geschmack verleihen: Einfach Zucker, Salz, Paprikapulver, Pfeffer, Speck, Käse, Kümmel usw. hinzufügen.
- Alternativ kann der Brandteig auch aus Vollkornmehl hergestellt werden. Diese Backwaren zeigen eine etwas dunklere Farbe.
- Damit der fertige Brandteig nicht durchweicht, darf er erst kurz vor dem Verzehr gefüllt werden.
- Das Backblech muss gut eingefettet, mit Mehl bestäubt oder mit Backpapier ausgelegt sein.
- Der Backofen muss auf 200 Grad vorgeheizt werden.
- Zum Backen eine Tasse Wasser auf den Boden des Backrohrs stellen. Dies erzeugt eine hohe Luftfeuchtigkeit.
- Während der ersten Hälfte des Backvorgangs darf die Backofentür nicht geöffnet werden, damit das Gebäck nicht in sich zusammenfällt.
- Soll das Gebäck gefüllt werden, schneidet man es gleich nach der Entnahme aus dem Ofen auf. Aber Vorsicht! Aus dem Gebäck entweicht heißer Dampf.
- Wegen seines geringen Fettanteils lässt sich Brandteig sehr gut und über einen längeren Zeitraum hinweg einfrieren.
- Wegen der Luftfeuchtigkeit sollte man Brandteig nicht zu lange aufheben, sondern nach Fertigstellung möglichst bald verzehren.
- Mit dem Spritzbeutel kann man aus Brandteig dekorative Ornamente für eine Torte oder kleine Kekse zum Espresso herstellen.
- Aus Brandteig kann auch Spritzgebäck hergestellt werden. Dazu wird der Teig in heißem Öl, Butterschmalz oder Pflanzenfett frittiert.

GRUNDREZEPT

Einfacher Brandteig

(Abb. 1–4)

Zutaten

1 Prise Salz,
50 g Butter,
1 EL Zucker für süßes Brandteiggebäck,
150 g Mehl,
4 Eier

EW	Fett	KH	kcal/kJ
4 g	6 g	11 g	113/472

1/4 l Wasser, Salz, Butter und eventuell Zucker in einem kleinen Topf zum Kochen bringen. Von der Herdplatte nehmen, Mehl auf einmal zugeben (Abb. 1), dabei kräftig rühren, bis ein glatter Teig entsteht (Abb. 2). Topf zurück auf die Herdplatte stellen, rühren, bis sich die Teigmasse vom Topf zu einem Kloß löst und sich am Boden eine weiße Haut bildet (Abb. 3). Wieder vom Herd nehmen, etwas abkühlen lassen, die verquirlten Eier nach und nach unterrühren (Abb. 4), erkalten lassen.
Brandteig kann für Windbeutel, Strauben, Brandteigkrapfen, Backerbsen oder Eclairs verwendet werden.
Backtemperatur auf 220–240 Grad stellen. In den ersten 15 Minuten die Backröhre nicht öffnen.

GRUNDREZEPT

Feiner Brandteig

Zutaten

1 Prise Salz,
80 g Butter,
1 EL Zucker für süßes Brandteiggebäck,
125 g Mehl, 4 Eier

EW	Fett	KH	kcal/kJ
4 g	8 g	9 g	123/516

Zubereitung siehe Rezept »Einfacher Brandteig«.

Windbeutel

Zutaten

125 g Butter oder Margarine,
Salz, 125 g Mehl,
40 g Speisestärke,
4–5 Eier,
Butter oder Margarine zum Einfetten,
Mehl zum Bestäuben,
500 g Sahne,
30 g Zucker,
50 g Puderzucker zum Bestäuben

Abb. 1

Abb. 2

Abb. 3

Abb. 4

EW	Fett	KH	kcal/kJ
5 g	23 g	18 g	306/1283

Für den Teig 1/8 l Wasser, Butter oder Margarine und Salz in einem Topf aufkochen. Vom Herd nehmen. Mehl und Speisestärke auf einmal in die Flüssigkeit rühren. Wieder auf den Herd stellen. So lange rühren, bis sich ein Kloß und eine weiße Haut am Topfboden bilden. In den Teig schnell ein Ei rühren. Dann den Teig 5 Minuten abkühlen lassen. Nach und nach die restlichen Eier unterrühren. Das fünfte Ei nur dann, wenn der Teig noch zu fest ist. Er ist richtig, wenn er in dicken Zapfen schwer vom Löffel reißt.
Backblech mit Butter oder Margarine einfetten und anschließend mit Mehl bestäuben.
Teig in einen Spritzbeutel füllen und Windbeutel im Durchmesser von 4 cm auf das Blech spritzen. Dabei zwischen den einzelnen Windbeuteln etwas Abstand lassen. In den vorgeheizten Ofen auf die mittlere Schiene schieben und bei 220 Grad 30 Minuten backen.
Gleich nach dem Backen von den noch heißen Windbeuteln mit einer Schere einen Deckel abschneiden. Windbeutel erkalten lassen.
Sahne mit Zucker in einer Schüssel steif schlagen. Windbeutel damit füllen. Deckel darauf setzen. Mit Puderzucker übersieben. Sofort servieren.
Ergibt 12 Windbeutel.

Windbeutel mit Zitronencreme

Zutaten

Für den Teig:
50 g Butter oder Margarine,
150 g Mehl,
30 g Speisestärke,
4–6 Eier,
1 gestr. TL Backpulver;
für die Füllung:
4 Eier,
100 g Zucker,
Saft von 2 Zitronen,
3 Blatt weiße Gelatine

EW	Fett	KH	kcal/kJ
8 g	9 g	24 g	226/945

Ofen auf 200 Grad vorheizen.
1/4 l Wasser mit Butter oder Margarine in einem Topf zum Kochen bringen. Topf von der Kochstelle nehmen. Mehl mit Speisestärke gemischt hineinschütten, zu einem Kloß rühren und diesen unter Rühren ca. 1 Minute erhitzen, bis sich der Teig vom Boden löst. Heißen Kloß sofort in eine Schüssel geben, nach und nach Eier unterrühren. Die Eimenge ist ausreichend, wenn der Teig stark glänzt und in langen Spitzen vom Löffel fällt.
Backpulver unter den erkalteten Teig rühren. Mit 2 Löffeln oder einem Spritzbeutel gut walnussgroße Häufchen auf ein mit Backpapier ausgelegtes Backblech setzen.
Windbeutel im vorgeheizten Ofen 25–30 Minuten backen. In den ersten 15 Minuten darf der Ofen nicht geöffnet werden, da das Gebäck sonst zusammenfällt. Windbeutel gleich nach dem Backen aufschneiden.
Für die Füllung Eier trennen, Eigelb mit Zucker und Zitronensaft schaumig rühren. Gelatine nach Packungsanweisung einweichen, auflösen und langsam unter die Eigelbmasse ziehen. Sobald die Masse zu gelieren beginnt, steif geschlagenes Eiweiß unterheben. Creme in die Windbeutel füllen und Deckel auflegen.
Ergibt 10 Stück.

Flockentorte
(Abb. S. 195)

Zutaten

25 g Butter, 75 g Mehl,
15 g Speisestärke,
3 Eier,
1 gestr. TL Backpulver;
Mürbeteigzutaten:
180 g Mehl,
50 g Zucker,
1 Päckchen Vanillinzucker,
100 g Butter, 1 Ei,
Fett für die Form;
Für den Belag:
250 g Sauerkirschen (Glas),
3 EL Speisestärke,
80 g Zucker,
500 g Sahne,
2 Päckchen Vanillinzucker,

2 Päckchen Sahnesteif,
200 g Preiselbeeren
(Glas)

EW	Fett	KH	kcal/kJ
6 g	23 g	41 g	406/1702

1/8 l Wasser und Butter in einem Topf zum Kochen bringen. Mehl mit Speisestärke mischen und hinzufügen; rühren, bis sich der Kloß vom Topfboden löst. Topf vom Feuer nehmen, Eier nacheinander unterrühren (nur so viele Eier hinzufügen, bis der Teig glänzt und schwer reißend vom Löffel fällt). Zum Schluss Backpulver unterrühren. Jeweils 1/3 Teig auf einen gefetteten Springformboden streichen (28 cm Durchmesser), nacheinander im vorgeheizten Ofen bei 220 Grad 3 Böden ohne Springformringe ca. 15 Minuten backen; Böden auskühlen lassen. Mürbeteigzutaten zu einem glatten Teig verarbeiten, auf gefetteten Boden einer Springform (28 cm Durchmesser) ausrollen. Mit der Gabel mehrmals in den Teig stechen, Springformrand ansetzen und im vorgeheizten Ofen bei 200 Grad ca. 15 Minuten backen; auskühlen lassen. Sauerkirschen abtropfen lassen, Saft auffangen, 1/4 l davon abmessen, aufkochen lassen und mit angerührter Speisestärke binden. Nochmals kurz aufkochen lassen und Kirschen unterheben; mit Zucker süßen. Sahne mit Vanillinzucker und Sahnesteif steif schlagen. Preiselbeeren auf Mürbeteigboden streichen und mit 1 Brandteigboden abdecken. Hälfte der Kirschmasse darauf streichen und 1/3 der Sahne darüber geben. Mit dem zweiten Brandteigboden abdecken, mit restlicher Kirschmasse und restlicher Sahne bestreichen. Dritten Brandteigboden zerbröckeln und auf der Sahne verteilen.

Fruchtige Brandteig-torte (Abb.)

EW	Fett	KH	kcal/kJ
6 g	12 g	14 g	202/844

Zutaten

Für den Brandteig:
3 EL Butter oder Margarine,
1 Prise Salz,
150 g Mehl,
2 EL Speisestärke,
4–6 Eier,
1 gestr. TL Backpulver;
für die Füllung:
2 Eier,
2 EL Zucker,
2 EL Orangensaft,
6 cl halbtrockener Sherry,
1 kleine Dose Pfirsiche (240 g),
14 Blatt Gelatine,
400 g Sahne;
außerdem:
Fett für die Form

Für den Brandteig 1/4 l Wasser, Butter oder Margarine und Salz in einem Topf zum Kochen bringen. Topf von der Kochstelle nehmen, Mehl und Speisestärke hineinsieben und alles mit einem Kochlöffel zu einem glatten Teig verrühren. Unter ständigem Rühren erhitzen, bis sich die Masse vom Topf löst und zu einem Kloß zusammenballt.
Teig in eine Schüssel geben und etwas abkühlen lassen. Eier verquirlen und nach und nach gut unter den Teig rühren. So viele Eier zugeben, bis der Teig glänzt und beim Herausziehen des Rührlöffels lange Teigspitzen daran hängen bleiben. Ofen auf 200 Grad vorheizen. Backpulver in den erkalteten Teig rühren. Boden einer gefetteten Springform (26 cm Durchmesser) mit einem Drittel des Brandteiges bestreichen.
Teig im vorgeheizten Ofen ca. 20 Minuten backen. Rest des Teiges in einen Spritzbeutel füllen und kleine Häufchen auf ein mit Backpapier belegtes Backblech spritzen. Im vorgeheizten Ofen ca. 20 Minuten backen. Boden und Windbeutel auskühlen lassen.
Für die Füllung Eier trennen, Eigelb mit Zucker und Orangensaft schaumig rühren, dabei Sherry in dünnem Strahl einlaufen lassen. Pfirsiche abtropfen lassen, im Mixer pürieren und unter die Eigelbmasse rühren. Gelatine nach Packungsanweisung einweichen, auflösen und unterziehen. Masse kalt stellen. Sahne und Eiweiß getrennt steif schlagen und vorsichtig unterheben, sobald die Creme zu stocken beginnt. Einen Tortenring um den Boden legen, Creme einfüllen und Torte mindestens 2 Stunden kalt stellen.
Vor dem Servieren Brandteigbällchen direkt an den Rand der Torte setzen.
Ergibt 16 Stücke.

Tipp

Brandteigtorte nach Wunsch mit geraspelter Zartbitterschokolade und Pfirsichspalten garnieren.

Windbeutel mit Kakaosahne

Zutaten
Für den Teig:
50 g Butter,
1 Prise Salz,
2 Päckchen Vanillinzucker,
180 g Mehl,
4 Eier;
für die Glasur:
150 g Puderzucker,
1 EL Instant-Kaffeepulver,
2–3 EL Rum;
für die Füllung:
500 g Sahne,
1 Päckchen Vanillinzucker,
1–2 EL Kakaopulver,
1 EL Rum;
außerdem:
Fett für das Blech

EW	Fett	KH	kcal/kJ
5 g	18 g	29 g	312/1302

1/4 l Wasser mit Butter, Salz und Vanillinzucker aufkochen lassen. Mehl dazuschütten, und rühren, bis sich ein Teigkloß bildet und ein weißer Belag am Topfboden zu sehen ist. In eine Schüssel füllen und 1 Ei unterrühren. Abkühlen lassen, dann nacheinander restliche Eier unterrühren.
Ofen auf 180 Grad vorheizen. Mit einem Spritzbeutel mit Sterntülle auf ein gefettetes Blech pflaumengroße Teighäufchen setzen, dabei auf genügend Abstand achten. Im vorgeheizten Ofen auf mittlerer Schiene 25–30 Minuten backen, dann quer durchschneiden und auskühlen lassen.
Für die Glasur Puderzucker mit Kaffeepulver und Rum glatt rühren, Deckel damit bestreichen und trocknen lassen.
Sahne mit dem Vanillinzucker steif schlagen, Kakaopulver und Rum unterziehen. Windbeutel damit füllen und frisch servieren.

Rhabarber-Erdbeertorte

Zutaten
Für den Teig:
125 g Butter,
1 Prise Salz,
1 Msp. Zucker,
200 g Mehl,
5–6 Eier;
für die Füllung:
500 g Rhabarber,
500 g Erdbeeren,
6 Blatt rote Gelatine,
2 TL Speisestärke,
200 g Erdbeerkonfitüre,
1 TL abgeriebene Zitronenschale (unbehandelt),
4 Blatt weiße Gelatine,
750 g Sahne,
45 g Zucker,
2 EL Rum;
zum Garnieren:
30 g geröstete Mandelblättchen,
Puderzucker

EW	Fett	KH	kcal/kJ
8 g	31 g	37 g	475/1987

1/4 l Wasser mit Butter, Salz und Zucker aufkochen, vom Feuer nehmen und Mehl dazuschütten; schnell unterrühren. Wieder auf die Platte stellen und bei schwacher Hitze weiterrühren, bis sich ein Kloß bildet sowie ein weißer Belag am Topfboden. Vom Feuer nehmen und 1 Ei unterrühren. Etwas abkühlen lassen, dann nacheinander restliche Eier unterrühren.
Ofen auf 200 Grad vorheizen. Zwei Backbleche mit Backpapier auslegen. Mit Bleistift 3 Kreise von je 24 cm Durchmesser markieren. Brandteig in einen Spritzbeutel füllen und die 3 Kreise spiralenförmig mit Teig ausspritzen. Böden im vorgeheizten Ofen 20 Minuten backen. Vom Papier lösen und auf einem Kuchendraht auskühlen lassen.
Rhabarber waschen, abziehen und in Stücke schneiden. Erdbeeren waschen, putzen und halbieren. Rote Gelatine kalt einweichen, Speisestärke kalt anrühren. Konfitüre aufkochen, Rhabarber dazugeben und weichkochen. Erdbeeren und Speisestärke unterrühren und kurz aufkochen. Ausgedrückte Gelatine und Zitronenschale einrühren. Masse erkalten lassen.
Weiße Gelatine einweichen, ausdrücken und auflösen. Inzwischen Sahne steif schlagen, Zucker einrieseln lassen. Etwas

abgekühlte Gelatine und Rum unterziehen.
Zwei Tortenböden mit 3 dicken Sahneringen bespritzen, in die Zwischenräume Fruchtmasse füllen. Böden übereinander setzen, dritten Boden darauf legen. Tortenrand mit Sahne bestreichen und mit Mandelblättchen bestreuen. Mit restlicher Sahne hübsch verzieren und mit Puderzucker bestäuben. Gut gekühlt servieren.

Tipp

Zu dieser opulenten Rhabarber-Erdbeer-Torte reichen Sie am besten Kaffee.
Aber auch ein halbtrockener Sherry oder Weißwein sind ideale Begleiter.

Flockentorte mit Quark und Erdbeeren (Abb.)

Zutaten

Für den Mürbeteigboden:
150 g Mehl,
1 Eigelb,
3 EL Zucker,
100 g Butter,

Salz,
abgeriebene Schale von 1/2 Zitrone (unbehandelt),
1 Päckchen Vanillinzucker;
für den Brandteig:
100 g Butter,
150 g Mehl,
2 EL Speisestärke,
4–5 Eier;
für die Füllung:
500 g Quark,
2 cl Kirschwasser,
1 Vanilleschote,
100 g Zucker,
8 Blatt weiße Gelatine,
200 g Sahne,
500 g Erdbeeren;
zum Garnieren:
50 g Mandelblättchen,
100 ml Sahne,
2 TL Puderzucker,
1 cl Kirschwasser,
250 g Erdbeeren,
50 g Vollmilch-Kuvertüre,
1 Päckchen roter Tortenguss,
2 EL Zucker;
außerdem:
Fett für die Form

EW	Fett	KH	kcal/kJ
12 g	32 g	45 g	562/2349

Für den Mürbeteigboden Ofen auf 175 Grad vorheizen. Mehl auf eine Arbeitsplatte sieben, in die Mitte eine Vertiefung drücken. Eigelb, Zucker, Butter, 1 Prise Salz, Zitronenschale und Vanillinzucker hineingeben und alles von außen nach innen zu einem glatten Teig verkneten. Teig auf einem gefetteten Springformboden (Durchmesser 26 cm) ausrollen und im vorgeheizten Ofen ca. 10–12 Minuten backen.
Für den Brandteig 1/4 l Wasser, 1/2 TL Salz und Butter in einem Topf zum Kochen bringen.
Topf von der Herdstelle nehmen, Mehl und Speisestärke hineinsieben und alles mit einem Kochlöffel zu einem glatten Teig verrühren. Teig unter ständigem Rühren erhitzen, bis sich die Masse vom Topf löst und sich zu einem Kloß zusammenballt.
Teig in eine Schüssel geben und etwas abkühlen lassen. Eier verquirlen und nach und nach gut unter den Teig rühren. So viele Eier zugeben, bis der Teig glänzt und beim Herausziehen des Rührlöffels lange Teigspitzen daran hängen bleiben.
Teig in einen Spritzbeutel füllen und einen Boden mit 24 cm Durchmesser und 12 kleine Windbeutel auf ein mit Backpapier belegtes Backblech spritzen. Im vorgeheizten Ofen bei 200 Grad 25–30 Minuten backen.
Brandteigboden noch warm quer durchschneiden, bei den Windbeuteln einen Deckel abschneiden und erkalten lassen.
Für die Füllung Quark mit Kirschwasser, ausgekratztem Mark der Vanilleschote und Zucker mischen. Gelatine nach Packungsanweisung auflösen und vorsichtig unterrühren.
Sahne steif schlagen und unter die Quarkmasse heben.
Erdbeeren waschen, putzen und vierteln.
Einen Tortenring (26 cm Durchmesser) um den Mürbeteigboden legen, Hälfte der Erdbeeren und 1/3 der Quarkmasse einfüllen. Darauf einen Brandteigboden legen, mit restlichen Erdbeeren bestreuen und dem zweiten Drittel der Quarkmasse bestreichen. Zweiten Brandteigboden auflegen. Restliche Quarkmasse einfüllen und glatt streichen. Flockentorte ca. 2 Stunden kalt stellen. Tortenring abnehmen.
Zum Garnieren Mandelblättchen in einer heißen Pfanne ohne Fett anrösten, erkalten lassen und Tortenrand damit verzieren.
Sahne mit Puderzucker steif schlagen, Kirschwasser unterrühren und in die Windbeutel spritzen.
Erdbeeren waschen, putzen, drei große Erdbeeren vierteln, restliche Erdbeeren aufrecht in die Mitte der Torte stellen.
Kuvertüre im Wasserbad schmelzen, Spitze der Erdbeerviertel hineintauchen, erkalten lassen und auf die Windbeutel legen. Windbeutel auf die Torte setzen.
Tortenguss mit Zucker nach Packungsanweisung zubereiten und mit einem Pinsel auf die Erdbeeren streichen.
Ergibt 12 Stücke.

Riesenwindbeutel
(Abb.)

Zutaten

Für den Teig:
100 g Butter oder Margarine,
60 g Speisestärke,
300 g Mehl,
8–10 Eier,
2 gestr. TL Backpulver;
für die Füllung:
1 Dose Birnen (425 g),
2 cl Birnengeist,
10 Blatt weiße Gelatine,
400 g Sahne,
50 g Zucker,
100 g Himbeeren,
20 g gehackte Pistazien

EW	Fett	KH	kcal/kJ
17 g	34 g	52 g	618/2584

1/2 l Wasser und Butter oder Margarine in einem Topf zum Kochen bringen. Topf von der Kochstelle nehmen, mit Speisestärke gemischtes Mehl auf einmal hineingeben und zu einem glatten Kloß verrühren. Unter Rühren ca. 1 Minute erhitzen, bis sich der Teig vom Topfboden löst.

Heißen Teig sofort in eine Schüssel geben und Eier nach und nach unterrühren. Die Eimenge ist ausreichend, wenn der Teig stark glänzt und in langen Spitzen vom Löffel fällt.

Ofen auf 200 Grad vorheizen. Backpulver unter den erkalteten Teig rühren.

Ein Backblech mit Backpapier auslegen und mit einer Springform einen Kreis markieren. Teig in einen Spritzbeutel mit großer Tülle füllen und spiralförmig vom Rand her den Kreis ausfüllen. Einen zweiten, kleineren Kreis darüber spritzen.

Teig im vorgeheizten Ofen zunächst ca. 15 Minuten backen, dann Temperatur auf 175 Grad herunterschalten und den Teig weitere 20 Minuten backen. In den ersten 15–20 Minuten darf der Backofen nicht geöffnet werden, da das Gebäck sonst zusammenfällt.

Nach dem Backen sofort einen Deckel abschneiden und Windbeutel auskühlen lassen.

Für die Füllung Birnen abtropfen lassen und mit Birnengeist pürieren.

Gelatine nach Packungsanweisung einweichen, auflösen, unter das Birnenpüree rühren und kalt stellen. Sahne mit Zucker steif schlagen und unter das leicht angelierte Birnenpüree ziehen.

Himbeeren verlesen.

Creme in den Riesenwindbeutel füllen, mit Himbeeren und Pistazien garnieren und Deckel auflegen. Windbeutel in den Kühlschrank stellen, bis die Creme fest geworden ist.

Ergibt 8 Stücke.

Tipp

Der Riesenwindbeutel lässt sich am besten mit einem Elektromesser in Portionsstücke schneiden.

Gefüllte Brandteigbällchen
(Abb.)

Zutaten

Für die Bällchen:
30 g Butterschmalz,
1 Prise Salz,
75 g Mehl,
2 Eier;
für die Vanillecreme:
2 Eigelb,
40 g Zucker,
20 g Speisestärke,
1 l Milch,
1 Päckchen Vanillinzucker;
50 g Sahne,
für die Schokoladensauce:
150 g Sahne,
150 g Zartbitter-Kuvertüre;
außerdem:
125 g Himbeeren

EW	Fett	KH	kcal/kJ
3 g	8 g	10 g	128/535

Für die Brandteigbällchen 150 ml Wasser, Butterschmalz und Salz aufkochen. Mehl auf einmal zugeben und so lange rühren, bis ein Kloß entsteht und sich am Topfboden eine milchige Schicht bildet. Ofen auf 200 Grad vorheizen.
Teig in eine Rührschüssel umfüllen und Eier unterrühren. Teig in einen Spritzbeutel mit großer Sterntülle füllen. Auf ein mit Backpapier ausgelegtes Backblech 25–30 walnussgroße Rosetten spritzen.
Rosetten im vorgeheizten Ofen in 25–30 Minuten goldgelb backen; herausnehmen und abkühlen lassen.
In der Zwischenzeit für die Vanillecreme Eigelb, Zucker, Stärke und 50 ml Milch verquirlen. Restliche Milch und Vanillinzucker aufkochen. Vom Herd nehmen, Eiermilch unter Rühren zugießen, dann unter ständigem Rühren einmal aufkochen. Creme in eine Schüssel füllen und abkühlen lassen. Sahne steif schlagen und unter die Creme heben.
Für die Schokoladensauce Sahne aufkochen, grob zerkleinerte Kuvertüre zugeben und unter Rühren schmelzen. Aufkochen und abkühlen lassen.
Vanillecreme in einen Spritzbeu-

tel mit Fülltülle geben und Creme in die Bällchen spritzen. Fertige Bällchen auf einer Tortenplatte anrichten und mit der Schokoladensauce übergießen. Himbeeren waschen und darauf verteilen. Ergibt 25–30 Stücke.

Windbeutelring mit Birnen
(Abb.)

Zutaten

Für den Teig:
100 g Butter oder Margarine,
300 g Mehl,
60 g Speisestärke,
8–10 Eier,
2 gestr. TL Backpulver;
für die Füllung:
1 Dose Birnen (270 g Abtropfgewicht),
50 g eingelegter Ingwer,
250 g Sahne,
1 EL Zucker,
1 EL Sahnesteif,
2 cl Himbeergeist,
50 g Schoko-Blättchen

EW	Fett	KH	kcal/kJ
9 g	20 g	32 g	360/1505

1/2 l Wasser und Butter oder Margarine in einem Topf zum Kochen bringen. Topf von der Kochstelle nehmen, Mehl mit Speisestärke vermischt hineingeben und alles zu einem Kloß verrühren. Diesen unter Rühren ca. 1 Minute erhitzen, bis sich der Teig vom Topfboden löst. Heißen Kloß in eine Schüssel geben und Eier nach und nach unterrühren. Die Eimenge ist ausreichend, wenn der Teig stark glänzt und in langen Spitzen vom Löffel fällt.
Ofen auf 200 Grad vorheizen. Backpulver unter den bereits erkalteten Teig rühren.
Ein Backblech mit Backpapier auslegen und einen Kreis darauf markieren (etwa 28 cm Durchmesser). Teig in einen Spritzbeutel mit großer Tülle füllen und dicht nebeneinander Rosetten als Kreis auf die Markierung spritzen.
Rosetten im vorgeheizten Ofen ca. 30 Minuten backen.
Sofort nach dem Backen mit der Schere die Deckel abschneiden, auskuhlen lassen.
Birnen gut abtropfen lassen und zusammen mit eingelegtem Ingwer hacken. Sahne mit Zucker und Sahnesteif steif schlagen, Himbeergeist unterrühren. Birnen, Ingwer und Schoko-Blättchen unterheben. Fruchtsahne in den Ring füllen und Deckel wieder aufsetzen. Ergibt 12 Stücke.

Tipp
Himbeergeist kann durch Himbeersirup ersetzt werden.

Schwänchen
(Abb.)

Zutaten
Für den Teig:
100 g Butter,
300 g Mehl,
60 g Speisestärke,
8–10 Eier,
2 gestr. TL Backpulver;
zum Bestäuben:
80 g Puderzucker;
für die Füllung:
2 Dosen Mandarinen,
400 g Sahne,
2 Päckchen Sahnesteif,
1 EL Zucker;
außerdem:
Fett und Mehl für das Blech

EW	Fett	KH	kcal/kJ
11 g	27 g	45 g	484/2023

1/2 l Wasser und Butter in einem Topf zum Kochen bringen. Topf von der Kochstelle nehmen. Mehl mit Stärke vermischen, auf einmal in den Topf geben, alles zu einem glatten Kloß verrühren und diesen unter Rühren ca. 1 Minute erhitzen bzw. abbrennen. Heißen Kloß in eine Schüssel geben und nach und nach Eier unterrühren. Weitere Eizugabe erübrigt sich, wenn der Teig stark glänzt und in langen Spitzen vom Löffel fällt.
Ofen auf 200 Grad vorheizen. Backpulver unter den erkalteten Teig rühren. Brandteig in einen Spritzbeutel mit Sterntülle füllen und 2/3 des Teiges als Rosetten von etwa 4 cm Durchmesser auf ein gefettetes, mit Mehl bestäubtes Backblech spritzen. Restlichen Teig für die Hälse zu Fragezeichen spritzen.
Alles ca. 30 Minuten backen. Nach gut 15 Minuten prüfen, ob die Hälse gar sind. Sie müssen sich vom Blech lösen und ganz leicht sein. Hälse herausnehmen und zum Abkühlen auf einen Kuchendraht legen.
Fertige Windbeutel nach dem Backen sofort längs durchschneiden, Deckel als Flügel quer halbieren und mit Puderzucker bestäuben.
Mandarinen abtropfen lassen. Sahne mit Sahnesteif und Zucker steif schlagen und in einen Spritzbeutel mit Sterntülle füllen. Untere Windbeutelhälften jeweils mit 1 EL Mandarinen und einem dicken Sahnetupfer füllen. Schwanenhälse und Flügel in die Sahne stecken.

Sahne-Eclairs

Zutaten
1 Grundrezept »Feiner Brandteig« (Seite 193),
500 g Sahne,
2 EL Zucker,
Erdbeeren,
Himbeeren,
Johannisbeeren
nach Belieben

EW	Fett	KH	kcal/kJ
2 g	26 g	18 g	328/1371

Eclairs zubereiten (siehe Rezept „Mokka-Eclairs"). Sahne mit Zucker steif schlagen. Mit dem Spritzsack auf die unteren Eclairhälften spritzen, Deckel auflegen.
Nach Belieben gewaschene, abgetrocknete, leicht gezuckerte Beeren unter die Sahne heben. Beeren-Sahne-Mischung mit dem Löffel auf die Eclairhälften häufen. Deckel auflegen.

Windbeutelchen mit Vanille-Buttercreme
(Abb.)

Zutaten

Für die Windbeutel:
100 g Butter,
1 Prise Salz,
150 g Mehl,
4–5 Eier;
für die Buttercreme:
1/2 l Milch,
1 Päckchen Vanille-Puddingpulver,
1 Vanilleschote,
2 EL Zucker,
250 g weiche Butter,
50 g Puderzucker;
außerdem:
500 g gemischte Früchte,
Minze,
Puderzucker zum Bestäuben

EW	Fett	KH	kcal/kJ
7 g	33 g	25 g	466/1948

1/4 l Wasser, Butter und Salz in einen Topf geben und aufkochen, sodass die Butter schmilzt. Mehl auf einmal hineinschütten und unter ständigem Rühren zu einem Kloß formen. Teigkloß abbrennen, sodass sich ein weißer Belag am Topfboden bildet.
Teigkloß in eine Schüssel umfüllen. Ofen auf 200 Grad vorheizen. Eier einzeln aufschlagen und mit den Knethaken des Handrührgerätes unter den Teigkloß rühren. Der Teig muss glänzen und in Spitzen vom Kochlöffel fallen. Teig in einen Spritzbeutel mit Sterntülle füllen. Backblech mit Backtrennpapier auslegen. Gut walnussgroße Häufchen darauf spritzen (genügend Abstand lassen!). Windbeutel im vorgeheizten Ofen 30–40 Minuten backen. Windbeutel auf einem Kuchendraht auskühlen lassen.
Für die Buttercreme von der Milch 6 EL abnehmen, Puddingpulver damit anrühren. Vanilleschote längs aufschlitzen und Mark herauskratzen. Beides in die Milch geben und diese langsam zum Kochen bringen. Vanilleschote entfernen. Zucker zufügen und angerührtes Puddingpulver einrühren. Unter Rühren einmal aufkochen lassen. Pudding in eine Schüssel umfüllen und abkühlen lassen. Butter und durchgesiebten Puderzucker schaumig rühren. Essöffelweise Pudding unterrühren. Butter und Pudding müssen die gleiche Temperatur haben, da sonst die Masse gerinnt! Buttercreme in einen Spritzbeutel mit Lochtülle füllen und in die Windbeutel spritzen. Früchte vorsichtig abspülen, auf Küchenpapier trocknen und verlesen. Windbeutel und Früchte zu einem Turm zusammensetzen. Mit Minze garnieren und mit Puderzucker bestäuben.
Ergibt 10 Stück.

Gefüllte Windbeutel
(Abb.)

Zutaten
Für den Teig:
50 g Butter oder Margarine,
150 g Mehl,
30 g Speisestärke,
4–6 Eier,
1 gestr. TL Backpulver;
für die Füllung:
250 g Quark,
2 EL Sahne,
1 EL Vanillinzucker,
50 g Zucker,
400 g Johannisbeeren,
20 g Schokoraspel,
20 Schokoblättchen

EW	Fett	KH	kcal/kJ
10 g	11 g	29 g	270/1128

1/4 l Wasser mit Butter oder Margarine in einem Topf zum Kochen bringen. Topf von der Kochstelle nehmen. Mehl mit Speisestärke auf einmal hinzugeben, zu einem Kloß verrühren und diesen unter Rühren ca. 1 Minute erhitzen, bis sich der Teig vom Boden löst. Heißen Teig sofort in eine Schüssel geben und Eier einzeln unterrühren. Die zugegebene Eimenge ist ausreichend, wenn der Teig glänzt und vom Löffel in langen Spitzen abreißt.
Ofen auf 200 Grad vorheizen. Backpulver in den erkalteten Teig geben. Mit zwei Löffeln oder einem Spritzbeutel etwa walnussgroße Teighäufchen auf ein mit Backpapier ausgelegtes Backblech setzen.
Windbeutel im vorgeheizten Ofen 25–30 Minuten backen. In den ersten 15–20 Minuten darf der Backofen nicht geöffnet werden, da das Gebäck sonst zusammenfällt. Von den Windbeuteln sofort einen Deckel abschneiden und abkühlen lassen. Für die Füllung Quark mit Sahne, Vanillinzucker und Zucker glatt rühren. Johannisbeeren waschen, von den Rispen streifen und unter den Quark heben (einige Johannisbeeren zum Verzieren zurückbehalten).
Johannisbeerquark in die Windbeutel füllen, mit Schokoraspeln bestreuen und mit Schokoblättchen und Johannisbeeren verzieren. Deckel wieder aufsetzen.
Ergibt 10 Stück.

Mokka-Eclairs

Zutaten
1 Grundrezept »Feiner Brandteig« (Seite 193),
1 Rezept Mokkaglasur (Seite 223);
für die Füllung:
3/8 l Milch,
1/4 Vanilleschote,
2 Eigelb,
75 g Zucker,
30 g Speisestärke,

2 EL Instantkaffee,
4 Blatt Gelatine,
250 g Sahne

EW	Fett	KH	kcal/kJ
4 g	12 g	16 g	184/769

Backblech fetten und mehlen. Brandteig zubereiten, in den Spritzsack mit großer Sterntülle füllen. Fingerlange Streifen, in der Mitte etwas dünner, auf das Backblech spritzen. Zwischen den Eclairs mindestens doppelten Abstand lassen. In den vorgeheizten Ofen schieben.
20–30 Minuten backen. Gebäck vom Blech lösen, mit der Küchenschere noch warm waagerecht durchschneiden, auskühlen lassen. Die obere Hälfte mit Mokkaglasur bepinseln.
Milch mit der aufgeschlitzten Vanilleschote aufkochen. Eigelb mit Zucker, Speisestärke und Instantkaffee in einem Topf verrühren. Milch nach und nach zugießen, abschlagen, bis die Masse einmal aufpufft. Topf von der Herdplatte nehmen, Vanilleschote entfernen.
Gelatine in kaltem Wasser einweichen, ausdrücken, in die heiße Crememasse rühren, nach dem Auflösen der Gelatine kalt stellen.
Sahne steif schlagen, sobald die Creme zu stocken beginnt. Sahne unterrühren, ca. 10 Minuten kalt stellen. In den Spitzsack füllen, auf die unteren Hälften der Eclairs spritzen. Deckel darauf legen.

Strauben

Zutaten

1 Grundrezept »Einfacher Brandteig« (Seite 193), 700–800 g Fett, Puderzucker nach Belieben

EW	Fett	KH	kcal/kJ
4 g	13 g	12 g	182/763

Brandteig zubereiten, in einen Spritzbeutel mit großer Tülle füllen. Auf gefettetes Pergament- oder Backpapier Ringe spritzen. Backfett auf ca. 175 Grad erhitzen. Um die Temperatur zu prüfen ein Teigklößchen ins Fett geben. Bei richtiger Temperatur steigt es sofort auf und es bilden sich ringsum Bläschen. Backfett darf nicht rauchen, sonst ist es überhitzt.
Die Strauben einzeln vorsichtig ins heiße Fett geben, Oberseite nach unten, so kann man das Papier abziehen. Strauben wenden, wenn eine Seite goldbraun ist. Auf Küchenpapier abtropfen lassen. Nach Belieben mit Puderzucker bestreuen.

Erdbeerkranz

Zutaten

Für die Füllung:
500 g Erdbeeren,
1 Päckchen Vanillinzucker;
für den Teig:
80 g Butter, 1 Prise Salz,
1/2 TL abgeriebene Zitronenschale (unbehandelt),
200 g Mehl,
4 Eier, 500 g Sahne,
50 g Zucker;
außerdem:
Puderzucker zum Bestäuben

EW	Fett	KH	kcal/kJ
6 g	20 g	22 g	385/1612

Erdbeeren waschen, 4 schöne Früchte beiseite legen. Restliche Erdbeeren putzen und mit Vanillinzucker mischen. Ofen auf 200 Grad vorheizen. Für den Teig 1/4 l Wasser mit Butter, Salz und Zitronenschale aufkochen. Mehl auf einmal dazuschütten und so lange rühren, bis sich der Teig als Kloß vom Topfboden löst, leicht abkühlen lassen, Eier nacheinander unterrühren. Mit einem Spritzbeutel 12 Windbeutel kreisförmig mit wenig Abstand nebeneinander auf ein Blech spritzen. Sie sollen sich beim Aufgehen berühren und einen Teigkranz formen. Auf mittlerer Schiene 30 Minuten backen. Erdbeeren zerdrücken und durch ein Sieb streichen. Sahne steif schlagen, mit Zucker süßen. 5 EL Sahne in einen Spritzbeutel füllen. Restliche Sahne unter das Erdbeerpüree ziehen. Gebackenen Teigkranz quer durchschneiden und auskühlen lassen. Mit Erdbeersahne füllen. Obere Hälfte darauf setzen. Mit restlicher Sahne garnieren. Die vier Erdbeeren vierteln und auf dem Kranz verteilen. Mit Puderzucker bestäuben.

Die Strudelspezialitäten der K. & K.-Monarchie wurden damals weit über die Grenzen des Landes hinaus geschätzt. Am leckeren Geschmack dieser Spezialitäten hat sich bis heute nichts geändert. Wer kann schon einer Verführung aus hauchdünnem Teig, köstlich gefüllt und appetitlich mit Puderzucker bestäubt, widerstehen?
Für die Herstellung eignet sich besonders gut ein doppelgriffiges Mehl.
Während des Arbeitsvorgangs benötigt man eine große Arbeitsfläche, die mit Mehl bestreut wird. Auf dieser Fläche wird der vorher ca. 10 Minuten geknetete Teig erst einmal ausgerollt, dann mit Öl und flüssiger Butter großzügig eingepinselt und wieder zu einer Kugel geformt. Anschließend wickelt man den Teig in Alufolie und stellt ihn ca. 1 Stunde (wenn möglich sogar über Nacht) zum Ruhen beiseite. Für die Weiterverarbeitung wird er mit der Hand nach allen Seiten hin ausgezogen.

Hier noch einige Tipps für einen gelungenen Strudelteig:

- Alle Zutaten vor der Verarbeitung auf Zimmertemperatur bringen.
- Benötigtes Mehl sieben, das macht es luftig und vereinfacht die Verarbeitung.
- Den weichen Strudelteig rasch abarbeiten. Mit der flachen Hand abschlagen, bis der Teig sich von der Schüssel oder sonstiger Unterlage löst, oder den Teig mit Schwung auf das Backblech werfen, bis er sehr glatt ist.
- Wenn der Teig ruht, die Oberfläche mit Fett oder Öl bepinseln. Die Teigschüssel muss mit einem sauberen Leinentuch abgedeckt werden, damit die Teigoberfläche nicht austrocknet.
- Der schwierigste Teil der Strudelteig-Zubereitung ist das Ausziehen des Teiges. Dazu rollt man den Teig auf einem bemehlten Tuch so weit wie möglich aus und bestreicht ihn mit zerlassener Butter. Dann wird der Teig über beide Handrücken gelegt (vorher Armbanduhr entfernen) und unter vorsichtigen Bewegungen gezogen und gedehnt, bis er sehr dünn ist.
- Strudelteig reißt nicht so leicht ein, wenn man dem Teig wenig Essig und Öl beimengt.
- Falls der Teig beim Ausziehen an einigen Stellen leicht reißt, »klebt« man einfach ein kleines Stückchen Teig darüber und setzt seine Arbeit fort.
- Vor dem Füllen eines Strudels werden die meist etwas dickeren Teigränder abgeschnitten.
- Will man den Teig füllen und zu einer Rolle formen, wird der ausgezogene Strudelteig auf ein sauberes Leintuch gelegt. Füllung dann auf dem Teig verteilen und mithilfe des Tuches den Teig gleichmäßig aufrollen.
- Vor dem Backen im vorgeheizten Backofen sollte der Strudelteig mit flüssiger Butter bestrichen werden.
- Damit während des Backvorgangs die Füllung nicht aus dem Strudel entweichen kann, legt man den Strudel mit der Nahtstelle nach unten auf das Backblech.
- Ein Strudel schmeckt besonders lecker, wenn er – mit Puderzucker reichlich bestreut – noch warm serviert wird.
- Strudel kann man ca. 3 Monate einfrieren. Bei Weiterverwendung langsam auftauen lassen und mit Puderzucker bestreuen.
- Es gibt bereits fertigen, ausgezogenen, sehr guten Strudelteig im Handel zu kaufen.

GRUNDREZEPT
Strudelteig

Zutaten
300 g Mehl,
Salz,
40 g Butter (zerlassen)
oder 2 EL Öl,
1 Ei,
ca. 1/8 l Wasser oder
Milch,
zerlassene Butter oder
Öl zum Bepinseln,
Füllung nach Belieben,
Fett für das Blech

EW	Fett	KH	kcal/kJ
10 g	17 g	55 g	422/1763

Mehl in eine Schüssel oder auf ein Arbeitsbrett sieben, in die Mitte eine Mulde drücken. Salz, die Hälfte der Butter oder das Öl, Ei und lauwarme Flüssigkeit darin zu einem weichen Teig verrühren. Rasch mit der flachen Hand abschlagen, bis sich der Teig vom Boden löst, oder den Teig mit Schwung auf das Backblech werfen, bis er glatt und fein ist.

In 3 Teile teilen, jeweils zu einem Laib formen, die Oberfläche mit Fett oder Öl bepinseln, mit einem Topf, einer Schüssel oder einem Küchentuch zudecken. Ca. 30 Minuten ruhen lassen. Auf einem bemehlten Küchentuch dünn ausrollen.

Mit bemehlten Händen vorsichtig zuerst über den Handrücken, dann mit der flachen Hand von der Mitte aus sehr dünn, fast durchsichtig, ausziehen.

Dicke Ränder abschneiden, diese Reste zum Reparieren von etwa entstandenen Löchern verwenden. Teig mit zerlassener Butter oder Öl bepinseln.

Vorbereitete Füllung gleichmäßig auf dem Strudelblatt verteilen, Ränder einschlagen, diese ebenfalls mit Fett bestreichen. Das Tuch an einer Seite anheben und so den Strudel aufrollen. Mit dem Tuch vorsichtig auf ein gefettetes Backblech oder in einen gefetteten Schmortopf geben. Nochmals mit Butter bepinseln. Nacheinander 3 Strudel zubereiten und nebeneinander legen.

Im vorgeheizten Backofen (200 Grad) 45–60 Minuten goldbraun backen.

Bunter Frühlings-Strudel (Abb.)

Zutaten
Für den Teig:
200 g Mehl,
1 Ei, 1 TL Essig, 1 Prise
Salz, 2 EL flüssige Butter,
Öl zum Bestreichen,
Mehl zum Ausrollen;
für die Füllung:
250 g Erdbeeren,
500 g Äpfel,
50 g Zucker,
500 g Quark,
2 Päckchen Vanillinzucker,
40 g Butterflöckchen;
außerdem:
Fett für das Blech,
1 Ei zum Bestreichen,
1/8 l Milch zum
Begießen

SÜSSES BACKEN

EW	Fett	KH	kcal/kJ
4 g	21 g	42 g	387/1621

Mehl in eine Schüssel sieben, in die Mitte eine Mulde drücken und Ei mit Essig, Salz und Butter dazugeben. Mit einer Gabel einen Teil des Mehls von innen nach außen einrühren. Dabei nach und nach 50 ml lauwarmes Wasser zugeben. Mit den Händen weiterarbeiten und so lange kneten, bis ein geschmeidiger, glatter, glänzender Teig entstanden ist. Eine Kugel formen und abgedeckt ca. 30 Minuten ruhen lassen. Damit der Teig nicht reißt, Kugel dünn mit Öl bepinseln.
Ein großes Tuch mit Mehl bestäuben. Teig ausrollen und auf dem Tuch ausziehen. Mit den Handrücken unter den Teig greifen und zu allen Seiten dünn ausziehen. Ofen auf 175 Grad vorheizen. Erdbeeren waschen und putzen, Äpfel schälen, halbieren. Kerngehäuse entfernen. Beides in feine Würfel schneiden, mit Zucker vermischen und auf dem ausgezogenen Teig verteilen, dabei einen Rand frei lassen. Quark mit Vanillinzucker verrühren und auf das Obst streichen. Mit Butterflöckchen belegen. Längsseiten des Teiges über die Füllung schlagen und durch Anheben des Tuches einrollen. Auf ein gefettetes Backblech legen und mit verquirltem Ei bestreichen. Im vorgeheizten Ofen ca. 35 Minuten backen. Zwischendurch mit Milch begießen.

Mohnstrudel

Zutaten

1 Grundrezept »Strudelteig« (S. 209) oder
1 Packung Strudelblätter (tiefgekühlt), 1/2 l Milch,
150 g Zucker,
200–250 g Mohn,
50–100 g Rosinen,
100 g Nüsse, Paniermehl nach Bedarf, 50 g Butter

EW	Fett	KH	kcal/kJ
20 g	47 g	75 g	830/3478

Strudelteig zubereiten. Milch mit Zucker aufkochen, fein gemahlenen Mohn zugeben, etwas einkochen lassen. Gewaschene, abgetrocknete Rosinen, fein geschnittene Nüsse zugeben. Wenn die Masse zu dünn ist, mit Paniermehl eindicken. Teig mit der Hälfte der zerlassenen Butter bepinseln. Mohnmasse auf die Strudelblätter verteilen, weiter verarbeiten, wie im Grundrezept beschrieben. Fertigen Strudel mit der restlichen Butter bestreichen.

Milchrahmstrudel
(für 6 Personen)

Zutaten

1 Grundrezept »Strudelteig« (S. 209) oder
1 Packung Strudelblätter (tiefgekühlt),
10 Scheiben Weißbrot ohne Rinde,
3/4 l lauwarme Milch,
200 g Butter,
100 g Puderzucker,
7 Eigelb,
Saft und abgeriebene Schale von 1 Zitrone,
etwas Vanillearoma,
125 g saure Sahne,
200 g Quark (Topfen),
5 Eiweiß, 100 g Zucker,
100 g Rosinen

EW	Fett	KH	kcal/kJ
29 g	55 g	118 g	1120/4693

Strudelteig zubereiten. Weißbrotscheiben gleichmäßig würfeln und mit 1/4 l lauwarmer Milch übergießen. Die Hälfte der Butter, Puderzucker und 5 Eigelb schaumig rühren. Nach und nach Zitronensaft und -schale, Vanillearoma, die mit Milch eingeweichten Weißbrotwürfel, saure Sahne und Quark hinzufügen. Das Eiweiß mit 50 g Zucker steif schlagen und zuletzt unterheben. Den Strudelteig mit dieser Füllung belegen und obenauf die Rosinen streuen. Mithilfe des Tuches den Teig zusammenrollen und in eine feuerfeste Form legen, die mit Butter ausgestrichen ist. Die Seiten umschlagen und den Strudel mit flüssiger Butter bestreichen. Aus 1/2 l Milch, 2 Eigelb und Zucker einen Guss bereiten und 1/3 davon über den Strudel gießen. Den Milchrahmstrudel in den vorgeheizten Ofen bei 220 Grad schieben und 45 Minuten backen. Während des Backens die restliche Eiermilch nach und nach darüber gießen.

Pfirsich-Apfelstrudel
(Abb.)

Zutaten
Für den Strudelteig:
375 g Mehl,
1 TL Salz,
3 EL Öl,
Mehl zum Ausziehen;
für die Füllung:
500 g säuerliche Äpfel,
500 g Pfirsiche,
2 Eier,
2 EL Puderzucker,
1/2 TL Zimtpulver,
abgeriebene Schale von 1/2 Zitrone (unbehandelt),
4 EL gemahlene Haselnüsse,
1 EL Mehl, 2 EL Zucker,
Butter zum Bestreichen;
für die Vanillesauce:
1 Päckchen Vanillesauce,
1/4 l Milch;
außerdem:
Fett für das Blech,
Puderzucker zum Bestäuben

EW	Fett	KH	kcal/kJ
2 g	5 g	12 g	189/789

Für den Teig Mehl in eine Schüssel sieben, eine Vertiefung hineindrücken und Salz und Öl hineingeben. 1/4 l lauwarmes Wasser langsam zugießen und dabei mit einem Holzlöffel rühren. Erst alles leicht vermischen und dann mit den Händen gründlich durchkneten. In Folie wickeln und ca. 1 Stunde im Kühlschrank ruhen lassen. Teig nochmals kräftig durchkneten und zu einer Kugel formen. Ein großes Küchentuch auf der Arbeitsfläche ausbreiten und mit Mehl bestäuben. Teig erst freihändig in der Luft mit beiden Händen ausziehen und dann auf das Tuch legen. Mit beiden Händen unter den Teig fassen und nach allen Seiten

ausdehnen, bis der Teig möglichst dünn ist, er darf aber nicht reißen.
Für die Füllung Äpfel halbieren, schälen und Kerngehäuse entfernen. Pfirsiche waschen, halbieren, Kerne entfernen und Fruchtfleisch in Spalten schneiden.
Ofen auf 200 Grad vorheizen. Eier trennen, Eigelb mit Puderzucker schaumig rühren, Zimtpulver, Zitronenschale, Haselnüsse und Mehl zugeben. Eiweiß mit Zucker schaumig schlagen und vorsichtig unterheben.
Butter zerlassen und Teig damit bepinseln. Eiermischung darauf streichen und dabei den Rand aussparen. Mit Apfel- und Pfirsichspalten belegen und Strudel vorsichtig mithilfe des Küchentuches aufrollen.
Mit der Naht nach unten auf ein gefettetes Backblech geben und dick mit zerlassener Butter bepinseln.
Strudel im vorgeheizten Ofen in ca. 35 Minuten goldbraun backen. Dabei immer wieder mit zerlassener Butter bepinseln.
Vanillesauce mit Milch nach Packungsanweisung zubereiten. Strudel in Stücke schneiden, mit Vanillesauce auf Tellern anrichten und mit Puderzucker bestäuben. Nach Wunsch mit Pfirsichspalten, Johannisbeeren, Himbeeren und Zitronenmelisse garniert servieren.
Ergibt 16 Stücke.

Ministrudel mit Mandarinen-Quark-Füllung *(Abb.)*

Zutaten

Für den Teig:
250 g Mehl,
1 Prise Salz,
50 g flüssige Butter,
Mehl zum Ausrollen;
für die Füllung:
2 Eier,
30 g flüssige Butter,
100 g Zucker,
1 Prise Salz,

1 Päckchen Vanillinzucker, 1 Päckchen Orange-back,
500 g Magerquark,
2 Dosen Mandarinen-Orangen (à 215 ml),
50 g gehackte Pistazien;
außerdem:
flüssige Butter zum Bestreichen, Puderzucker zum Bestäuben

EW	Fett	KH	kcal/kJ
19 g	25 g	62 g	550/2302

Mehl, Salz, Butter und 9 EL lauwarmes Wasser zu einem glatten Teig verkneten. Mit einer warmen Schüssel bedecken. Ca. 30 Minuten ruhen lassen. Für die Füllung Eier trennen. Eigelb, Butter, Zucker, Salz, Vanillinzucker und Orange-back verrühren. Quark unterrühren. Eiweiß steif schlagen und unterheben.
Ofen auf 200 Grad vorheizen. Teig nochmals gut durchkneten. In 6 Portionen teilen und zu Kugeln formen. Kugeln nacheinander auf einem bemehlten Küchentuch zu Rechtecken von ca. 18 x 25 cm Größe dünn ausrollen. Mit flüssiger Butter bestreichen. Etwas Quarkfüllung darauf verteilen, glatt streichen, dabei einen ca. 2 cm breiten Rand frei lassen. Abgetropfte Mandarinen und Pistazien, bis auf 1 EL, darauf verteilen. Teigränder einschlagen und mithilfe des Küchentuches von der schmalen Seite her nicht zu fest aufrollen. Strudel auf ein mit Backpapier ausgelegtes Backblech legen und auf der mittleren Einschubleiste im vorgeheizten Ofen 40 Minuten backen. Strudel mit flüssiger Butter bestreichen. Mit Puderzucker und übrigen Pistazien bestreuen.
Ergibt 6 Stücke.

Quarkstrudel *(für 6 Personen)*

Zutaten

1 Grundrezept »Strudelteig« (S. 209) oder
1 Packung Strudelblätter (tiefgekühlt),

100 g Butter, 3 Eier (getrennt), 220 g Zucker, 1 kg Quark (Topfen), 125 g saure oder süße Sahne nach Belieben, abgeriebene Zitronenschale (unbehandelt), 50–100 g Sultaninen, 1/4 l Milch, 1/2 Päckchen Vanillinzucker, 1 Eigelb

EW	Fett	KH	kcal/kJ
36 g	35 g	91 g	851/3564

Strudelteig herstellen oder nach Vorschrift auftauen lassen. 60 g weiche Butter, 3 Eigelb und 200 g Zucker schaumig rühren. Quark abtropfen lassen, durch ein Sieb streichen, zur Schaummasse geben, mit Sahne, Zitronenschale und Sultaninen verrühren. Zuletzt den steif geschlagenen Eischnee unterheben. Quarkmasse auf die Strudelblätter verteilen, weiter verarbeiten wie im Grundrezept beschrieben. Nach 15 Minuten Backzeit warme Milch, verrührt mit Vanillinzucker und Eigelb, darüber gießen und backen, bis alles eingezogen und der Strudel goldbraun ist. Zwischendurch mit dem Rest der Butter bestreichen.

Apfelstrudel (Abb.)

Zutaten

Für den Teig:
350 g Weizenvollkornmehl,
1 EL Öl,
1/4 TL Salz,
Saft von 1 Zitrone,
1 Päckchen Vanillinzucker,
Mehl zum Ausrollen;
für die Füllung:
1,5 kg Äpfel,
90 g Butter oder Margarine,
70 g Vollkorn-Paniermehl,
100 g Rosinen,
200 g Honig,
2 TL Zimtpulver;
außerdem:
Fett für das Blech

EW	Fett	KH	kcal/kJ
4 g	7 g	60 g	331/1384

Weizenvollkornmehl in eine Schüssel sieben und in die Mitte eine Mulde drücken. Öl, Salz, Hälfte des Zitronensaftes und Vanillinzucker in die Vertiefung geben. Nach und nach 100–150 ml lauwarmes Wasser dazugießen und von der Mitte aus alles zu einem geschmeidigen Teig verarbeiten. Teig auf den Tisch schlagen, bis er glatt und elastisch ist, zu einer Kugel formen und mit Frischhaltefolie verpacken. Mindestens 2 Stunden ruhen lassen.
Teig nach der Ruhezeit zunächst auf einem bemehlten Tuch sehr dünn ausrollen.
Ofen auf 175 Grad vorheizen.
Für die Füllung Äpfel schälen, vierteln, entkernen und in dün-

ne Scheiben schneiden. 2/3 der Butter oder Margarine zerlassen, Hälfte davon auf den ausgerollten Strudelteig pinseln. Andere Hälfte Butter oder Margarine erhitzen, Paniermehl darin rösten und auf den Teig streuen. Apfelscheiben gleichmäßig darauf verteilen, Rosinen, Honig, Zimt und restlichen Zitronensaft darüber geben.
Ränder des Teiges von allen Seiten einschlagen, Teig mithilfe des Tuches aufrollen und Strudel auf ein gut gefettetes Backblech legen. Im vorgeheizten Ofen ca. 50 Minuten backen. Kurz vor Ende der Backzeit restliche Butter oder Margarine zerlassen und Strudel damit bestreichen. Ergibt 12 Stücke.

Pflaumen-Strudel mit Haselnüssen

Zutaten

Für den Teig:
250 g Mehl,
1 Ei, 1 EL Öl,
1 Prise Salz,
Mehl zum Ausrollen;
für die Füllung:
125 g Sahne,
1 kg Pflaumen,
4 EL Zucker,
100 g Rum-Rosinen,
100 g gehackte Haselnüsse;
zum Bestreichen:
3 EL Butter

EW	Fett	KH	kcal/kJ
3 g	10 g	25 g	196/818

1/8 l Wasser lauwarm erwärmen. Mehl, Ei, Öl, Salz und lauwarmes Wasser zu einem glatten Teig verkneten und diesen so lange auf ein Brett schlagen, bis er glatt und glänzend geworden ist. In Frischhaltefolie verpackt 2 Stunden ruhen lassen. Teig halbieren, jeweils auf einem bemehlten Küchentuch ausrollen und über den Handrücken hauchdünn ausziehen. Ofen auf 200 Grad vorheizen. Teigplatten mit Sahne bestreichen. Pflaumen waschen, halbieren, entkernen, mit Zucker bestreuen und auf dem Teig verteilen. Mit Rum-Rosinen und Nüssen bestreuen.
Seiten einschlagen und Teig mithilfe des Küchentuches aufrollen. Beide Teigrollen auf eine Fettpfanne aus dem Backofen legen, mit zerlassener Butter bestreichen und im vorgeheizten Ofen 35–40 Minuten backen. Nach dem Backen mit restlicher Butter bestreichen.
Ergibt 20 Stücke.

Zwetschgenstrudel

Zutaten

Für den Teig:
1 EL Schweineschmalz,
1 Ei,
1 Prise Salz,
250 g Mehl,
Mehl zum Ausrollen;
für die Füllung:
1 kg Zwetschen,
140 g Butter,
100 g Paniermehl,
80–100 g Zucker;
außerdem:
Fett für das Blech,
Puderzucker zum Bestäuben

EW	Fett	KH	kcal/kJ
5 g	11 g	46 g	306/1278

Schmalz zerlassen, mit 75 ml lauwarmem Wasser, Ei und Salz verquirlen. Gesiebtes Mehl nach und nach untermischen und einen glatten Teig kneten. 10–15 Minuten weiterkneten, bis er glänzend und elastisch ist. Teigkugel mit Folie bedeckt 1 Stunde ruhen lassen.
Inzwischen Zwetschen waschen, abtrocknen, entsteinen und vierteln.
Ofen auf 200 Grad vorheizen. Teig auf einem bemehlten Küchentuch dünn ausrollen und mit den Handrücken hauchdünn ausziehen.
100 g Butter zerlassen und mit dem Paniermehl mischen. Auf zwei Drittel des Teiges verteilen. Mit Zwetschen belegen und mit Zucker bestreuen. Teigränder einschlagen und Strudel zusammenrollen. Mit der Nahtstelle nach unten auf ein gefettetes Blech gleiten lassen. Mit restlicher Butter bestreichen.
Strudel im vorgeheizten Ofen auf mittlerer Schiene 40 Minuten backen. Noch heiß dick mit Puderzucker bestäuben und sofort servieren.

BAISER

Baiser besteht lediglich aus Eischnee und Zucker. Dennoch schmeckt es wie ein schaumig-zarter Traum.

Das Wort „Baiser" kommt aus dem Französischen und bedeutet „Kuss". Wie profan klingt dagegen das deutsche Wort „Meringe"!

Damit Baiser gut gelingt und nicht nur ein süßer Traum bleibt, sollte man bei der Herstellung folgende Tipps beachten:

- Als Grundregel gilt: Für ein Eiweiß rechnet man 50 g Zucker.
- Damit der Eischnee schön steif wird, dürfen nur absolut frische Eier verwendet werden. Auch die Trennung von Eiweiß und Eigelb muss peinlich genau erfolgen.
- Alle Backutensilien, wie z. B. Rührschüssel, Rührlöffel, Backblech müssen absolut fettfrei sein.
- Damit der Eischnee steif geschlagen werden kann, sollte man eine möglichst große Rührschüssel verwenden.
- Eine Prise Salz oder Speisestärke im Eiweiß sorgt für eine feste Konsistenz des Eischnees.
- Falls mit einem elektrischen Rührgerät gearbeitet wird, stellt man anfangs eine kleine bis mittlere Rührstufe ein, bis der Eischnee schaumig aussieht.
- Anschließend lässt man den Zucker einrieseln und schlägt auf höchster Rührstufe weiter, bis eine steife, schnittfeste, glänzende Masse entsteht.
- Empfehlenswert ist, möglichst feinen Zucker zu verwenden. Optimal eignet sich für die Herstellung von Baisers Puderzucker.
- Wenn der geschlagene Eischnee einen matten Glanz zeigt, ist er fertig und kann zu kleinen Törtchen, Kreisen, Herzen usw. geformt werden.
- Mischt man zu dem Zucker und Eiweiß noch etwas Kakaopulver oder fein geriebene Schokolade, bekommt man dunkle Baisers, die sich sehr dekorativ mit den weißen Gebäckstücken anrichten lassen.
- Das Backblech wird mit Backpapier ausgelegt. Auf dieses spritzt man mit einem Spritzbeutel (besonders hübsch macht sich eine Sterntülle) die gewünschten Formen auf das Papier.
- Natürlich kann man auch mit einem Löffel die Masse auf das Backpapier aufbringen und verstreichen.
- Wer noch etwas unsicher ist, kann die gewünschten Formen mit einem Bleistift auf dem Backpapier vorzeichnen.
- Backofen auf 100 Grad vorheizen und das Backblech auf die mittlere Schiene schieben. Bei 80–100 Grad 3–4 Stunden trocknen lassen. Bei herkömmlichen Backöfen muss unbedingt die Ofentür durch einen eingeschobenen Kochlöffelstiel einen Spalt offen gelassen werden, damit die Feuchtigkeit entweichen kann.
- Nach dem Backen soll Baiser weiß sein.
- Baisergebäcke kann man beliebig mit Schlagsahne, Cremes, Obst oder Eis füllen.
- Gibt man zum Zucker und zur Speisestärke zusätzlich geschälte, geriebene Mandeln, erhält man feines Mandelbaiser.
- Durch Zugabe von geriebenen Nüssen bereitet man wohlschmeckendes Nussbaiser.

GRUNDREZEPT
Meringenmasse, Baiser

Zutaten
4 Eiweiß,
1 Prise Backpulver nach Belieben,
200 g feiner Zucker,
1 TL Zitronensaft

EW	Fett	KH	kcal/kJ
1 g	0 g	17 g	73/306

Eiweiß zu steifem Schnee schlagen, nach Belieben Backpulver zugeben. Zucker nach und nach einrieseln lassen. Mit Zitronensaft weiterschlagen bis eine steife, glänzende Masse entsteht. Sofort weiterverarbeiten.

Meringentörtchen

Zutaten
1 Grundrezept »Meringenmasse« (siehe oben),
1 EL Puderzucker,
125 g Sahne

EW	Fett	KH	kcal/kJ
2 g	3 g	18 g	110/459

Ofen auf 100 Grad vorheizen. Backblech mit Backpapier auslegen. Masse in Spritzbeutel füllen und kleine Törtchen auf das Papier spritzen. Mit Puderzucker bestäuben, im Ofen ca. 90 Minuten mehr trocknen als backen. Nach dem Erkalten mit gesüßter Schlagsahne füllen.

Baisertorte mit Pfirsichen
(Abb.)

Zutaten
Für den Teig:
4 Eier,
100 g Butter oder Margarine,
280 g Zucker,
150 g Mehl,
1/2 TL Backpulver,
100 g Mandelblättchen;
für die Füllung:
1 Dose Pfirsichhälften (850 ml),
400 g Sahne,
2 Päckchen Sahnesteif,
2 Päckchen Vanillinzucker

EW	Fett	KH	kcal/kJ
6 g	23 g	41 g	330/1379

Ofen auf 175 Grad vorheizen. Eier trennen. Butter oder Margarine cremig rühren, 130 g Zucker, Eigelb und 2 EL Wasser nach und nach zugeben; schaumig verrühren. Mehl mit Backpulver mischen und esslöffelweise vorsichtig unterheben. Eine Hälfte des Teiges in eine mit Backpapier ausgelegte Springform (28 cm Durchmesser) füllen und im vorgeheizten Ofen ca. 20 Minuten backen.
Boden auf einen Kuchendraht stürzen und abkühlen lassen. Restlichen Teig auf gleiche Weise abbacken.

Für die Baisermasse Eiweiß steif schlagen, dabei restlichen Zucker langsam einrieseln lassen. Baisermasse auf die zwei ausgekühlten Böden streichen, jeweils mit Mandelblättchen bestreuen und im vorgeheizten Ofen bei 175 Grad nochmals ca. 15 Minuten backen, bis das Baiser leicht zu bräunen beginnt.
Pfirsichhälften abtropfen lassen, achteln und einen Boden damit belegen. Sahne mit Sahnesteif und Vanillinzucker steif schlagen, auf die Pfirsiche geben und glatt streichen. Zweiten Boden in Tortenstücke schneiden und Torte damit abdecken.
Ergibt 12 Stücke.

Bunte Baisertörtchen
(Abb.)

Zutaten
Für die Baisermasse:
12 Eiweiß,
300 g Zucker,
225 g Puderzucker,
2 EL Speisestärke;
für die Füllung:
frische Früchte der Jahreszeit, z. B. Kiwis und Kirschen,
1 Päckchen klarer Tortenguss;
außerdem:
Schlagsahne zum Servieren

EW	Fett	KH	kcal/kJ
5 g	1 g	55 g	254/1061

Eiweiß steif schlagen, dabei nach und nach Zucker langsam einrieseln lassen. Puderzucker und Speisestärke darüber sieben und unterheben. Baisermasse in einen Spritzbeutel füllen. Backblech mit Backpapier auslegen und je nach Größe 10 Torteletts aufspritzen, dabei jedes Tortelett mit einem Tupfenrand verzieren. Törtchen zuerst an der Luft 1–2 Stunden, anschließend im vorgeheizten Ofen bei 100 Grad ca. 2 Stunden trocknen lassen. In der Zwischenzeit Obst zubereiten. Fertige Törtchen mit Obst nach Wahl belegen. Tortenguss nach Packungsvorschrift zubereiten, über die Früchte geben und erstarren lassen. Mit Schlagsahne servieren.
Ergibt 10 Stück.

Baisertorte mit Erdbeeren

Zutaten
Für den Teig:
5 Eiweiß,
150 g Zucker,
150 g Puderzucker,

1 Päckchen Vanillinzucker,
Saft von 1/2 Zitrone,
Zucker zum Bestreuen;
für den Belag:
100 g Erdbeermarmelade,
1 Glas (2 cl) Kirschwasser,
500 g Erdbeeren;
zum Garnieren:
250 g Sahne,
20 g Zucker,
1 Msp. Zimtpulver

EW	Fett	KH	kcal/kJ
2 g	2 g	37 g	188/787

Ofen auf 100 Grad vorheizen. Eiweiß zu steifem Schnee schlagen. Nach und nach Zucker, Puderzucker und Vanillinzucker einrieseln lassen. Zitronensaft hinzufügen und nochmals gut durchschlagen. Die Masse muss sehr fest sein.
Eine Springform von 26 cm Durchmesser mit Pergamentpapier auslegen, dünn mit Zucker bestreuen. Baisermasse in einen Spritzbeutel mit glatter Tülle füllen und von der Mitte aus spira-

lenförmig einen Boden in die Springform spritzen. Für den Rand eine doppelte Spirale spritzen. Auf mittlerer Schiene im vorgeheizten Ofen 2 1/2 Stunden backen. Boden herausnehmen. Sofort das Pergamentpapier lösen und Baiserboden auf einem Kuchendraht auskühlen lassen.
Marmelade mit Kirschwasser verrühren. Damit den Baiserboden bestreichen. Erdbeeren waschen, gut abtropfen lassen, trockentupfen. Boden damit belegen. Sahne in einer Schüssel steif schlagen. Zucker und Zimt zugeben. In einen Spritzbeutel mit einer großen Sterntülle füllen. Rund um die Torte einen Kranz spritzen. Möglichst sofort servieren.

Erdbeer-Baiser-Kuchen

Zutaten

1 Grundrezept »Mürbeteig« (S. 65),
750 g Erdbeeren,
125 g Zucker,
4 Eiweiß,
125 g Schlagsahne nach Belieben

EW	Fett	KH	kcal/kJ
4 g	13 g	31 g	265/1111

Mürbeteig herstellen, in Obstkuchenform drücken, im vorgeheizten Ofen (200–225 Grad) ca. 30 Minuten backen, auskühlen lassen. Mit der Hälfte der gewaschenen, abgetropften Früchte belegen, große Erdbeeren teilen. Mit 2 EL Zucker bestreuen. Kaltes Eiweiß mit wenig Zucker zu steifem Schnee schlagen, restlichen Zucker zugeben, zu einer glatten, glänzenden Schaummasse weiterschlagen. Restliche Erdbeeren durch ein Sieb passieren, unterschlagen. Erdbeerschaum auf dem Kuchen verteilen, bei Oberhitze ca. 10 Minuten überbacken. Nach Belieben mit Schlagsahne verzieren.

Tipp

Statt Erdbeeren kann man auch Himbeeren verwenden.

Stachelbeerkuchen mit Baisergitter

(Abb.)

Zutaten

Für den Teig:
175 g Mehl,
80 g feine Haferflocken,
1 Msp. Backpulver,
1 Eigelb,
150 g Butter,
80 g Zucker,
1 Prise Salz,
4 Tropfen Zitronenbacköl;
für die Creme:
1/4 l Stachelbeersaft,
2 gestr. EL Speisestärke,
2 Eigelb,
25 g Zucker,

1 Päckchen Vanillinzucker;
für den Belag:
2 Gläser Stachelbeeren (à 430 g),
3 Eiweiß,
150 g Zucker

EW	Fett	KH	kcal/kJ
5 g	12 g	51 g	290/1212

Stachelbeeren für den Belag abtropfen lassen und beiseite stellen.
Für den Teig Mehl, Haferflocken und Backpulver vermischen. Auf die Tischplatte geben und in die Mitte eine Mulde für das Eigelb drücken. Butter, Zucker, Salz und Zitronenbacköl am Rand verteilen und alles zu einem Mürbeteig verkneten. Teig in Folie wickeln und 30 Minuten im Kühlschrank ruhen lassen.

Ofen auf 200 Grad vorheizen. Die Hälfte des Backblechs mit Backtrennpapier auslegen und Teig darauf ausrollen. Vor den Teig einen Streifen gekniffelte Alufolie legen. Teig mit einer Gabel mehrmals einstechen und im vorgeheizten Ofen auf mittlerer Schiene 10–15 Minuten backen.
Inzwischen Stachelbeersaft, mit 1 EL Saft angerührte Speisestärke, Eigelb, Zucker und Vanillinzucker in einen Kochtopf geben, unter Rühren einmal aufkochen und dann abkühlen lassen. Creme auf den Mürbeteig streichen und Stachelbeeren darauf verteilen. Eiweiß mit Zucker steif schlagen. Mit einem Spritzbeutel ein Gitter auf den Stachelbeerkuchen spritzen und bei 250 Grad, auf zweiter Einschubleiste von oben, 3–5 Minuten überbacken.

Baisertorte mit Stachelbeeren (Abb.)

Zutaten

Für den Teig:
100 g Butter oder Margarine,
125 g Zucker,
4 Eigelb,
150 g Mehl,
1/2 TL Backpulver;
für das Baiser:
4 Eiweiß,
160 g Zucker,
100 g Mandelblättchen;
für den Belag:
1 Glas Stachelbeeren,
1/2 Päckchen Vanille-Puddingpulver,
400 g Sahne,
1 Päckchen Sahnesteif;
außerdem:
Fett für die Form

EW	Fett	KH	kcal/kJ
7 g	17 g	40 g	415/1735

Ofen auf 175 Grad vorheizen. Butter oder Margarine schaumig rühren, Zucker, Eigelb und 1–2 EL Wasser nach und nach zugeben. Mehl mit Backpulver mischen und esslöffelweise unterrühren.
Zwei gefettete Springformböden (28 cm Durchmesser) mit Teig bestreichen und im vorgeheizten Ofen ca. 20 Minuten goldgelb abbacken.
Böden nach dem Backen sofort vom Springformboden lösen und abkühlen lassen. Für die

Baisermasse Eiweiß steif schlagen, dabei langsam Zucker einrieseln lassen. Baisermasse auf die 2 ausgekühlten Böden streichen, jeweils mit Mandelblättchen bestreuen und im vorgeheizten Ofen bei 175 Grad nochmals 10–15 Minuten backen, bis das Baiser eben zu bräunen beginnt.
Stachelbeeren abtropfen lassen, 1/4 l des Saftes abmessen. Puddingpulver mit etwas Saft anrühren. Restlichen Saft aufkochen und mit angerührtem Puddingpulver binden, abkühlen lassen. Stachelbeeren vorsichtig unterheben.
Masse auf einen Tortenboden streichen, Sahne mit Sahnesteif aufschlagen und auf die Stachelbeermasse verteilen. Zweiten Boden in Tortenstücke schneiden und Stachelbeeren damit abdecken.
Ergibt 12 Stücke.

Rhabarberkuchen mit Baisergitter
(Abb.)

Zutaten

Für den Teig:
200 g Butter oder Margarine,
100 g Zucker,
1 Päckchen Vanillinzucker,
1 Prise Salz,
2 Eier,
375 g Mehl,
2 gestr. EL Backpulver,
1,5 kg Rhabarber;
für das Baiser:
4 Eiweiß,
150 g Zucker

EW	Fett	KH	kcal/kJ
4 g	5 g	30 g	177/740

Ofen auf 175 Grad vorheizen. Butter oder Margarine, Zucker, Vanillinzucker, Salz und Eier schaumig rühren. Mehl mit Backpulver mischen und esslöffelweise zugeben. Rhabarber abfädeln, waschen und gut abtropfen lassen. In ca. 3 cm lange Stücke schneiden. Teig auf ein mit Backpapier ausgelegtes Backblech streichen und gleichmäßig mit Rhabarberstücken belegen. Im vorgeheizten Ofen ca. 35 Minuten backen.
Eiweiß steif schlagen, dabei Zucker langsam einrieseln lassen. Eischnee in einen Spritz-

beutel füllen und gitterförmig auf den vorgebackenen Rhabarberkuchen spritzen. Bei 200 Grad weitere 10 Minuten backen, bis das Baiser leicht gebräunt ist.
Ergibt 20 Stücke.

Baisertorte mit Kirschen

Zutaten

Für den Baiserboden:
3 Eiweiß,
150 g Zucker,
1/2 Päckchen Vanillinzucker,
1 EL Zitronensaft,
Zucker zum Bestreuen;
für den Mürbeteigboden:
250 g Mehl,
1 Ei,
75 g Zucker,
1 Prise Salz,
125 g Butter;
für Füllung und Belag:
4 EL Kirschmarmelade,
1 Glas Sauerkirschen;
für die Baisergarnierung:
3 Eiweiß,
100 g Zucker,
1/2 Päckchen Vanillinzucker,
1/2 EL Zitronensaft,
1 Päckchen Tortenguss

EW	Fett	KH	kcal/kJ
5 g	9 g	37 g	322/1348

Ofen auf 100 Grad vorheizen. Für den Baiserboden Eiweiß mit Zucker, Vanillinzucker und Zitronensaft steif schlagen. Eine Springform von 26 cm Durchmesser mit Pergamentpapier auslegen. Mit Zucker bestreuen. Eiweißmasse in den Spritzbeutel füllen und spiralenförmig einen Boden in die Springform spritzen. Oder die Baisermasse mit einem Esslöffel in die Form füllen und anschließend glatt streichen.
Baisermasse im vorgeheizten Ofen 160–170 Minuten backen. Die Ofentür dabei einen Spalt breit offen lassen. Wenn der Boden gar ist, sofort das Papier ablösen.
Für den Mürbeteig Ofen auf 220 Grad vorheizen. Mehl auf ein Backbrett geben. In die Mitte eine Mulde drücken. Ei, Zucker und Salz dazugeben. Butter in Flöckchen auf dem Mehlrand verteilen. Von außen nach innen alle Zutaten rasch miteinander verkneten. Teig für 30 Minuten in den Kühlschrank stellen.
Boden einer Springform mit dem Teig belegen. Ein paarmal mit einer Gabel einstechen, damit sich keine Blasen bilden. Teig im vorgeheizten Ofen 15 Minuten backen. Herausnehmen und abkühlen lassen.
Kirschmarmelade auf den Mürbeteigboden streichen. Baiserboden darauf setzen. Entsteinte, abgetropfte Kirschen darauf geben. Sie dürfen nicht mehr feucht sein, sonst wird der Baiserboden weich und zäh.
Für die Baisergarnierung Eiweiß, Zucker, Vanillinzucker und Zitronensaft steif schlagen. In den Spritzbeutel füllen. Dicke Tuffs an den Tortenrand spritzen. Im Ofen bei 100 Grad 100–120 Minuten backen. Die Spitzen müssen goldbraun sein.
Tortenguss mit Saft der Sauerkirschen nach Vorschrift zubereiten. Über die Kirschen verteilen.

Schaumkonfekt

Zutaten

4 Eiweiß,
200 g feiner Zucker,
1 TL Zitronensaft,
1 EL bunter Streuzucker

EW	Fett	KH	kcal/kJ
5 g	9 g	37 g	322/1348

Ofen auf etwa 100 Grad vorheizen. Backblech mit Backpapier auslegen. Eiweiß schaumig schlagen, Zucker einrieseln lassen, Zitronensaft einträpfeln. Mit höchster Stufe des elektrischen Rührgerätes weiterschlagen, bis zu einer schnittfesten, glänzenden Schneemasse. Einen Spritzbeutel mit großer Sterntülle mit der Masse füllen und verschiedene Formen wie Kreise, Herzen, Kringel, Wellen auf das Backpapier spritzen, mit Streuzucker verzieren. Im Backofen 90–100 Minuten mehr trocknen als backen. Nicht bräunen lassen, das Gebäck soll weiß bleiben.

Durchgezogener Guss
(Abb. 1–3)

Zutaten
1 Rezept »Punschglasur«
(s. folgendes Rezept),
2 TL Kakaopulver
(gesiebt)

EW	Fett	KH	kcal/kJ
1 g	0 g	17 g	80/334

Punschglasur herstellen, sofort auf dem Gebäck verteilen, 2 EL davon zurückbehalten. Diesen Rest mit Kakaopulver verrühren, mit 1–2 Tropfen Wasser verdünnen. In einen Spritzbeutel füllen und Ringe oder Streifen auf das glasierte Gebäck spritzen. Mit einem Messer, in Wasser getaucht, Muster durchziehen (Abb. 1–3).

Punschglasur

Zutaten
200 g Puderzucker,
1 EL Zitronensaft,
1 EL Arrak,
1 Eiweiß

EW	Fett	KH	kcal/kJ
0 g	0 g	17 g	72/301

Puderzucker sieben, mit Zitronensaft und Arrak glatt rühren, Eiweiß einrühren und vorsichtig 1 EL Wasser zugeben, bis der Guss streichfähig ist.
Sofort verwenden.

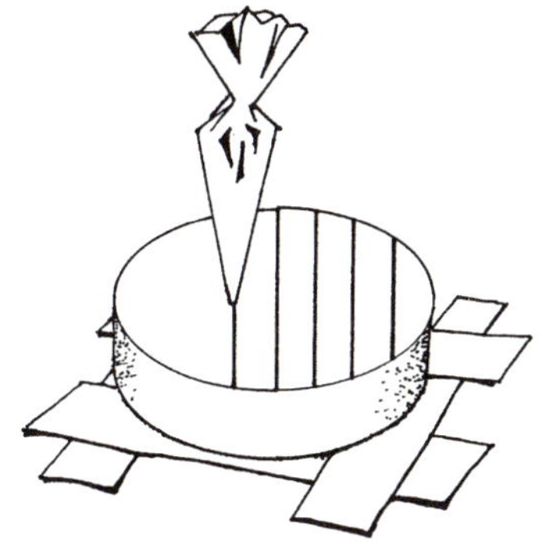

Abb. 1

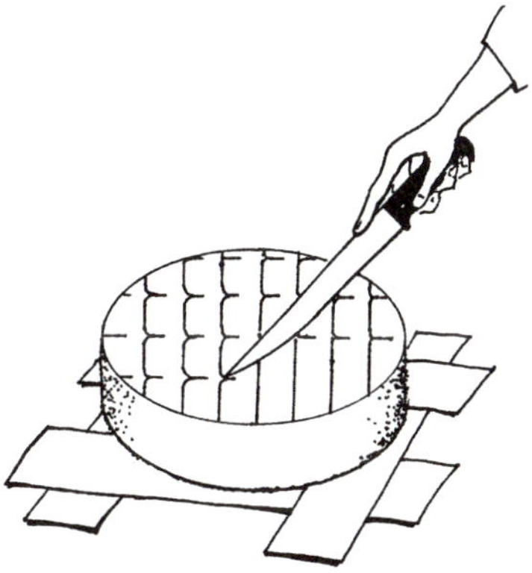

Abb. 2

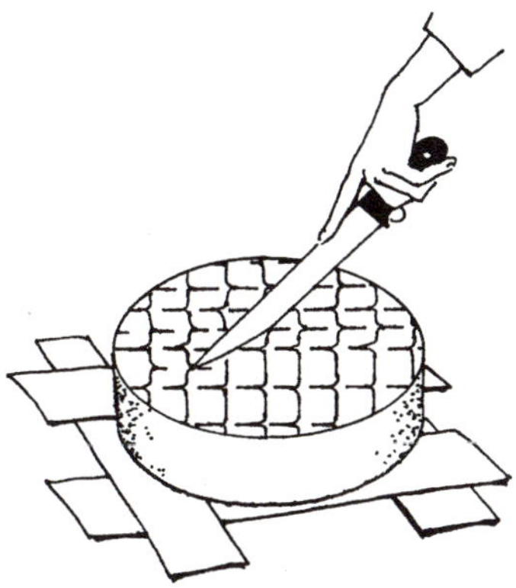

Abb. 3

Mokkaglasur

Zutaten
200 g Puderzucker
(gesiebt),
3 EL warmer, starker
Mokka,
1 Eiweiß

EW	Fett	KH	kcal/kJ
0 g	0 g	17 g	68/285

Puderzucker mit Kaffee und Eiweiß gut durchrühren, sofort auf das Gebäck geben.

Gemischte Buttercreme

Zutaten
3 Eigelb,
2 EL Zucker,
60 g Speisestärke oder
1 Päckchen Vanillepudding,
1/2 l Milch,
250 g Butter,
150 g Puderzucker,
Geschmackszutaten wie bei reiner Buttercreme

EW	Fett	KH	kcal/kJ
2 g	15 g	15 g	207/869

Eigelb mit Zucker verquirlen. Speisestärke in die kalte Milch einrühren, zur Eigelb-Zucker-Mischung geben, kurz aufkochen, erkalten lassen. Öfter umrühren. Oder Vanillepudding nach Packungsvorschrift zubereiten, ebenfalls unter öfterem Rühren erkalten lassen. Weiche Butter schaumig rühren, Puderzucker und beliebige Geschmackszutaten zugeben. Den erkalteten Pudding unterrühren.

Reine Buttercreme
(Abb.)

Zutaten
250 g Butter,
3–4 Eigelb,
180 g Puderzucker (gesiebt),
Geschmackszutaten:
2–3 EL Arrak, Rum, Likör oder Kirschwasser, Vanillemark oder 4 EL Kakaopulver oder 80–100 g Schokolade (im Wasserbad leicht erwärmt) oder 80–100 g geriebene Nüsse oder Mandeln oder 4 EL Krokant

EW	Fett	KH	kcal/kJ
1 g	16 g	15 g	213/894

Weiche Butter schaumig rühren, Eigelb und Puderzucker dazugeben und gut durchrühren. Die Creme muss weich und streichfähig sein. Beliebig mit Geschmackszutaten abschmecken. Creme zum Füllen und Verzieren (siehe Abb. 1+2) verwenden.

Tipp
Reine Buttercreme ist schwerer als gemischte Buttercreme, dafür aber haltbarer.

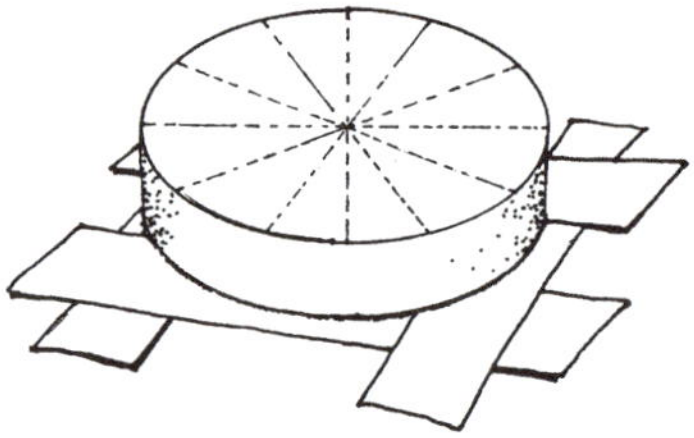

Abb. 1

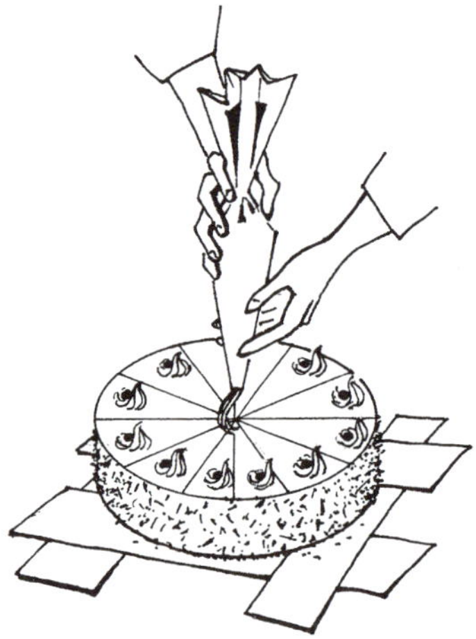

Abb. 2

Zimtglasur

Zutaten
1 TL Zimt,
250 g Puderzucker

EW	Fett	KH	kcal/kJ
0 g	0 g	21 g	83/348

50 ml Wasser aufkochen, vom Herd nehmen und Zimt einrühren. Puderzucker dazugeben und zu einer glatten Glasur rühren.

Schokoladenglasur

Zutaten
200 g Schokolade,
etwas Butter

EW	Fett	KH	kcal/kJ
1 g	6 g	9 g	96/402

Schokolade mit 4 EL Wasser im Wasserbad auflösen, Butter dazurühren. Glasur noch warm über das Gebäck geben. An der Luft trocknen lassen.

Mokkacreme

Zutaten
1 Vanilleschote,
1/4 l Milch,
1/2 Päckchen Puddingpulver (Vanille),
35 g Speisestärke,
2 Eigelb, 50 g Zucker,
100 g Puderzucker,
250 g weiche Butter,
4 EL starker Mokka,
1 EL Rum

EW	Fett	KH	kcal/kJ
2 g	18 g	16 g	244/1022

Vanilleschote längs aufschlitzen und in Milch aufkochen. Von der Herdplatte nehmen und einige Minuten ziehen lassen. Vanilleschote entfernen. In einem zweiten Topf Puddingpulver, Speisestärke, Eigelb und Zucker mit dem Mixer glatt rühren. Die noch heiße Milch nach und nach in die Eicreme schlagen und unter ständigem Rühren aufkochen lassen. Topf in eine Schüssel mit kaltem Wasser stellen und die Creme kalt schlagen. Puderzucker und weiche Butter mit dem Mixer schaumig schlagen. Abgekühlte Eiercreme löffelweise unter die Butter mischen. Mit Mokka und Rum abschmecken.

Tipp
Den Mokka kann man durch Pulverkaffee (Instant) ersetzen.

Schneeglasur

Zutaten
1 Eiweiß,
1 TL Zitronensaft,
120 g Puderzucker

EW	Fett	KH	kcal/kJ
1 g	0 g	10 g	42/174

Eiweiß zu sehr steifem Schnee schlagen. Zitronensaft und nach und nach den Puderzucker einrühren. Gebäck mit der Glasur bestreichen und im Ofen bei geringer Hitze trocknen lassen.

Tipp
Diese Glasur wird vor allen Dingen in der Weihnachtszeit bei den Zimtsternen und bei Hexenhäuschen benötigt.

Puderzuckerglasur

Zutaten
60 g Puderzucker (gesiebt),
1 EL Flüssigkeit nach Belieben: warmes Wasser, Cognac, Fruchtsaft, Zitronensaft, Kaffee, Weißwein, Arrak, Zitronensaft oder Rum

EW	Fett	KH	kcal/kJ
0 g	0 g	5 g	22/91

Puderzucker mit Flüssigkeit glatt rühren, sofort auf das Gebäck geben, an der Luft trocknen lassen.

Sahnecreme mit Früchten

Zutaten
500 g Früchte nach Belieben,
6 Blatt Gelatine,
5 EL Fruchtsaft oder Wasser,
750 g Sahne,
120 g Puderzucker,
2 EL Rum oder Kirschlikör

EW	Fett	KH	kcal/kJ
1 g	14 g	13 g	194/811

Dosenfrüchte abtropfen lassen, klein schneiden. Beerenfrüchte zerdrücken. Gelatine in kaltes Wasser legen, 10–15 Minuten weichen lassen, ausdrücken. Fruchtsaft oder Wasser erhitzen, Gelatine darin auflösen und abkühlen lassen. Sahne schlagen, gesiebten Puderzucker und Gelatine-Flüssigkeit unterrühren, weiterschlagen, bis die Sahne völlig steif ist. Früchte und Alkohol dazugeben. Sofort verwenden. Das fertige Gebäck kühl stellen.

Aprikosenglasur

Zutaten
60 g Zucker,
1 EL Zitronensaft,
100 g Aprikosenkonfitüre

EW	Fett	KH	kcal/kJ
0 g	0 g	10 g	42/176

Zucker mit 3 EL Wasser und Zitronensaft aufkochen. Aprikosenkonfitüre durch ein Sieb in die Zuckerlösung streichen und unter Rühren erhitzen.

Orangenglasur

Zutaten
Saft von 1/2 Orange,
250 g Puderzucker

EW	Fett	KH	kcal/kJ
0 g	0 g	21 g	85/357

Orangensaft durchseihen und mit dem Puderzucker zu einer glatten Glasur rühren.

Sahne-Füllcreme

Zutaten
1 Vanilleschote,
300 ml Milch,
120 g Zucker,
5 Eigelb,
60 g Speisestärke,
2 Blatt Gelatine,
200 g Sahne

EW	Fett	KH	kcal/kJ
3 g	8 g	15 g	156/653

Vanilleschote längs aufschlitzen und in Milch aufkochen. Von der Herdplatte nehmen und 5–10 Minuten ziehen lassen. In einem zweiten Topf Zucker und Eigelb schaumig rühren. Speisestärke untermischen. Vanilleschote aus der Milch entfernen. Die noch warme Milch langsam in die Eigelbcreme gießen und kräftig umrühren. Masse noch einmal kurz erhitzen, bis sie Blasen wirft. Topf vom Herd nehmen. Gelatine kurz in kaltem Wasser einweichen, ausdrücken und unter die heiße Creme rühren. Topf in eine Schüssel mit kaltem Wasser stellen und die Creme kalt rühren. Creme durch ein Sieb streichen. Sahne steif schlagen und unter die Creme ziehen. Wie man eine Torte teilt, füllt und wieder zusammensetzt entnehmen Sie bitte den Abbildungen.

Teilen, Füllen und Zusammensetzen einer Torte

Teilen mit einem scharfen Messer oder überkreuzten Faden.

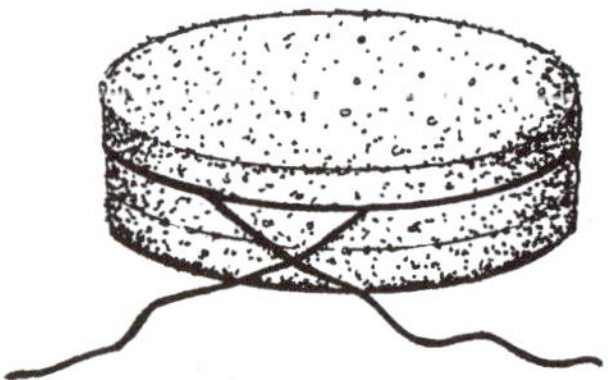

Der Tortenrand wird mit gerösteten Mandeln oder Krokant bestreut.

Zusammensetzen mit Creme- oder Marmeladenfüllung.

Bestreichen mit Creme oder Guss.

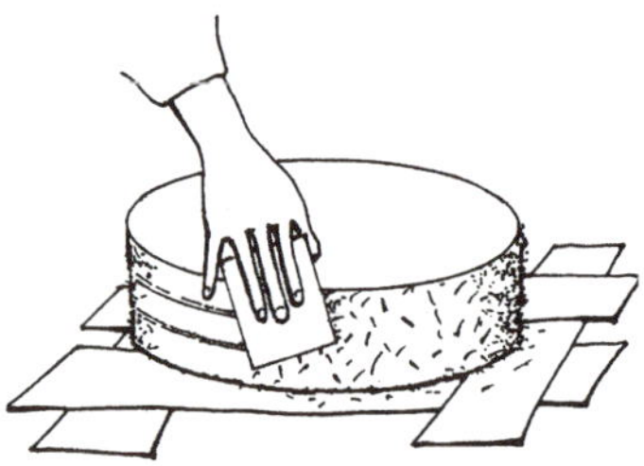

Honigkuchenlack

Zutaten
200 g Kartoffelmehl

EW	Fett	KH	kcal/kJ
2 g	0 g	12 g	62/258

Kartoffelmehl in einer breiten Pfanne unter ständigem Rühren goldbraun rösten. Etwa 1/2 l kaltes Wasser angießen und unter Rühren zu einem dicklichen Brei kochen. Durch ein feines Sieb gießen und nochmals aufkochen. Brei abkühlen lassen, falls erforderlich noch mit etwas Wasser verdünnen.

»Man soll die Feste feiern, wie sie fallen!« Anlässe zum Feiern gibt es viele. Geburtstagsfeiern für jung und alt, eine Kinderparty, Muttertag, Hochzeit, Neujahr, Ostern, eine Jubiläumsfeier. Alle diese Ereignisse stellen für die Feiernden ein unvergessliches Ereignis dar. Als Gastgeber ist es daher selbstverständlich, alles dafür zu tun, dass dieser Tag, diese Feier, ohne Pannen abläuft. Wichtig ist auch der persönliche Geschmack und er sollte deshalb unbedingt berücksichtigt werden. Beim Backen von Geburtstagstorten beispielsweise sollte man sich nach dem Alter des Jubilars richten. Kinder wünschen sich sicherlich möglichst süße und bunte Torten mit jeder Menge Schokolade, während Senioren mehr einen leichteren Kuchen vertragen. Grundsätzlich gelten beim Backen für besondere Anlässe folgende Regeln:

- Machen Sie sich schon einige Tage vorher eine genaue Einkaufsliste.
- Lieber auf altbewährte Rezepte zurückgreifen oder, wenn schon Neuland betreten werden soll, das Rezept einige Zeit vor der Festivität ausprobieren.
- Vor dem Backen legt man sich zuerst alle Zutaten zurecht. Dabei bemerkt man auch gleich, ob die ein oder andere Zutat fehlt oder beim Einkauf vergessen wurde.
- Frische Zutaten, wie z. B. Erdbeeren, erst möglichst kurz vor dem Backen besorgen, damit sie auch wirklich frisch sind.
- »Viele Köche verderben den Brei«, heißt es so treffend. Auch wenn die ganze Familie beim Backen mithelfen möchte, Sie sollten den Überblick behalten und einfachere Aufgaben delegieren. Die Hauptarbeit sollte aber in jedem Fall bei Ihnen liegen.

Festtagsring

Zutaten

150 g Butter,
250 g Blütenhonig,
1 Päckchen Vanillinzucker,
2 Eier,
1 EL Orangenkonfitüre,
1 1/2 TL gemahlener Zimt,
1 Msp. gemahlene Nelken,
1 Msp. gemahlener Kardamom,
1 geriebene Bittermandel,
2 EL Rum,
2 EL Backpulver,
375 g Weizenmehl,
3 EL Kakao,
150 g geschälte und halbierte Mandeln,
75 g gewaschene Korinthen,
Fett für die Form

EW	Fett	KH	kcal/kJ
6 g	14 g	38 g	303/1269

Butter, Honig und Vanillinzucker in einem Topf unter ständigem Rühren erwärmen, dann in eine Schüssel geben und leicht abkühlen lassen. Ofen auf 180–200 Grad vorheizen. Nach und nach Eier, Orangenkonfitüre, Gewürze, Bittermandel und Rum in die Butter-Honig-Mischung einrühren. Backpulver mit Mehl und Kakao vermischen, sieben und löffelweise in den Teig rühren. Zum Schluss Mandeln und Korinthen dazugeben. Für den Festtagsring eine runde Kuchenform (z. B. eine flache Kranzform) von ca. 24 cm Durchmesser oder eine hohe Gugelhupfform einfetten und die Kuchenmasse einfüllen. Im vorgeheizten Ofen auf unterster Schiene35–45 Minuten backen.

Tipp

Festtagsring nach der Backzeit mit weißer Zuckerglasur oder Schokoglasur überziehen und mit Mandelhälften garnieren.

Osterlamm
(Abb.)

Zutaten
250 g Butter oder Margarine,
200 g Zucker,
4 Eier, etwas Salz,
8 Tropfen Zitronenbacköl,
400 g Mehl,
3 gestr. TL Backpulver,
3 EL Milch,
flüssige Butter und Paniermehl für die Formen

EW	Fett	KH	kcal/kJ
24 g	77 g	167 g	1510/6312

Butter oder Margarine schaumig rühren und nach und nach Zucker einrieseln lassen. Eier, Salz und Zitronenöl zugeben. Mehl mit Backpulver mischen und esslöffelweise unter den Teig sieben. Wird der Teig zu fest, nach und nach etwas Milch zugeben.
Ofen auf 175 Grad vorheizen. Drei Osterlammformen mit flüssiger Butter ausstreichen und mit Paniermehl sorgfältig ausstreuen. Teig auf die Formen gleichmäßig aufteilen und im vorgeheizten Ofen ca. 30 Minuten backen.
Lamm in der Form belassen und leicht auskühlen lassen. Dann vorsichtig herausnehmen und die Standfläche eventuell gerade schneiden. Nach Wunsch mit Puderzucker bestäuben.
Ergibt 3 Stücke.

Geburtstagstorte für Kinder

Zutaten
1 Rezept »Biskuittorte« oder »Wasserbiskuittorte« (s. Rezept S. 97);
für die Buttercreme:
1/2 l Milch,
100 g Zucker,
1 Vanilleschote,
1 Päckchen Vanille-Puddingpulver,
250 g Butter,
1 Päckchen Vanillinzucker,
50 g Zartbitterschokolade;
für die Füllung:
300 g Aprikosenmarmelade;
für den Guss:
200 g Puderzucker,
2 EL Zitronensaft,
1 EL Rum;
für die Spritzglasur:
1/2 Eiweiß,
100 g Puderzucker,
1 TL roter Einmachzucker,
1 EL Zitronensaft

EW	Fett	KH	kcal/kJ
6 g	17 g	75 g	476/1990

Buttercreme zubereiten: Von der Milch etwa 4 EL abnehmen. Übrige Milch zusammen mit

Zucker und aufgeschnittener Vanillestange aufkochen. Vanille-Puddingpulver mit kalter Milch verquirlen und in die kochende Milch rühren. Einmal aufkochen lassen; im Wasserbad abkühlen lassen. Dabei zwischendurch immer wieder umrühren, damit sich keine Haut bildet. Butter in einer Schüssel schaumig rühren. Esslöffelweise erkaltete Vanillecreme unterziehen.

Hälfte der Buttercreme in eine andere Schüssel geben und mit Vanillinzucker verrühren. Schokolade fein reiben und in die restliche Creme rühren. Ausgekühlten Biskuit dreimal teilen, sodass 4 gleich hohe Böden entstehen. Aprikosenmarmelade mit 1 EL heißem Wasser glatt rühren. Unteren Boden mit Marmelade bestreichen, zweiten Boden darauf setzen, mit heller Buttercreme bestreichen. Dritten Boden darauf setzen und mit dunkler Buttercreme bestreichen. Darauf den vierten Boden legen.

Für den Guss Puderzucker mit Zitronensaft und Rum glatt rühren und Torte damit bestreichen.

Für die Spritzglasur Eiweiß in einer Schüssel zu steifem Schnee schlagen. Puderzucker, Einmachzucker und Zitronensaft einrühren.

Aus Pergamentpapier eine Tüte drehen. Glasur einfüllen. Die Spitze etwas abschneiden. Beliebige Muster – z. B. die Geburtstagszahl oder den Namen des Geburtstagskindes – auf die Tortenmitte spritzen.

Auf den Rand der Torte 20 Herzen spritzen.

Torte in 16 Stücke teilen.

Rotkäppchens Gugelhupf
(Abb.)

Zutaten

125 g weiche Butter,
125 g Zucker,
1 Prise Salz,
3 Eier,
2 gestr. TL Backpulver,
250 g Mehl,
3 EL Apfelsaft,
1/4 TL Zimtpulver,
2 saure Äpfel
(z. B. Boskop,
Cox Orange),
100 g Rosinen,
Butter für die Form,
30 g Puderzucker zum
Bestreuen

EW	Fett	KH	kcal/kJ
4 g	10 g	34 g	254/1062

Ofen auf 180 Grad vorheizen. Butter mit Zucker und Salz schaumig rühren. Eier unterrühren. Mit Backpulver gemischtes Mehl dazugeben. Apfelsaft hinzufügen, bis sich der Teig rühren lässt. Zimtpulver einstreuen. Äpfel waschen, vom Kernhaus befreien und in kleine Stücke schneiden; mit gewaschenen Rosinen in den Teig rühren.

Teig in eingefettete Backform (Gugelhupfform von 16 cm Durchmesser) einfüllen und auf unterer Schiene im vorgeheizten Ofen ca. 1 Stunde backen. Abkühlen lassen und mit Puderzucker bestreuen.

Bunte Ostereier
(Abb.)

Zutaten
250 g Mehl,
75 g Zucker,
1 Päckchen Vanillinzucker, 2–3 Eier,
100 g Butter oder Margarine,
150 g Puderzucker

EW	Fett	KH	kcal/kJ
1 g	3 g	14 g	93/390

Mehl auf eine Arbeitsfläche sieben, in die Mitte eine Vertiefung drücken.
Zucker, Vanillinzucker und 1 Ei hineingeben, mit einem Teil des Mehls zu einem dicken Brei verarbeiten. Butter oder Margarine in Stücke schneiden, auf den Brei geben, von der Mitte aus alle Zutaten schnell zu einem glatten Teig verkneten und ca. 30 Minuten kalt stellen.
Ofen auf 200 Grad vorheizen. Teig dünn ausrollen, ovale Plätzchen ausstechen, auf ein mit Backpapier ausgelegtes Backblech legen, zum Aufhängen in den Spitzen ein kleines Loch ausstechen. Im vorgeheizten Ofen 8–10 Minuten backen.
Für den Guss 1–2 Eier trennen. Puderzucker sieben und mit so viel Eiweiß verrühren, dass eine dickflüssige Masse entsteht. Guss nach Wunsch mit Kakaopulver oder Lebensmittelfarben einfärben und die bunten Ostereier mit Plätzchenschmuck und Zuckerguss verzieren.
Ergibt 30 Stück.

Hochzeitstorte
(Abb. S. 227)

Zutaten
Für die Biskuitböden:
20 Eier,
1 kg Zucker,
5 Päckchen Vanillinzucker,
400 g Speisestärke,
400 g Mehl,
3 EL Backpulver,
Fett und Paniermehl für die Formen,
2 EL Kakaopulver,
2 EL gemahlene Haselnüsse;
zum Tränken und Bestreichen:
2 EL Zucker,
3 Päckchen Vanillinzucker,
4 EL Himbeerkonfitüre;
für die Füllungen:
18 Eiweiß,
720 g Zucker,
3 Päckchen Vanillinzucker,
1,8 kg Butter,
1 EL Kakaopulver,
1 EL lösliches Kaffeepulver;
für den Tortenüberzug:
8 Eiweiß,
320 g Zucker,
2 Päckchen Vanillinzucker,
800 g Butter;
zum Dekorieren:
25 Marzipan-Rosen,
50 Marzipan-Blätter,
19 Filigrane,
70 Zucker-Anemonen,
1 Brautpaar-Aufsatz

EW	Fett	KH	kcal/kJ
6 g	33 g	50 g	539/2254

Für die Biskuitböden Eier trennen. Eiweiß mit 200 ml Wasser steif schlagen, bis ein Messerschnitt sichtbar bleibt. Dabei nach und nach Hälfte des Zuckers einrieseln lassen. Eigelb mit restlichem Zucker und Vanillinzucker schaumig rühren, Eischnee darauf gleiten lassen. Speisestärke und Mehl mit Backpulver vermischen, sieben und alles vorsichtig nach und nach unterziehen. Grundzutaten für den Biskuitteig können auch halbiert und nacheinander zu gleichen Teigen verarbeitet werden.
Ofen auf 175 Grad vorheizen. 4 Springformen (30, 28, 26 und 20 cm Durchmesser) einfetten und mit Paniermehl ausstreuen. Biskuitmasse auf die Springformen verteilen. Dabei unter die Masse für die 26-cm-Form Kakaopulver, unter die für die 20-cm-Form Haselnüsse ziehen. Böden im vorgeheizten Ofen bei 175 Grad jeweils ca. 40 Minuten backen, aus der Springform lösen, auf einem Kuchendraht erkalten lassen und jeweils zweimal durchschneiden.
Zum Tränken 1/2 l Wasser mit Zucker und Vanillinzucker aufkochen, erkalten lassen und Böden damit großzügig bestreichen. 30 cm große Böden mit Himbeerkonfitüre bestreichen.
Für die Füllungen Eiweiß zunächst mit Zucker und Vanillinzucker steif schlagen, anschließend auf dem Wasserbad weiter schlagen, bis die Masse klebrig ist; auskühlen lassen. Butter nach und nach schaumig schlagen. Ausgekühlte Eiweißmasse löffelweise unterrühren. Diese Buttercreme-Grundmasse kann auch in mehreren Partien hergestellt werden, wenn nicht ausreichend große Schüsseln vorhanden sind.
Grundmasse für die einzelnen Böden aufteilen. Einen Teil der Masse für die 26-cm-Form mit Kakaopulver, einen weiteren Teil der Grundmasse für die 20-cm-Form mit Kaffeepulver verrühren. Jeweils die Hälfte der für die einzelnen Böden portionierten Buttercreme auf die unteren Böden verteilen, mittlere Böden auflegen, mit jeweils restlicher Buttercreme bestreichen und obere Böden auflegen. Einzelne Böden jeweils gut festdrücken.
Wie bei der Zubereitung der Füllungen beschrieben, aus den Zutaten für den Überzug eine Buttercreme zubereiten. Rand und Oberflächen aller Torten gleichmäßig damit bestreichen. Mit Marzipan-Rosen und -blättern, Filigranen und Zucker-Anemonen verzieren. Torten auf die jeweiligen Teller eines Hochzeitstorten-Gestells setzen und am Schluss das Brautpaar aufsetzen.
Ergibt 72 Stücke.

Osterkorb (Abb.)

Zutaten
1 kg Mehl,
2 Päckchen Trockenhefe,
ca. Salz,
150 g Zucker,
ca. 400 ml Milch,
50 g Butter oder Margarine,
Fett für die Form,
1 Eiweiß,
Puderzucker

EW	Fett	KH	kcal/kJ
8 g	4 g	59 g	317/1327

Mehl mit Trockenhefe, Salz und Zucker mischen. Milch lauwarm erwärmen, Butter oder Margarine darin auflösen, zum Mehl geben, alles zu einem glatten Teig verkneten und ca. 40 Minuten gehen lassen.
Anschließend ca. 2/3 des Teiges zu ca. 15 Strängen von 30 cm Länge rollen. Stränge zu einem Gitter verflechten. Eine Eiform (etwa 23 cm lang) auf Backpapier setzen und die Umrisse aufzeichnen. Backpapier zur Seite legen. Eiform außen gut fetten und umgedreht auf ein Backblech setzen. Teiggitter darüber legen und überstehende Teigenden abschneiden.
Aus restlichem Teig 3 gleichmäßig lange Rollen formen und diese zu einem Zopf in Länge des Korbrandes flechten. Backpapier mit aufgezeichnetem Ei neben dem Korb auf das Backblech legen, Zopf auf die aufgemahlten Ei-Konturen legen und Enden gut zusammendrücken. Weitere 20 Minuten gehen lassen.
Ofen auf 200 Grad vorheizen. Dann Korb und Zopf im vorgeheizten Ofen ca. 30 Minuten backen. Korb abkühlen lassen und vorsichtig von der Form lösen, ebenso Zopf-Rand vom Backpapier.
Eiweiß mit so viel Puderzucker verrühren, dass eine klebrige Masse entsteht, Korbrand damit einstreichen und separat gebackenen Zopfrand »aufkleben«. Nach Wunsch mit Ostergras und bunten Ostereiern füllen.

Festtagsbrot

Zutaten
500 g Mehl,
1 Würfel Hefe (42 g),
1/4 l lauwarme Milch,
200 g geschälte, gehackte Mandeln,
je 100 g gehacktes Zitronat und Orangeat,
200 g Rosinen,
100 g Sultaninen,
2 cl Rum,
100 g Butter,
50 g Zucker,
1 Ei,
1 Prise Salz,
abgeriebene Schale von 1/2 Zitrone (unbehandelt),
50 g Butter,
50 g Zucker

EW	Fett	KH	kcal/kJ
7 g	16 g	27 g	373/1562

Ein Backblech mit gefettetem Pergamentpapier auslegen. Mehl in eine Schüssel sieben und in die Mitte eine Mulde drücken. Hefe hineinbröseln

und mit Milch und etwas Mehl zu einem Vorteig rühren. 15 Minuten zugedeckt an einem warmen Ort gehen lassen.
Mandeln mit Zitronat, Orangeat, Rosinen, Sultaninen und Rum mischen und alles 30 Minuten ziehen lassen.
100 g Butter zerlassen und mit Zucker, Ei, Salz und Zitronenschale, Vorteig und restlichem Mehl mischen. Alles zu einem Hefeteig verarbeiten. Den Teig gut abschlagen, bis er Blasen wirft. Dann 20 Minuten zugedeckt gehen lassen.
Fruchtmischung unterkneten, weitere 15 Minuten gehen lassen.
Ofen auf 220 Grad vorheizen. Einen Laib aus dem Teig formen. Laib kreuzweise einschneiden und auf der unteren Schiene im vorgeheizten Ofen 50–60 Minuten backen.
Butter zerlassen, Festtagsbrot noch heiß damit bestreichen und mit Zucker bestreuen. Auf einem Kuchendraht auskühlen lassen.

Tipp
Sie können aus dem Teig auch 2 kleine Fladen formen.

Bunter Osterplätzchenschmuck
(Abb.)

Zutaten
Für den Teig:
200 g Mehl,
1 Msp. Backpulver,
1 Ei,
1 Prise Salz,
75 g Zucker,
1 Päckchen Vanillinzucker,
100 g kalte Butter oder Margarine;
zum Verzieren:
Plätzchenschmuck,
Lebensmittelfarbe,
Zuckerguss

EW	Fett	KH	kcal/kJ
1 g	3 g	9 g	69/288

Mehl mit Backpulver mischen, auf eine Arbeitsfläche geben und in die Mitte eine Vertiefung drücken. Ei, Salz, Zucker und Vanillinzucker hineingeben. Butter oder Margarine in Flöckchen an den Rand setzen, alles von außen nach innen zu einem glatten Teig verkneten, ca. 30 Minuten kalt stellen.
Ofen auf 175–200 Grad vorheizen. Teig ausrollen und Ostermotive ausstechen. Plätzchen auf ein mit Backpapier belegtes Backblech geben, jeweils ein Loch hineinstechen und Plätzchen im vorgeheizten Ofen 8–10 Minuten backen, dann abkühlen lassen.
Nach Belieben Plätzchen mit Plätzchenschmuck und gefärbtem Zuckerguss verzieren. Plätzchen mit einem Band versehen und nach Wunsch an einen Osterkranz oder Osterstrauch hängen.
Ergibt 30 Stück.

Muttertagstorte mit Beeren
(Abb.)

Zutaten

Für den Teig:
5 Eier,
175 g Zucker,
1 Fläschchen Butter-Vanille-Aroma,
2 EL Weinbrand,
200 g Mehl,
2 TL Backpulver;
für Füllung und Belag:
1/8 l Kirschsaft,
20 g Speisestärke,
2 EL Kirschwasser,
600 g gemischte Beeren,
3/4 l Sahne,
2 1/2 EL Zucker,
50 g Pistazienkerne;
außerdem:
Butter und Paniermehl für die Form

EW	Fett	KH	kcal/kJ
7 g	23 g	40 g	424/1773

Ofen auf 200 Grad vorheizen. Eier mit Zucker anschlagen. 5 EL heißes Wasser, Butter-Vanille-Aroma und Weinbrand dazugeben und 5 Minuten weiß-schaumig schlagen. Mehl und Backpulver mischen, nach und nach unterrühren.
Einen Springformboden (26 cm Durchmesser) mit Backpapier auslegen, Rand fetten und mit Paniermehl bestreuen. Teig einfüllen und auf der unteren Schiene im vorgeheizten Ofen 30 Minuten backen. Boden auskühlen lassen und zweimal quer durchschneiden.
Kirschsaft aufkochen. Stärke mit Kirschwasser anrühren. In den Saft rühren und einmal aufkochen lassen. Beeren unterheben und abkühlen lassen. (Tiefgekühlte Beeren unaufgetaut zugeben.)

Sahne mit Zucker steif schlagen. Pistazien hacken. Hälfte davon unter die Hälfte der Sahne heben.
Hälfte der Beeren auf den unteren Boden verteilen, Hälfte der Pistaziensahne darauf streichen, mit beiden Böden und restlicher Pistaziensahne zusammenlegen. Torte mit Sahne verkleiden (etwas zurückbehalten). Tortenrand mit restlichen Pistazien bestreuen. Restliche Beeren auf der Oberfläche verteilen. Mit Sahne verzieren.

Tipp
Die Pistazienkerne können durch fein gehackte Mandeln ersetzt werden.

Neujahrstorte

Zutaten

Für den Teig:
500 g Mehl,
200 g Butter,
150 g Puderzucker,
1 Ei,
1 Prise Salz,
3 EL saure Sahne,
Mehl zum Ausrollen;
für die Mohnfüllung:
200 g gemahlener Mohn,
50 g Butter,
50 g Zucker,
50 g Rosinen,
1 EL Honig,
4 EL Rum,
1 Päckchen Vanillinzucker;
für die Nussfüllung:
150 g gemahlene Haselnüsse,
2 EL Zucker,
1 Msp. Zimtpulver,
50 ml heiße Milch;
für die Apfelfüllung:
500 g Äpfel,
Saft von 1/2 Zitrone,
75 g Zucker;
außerdem:
4 EL rotes Johannisbeergelee,
1 Eigelb zum Bestreichen

EW	Fett	KH	kcal/kJ
8 g	24 g	55 g	502/2099

Für den Teig Mehl, weiche Butter, Puderzucker, Ei, Salz und saure Sahne mit dem Handrührgerät verkneten. Zugedeckt

30 Minuten kühl stellen.
Für die Mohnfüllung Mohn, zerlassene Butter, Zucker, Rosinen, Honig, Rum und Vanillinzucker verrühren. 100 ml kochendes Wasser darüber gießen. Unter Rühren aufkochen, dann 5 Minuten köcheln lassen; abkühlen lassen.
Für die Nussfüllung Haselnüsse, Zucker, Zimtpulver und Milch verrühren.
Für die Apfelfüllung Äpfel schälen, vierteln, entkernen und quer in 3 mm dünne Scheiben schneiden. Mit Zitronensaft beträufeln und mit Zucker bestreuen.

Ofen auf 200 Grad vorheizen. Teig auf bemehlter Arbeitsfläche 2 mm dünn ausrollen. Drei runde Teigplatten von je 26 cm Durchmesser ausschneiden. Aus den Teigresten Teigstreifen für den Tortenrand und für ein Teiggitter schneiden. Eine Teigplatte in eine Springform von 26 cm Durchmesser legen. Mit Mohnfüllung bestreichen. Zweiten Teigboden darauf legen und mit Nussfüllung bestreichen. Mit dem dritten Teigboden bedecken. Mit Johannisbeergelee bestreichen und Apfelfüllung darauf verteilen. Mit einem Teiggitter belegen und den Rand um die Tortenoberfläche legen. Gitter mit Eigelb bestreichen.
Torte im vorgeheizten Ofen 80 Minuten backen. Abgekühlt in 16 Stücke schneiden.

Osterzopf
(Abb.)

Zutaten
400 g Mehl,
1 Würfel Hefe (42 g),
1/4 l Milch,
75 g Zucker,
75 g Butter oder Margarine,
1 Päckchen Vanillinzucker,
Salz,
100 g Müsli-Mischung,
4 leere Eierschalenhälften,
1 TL Öl,
Dosenmilch zum Bestreichen,
4 gekochte, gefärbte Eier, 1 EL Puderzucker

EW	Fett	KH	kcal/kJ
5 g	5 g	24 g	172/721

Mehl in eine Schüssel sieben, in die Mitte eine Vertiefung drücken und Hefe hineinbröckeln. Milch lauwarm erhitzen. Etwas Zucker und 4 EL lauwarme Milch zum Vorteig geben und leicht verrühren. Abgedeckt an einem warmen Ort ca. 20 Minuten gehen lassen. Butter oder Margarine in übriger lauwarmer Milch auflösen,

restlichen Zucker, Vanillinzucker und etwas Salz mit dem Vorteig zu einem Teig verkneten. Teig erneut gehen lassen, bis er sein Volumen verdoppelt hat.
Müsli-Mischung unterkneten, aus dem Teig 3 Stränge formen und diese zu einem Zopf flechten. Leere Eierschalenhälften mit Öl einpinseln, in den Zopf drücken und Zopf mit Dosenmilch bestreichen. Weitere 30 Minuten gehen lassen.
Ofen auf 200–225 Grad vorheizen. Zopf im vorgeheizten Ofen ca. 30 Minuten backen. Vor dem Servieren Eierschalenhälften durch gekochte, gefärbte Eier ersetzen und Osterzopf mit Puderzucker bestäuben.
Ergibt 20 Stücke.

Süße Eierbecher
(Abb.)

Zutaten
500 g Mehl,
100 g Butter oder Margarine,
1 Ei,
1 Prise Salz,
1/4 l Milch,
30 g Hefe,
1 TL Zucker,
Mehl zum Formen,
1 Eigelb zum Bestreichen,
6 frische Frühstückseier,
Fett für die Eier

EW	Fett	KH	kcal/kJ
19 g	22 g	65 g	560/2344

Ofen auf 200 Grad vorheizen. Mehl in eine Schüssel sieben. Weiche Butter oder Margarine in Flöckchen auf dem Mehl verteilen. Ei verquirlen und mit Salz zufügen. Milch lauwarm erwärmen, Hefe und Zucker darin auflösen, zugießen und alles gut verkneten, bis sich der Teig vom Schüsselboden löst. Teig zugedeckt bei Zimmertemperatur bis zur doppelten Größe aufgehen lassen.
Teig noch einmal durchkneten, dann in 6 Portionen teilen. Portionen dritteln. Aus jedem Stück mit bemehlten Händen eine ca. 30 cm lange Rolle formen. Jeweils 3 Rollen flechten und zu einem engen Kranz legen.

Eigelb mit 1 EL Wasser verrühren. Teig damit bestreichen. Frühstückseier waschen, einfetten und am stumpfen Ende anstechen. Jedes Ei mit dem Loch nach oben in einen Teigkranz setzen. Im vorgeheizten Ofen ca. 20 Minuten backen.
Ergibt 6 Stück.

Neujahrsbrezel

Zutaten
500 g Mehl,
1 Würfel Hefe (42 g),
65 g Zucker,
1/4 l lauwarme Milch,
60 g Butter,
1 Ei, 1 Prise Salz,

1/2 TL abgeriebene Zitronenschale (unbehandelt),
Fett für das Blech,
1 Eigelb

EW	Fett	KH	kcal/kJ
7 g	6 g	37 g	243/1017

Mehl in eine Schüssel sieben, in die Mitte eine Vertiefung drücken. Hefe hineinbröckeln und mit etwas Zucker, Milch und etwas Mehl zum Vorteig rühren. Zugedeckt an einem warmen Ort 15 Minuten gehen lassen.
Restlichen Zucker, zerlassene Butter, Ei, Salz und Zitronenschale dazugeben und alles zu einem glatten Hefeteig verkneten. Teig schlagen, bis er Blasen wirft. Weitere 15 Minuten gehen lassen.
Backblech einfetten, Ofen auf 220 Grad vorheizen. Teig in 3 Portionen teilen und zu 3 60 cm langen Strängen rollen. Einen Zopf daraus flechten und zu einer großen Brezel formen. Auf das Blech legen und mit verquirltem Eigelb bestreichen. 15 Minuten gehen lassen. Auf mittlerer Schiene im vorgeheizten Ofen 30 Minuten backen.

Marmorkuchen mit Rumguss
(Abb.)

Zutaten
Für den Teig:
250 g Butter oder Margarine,
250 g Zucker,
4 Eier,
1 Prise Salz,
abgeriebene Schale von 1 Zitrone (unbehandelt),
375 g Mehl,
125 g Speisestärke,
1 Päckchen Backpulver,
1/8 l Milch,
3 EL Kakaopulver,
1 cl Rum;
für den Guss:
140 g Puderzucker,
2 cl Rum;
außerdem:
Fett für die Form

EW	Fett	KH	kcal/kJ
6 g	19 g	64 g	485/2027

Ofen auf 190 Grad vorheizen. Butter oder Margarine und Zucker schaumig rühren, nach und nach Eier, Salz und Zitronenschale zufügen. Mehl mit Speisestärke und Backpulver mischen und abwechselnd mit Milch unterrühren. Nur so viel Milch zugeben, dass der Teig schwer reißend vom Löffel fällt. Gut die Hälfte des Teiges in eine gefettete Napfkuchenform füllen. Andere Teighälfte mit Kakaopulver verrühren und mit Rum aromatisieren. Dunklen Teig über dem hellen verteilen und mit einer Gabel spiralförmig unterziehen.
Kuchen im vorgeheizten Ofen 60–70 Minuten backen. Auf einem Kuchendraht auskühlen lassen.
Für den Guss Puderzucker mit Rum verrühren und Kuchen damit überziehen.
Ergibt 12 Stücke.

Ostertorte
(Abb.)

Zutaten

Für den Teig:
8 Eier,
240 g Zucker,
1 Päckchen Vanillinzucker,
200 g Mehl,
2 EL Speisestärke;
für die Füllung:
2 Eier,
100 g Zucker,
1 Päckchen Vanillinzucker,
8 Blatt Gelatine,
600 g Jogurt,
abgeriebene Schale von 4 Orangen (unbehandelt),
400 g Sahne;
zum Verzieren:
75 g Puderzucker,
1–2 EL Zitronensaft,
150 g Rohmarzipan,
Lebensmittelfarbe,
bunte Ostereier,
200 g Sahne,
1 Päckchen Sahnesteif,
abgeriebene Schale von 1 Zitrone (unbehandelt),
2 TL Zucker,
bunte Zuckerstreusel

EW	Fett	KH	kcal/kJ
10 g	18 g	29 g	430/1797

Ofen auf 225 Grad vorheizen. Für den Teig Eier trennen. Eigelb mit 2 EL Wasser schaumig schlagen, nach und nach Zucker

und Vanillinzucker einrieseln lassen und so lange schlagen, bis eine cremige Masse entstanden ist. Eiweiß zu sehr steifem Schnee schlagen und darauf gleiten lassen. Mehl mit Speisestärke mischen, über den Eischnee sieben und alles vorsichtig unterheben. Teig auf zwei mit Backpapier ausgelegte Backbleche streichen und im vorgeheizten Ofen ca. 8 Minuten backen. Dann jeweils auf ein mit Zucker bestreutes Küchentuch stürzen, Backpapier mit Wasser befeuchten, abziehen und Biskuitplatten abkühlen lassen.
Teigplatten halbieren. Für die Torte werden 3 Böden benötigt. Übrig gebliebener Biskuit kann z. B. für Tiramisu oder als Unterlage für Eis oder Früchte weiterverwendet werden.
Für die Füllung Eier, Zucker und Vanillinzucker in mäßig warmem Wasserbad schaumig schlagen, bis eine cremige Masse entstanden ist. Gelatine nach Packungsanweisung einweichen, ausdrücken, auflösen und unter die Creme rühren. Sobald diese zu stocken beginnt, Jogurt schaumig rühren, esslöffelweise unterrühren und mit Orangenschale abschmecken. Sahne steif schlagen und unterheben. Creme gut gelieren lassen.
Einen Biskuitboden auf eine Platte legen. Aus Alufolie einen 8–10 cm breiten Streifen falten und um den Biskuitboden setzen. Hälfte der Jogurtcreme hineinfüllen, mit einem Biskuitboden abdecken, restliche Creme darauf geben und glatt streichen. Torte im Kühlschrank fest werden lassen.
In der Zwischenzeit Puderzucker mit Zitronensaft verrühren und die letzte Tortenplatte damit einstreichen. Marzipan nach Wunsch einfärben, ausrollen und Figuren und Motive ausschneiden, auf die Tortenplatte legen und nach Wunsch mit Ostereiern verzieren. Wenn die Torte fest geworden ist, Alufolie entfernen und verzierte Tortenplatte auflegen.
Sahne mit Sahnesteif, Zitronenschale und Zucker steif schlagen, Tortenrand damit bestreichen, verzieren und mit bunten Zuckerstreuseln bestreuen.
Ergibt 16 Stücke.

Lamm und Hase
(Abb.)

Zutaten
125 g Butter,
100 g Zucker,
1 Päckchen Vanillinzucker,
1 Fläschchen Rum-Aroma,
2 Eier,
70 g Mehl,
60 g Speisestärke,
1/2 TL Backpulver,
50 g Kokosraspel,
Fett für die Form,
Paniermehl zum Ausstreuen,
100 g dunkle Kuvertüre

EW	Fett	KH	kcal/kJ
3 g	6 g	22 g	233/975

Zimmerwarme Butter mit Zucker schaumig rühren. Vanillinzucker, Rum-Aroma und Eier zugeben. Mehl mit Speisestärke und Backpulver vermischen, über den Teig sieben und zu einem glatten Teig verarbeiten. Kokosraspeln unterheben.
Ofen auf 175 Grad vorheizen. Je eine Lamm- und Hasenform einfetten, mit Paniermehl ausstreuen und jeweils die Hälfte des Teiges in die gefetteten Formen füllen. Im vorgeheizten Ofen 30–35 Minuten backen; auskühlen lassen. Lamm und Hase aus der Form nehmen und die Standflächen eventuell gerade schneiden. Kuvertüre im Wasserbad schmelzen und Standsockel von Lamm und Hase damit bestreichen. Nach Wunsch mit Puderzucker bestäuben.

Muttertagstorte
(Abb.)

Zutaten
1 kleine Ananas,
1 Kiwi, 1 Banane,
1 kleine Orange,
100 g Erdbeeren,
je 100 g grüne und blaue Trauben,
1/2 Rezept »Biskuittorte« oder »Wasserbiskuittorte« (s. Rezept S. 97) oder 1 Biskuittortenboden (fertig gekauft),
1 Päckchen klarer Tortenguss,
2 EL Zucker

EW	Fett	KH	kcal/kJ
7 g	4 g	56 g	288/1206

Ananas, Kiwi, Banane und Orange schälen, Kiwi halbieren. Ananas in Scheiben schneiden, 1 davon zu einer Blume ausstechen, restliche Scheiben fein würfeln. Erdbeeren und Weintrauben waschen und putzen. Kiwihälften, Banane, je einen Teil der Orange und Erdbeeren in Scheiben, Rest in Streifen schneiden. Blaue Weintrauben halbieren und entkernen. Biskuittortenboden wie folgt belegen: Aus Bananenscheiben eine Wolke, aus 1 Orangenscheibe und -streifen die Sonne legen. Himmel aus blauen Traubenhälften bilden. Blumen mit Erdbeerscheiben und -streifen, Orangenscheibe, Ananas und blauen Weintrauben formen, für die Blätter Kiwischeiben nehmen. »Wiese« mit grünen Weintrauben legen und Rest mit Ananaswürfeln ausfüllen. Tortenguss mit Zucker mischen, nach Packungsvorschrift zubereiten und gleichmäßig über den Tortenboden verteilen. Ergibt 12 Stücke.

Tipp
Besonders fein schmeckt diese Torte natürlich mit süßer Schlagsahne.

Muttertagsherzen
(Abb.)

Zutaten

Für den Teig:
150 g Magerquark,
100 g Butter oder Margarine,
100 g Nugat,
2 EL Kakaopulver,
1 Ei, 300 g Mehl,
1/2 Päckchen Backpulver,
Salz,
Mehl zum Ausrollen;
zum Verzieren:
125 g Puderzucker,
Lebensmittelfarben,
Zuckerblümchen;
außerdem:
Fett für das Blech

EW	Fett	KH	kcal/kJ
4 g	8 g	26 g	203/848

Ofen auf 200 Grad vorheizen. Quark und Butter oder Margarine verrühren. Nugat klein schneiden, mit dem Pürierstab zusammen mit Kakaopulver und Ei verquirlen und unter die Quarkmasse ziehen. Mehl mit Backpulver und etwas Salz mischen und mit Quark-Nugatmasse verkneten.

Teig auf einer bemehlten Arbeitsfläche 1 cm dick ausrollen und Herzen ausschneiden.

Herzen auf einem gefetteten Blech im vorgeheizten Ofen ca. 15 Minuten backen.

Für den Zuckerguss Puderzucker mit 2 TL Wasser und gewünschten Lebensmittelfarben verrühren.

Herzen nach Belieben mit Zuckerguss und Zuckerblümchen verzieren.

Ergibt 16 Stück.

Festtagstorte mit frischen Erdbeeren
(Abb.)

Zutaten
Für den Teig:
3 Eier, 80 g Zucker,
4 EL Mehl,
1 EL Speisestärke;
für die Füllung:
500 g Quark,
4 cl Orangenlikör,
160 g Zucker,
2 Päckchen Vanillinzucker, 500 g Sahne,
8 Blatt Gelatine,
150 g Raspelschokolade,
500 g Erdbeeren;
zum Bestreuen:
40 g geröstete Mandelblättchen

EW	Fett	KH	kcal/kJ
8 g	19 g	28 g	329/1376

Ofen auf 220 Grad vorheizen. Eier und 80 g Zucker so lange schaumig schlagen, bis eine dickcremige Masse entstanden ist. Mehl mit Speisestärke mischen, darüber sieben und mit einem Schneebesen vorsichtig unterheben. Teig in eine mit Backpapier ausgelegte Springform (26 cm Durchmesser) füllen und im vorgeheizten Ofen 10–12 Minuten backen. Biskuitboden auf eine Tortenplatte stürzen, Backpapier abziehen und den Boden erkalten lassen. Springformring um den Tortenboden legen und mit Backpapier auskleiden.

Quark mit Orangenlikör, Zucker und Vanillinzucker verrühren. Sahne steif schlagen.
Gelatine nach Packungsvorschrift auflösen und unter die Quarkmasse ziehen.
Sobald die Masse anfängt zu gelieren, Raspelschokolade und geschlagene Sahne unterheben. Masse auf den Tortenboden geben, glatt streichen und im Kühlschrank fest werden lassen.
Erdbeeren waschen, putzen und auf die Käse-Sahne-Creme setzen. Springformrand entfernen und Backpapier von der Torte vorsichtig abziehen. Rand der Torte mit gerösteten Mandelblättchen bestreuen. Ergibt 16 Stücke.

Geburtstagskuchen mit Bananen
(Abb. S. 244)

Zutaten
Für den Teig:
200 g Butter,
200 g Zucker,
1 Prise Salz, 4 Eier,
1 Beutel Citro-back,
200 g Mehl,
200 g gemahlene Haselnüsse,
2 gestr. TL Backpulver;
für die Füllung:
2–3 reife Bananen,
1 Beutel Rum-Rosinen;
zum Garnieren:
1 Packung weiße Kuvertüre,
1 Packung Zuckerperlen,

1 Packung
Zuckerblümchen;
außerdem:
Fett für die Form

EW	Fett	KH	kcal/kJ
5 g	22 g	41 g	390/1630

Ofen auf 175 Grad vorheizen. Für den Teig Butter, Zucker und Salz schaumig rühren. Eier und Citro-back zugeben und unterrühren. Mehl, gemahlene Haselnüsse und Backpulver mischen und mit der Butter-Zucker-Mischung verrühren. Für die Füllung Bananen schälen und in dünne Scheiben schneiden. Rum-Rosinen unter die Bananenscheiben mischen. Bananen-Rosinen-Gemisch unter den Teig heben. Teig in eine gefettete Gugelhupfform füllen und im vorgeheizten Ofen ca. 50 Minuten backen. Kuchen nach dem Backen noch ca. 10 Minuten in der Form ruhen lassen, dann auf einen Kuchendraht stürzen und ganz auskühlen lassen.
Zum Garnieren weiße Kuvertüre nach Packungsanleitung auflösen, über den Kuchen geben, mit Zuckerperlen bestreuen. Zuckerblümchen mit Kuvertüre auf dem Kuchen befestigen.

Glücksschweinchen

Zutaten

Für den Teig:
500 g Mehl,
1 Würfel Hefe (42 g),
65 g Zucker,
1/4 l lauwarme Milch,
60 g Butter,
1 Ei,
1 Prise Salz,
1/2 TL abgeriebene Zitronenschale (unbehandelt);
für die Füllung:
120 g Marzipan,
150 g gemahlene Haselnüsse,
80 g Zucker,
4 Eiweiß;
zum Verzieren:
1 Eigelb,
1/2 Tasse
Puderzucker,
etwas Kakaoglasur;
außerdem:
Fett für das Blech

EW	Fett	KH	kcal/kJ
13 g	18 g	68 g	514/2148

Mehl in eine Schüssel sieben, in die Mitte eine Vertiefung drücken. Hefe hineinbröseln und mit etwas Zucker, Milch und etwas Mehl zum Vorteig rühren. 15 Minuten zugedeckt an einem warmen Ort gehen lassen.
Restlichen Zucker, zerlassene Butter, Ei, Salz und Zitronenschale dazugeben und alles zu einem glatten Hefeteig verkneten. Teig schlagen, bis er Blasen wirft und sich vom Schüsselrand löst. 15 Minuten zugedeckt gehen lassen.
Inzwischen Marzipan mit Haselnüssen, Zucker und 3 Eiweiß vermengen.
Hefeteig auf bemehlter Arbeitsfläche 4 mm dick ausrollen. 20 runde Plätzchen von 8 cm Durchmesser und 10 runde Plätzchen von 4 cm Durchmesser ausstechen. Aus restlichem Teig 20 kleine Ohren formen. Füllung auf 10 große Plätzchen verteilen, Ränder mit Eigelb bestreichen, jeweils ein zweites Plätzchen darauf setzen und Ränder gut zusammendrücken. In die kleinen Plätzchen mit einem Kochlöffelstiel jeweils zwei Löcher als Nasenlöcher eindrücken und die „Nasen“ auf die Schweinchenköpfe setzen und aufdrücken. Ohren seitlich ansetzen und andrücken. Nasen und Ohren mit Eigelb bestreichen. Schweinchen auf ein gefettetes Blech setzen und mit Eigelb bestreichen. 15 Minuten gehen lassen. Inzwischen Ofen auf 200 Grad vorheizen.
Schweinchen auf mittlerer Schiene 15 Minuten backen. Puderzucker mit restlichem Eiweiß verrühren. Kakaoglasur schmelzen. Schweinchen, wenn sie etwas abgekühlt sind, aus Zucker- und Kakaoglasur Augen aufspritzen, trocknen lassen.
Ergibt 10 Stück.

Festliche Himbeereistorte *(Abb.)*

Zutaten

Für den Teig:
100 g Butter,
100 g Zucker,
1 Päckchen Vanillinzucker,
1 Prise Salz,

1/2 TL Zitronenschalen-aroma, 3 Eier, 40 g Mehl, 60 g blütenzarte Haferflocken, 50 g Speisestärke, 1 TL Backpulver;
für die Füllung:
500 g Himbeeren, 2 Eigelb, 100 g Zucker, Saft von 1/2 Zitrone, 500 g Sahne;
für die Verzierung:
125 g Sahne, etwas Zucker, 125 g Himbeeren;
außerdem:
Fett für die Form

EW	Fett	KH	kcal/kJ
5 g	20 g	26 g	322/1346

Ofen auf 175 Grad vorheizen. Butter schaumig rühren. Zucker, Vanillinzucker, Salz und Zitronenschalenaroma dazugeben. Eier nach und nach unterrühren. Mehl, Haferflocken, Speisestärke und Backpulver vermischen und esslöffelweise zum Teig geben.
Eine Springform (24 cm Durchmesser) fetten. Teig hineingeben und im vorgeheizten Ofen auf unterster Schiene 25–30 Minuten backen. Kuchen aus der Form lösen, abkühlen lassen und einmal durchschneiden. Himbeeren waschen, pürieren. 2 Eigelb mit Zucker und Zitronensaft schaumig schlagen. Sahne steif schlagen, Himbeerpüree, Eigelbmasse und Sahne vermischen.
Unteren Boden in die Springform legen. Himbeersahne und zweiten Boden darauf geben und alles ca. 10 Stunden gefrieren lassen.
Himbeereistorte kurz vor dem Servieren mit steif geschlagener Sahne und Himbeeren verzieren.

Innsbrucker Festtagstorte

Zutaten
Für den Teig:
4 Eier,
150 g Zucker,
1 Prise Salz,
1 Päckchen Vanillinzucker,
100 g Mehl,
100 g Speisestärke,
1 TL Backpulver,
50 g Margarine;
für die Füllung:
250 g Sahne,
125 g Butter,
100 g Zucker,
2 Eigelb,
1 TL Rum,
125 g geriebene Mandeln,
125 g kandierte Früchte;
zum Garnieren:
250 g Sahne,
1 Päckchen Vanillinzucker,
12 kandierte Kirschen;
außerdem:
Margarine für die Form

EW	Fett	KH	kcal/kJ
7 g	32 g	54 g	523/2187

Für den Teig Eier trennen, Eiweiß mit 1 EL Wasser in einer Schüssel steif schlagen. Zucker, Salz und Vanillinzucker langsam einrieseln lassen. Eigelb unterheben. Mehl, Speisestärke und Backpulver in einer Schüssel mischen, ebenfalls unterheben. Margarine in einem Topf zerlassen. Abgekühlt, aber noch flüssig, unterziehen.
Springform von 26 cm Durchmesser nur am Boden einfetten. Teig einfüllen und im vorgeheizten Ofen auf mittlerer Schiene 40 Minuten backen. Aus dem Ofen nehmen. Auf einen Kuchendraht stürzen und über Nacht stehen lassen.
Am nächsten Tag für die Füllung Sahne in einer Schüssel steif schlagen. Butter, Zucker, Eigelb und Rum in einer anderen Schüssel schaumig rühren. Sahne, Mandeln und kandierte, gewürfelte Früchte unterheben. Torte zweimal durchschneiden. Erste Platte mit 1/2 Füllung bestreichen. Zweite Platte darauf legen. Mit restlicher Füllung bestreichen. Dritte Platte darauf legen. Für die Garnierung Sahne mit Vanillinzucker in einer Schüssel steif schlagen. 4 EL in den Spritzbeutel geben. In den Kühlschrank legen. Torte mit restlicher Sahne bestreichen. Auf der Tortenoberfläche 12 Stücke markieren. Auf jedes Stück mit dem Spritzbeutel einen Sahnetuff spritzen. Mit je 1 kandierten Kirsche garnieren. Bis zum Servieren in den Kühlschrank stellen.

Was wäre die stille Zeit ohne die vielen leckeren Plätzchen, die nicht nur Gaumen und Auge erfreuen, sondern auch signalisieren: Jetzt ist Weihnachtszeit. Köstliche Düfte von Gewürzen und Aromen ziehen durch die Wohnung. Selbst in der heutigen hektischen Zeit hat das Plätzchenbacken in der Vorweihnachtszeit nichts von seiner Faszination verloren. Auch die Kinder helfen gerne mit, den bunten Weihnachtsteller mit möglichst fantasievollen, aber auch altbewährten Plätzchen zu füllen. Besonders für Kinder interessant ist Butterteig, aus dem man nach Lust und Laune die schönsten Figuren und Formen ausstechen kann. Aber auch Makronen, Zimtsterne, Anisplätzchen oder Spitzbuben zählen zu den Klassikern unter den Plätzchen und dürfen daher nicht im Plätzchen-Sortiment fehlen.

Auch Lebkuchen sind aus der Weihnachtszeit nicht wegzudenken. Im antiken Griechenland glaubte man, dass der Genuss von Lebkuchen ein langes Leben bescheren würde. Im Mittelalter reichte man Kranken Lebkuchen zur Stärkung. Und so ganz nebenbei schmecken Lebkuchen auch wunderbar würzig.

Wer etwas Zeit und Geduld investieren möchte, kann aus Lebkuchen ein dekoratives Knusperhäuschen basteln.

Damit es beim Plätzchenbacken keine Pannen gibt, sollte man vor Beginn einen genauen Plan aufstellen: Was ist einzukaufen, wann ist Zeit für das Backen, wie viel Zeit wird benötigt, wer kann mithelfen, welche Mengen werden benötigt, welche Plätzchen sollen überhaupt gebacken werden, welche Backwaren müssen vor dem Verzehr gelagert werden, welche können frisch genossen werden usw.

Die folgenden Tipps helfen, dass das Plätzchenbacken in der Weihnachtszeit zu einem schönen Erlebnis wird:

- Sowohl für die Planung als auch für das Backen sollte man sich Zeit nehmen.
- Alle Zutaten sollten möglichst frisch besorgt werden, das gilt besonders für die Gewürze.
- Wenn man in noch ungebackene Plätzchen ein kleines Loch sticht, kann man sie später an einem Band am Weihnachtsbaum aufhängen.
- Beim Abmessen von Zutaten und Gewürzen muss sorgfältig gearbeitet werden. Gerade die kleinen Mengen an Gewürzen ergeben den für die Plätzchen typischen Geschmack. Überwürztes oder zu wenig gewürztes Gebäck schmeckt nicht. Sehr intensiv sind gemahlene Nelken, Kardamon und Piment. Hier ist beim Würzen Fingerspitzengefühl gefragt!
- Die Teigrolle und Arbeitsfläche müssen leicht mit Mehl bestäubt werden, damit der Teig nicht anklebt. Nicht zu viel Mehl verwenden, sonst wird der Teig zu trocken!
- Der ausgerollte Teig sollte möglichst teigsparend ausgestochen werden.
- Beim Belegen des Backblechs dürfen die noch rohen Plätzchen nicht zu dicht nebeneinander gelegt werden, da sie beim Backen noch auseinder gehen.
- Damit Mürbeteig kühl bleibt, sollten immer nur kleinere Teigmengen verarbeitet werden. Der Rest wird wieder im Kühlschrank aufbewahrt.
- Stollen, vor allem der berühmte Dresdner Stollen, beanspruchen einige Wochen Ruhezeit vor dem Verzehr. Bei der Planung beachten!
- Weihnachtsgebäck behält sein Aroma und bleibt frisch, wenn es in einer geschlossenen Dose mit einem Apfelstück aufbewahrt wird.
- Verschiedene Sorten sollten auch in verschiedenen Dosen aufbewahrt werden, damit sich die Aromen nicht vermischen.

Christstollen
(Abb. 1–4)

Zutaten
1 kg Mehl,
3 Würfel Hefe,
250 g Zucker,
ca. 1/4 l Milch,
1 große Prise Salz,
1/2 TL Zitronenschalen-aroma,
3 Eier,
Muskatnuss,
Kardamom,
Koriander,
200 g Rosinen,
100 g gehackte Man-deln,
je 50 g Orangeat und Zi-tronat,
6 EL Rum,
150 Butter,
1 Päckchen Vanillin-zucker,
Puderzucker zum Be-stäuben

EW	Fett	KH	kcal/kJ
8 g	10 g	61 g	395/1656

Einen Vorteig aus Mehl, Hefe, 3 EL Zucker, 200 ml lauwarmer Milch herstellen.
Den Vorteig mit Mehl bedecken und zugedeckt 20 Minuten gehen lassen (siehe Grundrezept S.134).
Restlichen Zucker, Salz, Zitronenschalenaroma, Eier, Muskatnuss, Kardamom, Koriander zum Hefeansatz geben und zu einem glatten Teig verkneten.

Abb. 1

Abb. 2

Abb. 3

Abb. 4

Teig nochmals 60 Minuten gehen lassen.
Rosinen, gehackte Mandeln, Orangeat und Zitronat mischen und mit Rum unter den Teig kneten (Abb. 1).
Den Teig zu einem Oval ausrollen und auf ein mit Backpapier ausgelegtes Backblech geben (Abb. 2).
Den Teig mithilfe eines Holzstabes zu einem Stollen zusammenklappen bzw. rollen (Abb. 3).
Den Stollen nun mit einem Band aus Alufolie umranden, damit der Stollen seine Form behält (Abb. 4). Im Ofen bei 175 Grad ca. 1 Stunde backen.
Butter erhitzen, Vanillinzucker darin auflösen und den noch warmen Stollen damit so lange bestreichen, bis die Butter aufgebraucht ist. Stollen erkalten lassen und dick mit Puderzucker bestreuen.
Ergibt ca. 20 Stücke.

Schokoladen-makronen

Zutaten
125 g bittere Schokolade,
5 Eiweiß,
250 g Zucker,
Salz,
250 g ungeschälte, gemahlene Mandeln,
85 runde Oblaten (Durchmesser 5 cm)

EW	Fett	KH	kcal/kJ
1 g	2 g	4 g	41/172

Schokolade fein reiben. Eiweiß in einer Schüssel steif schlagen. Zucker und 1 Prise Salz nach und nach einrieseln lassen. Geriebene Schokolade und gemahlene Mandeln unterheben. Oblaten auf ein Backbleck legen. Makronenteig mit zwei Teelöffeln darauf verteilen. Blech in den vorgeheizten Ofen auf die mittlere Schiene schieben. Backzeit: 30 Minuten, 160 Grad. Während der letzten 10 Minuten die Backofentür einen Spalt weit öffnen. Dazu einen Holzlöffel zwischen Tür und Ofen klemmen. Schokoladenmakronen aus dem Ofen nehmen, vom Blech lösen und auf einem Kuchendraht abkühlen lassen. Überstehende Oblatenränder abbröckeln.
Ergibt 85 Stücke.

Spritzgebäck

(Abb. oben links)

Zutaten

250 g Butter oder Margarine,
250 g Zucker,
1 Päckchen Vanillinzucker, 1 Prise Salz,
1 Ei,
abgeriebene Schale von 1 Zitrone (unbehandelt),
500 g Mehl,
Fett für das Blech,
100 g Kuvertüre,
50 g Kokosflocken

EW	Fett	KH	kcal/kJ
1 g	4 g	10 g	80/336

Weiche Butter oder Margarine, Zucker, Vanillinzucker und Salz schaumig rühren, Ei zufügen. Abgeriebene Zitronenschale mit Mehl vermischen und nach und nach unterrühren. Teig ca. 30 Minuten ruhen lassen.
Ofen auf 175 Grad vorheizen.
Teig in eine Plätzchenpresse oder einen Spritzbeutel geben und auf ein gefettetes Backblech kleine Häufchen spritzen, im vorgeheizten Ofen 10–15 Minuten backen.
Gebäck abkühlen lassen und die Hälfte der Plätzchen mit aufgelöster Kuvertüre bestreichen und mit Kokosflocken bestreuen. Ergibt 70 Stück.

Zimtherzen

(Abb. oben rechts)

Zutaten

250 g Mehl,
1 Ei, 1 Prise Salz,
100 g Zucker,
100 g Butter oder Margarine,
1 Päckchen Vanillinzucker,
1 gestr. TL Zimtpulver,
1 Eigelb,
ca. 30 ganze Haselnüsse,
Fett für das Blech

EW	Fett	KH	kcal/kJ
2 g	4 g	10 g	88/371

Mehl auf eine Arbeitsfläche sieben, in die Mitte eine Vertiefung drücken. Ei, Salz und Zucker hineingeben, Butter oder Margarine in Flöckchen auf den Rand setzen, Vanillinzucker und Zimtpulver an den Rand streuen und alles von außen nach innen zu einem glatten Teig verkneten. In Frischhaltefolie verpackt ca. 30 Minuten kalt stellen.
Ofen auf 200 Grad vorheizen. Teig ausrollen, Herzen ausstechen, mit Eigelb bestreichen und mit Haselnüssen belegen. Auf ein gefettetes Backblech setzen und im vorgeheizten Ofen 10 Minuten backen.
Ergibt 30 Stück.

Mandelecken

(Abb. S. 250, unten)

Zutaten
50 g gemahlene Mandeln,
200 g Mehl,
1 Ei,
100 g Butter oder Margarine,
1 Prise Salz,
100 g Zucker,
1 Päckchen Vanillinzucker,
1 Eigelb,
ca. 30 geschälte Mandeln,
Fett für das Blech

EW	Fett	KH	kcal/kJ
2 g	5 g	9 g	87/365

Mandeln mit Mehl vermischen, auf eine Arbeitsfläche geben und in die Mitte eine Vertiefung drücken. Ei hineingeben, Butter oder Margarine in Flöckchen, Salz, Zucker und Vanillinzucker an den Rand streuen und alles von außen nach innen zu einem festen Teig verkneten. In Frischhaltefolie verpackt ca. 30 Minuten kalt stellen.
Ofen auf 200 Grad vorheizen. Teig auf einer bemehlten Arbeitsfläche ca. 3 cm dick ausrollen und zu Romben ausschneiden. Diese mit Eigelb bestreichen und jeweils eine Mandel darauf setzen.
Plätzchen auf ein gefettetes Backblech legen und im vorgeheizten Ofen ca. 10 Minuten backen.
Ergibt 30 Stück.

Elisenlebkuchen

Zutaten
2 Eier,
90 g Honig,
je 1 Msp. gemahlene Nelken und Muskatblüte,
1 gestr. EL Zimtpulver,
1 Prise Salz,
abgeriebene Schale von 1 Zitrone (unbehandelt),
175 g ungeschälte,gemahlene Mandeln,
175 g gemahlene Haselnüsse,
1 TL Backpulver,
2 EL Mehl,
175 g fein gewürfeltes Zitronat,
85 g fein gewürfeltes Orangeat,
45 Backoblaten,
Schokoladenglasur

EW	Fett	KH	kcal/kJ
2 g	5 g	7 g	76/317

Eier mit Honig schaumig rühren. Gewürze, Mandeln, Nüsse, mit Backpulver gemischtes Mehl sowie Zitronat und Orangeat unterziehen.
Ofen auf 150–175 Grad vorheizen. Oblaten auf Bleche verteilen. Teig ca. 1 cm hoch aufstreichen (in der Mitte etwas erhöht), dabei einen 1/2 cm breiten Rand frei lassen. Im vorgeheizten Ofen 25 Minuten backen. Aus dem Ofen nehmen, auf einem Kuchendraht abkühlen lassen und mit Schokoladenglasur überziehen.

Tipp
In einer gut schließenden Blechdose aufbewahrt, halten sich die Lebkuchen mehrere Wochen.

Mandelspekulatius

Zutaten
250 g Butter,
300 g Zucker,
100 g Marzipan,
1 Ei,
2 TL Zimt,
1/2 TL gemahlener

Kardamom,
je 1 Msp. gemahlene Nelken und Muskatblüte,
1 Prise Salz,
500 g Mehl,
Mehl für die Formen und das Blech,
Mandelblättchen für das Blech

EW	Fett	KH	kcal/kJ
2 g	5 g	13 g	102/428

Butter mit Zucker und Marzipan verkneten. Ei, Gewürze und gesiebtes Mehl unterkneten. Teig in Folie wickeln und 2 Stunden in den Kühlschrank stellen.
Ofen auf 190 Grad vorheizen. Formen (Modeln) mit Mehl bestäuben. 1–2 Bleche mit Mehl bestäuben und mit Mandelblättchen bestreuen. Kleine Teigportionen in die Modeln drücken, überstehenden Teig abschneiden. Teigfiguren aus den Formen schlagen und auf das Blech stürzen.
Spekulatius im vorgeheizten Ofen auf mittlerer Schiene 10 Minuten backen. Vom Blech nehmen und auf einem Kuchendraht auskühlen lassen.

Knusperhäuschen
(Abb.)

Zutaten
Für den Teig:
1 kg Mehl,
500 g Sirup,
300 g Zucker,
200 g Butter oder Margarine,
100 g Kakaopulver,
4 Eier,
2 TL Natron,
je 1 TL gemahlene Nelken, Zimt und Piment,
1/2 TL Salz,
abgeriebene Schale von 2 Zitronen (unbehandelt),
für den Guss:
250 g Puderzucker,
1 Eiweiß,
1 EL Zitronensaft

EW	Fett	KH	kcal/kJ
6 g	8 g	75 g	408/1705

Mehl in eine Schüssel sieben. Sirup, Zucker, Butter oder Margarine erwärmen, bis sich der Zucker gelöst hat. Abgekühlte Masse mit Kakaopulver, Eiern, Natron, Nelken, Zimt, Piment, Salz und Zitronenschale zum Mehl geben, zu einem glatten Teig verkneten und über Nacht stehen lassen.
Ofen auf 220 Grad vorheizen. Aus fester Pappe Schablonen für jeweils zwei Seiten-, Giebel- und Dachplatten ausschneiden. Teig ca. 1/2 cm dick ausrollen, Schablonen auflegen und Hausteile und zusätzlich eine Bodenplatte ausschneiden. Aus Teigresten nach Wunsch Tannenbäume und Verzierungen für das Haus herstellen.
Hausteile auf ein mit Backpapier ausgelegtes Backblech legen, im vorgeheizten Ofen bei 220 Grad ca. 10 Minuten backen und auskühlen lassen.
Für den Zuckerguss Puderzucker, Eiweiß und Zitronensaft

verrühren. Beim Zusammensetzen Bodenplatte auf ein Tablett legen, Haus mit Zuckerguss zusammensetzen und nach Wunsch mit Zuckerguss und Plätzchen verzieren und mit Puderzucker bestäuben.

Butterplätzchen

(Abb. unten)

Zutaten

150 g weiche Butter,
125 g Puderzucker,
1 Päckchen Vanillinzucker,
2 Eier, 250 g Mehl,
Fett für das Blech

EW	Fett	KH	kcal/kJ
1 g	3 g	8 g	68/284

Butter mit Puder- und Vanillinzucker schaumig rühren. Eier

dazugeben und nach und nach Mehl unterrühren und, wenn der Teig fest wird, Rest unterkneten. Eventuell etwas Milch hinzufügen.
Teig messerrückendick ausrollen und zu beliebigen Formen ausstechen, auf ein gefettetes Backblech legen und im vorgeheizten Ofen bei 180 Grad in 10–15 Minuten goldgelb backen. Ergibt 40 Stück.

Vanillekipferl

(Abb. oben)

Zutaten

250 g Mehl,
1 Msp. Backpulver,
125 Zucker,
1 Päckchen Vanillinzucker,
1 Prise Salz,
3 Eigelb,
125 g gemahlene Mandeln oder Haselnüsse,
200 g kalte Butter oder Margarine;
zum Wälzen:
2 EL Puderzucker,
1 Päckchen Vanillinzucker

EW	Fett	KH	kcal/kJ
1 g	5 g	8 g	83/347

Mehl mit Backpulver gut vermischen und auf eine Arbeitsfläche sieben.
In die Mitte eine Mulde drücken, Zucker, Vanillinzucker, Salz, Eigelb und gemahlene Mandeln oder Haselnüsse hineingeben.
Butter oder Margarine in Flöckchen auf den Rand setzen und alles von außen nach innen zu einem glatten Teig verkneten. Teig ca. 30 Minuten kalt stellen.
Ofen auf 175 Grad vorheizen. Aus dem Teig daumendicke Rol-

len formen, Enden etwas dünner rollen, als Hörnchen auf ein mit Backpapier ausgelegtes Backblech geben.
Hörnchen im vorgeheizten Ofen ca. 10 Minuten backen.
Puderzucker sieben, mit Vanillinzucker vermischen und noch heiße Kipferl darin wälzen.
Ergibt 50 Stück.

Schwarz-Weiß-Gebäck (Abb. S. 253)

Zutaten
250 g Mehl,
1 gestr. TL Backpulver,
170 g Zucker,
1 Päckchen Vanillinzucker,
2 cl Rum,
1 Ei,
125 g kalte Butter oder Margarine,
1 EL Kakaopulver,
1 EL Milch, 1 Eiweiß

EW	Fett	KH	kcal/kJ
1 g	2 g	9 g	63/263

Mehl und Backpulver mischen, auf die Tischplatte sieben, in die Mitte eine Vertiefung drücken, 150 g Zucker, Vanillinzucker, Rum und Ei hineingeben. Butter oder Margarine in Flöckchen auf den Rand setzen, alles zu einem glatten Teig verkneten und ca. 30 Minuten kalt stellen.
Ofen auf 200 Grad vorheizen.
Kakaopulver mit restlichem Zucker und Milch verrühren und unter die Hälfte des Teiges kneten. Für das Ringmuster dunklen Teig zu einer Rolle formen, hellen Teig ausrollen und um die dunkle Teigrolle legen. Rolle in Scheiben schneiden.
Für das Schachbrettmuster, hellen und dunklen Teig zu je 1 cm Dicke ausrollen. Aus hellem Teig 4 und aus dunklem Teig 5 Streifen von 1 cm Breite schneiden und mit Eiweiß bestreichen. Abwechselnd je 3 Streifen neben- und übereinander legen, in den restlichen dünn ausgerollten Teig wickeln und in Scheiben schneiden. Plätzchen auf ein mit Backpapier ausgelegtes Backblech geben und im vorgeheizten Ofen 10–15 Minuten backen. Ergibt 45 Stück.

Honigbrot nach Nürnberger Art

Zutaten
70 g Margarine,
250 g Blütenhonig,
200 g Zucker,
1/8 l dunkles Bier,
1 Ei,
1/4 TL gemahlener Kardamom,
1/4 TL gemahlene Nelken,
1 schwacher TL Zimtpulver,
2 EL Rum,
abgeriebene Schale von 1 Zitrone (unbehandelt),
3 Tropfen Bittermandelöl,
500 g Weizenmehl,
1 Päckchen Backpulver;
für den Zuckerguss:
125 g Puderzucker

EW	Fett	KH	kcal/kJ
2 g	2 g	22 g	115/483

Margarine in einem großen Topf zerlassen und Honig, Zucker und dunkles Bier einrühren. Bei kleiner Hitze so lange rühren, bis daraus eine glatte Masse entstanden ist; etwas abkühlen lassen, dann restliche Teigzutaten, bis auf Mehl und Backpulver, der Reihe nach einrühren. Mehl mit Backpulver vermischen, sieben und zum Schluss löffelweise unter den Teig rühren. Ofen auf 200 Grad vorheizen.
Ein Backblech mit Backpapier auslegen und den Teig ca. 1 cm dick darauf ausrollen. Teig auf mittlerer Schiene im vorgeheizten Ofen 20–25 Minuten backen.
Während der Backzeit Zuckerguss herstellen. Puderzucker sieben und mit 3 EL heißem Wasser ganz schnell zu einer dickflüssigen weißen Masse rühren. Der Zuckerguss kann auch mit Lebensmittelfarbstoff gefärbt werden.
Honigbrot aus dem Herd nehmen und sofort mit Zuckerglasur bestreichen. Honigbrot in ca. 4 x 6 cm große Stücke schneiden.

Spitzbuben

Zutaten

380 g Mehl,
125 g Zucker,
1 Päckchen Vanillinzucker,
250 g kalte Butter,
Mehl zum Ausrollen,
Fett für das Blech,
100 g Himbeerkonfitüre,
100 g Puderzucker,
Saft von 1 Zitrone

EW	Fett	KH	kcal/kJ
1 g	5 g	15 g	113/472

Mehl auf die Arbeitsfläche sieben, in die Mitte eine Mulde drücken, Zucker und Vanillinzucker einstreuen. Butter in Stückchen auf dem Mehlrand verteilen. Alles rasch zu einem Mürbeteig verkneten und zugedeckt 1 Stunde kühl stellen. Ofen auf 190 Grad vorheizen. Teig halbieren. Auf bemehlter Arbeitsfläche 1/2 cm dick ausrollen und mit einem Backförmchen oder einem Glas von 3 cm Durchmesser runde Plätzchen ausstechen. Auf ein gefettetes Blech legen. Plätzchen auf mittlerer Schiene im vorgeheizten Ofen 10–12 Minuten backen. Auf einem Kuchendraht auskühlen lassen.
Restlichen Teig genauso verarbeiten. Die Hälfte der ausgekühlten Plätzchen mit Konfitüre bestreichen, jeweils mit einem unbestrichenen Plätzchen bedecken.
Gesiebten Puderzucker mit 2 EL heißem Wasser und Zitronensaft glatt rühren. Oberfläche der Plätzchen damit glasieren.

Vollwert-Christstollen (Abb.)

Zutaten

350 g Vollkornmehl,
1 Päckchen Backpulver,
500 g Quark,
150 g Früchte-Müsli (Fertigprodukt),
1/2 TL Salz, 50 g Butter,
abgeriebene Schale von 1 Zitrone (unbehandelt),
100 g Zucker,
80 g fein gewürfeltes Orangeat, 4 EL Rosinen,
1 Päckchen Vanillinzucker;
Zum Bestreichen:
5 EL Puderzucker,
1 EL Vanillinzucker
2 EL zerlassene Butter

EW	Fett	KH	kcal/kJ
6 g	5 g	32 g	203/851

Mehl und Backpulver mischen, auf eine Arbeitsfläche sieben, in die Mitte eine Mulde drücken. Quark abtropfen lassen, mit restlichen Teigzutaten in die Mulde geben und alles zu einem geschmeidigen Teig verkneten. Teig oval ausrollen und zu einem Stollen zusammenklappen. Auf ein mit Backpapier ausgelegtes Backblech im vorgeheizten Ofen bei 150 Grad 70–80 Minuten backen. Puderzucker und Vanillinzucker mischen und den Stollen mehrmals abwechselnd mit zerlassener Butter und Zuckermischung einstreichen. Ergibt 20 Stücke.

Nikolausstiefel
(Abb.)

Zutaten
500 g Sirup,
300 g Zucker,
200 g Butter oder Margarine,
1 kg Mehl,
100 g Kakaopulver,
4 Eier,
2 TL Natron,
je 1/2 TL gemahlene Nelken, Zimt und Piment,
1/2 TL Salz,
abgeriebene Schale von 2 Zitronen (unbehandelt),
500 g Puderzucker,
2 Eiweiß,
Zitronensaft,
rote Lebensmittelfarbe

EW	Fett	KH	kcal/kJ
6 g	5 g	51 g	269/1125

Sirup, Zucker und Butter oder Margarine erwärmen, bis sich der Zucker gelöst hat. Masse abkühlen lassen und mit Mehl, Kakaopulver, Eiern, Natron und Gewürzen zu einem glatten Teig verkneten. Teig ca. 12 Stunden zugedeckt ruhen lassen.
Ofen auf 200 Grad vorheizen. Aus Backpapier eine Schablone für einen Stiefel ausschneiden (36 cm hoch, 28 cm breit von der Spitze bis zur Hacke, Stiefelschaft ca. 20 cm breit). Teig ca. 1/2 cm dick ausrollen, Schablone auflegen und Stiefel ausschneiden. Aus restlichem Teig eine 28 x 14 cm große Stulpe (im Foto der weiße Teil) ausschneiden, unten wellenförmig ausrädern.
Stiefel auf ein mit Backpapier ausgelegtes Backblech legen. Stulpe am oberen Ende des Stiefels bündig auflegen, jedoch nur am unteren, wellenförmigen Teil gut festdrücken. Die überlappenden Seiten nach hinten umklappen. Zwischen Stulpe und Stiefel zum Backen geknüllte Alufolie einlegen, damit der Stiefelschaft später gefüllt werden kann. Öffnung oben nicht zudrücken.
Stiefel im vorgeheizten Ofen

15–20 Minuten backen und gut auskühlen lassen. Alufolie vorsichtig aus dem Hohlraum entfernen.
Puderzucker mit Eiweiß und Zitronensaft zu einer streichfähigen Masse verrühren und Stulpe mit 1/3 des Zuckergusses auf der gewölbten Seite überziehen. Ein Holzbrett mit etwas Zuckerguss einstreichen und Stiefel aufkleben.
Restliche Zuckermasse mit Lebensmittelfarbe rot einfärben, unteren Teil des Stiefels damit bestreichen und trocknen lassen. Nikolausstiefel aufstellen und nach Wunsch mit Schokolade und kleinen Adventsgeschenken füllen.

Zimtsterne
(Abb. S. 247)

Zutaten
2 Eiweiß, 100 g Puderzucker, 100 g Zucker, abgeriebene Schale von 1 Zitrone (unbehandelt), 1 gehäufter TL Zimtpulver,
300 g geriebene Mandeln,
150 g Marzipan,
1 Prise Nelkenpulver,
Zucker für die Arbeitsfläche

EW	Fett	KH	kcal/kJ
2 g	6 g	11 g	117/492

Eiweiß sehr steif schlagen, dabei nach und nach Puderzucker und Zucker einrieseln lassen. Zitronenschale hinzufügen. 1/3 der Masse mit 1 Prise Zimtpulver mischen, zum Bestreichen beiseite stellen. Mandeln mit Marzipan, restlichem Zimt- und Nelkenpulver verkneten, Eischneemasse vorsichtig unterheben.
Teig auf eine mit Zucker bestreute Arbeitsfläche streichen und zu Sternen ausstechen. Sternenform immer wieder in kaltes Wasser tauchen, damit der Teig nicht haften bleibt. Sterne auf ein mit Backblech ausgelegtes Backblech setzen, mit restlicher Eischneemasse bestreichen. Im vorgeheizten Ofen bei 100–125 Grad in 40–45 Minuten trocknen lassen. Ergibt 30 Stück.

Linzer Sterne
(Abb. S. 247)

Zutaten
350 g Mehl,
125 g Zucker,
1 Päckchen Vanillinzucker,
abgeriebene Schale von 1 Orange und Zitrone (unbehandelt),
4 Eigelb, 1 Prise Salz,
125 g geriebene Mandeln, 3 Tropfen Bittermandelöl,
1 EL Rum,
225 g Butter,
225 g Aprikosenkonfitüre, Puderzucker zum Bestäuben

EW	Fett	KH	kcal/kJ
2 g	8 g	18 g	165/691

Mehl in eine Schüssel sieben, in die Mitte eine Mulde drücken, Zucker, Vanillinzucker, Orangen- und Zitronenschale, Eigelb, Salz, Mandeln, Bittermandelöl und Rum hineingeben. Butter in Flöckchen an den Rand setzen und alles zu einem glatten Teig verkneten. Ca. 1 Stunde kalt stellen.
Teig auf bemehlter Arbeitsfläche dünn ausrollen und zu Sternen ausstechen. In die Hälfte der Sterne ein Loch stechen. Gebäck auf ein mit Backpapier ausgelegtes Backblech legen und im vorgeheizten Ofen bei 200 Grad 8–10 Minuten backen. Ungelochte Sterne mit Konfitüre bestreichen, gelochte Sterne darauf setzen und trocknen lassen. Mit Puderzucker bestäuben. Ergibt 30 Stück.

Schmandsterne

Zutaten
1 Eigelb,
125 g Zucker,
3 Päckchen Vanillinzucker,
4 EL saure Sahne,
200 g Mehl,
1 Msp. Backpulver,
4 EL Butter,
Puderzucker zum Bestäuben

EW	Fett	KH	kcal/kJ
1 g	2 g	9 g	55/230

Eigelb mit Zucker und Vanillinzucker dickschaumig rühren. Saure Sahne unterheben. Mehl mit Backpulver vermischt in eine Schüssel sieben, in die Mitte eine Mulde drücken. Eimasse hineingeben, Butter in Flöckchen am Rand verteilen. Alles zu einem glatten Teig verkneten und ca. 1 Stunde kalt stellen. Auf bemehlter Arbeitsfläche dünn ausrollen und zu Sternen ausstechen. Auf ein mit Backpapier ausgelegtes Backblech geben und im vorgeheizten Ofen bei 200 Grad ca. 10 Minuten backen. Auskühlen lassen und mit Puderzucker bestäuben. Ergibt 35 Stück.

Tipp

Schmandsterne schmecken auch mit einer Glasur aus Puderzucker und Zitronensaft.

Weihnachtstorte zum Verschenken
(Abb.)

Zutaten

Für den Teig:
8 Eier,
240 g Zucker,
240 g Mehl,
1 Päckchen Backpulver;
für die Füllung:
200 g Marzipan,
2 EL Puderzucker,
1 Glas Preiselbeeren (210 ml);
für die Verzierung:
2 Beutel Schokoladenguss,
2 Beutel Haselnussglasur,
2 Beutel Zitronenglasur

EW	Fett	KH	kcal/kJ
14 g	23 g	88 g	648/2710

Ofen auf 220 Grad vorheizen. Eier und Zucker mit einem Handrührgerät ca. 10 Minuten zu einer dicken, schaumigen Masse schlagen. Mehl und Backpulver vermischen, darüber sieben und unterheben. Teig teilen und jeweils auf ein mit Backpapier ausgelegtes, kleines Backblech streichen. Im vorgeheizten Ofen in 10–12 Minuten goldgelb backen.
Biskuitplatten jeweils auf ein mit Zucker bestreutes Küchentuch stürzen. Backpapier mit Wasser befeuchten, abziehen und Teigplatten abkühlen lassen. Jede Platte zu einem quadratischen Tortenboden von 21 x 21 cm schneiden.
Marzipan mit Puderzucker verkneten, in Tortenbodengröße ausrollen. Eine Biskuitplatte mit Preiselbeeren bestreichen, darauf die Marzipanplatte legen, diese wieder mit Preiselbeeren bestreichen und mit der zweiten Biskuitplatte abdecken.
Torte zu 9 Würfeln von 7 x 7 cm schneiden. Jeweils drei Würfel mit Schokoladen-, Haselnuss- und Zitronenglasur überziehen und trocknen lassen.

Tipp

Würfel nach Wunsch mit verschiedenen Pralinen, Nüssen, Belegkirschen und Borkenschokolade dekorieren. In einen Geschenkkarton oder auf eine Platte setzen.

Vanille-Butterplätzchen
(Abb.)

Zutaten
150 g Mehl,
100 g weiche Butter,
50 g Zucker,
1 Prise Salz,
Mark von 1 Vanilleschote,
1 Eigelb,
Mehl zum Ausrollen,
Pistazien,
Mandelstifte und
Sukkade zum Verzieren

EW	Fett	KH	kcal/kJ
1 g	4 g	6 g	74/311

Mehl, Butter, Zucker, Salz, Vanillemark, Eigelb und 1 EL kaltes Wasser zu einem geschmeidigen Teig verkneten. In Folie wickeln und 30 Minuten in den Kühlschrank stellen.
Ofen auf 200 Grad vorheizen. Teig auf bemehlter Arbeitsfläche ca. 1/2 cm dick ausrollen. Mit Plätzchenausstechern verschiedene Formen ausstechen. Jeweils einige Plätzchen auf ein mit Backpapier ausgelegtes Backblech legen und mit Pistazien, Mandeln und Sukkade verzieren.
Plätzchen nacheinander im vorgeheizten Ofen 10–15 Minuten backen. Auf einem Kuchendraht auskühlen lassen.
Ergibt 30 Stück.

Mandelherzen

Zutaten
250 g Butter,
125 g Puderzucker,
2 Eigelb,
100 g gemahlene Mandeln,
350 g Mehl,
Mehl zum Ausrollen,
80 g geschälte, halbierte Mandeln

EW	Fett	KH	kcal/kJ
1 g	5 g	35 g	83/349

Butter mit Puderzucker und Eigelb schaumig rühren. Gemahlene Mandeln und Mehl darüber geben und alles zügig zu einem Mürbeteig verkneten. Zu einer Kugel formen und zugedeckt 2 Stunden kühl stellen.
Ofen auf 200 Grad vorheizen. Teig auf bemehlter Arbeitsfläche 1/2 cm dick ausrollen, mit einem Förmchen Herzen ausstechen. Auf 1–2 Bleche legen. Restliches Eigelb verquirlen, Herzen damit bestreichen und mit je 2 halben Mandeln belegen. Im vorgeheizten Ofen auf mitt-

lerer Schiene 8–10 Minuten backen.
Blech aus dem Ofen nehmen, Mandelherzen auf einen Kuchendraht heben und ganz auskühlen lassen.

Früchtestollen
(Abb.)

Zutaten
500 g Mehl,
1 Würfel Hefe (42 g),
1/8 l lauwarme Milch,
1 EL Zucker,
225 g Butter oder Margarine,
1 Prise Salz,
2 cl Rum,
je 1 Msp. gemahlener Kardamom, Zimt und Nelken,
100 g Mandelstifte,
100 g Rosinen,
100 g getrocknete Bananen, 100 g getrocknete Feigen,
100 g Puderzucker

EW	Fett	KH	kcal/kJ
5 g	12 g	36 g	281/1174

Mehl in eine Schüssel geben, in die Mitte eine Vertiefung drücken und Hefe hineinbröckeln. Mit etwas lauwarmer Milch und Zucker verrühren und zugedeckt an einem warmen Ort ca. 15 Minuten gehen lassen.
Restliche lauwarme Milch mit 125 g aufgelöster Butter oder Margarine angießen, Gewürze zugeben und alles zu einem glatten Teig verarbeiten. Mandeln, Rosinen, Bananen- und Feigenstückchen unterkneten und Teig ca. 1 Stunde zuge-

deckt an einem warmen Ort gehen lassen.
Ofen auf 250 Grad vorheizen. Teig oval ausrollen, zu einem Stollen formen und auf ein mit Backpapier ausgelegtes Backblech geben. Damit er nicht auseinander fällt, einen Streifen aus Alufolie um den Stollen legen. Stollen in den Ofen schieben, Hitze auf 175 Grad reduzieren und Stollen 45–60 Minuten backen. Noch heiß mit restlicher flüssiger Butter oder Margarine bestreichen und mit Puderzucker bestäuben.
Ergibt 20 Scheiben.

Aachener Printen

Zutaten

500 g weißer Kandiszucker,
125 g zerlassene Butter,
750 g Mehl,
Schale von 1/2 Zitrone (unbehandelt),
20 g Zimtpulver,
20 g gemahlene Nelken,
20 g gemahlener Kardamom,
etwas geriebene Muskatnuss,
50 g grob geschnittene Mandeln,
30 g Zitronat,
5 g in etwas Rosenwasser aufgelöste Pottasche,
Fett für das Blech

EW	Fett	KH	kcal/kJ
2 g	3 g	27 g	150/622

Kandiszucker mit 100 ml Wasser zu einem Brei verkochen und diesen mit zerlassener Butter vermischen. Mehl mit Gewürzen in eine Schüssel sieben, mit Butter-Zucker-Gemisch und den anderen Zutaten verrühren. Zuletzt aufgelöste Pottasche dazumischen und den gut verkneteten Teig mindestens 5 Stunden kalt stellen.
Ofen auf 180 Grad vorheizen. Teig ausrollen und in längliche Streifen (Printen), ca. 3 cm breit und 6–8 cm lang, schneiden. Auf ein gefettetes Backblech legen und mit Wasser bestreichen. Im vorgeheizten Ofen 15 Minuten backen.

Honigwürfel

Zutaten

50 g weiche Butter,
1 Eigelb,
150 g Waldhonig,
1 EL Schokoladen-Nusspaste,
1 EL Zitronensaft,
5 EL gemahlene Haselnüsse,
2 EL gehackte Mandeln,
5 Scheiben Pumpernickel

EW	Fett	KH	kcal/kJ
2 g	7 g	19 g	162/677

Weiche Butter mit Eigelb schaumig rühren. Honig mit Schoko-Nusspaste, Zitronensaft, Nüssen und Mandeln gut vermischen.
Jeweils abwechselnd eine Scheibe Pumpernickel mit Butter und eine mit Honigpaste bestreichen. Scheiben aufeinander legen und mit dem Messer in Würfel schneiden.

Pfeffernüsse

Zutaten

1 EL Backpulver,
500 g Mehl,
500 g Zucker,
2 Eier, 100 g Butter,
je 1 Msp. gemahlene Nelken, Zimt, Anis, Kardamom, Muskatnuss,
50 g Zitronat,
50 g Orangeat

EW	Fett	KH	kcal/kJ
2 g	2 g	23 g	124/520

Mit Backpulver vermischtes Mehl auf eine Arbeitsplatte sieben und in der Mitte eine Vertiefung bilden. Übrige Zutaten hineingeben und einen festen Teig herstellen. Dabei Zitronat und Orangeat erst nach dem Vorkneten des Teiges zugeben. Teig ausrollen (1 cm dick) und Pfeffernüsse ausstechen. (In alten Zeiten wurden kleine Kugeln geformt; heute werden sie zumeist mit einer runden Form von ca. 2 1/2 cm Durchmesser ausgestochen). Auf ein mit Backpapier belegtes Blech setzen und über Nacht abtrocknen lassen. Bei 150–170 Grad im vorgeheizten Ofen 15 Minuten backen.

Vollmilch-Schoko-Makronen
(Abb.)

Zutaten
200 g Vollmilch-Kuvertüre,
300 g Mehl,
200 g Butter,
100 g Puderzucker,
1 Ei,
1 Prise Salz,
1/2 TL Zimtpulver,
50 g gemahlene Mandeln

EW	Fett	KH	kcal/kJ
2 g	7 g	11 g	114/476

Eine Hälfte der Kuvertüre hacken, im Wasserbad schmelzen und unter gelegentlichem Rühren abkühlen lassen. Mehl, Butter, Puderzucker, Ei, Salz, Zimtpulver und Mandeln verkneten. Flüssige Kuvertüre zufügen und unterkneten. Teig 30 Minuten kalt stellen.
Kleine Häufchen auf ein mit Backpapier ausgelegtes Backblech setzen und im vorgeheizten Ofen bei 175 Grad 10–15 Minuten backen. Plätzchen auf einem Kuchendraht auskühlen lassen. Restliche Kuvertüre schmelzen, Plätzchen zur Hälfte hineintauchen und trocknen lassen. Ergibt 40 Stück.

Haferflocken-makronen

Zutaten
300 g Butter,
250 g feine Haferflocken, 2 Eier,
200 g Zucker,
1 Päckchen Vanillinzucker,
150 g Mehl,
3 gestr. TL Backpulver,
200 g Kokosflocken,
2–3 EL Sahne,
Fett und Mehl für das Blech

EW	Fett	KH	kcal/kJ
2 g	13 g	13 g	134/562

100 g Butter in einer Pfanne zerlassen, Haferflocken darin hellgelb rösten. Mit restlichen Zutaten verkneten.
Ofen auf 200 Grad vorheizen. Backblech einfetten und bemehlen. Kleine Teighäufchen oder -kugeln mit genügend Abstand auf das Blech setzen. Im vorgeheizten Ofen auf mittlerer Schiene 10–15 Minuten backen. Auf einem Kuchendraht auskühlen lassen.

Böhmischer Weihnachtsstriezel
(Abb.)

Zutaten
1 kg Mehl Type 550,
200 g Zucker,
1 gute Prise Salz,
2 Würfel Hefe (84 g),
350 ml Milch,
225 g Butterschmalz,
2 Eier,
125 g Rosinen,
100 g gehackte Mandeln,
75 g Korinthen,
50 g gehackte Pistazien,
100 g fein gewürfeltes Zitronat,
je 1 gestr. TL gemahlener Anis, Muskatblüte und Zimt,
abgeriebene Schale von 1 Zitrone (unbehandelt);
außerdem:
50 g Butterschmalz,
4 EL Puderzucker,
Mehl für die Arbeitsfläche

EW	Fett	KH	kcal/kJ
9 g	20 g	62 g	475/1985

Mehl mit Zucker und Salz mischen. Hefe in die lauwarme Milch bröckeln und verquirlen. Milch mit flüssigem Butterschmalz und Eiern unter das Mehlgemisch rühren und kneten, bis sich ein glatter Teigkloß bildet. Übrige Zutaten nacheinander unterkneten.

Teig mit einem Küchentuch abdecken und an einem warmen Ort ca. 45 Minuten gehen lassen, bis sich der Teigkloß verdoppelt hat.

Teig durchkneten, in 9 gleich große Stücke teilen und auf einer bemehlten Arbeitsfläche zu gleich langen Rollen formen. Aus 4 Rollen einen Zopf flechten und auf ein mit Backpapier ausgelegtes Backblech legen. Dann aus 3 Rollen einen Zopf flechten, auf den Zopf auf dem Backblech legen. Zum Schluss restliche 2 Rollen zum Zopf drehen und auf den Dreier-Zopf legen.

Damit die Zöpfe nicht verrutschen, seitlich mit Holzspießen stützen.

Striezel noch einmal 30 Minuten gehen lassen und anschließend mit flüssigem Butterschmalz bestreichen. Im vorgeheizten Ofen in ca. 70 Minuten bei 180–200 Grad goldbraun backen.

Damit der Striezel nicht zu dunkel wird, evtl. zwischendurch mit Alufolie oder Pergamentpapier abdecken.

Fertigen Striezel auf einem Kuchendraht abkühlen lassen und mit Puderzucker bestreuen. Ergibt 20 Scheiben.

Tipp
Eine köstliche Variante: Striezel vor dem Backen mit Hagelzucker bestreuen.

Liebesherzen

Zutaten
1 Schokoladen-tortenboden,
1 einfacher Tortenboden (aus eigener Herstellung oder beim Konditor bestellen),
200 g Pinienhonig,
8 cl Amaretto,
500 g weiße Kuvertüre,
Cocktailkirschen zum Belegen

EW	Fett	KH	kcal/kJ
2 g	4 g	18 g	128/536

Tortenböden mit einem langen Messer waagerecht in 4 Scheiben schneiden. Mit einem Herzausstecher so viele Teilchen wie möglich ausstechen.
Pinienhonig mit Amaretto verrühren und auf eine Seite der Herzchen streichen. 4–5 Herzen aufeinander setzen, das letzte oben nicht bestreichen. Herzstücke 2 Stunden in den Kühlschrank stellen.
Herzstücke mit Kuvertüre überziehen. Auf jedes Herzchen 1/2 Cocktailkirsche legen.

Karlsbader Brezeln

Zutaten
330 g Mehl,
190 g Butter,
1 Päckchen Backpulver,
1/8 l Sahne,
1 Prise Salz,
2 Eier

EW	Fett	KH	kcal/kJ
2 g	7 g	9 g	107/447

Aus Mehl, 140 g Butter, Backpulver, Sahne und Salz einen glatten Teig herstellen. Davon kleine Portionen abstechen und ca. 30 Brezeln formen. Ofen auf 200 Grad vorheizen.
Brezeln mit zerlassener Butter einstreichen und im vorgeheizten Ofen 20 Minuten backen. Während des Backvorganges einmal mit Butter und zum Schluss mit verschlagenem Ei bestreichen.

Schmätzle

Zutaten
250 g Honig,
350 g Zucker,
3 Eier,
75 g Butter,
1 TL Zimt,
1 Msp. gemahlene Nelken,
1 Msp. gemahlener Kardamom,
75 g gewürfeltes Zitronat,
100 g gehäutete Mandeln,
1 Päckchen Backpulver,
250 g Mehl,
Fett für das Blech

EW	Fett	KH	kcal/kJ
2 g	3 g	20 g	118/493

Festen Honig durch leichtes Erwärmen verflüssigen. Zucker im Honig auflösen. Masse abkühlen lassen. Nach und nach Eier und Butter unterrühren. Gewürze, Zitronat und grob gehackte Mandeln unterrühren. Das Backpulver mit Mehl mischen. Mehl nach und nach unter die Honigmasse rühren. Insgesamt so viel Mehl zugeben, dass der Teig eine steife Konsistenz hat. Teig ca. 1 Stunde kalt stellen.
Ofen auf 140 Grad vorheizen. Aus dem Teig kleine Kugeln formen. Auf ein gefettetes Blech setzen, dabei etwas Abstand lassen, da die Plätzchen beim Backen auseinander laufen. Im vorgeheizten Ofen langsam backen.

Heidesand

Zutaten
200 g Butter,
80 g Puderzucker,
50 g Marzipan-Rohmasse,
1 TL Vanillinzucker,
1/2 TL abgeriebene Zitronenschale (unbehandelt),
250 g Mehl,
1 Eigelb,
Zucker zum Wälzen

EW	Fett	KH	kcal/kJ
1 g	4 g	8 g	78/328

Weiche Butter mit Puderzucker, Marzipan, Vanillinzucker und Zitronenschale verrühren. Mehl darüber sieben und unterkneten.
Aus dem Teig mehrere Rollen von 5 cm Durchmesser formen, in Folie einschlagen und über Nacht in den Kühlschrank stellen. Am nächsten Tag Ofen auf 190 Grad vorheizen. Teigrollen aus der Folie nehmen, mit Eigelb bestreichen und in Zucker rollen. Dann in 1/2 cm dicke Scheiben schneiden und nebeneinander auf ein Backblech legen. Teigscheiben auf mittlerer Schiene 8–10 Minuten backen. Wenn sie goldgelb gebacken sind, vom Blech heben und auf einem Kuchendraht auskühlen lassen.

Dresdner Christstollen
(Abb.)

Zutaten
500 g Rosinen,
100 g Korinthen,
100 g Zitronat,
100 g Orangeat,
250 g gehackte Mandeln,
2 Päckchen Vanillinzucker,
6 EL brauner Rum,
12 Tropfen Bittermandelöl,
1 kg Mehl,
2 Würfel Hefe (84 g),
150 g Zucker,
1/4 l Milch,
2 Eigelb,
400 g Butter;
außerdem:
Mehl für die Arbeitsplatte,
150 g Butter,
125 g Puderzucker oder feiner Zucker

EW	Fett	KH	kcal/kJ
6 g	20 g	53 g	436/1823

Rosinen, Korinthen, Zitronat, Orangeat, Mandeln, Vanillinzucker, Rum und Bittermandelöl mischen und zugedeckt ca. 6 Stunden stehen lassen. Zwischendurch ab und zu umrühren.
Mehl in eine große Schüssel sieben. In die Mitte eine Vertiefung drücken. Hefe hineinbröckeln. Mit 1 EL Zucker bestreuen. Milch lauwarm erhitzen, darauf gießen und mit etwas Mehl zu einem Vorteig verrühren. Zugedeckt ca. 15 Minuten gehen lassen.
Restlichen Zucker, Eigelb und Butter in Stücken zugeben. Zuerst mit den Knethaken des Handrührgerätes durcharbeiten, dann mit den Händen zu einem glatten Teig verkneten. Zugedeckt an einem warmen Ort ca. 30 Minuten gehen lassen.
Teig auf einer leicht bemehlten Arbeitsfläche flach drücken. Früchte darauf geben, in den Teig drücken und verkneten. Zugedeckt nochmals 30 Minuten gehen lassen.
Teig kurz durchkneten. Für einen großen Stollen Teig zu einer ovalen 3–4 cm dicken Platte rol-

len. Mitte der Teigplatte längs etwas eindrücken und eine Teighälfte über die andere klappen. Oder entsprechend zwei kleine Stollen formen.
Stollen auf ein mit Backpapier ausgelegtes Backblech legen, nochmals 15 Minuten gehen lassen. Ofen auf 175 Grad vorheizen.
Stollen auf unterer Schiene im vorgeheizten Ofen 70–90 Minuten backen. Butter erwärmen. Stollen mit einem Hölzchen mehrmals einstechen und noch warm mit der Hälfte der flüssigen Butter bestreichen. Mit der Hälfte des Puderzuckers bestäuben, nach 5 Minuten den Vorgang wiederholen.
Ausgekühlten Stollen in Alufolie wickeln und vor dem Anschneiden mindestens 1 Woche ruhen lassen.
Ergibt 30 Stücke.

Panettone
(Italienisches Weihnachtsbrot)

Zutaten
45 g Hefe,
6 Eigelb,
1 TL Vanillearoma,
Schale von 1 Zitrone (unbehandelt),
1/2 TL Salz,
50 g Zucker,
300 g Mehl,
100 g Butter,
Mehl für die Schüssel und zum Ausrollen,
50 g Zitronat,
50 g Orangeat,
75 g Rosinen,
Fett für die Form,
2 EL zerlassene Butter

EW	Fett	KH	kcal/kJ
3 g	9 g	23 g	199/831

Hefe in 50 ml lauwarmes Wasser bröckeln, 5 Minuten stehen lassen, dann verquirlen und an einem warmen Platz 10–15 Minuten ruhen lassen. Hefeflüssigkeit zusammen mit Eigelb, Vanille, abgeriebener Zitronenschale, Salz und Zucker in eine große Schüssel geben und vermischen. Mehl unter ständigem Rühren hinzufügen, bis ein weicher, klebriger Teig entsteht, der sich zu einer Kugel formen lässt. Weiche Butter in 3 großen Stücken zugeben und unter den Teig mengen. Die schwere, klebrige Masse 10 Minuten gut durchkneten (evtl. noch mehr Mehl einarbeiten), bis der Teig glatt und geschmeidig ist.
In eine bemehlte Schüssel legen und abgedeckt an einem warmen Ort gehen lassen, bis der Teig das doppelte Volumen erreicht hat (ca. 2 Stunden).
Teig nochmals leicht durcharbeiten und ausrollen, Zitronat, Orangeat und Rosinen einkneten, möglichst so, dass sie nicht an der Oberfläche des Teiges erscheinen.
Eine Kastenform (ca. 21 x 11 x 6 cm) einfetten, Teig hineinlegen und nochmals 45 Minuten gehen lassen. Oberfläche dann mit etwas zerlassener Butter bestreichen und im vorgeheizten Ofen bei 200 Grad 40 Minuten backen. Nach 10 Minuten Temperatur um 25 Grad reduzieren und Panettone goldbraun werden lassen. Während des Backens noch ein- bis zweimal mit zerlassener Butter bepinseln. Anschließend einige Minuten in der Form auskühlen lassen, zum vollständigen Erkalten vorsichtig auf einen Kuchendraht stürzen.

Anislaibchen

Zutaten
125 g Zucker,
2 Eier,
1 TL Anis,
1 Prise Hirschhornsalz,
125 g Mehl,
Fett für das Blech

EW	Fett	KH	kcal/kJ
1 g	1 g	9 g	47/198

Zucker und Eier schaumig rühren. Anis hinzufügen, dann nach und nach mit Hirschhornsalz gemischtes Mehl. Dickflüssigen Teig mit einem Teelöffel auf ein gefettetes Blech setzen. Über Nacht trocknen lassen.
Am nächsten Tag im vorgeheizten Ofen bei 160 Grad 20 Minuten backen. Auf einem Kuchendraht auskühlen lassen.

Selbst gebackener Adventskalender

(Abb.)

Zutaten

Für den Teig:
250 g Honig,
100 g brauner Zucker,
2 EL Butter oder Margarine,
1/2 Päckchen Pottasche (7,5 g),
2 cl Rum,
350 g Mehl,
1 TL Anissamen,
1 Päckchen Lebkuchengewürz (20 g),
100 g gehackte Walnusskerne;
zum Verzieren:
250 g Puderzucker,
1 Eiweiß,
Lebensmittelfarbe

EW	Fett	KH	kcal/kJ
2 g	4 g	34 g	183/766

Honig, Zucker und Butter oder Margarine unter ständigem Rühren in einem Topf erhitzen, bis alles geschmolzen ist, handwarm abkühlen lassen. Pottasche mit Rum verrühren. Mehl in eine Schüssel sieben, mit Anissamen, Lebkuchengewürz und Walnüssen mischen. Honig-Fett-Mischung und aufgelöste Pottasche zugeben und alles zu einem glatten Teig verkneten. Teig in Folie wickeln und mindestens 1 Tag bei Zimmertemperatur ruhen lassen.

Ofen auf 200 Grad vorheizen. Teig durchkneten und auf einem mit Backpapier ausgelegten Backblech ausrollen. 24 Felder mit einem Messerrücken markieren und in einige Felder Ausstechförmchen stecken. Im vorgeheizten Ofen ca. 15 Minuten backen. Gut auskühlen lassen. Puderzucker durchsieben, mit Eiweiß und einigen Tropfen Wasser glatt rühren und nach Belieben mit Lebensmittelfarbe färben. Gusssorten in kleine Plastikbeutel füllen, eine Ecke abschneiden, die markierten Linien damit nachspritzen, Ausstechförmchen ausfüllen und die Zahlen aufspritzen. Nach Wunsch mit Perlen u. Ä. garnieren.

Früchtebrot

Zutaten

200 g Backpflaumen (ohne Kerne),
300 g getrocknete Birnen,
200 g getrocknete Feigen,
100 g Haselnüsse,
100 g gehäutete Mandeln,
100 g Walnüsse,
100 g Rosinen,
100 g Korinthen,
je 50 g gewürfeltes Orangeat und Zitronat,
120 g Farinzucker,
1/2 TL Zimt,
je 1 Msp. Nelken und Anis,

1 Prise Salz,
2–3 EL Rum,
2 EL Zitronensaft,
100 g Roggenbrotteig (vom Bäcker oder selbst gemacht),
200 g Mehl,
50 g geschälte, halbierte Mandeln,
70 g gemischte kandierte Früchte,
Butter für das Blech

EW	Fett	KH	kcal/kJ
3 g	7 g	32 g	210/880

Backpflaumen, Birnen und Feigen in 1 l Wasser über Nacht einweichen.

Ein Blech mit Butter einfetten. Früchte abtropfen lassen und klein würfeln. Haselnüsse, Mandeln und Walnüsse grob hacken. Rosinen, Korinthen, Zitronat und Orangeat mit Früchten und Nüssen mischen. Zucker, Gewürze, Rum und Zitronensaft dazugeben, alles gründlich durchmischen und zugedeckt 30 Minuten ziehen lassen.
Brotteig mit Mehl und Früchtemischung verkneten. Zwei Brotlaibe aus dem Teig formen.
Mit etwas Wasser glatt streichen und mit Mandelhälften und kandierten Früchten belegen.

Brotlaibe auf unterer Schiene im vorgeheizten Ofen 75 Minuten backen. Gut auskühlen lassen.

Honigplätzchen
(Abb. rechts)

Zutaten
400 g Mehl,
1/4 TL Backpulver,
1 TL gemahlener Ingwer,
100 g Zucker,
100 g Honig,
100 g Sirup,
150 g Butter,
Mehl zum Ausrollen,
1 Eiweiß,
100 g gehobelte Mandeln

EW	Fett	KH	kcal/kJ
1 g	3 g	11 g	80/333

Mehl, Backpulver, Ingwer und Zucker in eine Schüssel geben und vermischen. In die Mitte eine Vertiefung drücken, Honig und Sirup hineingeben und kalte Butter in kleinen Stücken darauf verteilen. Alles von innen nach außen zügig zu einem glatten Teig verkneten und diesen ca. 30 Minuten kühl stellen.
Ofen auf 200 Grad vorheizen. Teig auf einer bemehlten Arbeitsfläche ca. einen 1/2 cm dick ausrollen, beliebige Formen ausstechen, mit verquirltem Eiweiß bestreichen und mit gehobelten Mandeln bestreuen.

Plätzchen auf ein mit Backpapier belegtes Backblech legen und im vorgeheizten Ofen ca. 10 Minuten backen.
Ergibt 55 Stück.

Klosterkipfelchen
(Abb. S. 268, links)

Zutaten
250 g Mehl,
100 g geriebene Haselnüsse,
2 EL Kakaopulver,
125 g Puderzucker,
2 Eier,
150 g Butter,
1 Päckchen Schokoladenglasur,
1 Päckchen Haselnussglasur

EW	Fett	KH	kcal/kJ
1 g	4 g	9 g	80/333

Mehl, geriebene Haselnüsse, Kakaopulver und Puderzucker in eine Schüssel geben und vermischen. In die Mitte eine Vertiefung drücken. Ein Ei trennen, Eigelb mit anderem Ei in die Mulde geben und kalte Butter in kleinen Stücken darauf verteilen. Alles von innen nach außen zügig zu einem glatten Teig verkneten und diesen ca. 30 Minuten kühl stellen.
Ofen auf 200 Grad vorheizen. Teigmasse vierteln und jeweils zu Rollen von 2 cm Durchmesser formen. Von den Rollen ca. 5 cm lange Stücke schneiden, zu Kipferln formen.
Kipferl auf ein mit Backpapier ausgelegtes Backblech legen und im vorgeheizten Ofen 10–15 Minuten backen, gut auskühlen lassen. Schokoladen- und Haselnussglasur nach Packungsanweisung auflösen und Kipferl damit nach Wunsch bestreichen. Ergibt 50 Stück.

Sonnenblumenhäufchen
(Abb.)

Zutaten
250 g Sonnenblumenkerne,
3 Eiweiß,
100 g Honig,
1 Vanilleschote,
1/2 TL Zimtpulver,
Saft von 1/2 Zitrone,
40 g Weizenvollkornmehl,
Vollkorn-Oblaten

EW	Fett	KH	kcal/kJ
1 g	4 g	10 g	79/329

Ofen auf 180 Grad vorheizen. 50 g der Sonnenblumenkerne hacken, Rest fein mahlen. Eiweiß sehr steif schlagen und Honig langsam zugießen. Vanilleschote längs aufritzen, Mark ausschaben und mit Zimtpulver und Zitronensaft vorsichtig unter die Schaummasse rühren.

Gemahlene Sonnenblumenkerne und Weizenvollkornmehl unterheben.
Oblaten auf ein mit Backpapier ausgelegtes Blech legen, mit zwei Teelöffeln kleine Häufchen auf die Oblaten setzen und mit gehackten Sonnenblumenkernen bestreuen.
Im vorgeheizten Ofen ca. 20 Minuten backen.
Ergibt 30 Stück.

Anisküchlein

Zutaten
5 Eier,
125 g Butter,
250 g Mehl,
25 g Hefe,
125 g Zucker,
150 ml Sahne,
Fett für das Blech,
Zucker zum Bestreuen,
2 EL gewiegter Anis

EW	Fett	KH	kcal/kJ
2 g	4 g	9 g	87/364

Eier trennen. Butter mit Eigelb gut verrühren. Mehl auf eine Tischplatte sieben, eine Mulde bilden und darin die in lauwarmem Wasser aufgelöste Hefe einarbeiten. Butter-Eiermasse, Zucker und Sahne zufügen und Teig so lange bearbeiten (schlagen), bis er sich vom Gefäß löst. Zum Schluss steif geschlagenes Eiweiß unterheben und Teig etwas stehen lassen. Ofen auf 180 Grad vorheizen.
Auf ein gefettetes Blech kleine Teighäufchen setzen und mit Zucker und Anis bestreuen.
Anisküchlein im vorgeheizten Ofen 20 Minuten backen.

Delikates Früchtebrot

Zutaten
200 g getrocknete Birnen,
250 g Dörrpflaumen,
150 g geschälte Mandeln,
250 g ungeschwefelte Rosinen,
150 g Orangeat,
150 g Zitronat,
300 g Feigen,
4 EL Waldhonig,
200 g Mandeln,
200 g Haselnüsse,
1 Msp. Anis,
1 Msp. gemahlene Nelken,
1 TL Zimtpulver,
1 kg dunkler Brotteig (bekommt man auf Bestellung vom Bäcker);
zum Garnieren:
100 g geschälte und halbierte Mandeln,
4 EL Dekorkirschen;
zum Glasieren:
4 EL Speisestärke;
außerdem:
Fett und Mehl für die Form

EW	Fett	KH	kcal/kJ
3 g	6 g	24 g	166/692

Alle Früchte (außer Nüsse und Mandeln) in einen großen Topf geben, mit Wasser übergießen und ca. 1 Stunde kochen lassen.
Wasser in eine Schüssel abgießen und aufbewahren.
Ofen auf 200 Grad vorheizen.
Früchte mit Honig, Mandeln, Nüssen und Gewürzen vermischen. Danach stückweise den Brotteig einarbeiten und das Ganze zu einem glatten Teig verarbeiten.
Je nach Wunsch längliche oder runde Backformen einfetten und mit Mehl bestäuben. Früchtebrotteig in die Formen geben, mit den Fingern gleichmäßig eindrücken und die Oberfläche mit Wasser bestreichen. Brot mit halbierten Mandeln und Dekorkirschen garnieren.
Früchtebrot im vorgeheizten Ofen 45–90 Minuten backen.
Die Backzeit richtet sich nach der Größe des Brotes. Während der Backzeit Glasur vorbereiten.
Dazu Speisestärke auf ein mit Pergamentpapier belegtes Backblech streuen und im Herd bei 150 Grad etwas anbräunen.
1/2 l Wasser zum Kochen bringen und Speisestärke mit einem Schneebesen einrühren.
Fertig gebackenes Früchtebrot aus der Form stürzen und sofort mit der Glasur einpinseln.
Brot auskühlen lassen und mit Butter bestreichen.

Backen wird uns heute leicht gemacht. Wir können fertige Backteige kaufen, die nur noch darauf warten, belegt zu werden. In der Kühltruhe findet man eine große Auswahl an Brötchen aus der Papprolle, die nur noch aufzubacken sind, und tiefgekühlt gibt es sogar fertige Torten für festliche Anlässe, die man nur noch auftauen lassen muss. All diese Angebote verlocken sicherlich und schmecken erstaunlich gut.

Wer es eilig hat, kann von diesen Angeboten Gebrauch machen und sich Zeit und Arbeit sparen. Sogar sonntags, wenn viele Bäckereien geschlossen sind, muss man auf den Luxus frischer Backwaren nicht mehr verzichten. Einfach einen fertigen Teig in das Backrohr schieben und im Handumdrehen kann man mit frischen, noch warmen Frühstücksbrötchen den Partner oder die Familie verwöhnen.

Backen ist aber nicht nur die Herstellung von leckerem Backwerk, Backen ist eine manuelle und geistige Beschäftigung, die sehr viel Spaß macht und bei der man einen Bezug zu den verwendeten Zutaten und deren Endprodukt bekommt. Alles geht liebevoll durch die eigenen Hände, es wird geformt, geschlagen und geschnitten. Oftmals wird die Familie zum Backen mit einbezogen.

Natürlich benötigt man dafür etwas Zeit und genau da setzt die Idee der „Backhilfen" an: Auch wenn es einmal schnell gehen muss, kann man selbst gebackene Köstlichkeiten auf den Tisch bringen. Neben der Zeitersparnis erfordern Backmischungen oder fertige Teige auch deutlich weniger Arbeitsaufwand und geringeren Einsatz von Küchengeräten und Backutensilien.

Alle Inhaltsstoffe der Backmischungen kann man aus der Packungsaufschrift entnehmen.

Einige Tipps sollte man jedoch beachten:

- Um Backmischungen einsetzen zu können, benötigt man häufig noch weitere Zutaten. Deshalb sorgfältig die Packungsaufschrift lesen und die erforderlichen Zutaten einkaufen.
- Tiefgekühlte Ware, wie fertige Torten, Blätter- oder andere Teige, müssen vor dem Verzehr bzw. vor der Verarbeitung auftauen. Dies ist bei der Zeitplanung zu berücksichtigen.
- Wenn Sie dafür die Mikrowelle zu Hilfe nehmen, immer die niedrigste Stufe einstellen!
- Mit Fantasie und Freude am Variieren kann man mit Backmischungen oder Fertigteigen als Grundzutat abwechslungsreiche und herrliche Kuchen und Torten zaubern; man kann Sie z. B. füllen oder mit Obst belegen.
- Viele Teige eignen sich zum Einfrieren. Deshalb sollte man, wenn man gerade einen Teig selbst herstellt, eine größere Menge als benötigt vorbereiten. Den Rest kann man einfrieren und man hat somit einen Vorrat an selbst hergestelltem Fertigteig, der vor der nächsten Verwendung nur noch langsam aufgetaut werden muss.
- Folgende Teige und Backwaren eignen sich sehr gut zum Einfrieren: Mürbeteig, Strudelteig, Rührkuchen, Quarkkuchen, Hefeteig, Blechkuchen, Brot und Brötchen. Aber auch gebackene Waffeln, Obstkuchen, Sahnetorten oder Hefegebäck schmecken nach dem Einfrieren wie frisch, wenn man sie langsam auftauen lässt.
- Biskuitteig, Baiser und Makronen sind zum Einfrieren nicht geeignet.

Negerküsse
(Abb.)

Zutaten

je 1 Fertig-Backmischung für Schokoladenkuchen und Nusskuchen,
2 EL Butter oder Margarine,
4 EL Paniermehl,
100 g Schokoladen-glasur,
100 g Haselnussglasur

EW	Fett	KH	kcal/kJ
4 g	5 g	23 g	118/492

Teig jeweils nach Packungsanweisung herstellen.
Ofen auf 175 Grad vorheizen. Soufflee-Förmchen mit Butter oder Margarine einfetten und mit Paniermehl ausstreuen. Teig einfüllen und die kleinen Kuchen im vorgeheizten Ofen ca. 30 Minuten backen und abkühlen lassen.
Glasuren im Wasserbad auflösen, Kuchen damit überziehen und nach Wunsch mit Zuckerschrift und Plätzchenschmuck verzieren.
Ergibt 30 Stücke.

Kalte Schnauze
(Abb. S. 271)

Zutaten

120 g weiche Butter,
120 g Puderzucker,
2 EL Kakaopulver,
1 EL lösliches Kaffee-pulver,

200 g Zartbitter-Schokolade,
250 g Weizenknäcke-brot,
40 g gehackte Mandeln

EW	Fett	KH	kcal/kJ
4 g	16 g	38 g	308/1288

Butter und Puderzucker schaumig schlagen, Kakaopulver und Kaffeepulver dazugeben und gut vermischen. Schokolade im Wasserbad schmelzen, zur Masse geben und nochmals alles gut verrühren. Eine große Kastenform (ca. 30 cm Länge) mit Backpapier auskleiden und Boden dicht mit Knäckebrotscheiben belegen. Ein Viertel der Schokocreme darauf verteilen, mit Knäckebrotscheiben belegen und so fortfahren, bis zur dritten Schicht. Das letzte Viertel Schokocreme mit Mandeln verrühren, ebenfalls in die Form geben und mit restlichem Weizenknäckebrot abdecken. Die Form ca. 1 Stunde in den Kühlschrank stellen, anschließend auf eine Platte stürzen und in Scheiben schneiden.
Ergibt 12 Stücke.

Tipp
Zur Abwechslung ersetzen Sie Weizenknäckebrot durch Butterkekse.

Rhabarber-Quark-Charlotte (Abb.)

Zutaten

700 g Rhabarber,
200 g Zucker,
Zimtpulver nach Geschmack,
10 Blatt Gelatine,
2 Eier,
250 g Quark,
300 g saure Sahne,
Saft und abgeriebene Schale von 1 Zitrone (unbehandelt),
2 cl Amaretto,
15 Löffelbiskuits

EW	Fett	KH	kcal/kJ
7 g	7 g	31 g	160/671

Rhabarber putzen, abfädeln, waschen und in ca. 3 cm lange Stücke schneiden. Mit etwas Wasser, 100 g Zucker und Zimtpulver nach Geschmack ca. 3 Minuten garen. 4 Blatt Gelatine nach Packungsanweisung einweichen und ausdrücken, in den Rhabarber geben und unter Rühren darin auflösen.
Eier trennen. Eigelb, restlichen Zucker, Quark, saure Sahne, Zitronensaft und -schale und Amaretto verrühren. Steif geschlagenes Eiweiß unterheben. Restliche Gelatine nach Packungsanweisung einweichen, auflösen und unter die Quarkmasse ziehen. 1/3 der Masse in eine Schüssel von 21 cm Durchmesser gießen und ganz kurz stocken lassen. Löffelbiskuits halbieren und mit der Rundung nach unten am

Rand der Schüssel anordnen. Rhabarber und Quarkmasse schichtweise einfüllen, dabei mit Quarkmasse enden. Charlotte über Nacht kalt stellen. Am nächsten Tag auf eine Platte stürzen.
Ergibt 12 Stücke.

Tipp
Charlotte mit Sahne, blanchierten Rhabarberstückchen und Minzeblättchen garnieren.

Hefekrapfen mit Zimt-Zucker
(Abb.)

Zutaten
245 g Backmischung für Hefepuffer,
50–75 ml Milch,
2 Eier,
4 g Trockenhefe,
35 g Sultaninen,
ca. 500 g Butterschmalz oder Öl,
1 TL Zimtpulver,
2 EL Zucker

EW	Fett	KH	kcal/kJ
3 g	6 g	19 g	148/618

Backmischung mit Milch, Eiern, Hefe und Sultaninen in eine Schüssel geben. Mit einem Rührlöffel verrühren, dann mit den Händen zu einem glatten Teig verkneten und zugedeckt an einem warmen Ort 30–40 Minuten gehen lassen.
Fett in einer hohen Pfanne erhitzen. Aus dem Teig mit zwei in Öl getauchten Teelöffeln kleine Krapfen formen und bei mittlerer Hitze im Fett goldbraun frittieren.
Zimtpulver und Zucker vermischen. Hefekrapfen abtropfen lassen und mit Zimt-Zucker bestreut warm servieren.

Hefekranz mit Früchten

Zutaten
450 g Hefeteig (tiefgekühlt),
500 g Früchte (z. B. Trauben, Pfirsiche, Aprikosen, Pflaumen),
4 cl Orangenlikör,
Fett für die Form,
3 EL gemahlene Haselnüsse,
Puderzucker

EW	Fett	KH	kcal/kJ
3 g	4 g	19 g	211/884

Hefeteig nach Packungsanweisung auftauen, kneten und gehen lassen.
Obst putzen, waschen und in Würfel schneiden, Orangenlikör dazugeben.
Hefeteig durchkneten und in zwei Stücke teilen. Eine gefettete Kranzform mit gemahlenen Haselnüssen ausstreuen und einen Teil des Hefeteiges hineingeben. Obstmasse darauf verteilen und mit restlichem Hefeteig bedecken. Kuchen 20 Minuten gehen lassen.
Ofen auf 200 Grad vorheizen.

Kuchen ca. 45 Minuten backen. Ausgekühlt mit Puderzucker bestreuen.
Ergibt 15 Stücke.

Zwetschgenkuchen mit Mandelstreusel
(Abb.)

Zutaten
Für den Teig:
1 Packung Hefe-Obstkuchen-Teig,
1/4 l lauwarme Milch;
für den Belag:
1,5 kg Zwetschgen;
für die Streusel:
150 g Butter oder Margarine,
150 g Mehl,
100 g gemahlene Mandeln,
150 g Zucker,
1 TL Vanillinzucker,
Zimtpulver;
außerdem:
Fett für das Blech

EW	Fett	KH	kcal/kJ
6 g	11 g	45 g	304/1271

Inhalt von 2 Beuteln Hefe-Obstkuchen-Teig mit Milch verkneten. Teig auf einem gefetteten Blech ausrollen und ca. 10 Minuten gehen lassen.
Zwetschgen waschen, entsteinen und auf den Kuchenboden verteilen. Ofen auf 175–200 Grad vorheizen.
Weiches Fett, Mehl, Mandeln, Zucker, Vanillinzucker und Zimtpulver verkneten, bis sich Streusel bilden. Streusel über die Zwetschgen streuen. Kuchen im vorgeheizten Ofen 35–40 Minuten backen.
Ergibt 18 Stücke.

Schneller Pflaumenkuchen

Zutaten
Für den Teig:
1 Packung Blechkuchen-Grundteigmischung,
50 g Butter, 2 Eier,
150 ml Milch,
Fett für das Blech;
für den Belag:
1 Päckchen Vanille-Puddingpulver,
3 EL Zucker,
1/2 l Milch,
2,5 kg Zwetschgen;
für den Guss:
2 Päckchen klarer Tortenguss,
1/4 l Pflaumensaft,
1/4 l Rotwein

EW	Fett	KH	kcal/kJ
9 g	7 g	63 g	376/1570

Blechkuchen-Grundteig nach Packungsanweisung mit Butter, Eiern und Milch zubereiten. Teig auf ein gefettetes Blech verteilen, vor die Teigkante einen mehrfach umgeknickten Rand aus Alufolie legen.
Vanillepudding nach Packungsanweisung mit Zucker und Milch zubereiten; auskühlen lassen.
Ofen auf 200–225 Grad vorheizen. Zwetschgen waschen, abreiben, entsteinen und zweimal längs einschneiden.
Pudding auf dem Teig verteilen und dicht mit Zwetschgen belegen. Kuchen im vorgeheizten

Ofen 20–30 Minuten backen. Auf einem Kuchendraht auskühlen lassen.
Tortenguss nach Packungsanweisung mit Pflaumensaft und Rotwein zubereiten. Auf dem ausgekühlten Kuchen verteilen.

Birnen-Schokoladen-Kuchen
(Abb.)

Zutaten
100 g Butter oder Margarine,
100 g Zucker,
2 Eier,
50 g Speisestärke,
150 g Mehl,
1 gestr. EL Kakaopulver,
2 gestr. TL Backpulver,
2 EL Rum,
250 g klein geschnittene Birnenstücke,
Fett für die Form,
4–6 Birnenspalten zum Verzieren,
Puderzucker zum Bestäuben

EW	Fett	KH	kcal/kJ
3 g	8 g	26 g	197/823

Ofen auf 175–200 Grad vorheizen. Weiches Fett in eine Schüssel geben. Zucker, Eier, Speisestärke, Mehl, Kakaopulver und Backpulver darauf geben und alles mit einem Handrührgerät auf der höchsten Schaltstufe 2 Minuten gut verrühren. Zuletzt Rum und Birnenstücke unter den Teig mischen. Teig in eine gefettete Kastenform (25 cm Länge) füllen, Birnenspalten auf die Oberfläche legen und Kuchen im vorgeheizten Ofen 75–85 Minuten backen. Auf einem Kuchendraht erkalten lassen, mit Puderzucker bestäuben.

Birnenkranz

Zutaten
1 Marmorkuchen-Backmischung,
100 g weiche Butter,
3 Eier, Fett für die Form,
450 g Birnenhälften (aus der Dose),
1 EL Milch,
Puderzucker

EW	Fett	KH	kcal/kJ
5 g	9 g	28 g	230/961

Ofen auf 175–200 Grad vorheizen. Marmorkuchen nach Packungsanweisung mit weicher Butter und Eiern zubereiten. Zwei Drittel des Teiges in eine gut gefettete Springform

(26 cm Durchmesser) füllen. Birnen abtropfen, in Spalten schneiden, auf den Teig legen. Kakaopulver aus der Packung mit Milch glatt rühren, unter das restliche Teigdrittel mengen und dieses gleichmäßig über den Birnen verteilen.
Kuchen im vorgeheizten Ofen 40–50 Minuten backen. Auf einem Kuchendraht auskühlen lassen und mit Puderzucker bestäuben.

Himbeer-Jogurt-Torte (Abb.)

Zutaten

1 Packung Mürbeteig (Fertigprodukt),
1 EL Kokosflocken,
400 g Himbeeren,
4 EL Zucker,
2 Päckchen Vanillinzucker,
Saft und Schale von 1/2 Zitrone (unbehandelt),
500 g Jogurt,
9 Blatt Gelatine,
200 g Sahne,
evtl. Melisseblättchen zum Garnieren

EW	Fett	KH	kcal/kJ
3 g	9 g	19 g	169/706

Mürbeteig halbieren. Nacheinander 2 Tortenböden à 24 cm Durchmesser im vorgeheizten Ofen bei 200 Grad auf Backpapier 13–15 Minuten backen. Zweiten Boden vor dem Backen mit Kokosflocken bestreuen und in 12 Tortenstücke teilen. Boden und Tortenstücke ganz auskühlen lassen.
Inzwischen Himbeeren verlesen, waschen und die Hälfte pürieren. Mit Zucker, Vanillinzucker, Zitronensaft und -schale sowie Jogurt verrühren. Nach Vorschrift eingeweichte und aufgelöste Gelatine gleichmäßig unterrühren. 2/3 der steif geschlagenen Sahne und restliche Himbeeren, bis auf 12, unterziehen. Um den ganzen Tortenboden einen Ring setzen. Die Himbeermasse darauf geben, glatt streichen und Torte 2–3 Stunden kalt stellen, bis die Creme ganz fest ist.
Tortenrand lösen. Auf den äußeren Rand der Creme 12 Himbeeren setzen, die 12 Mürbestücke auf die Torte geben und dabei an die Früchte lehnen. Nach Belieben mit Melisseblättchen und Sahnetupfen garniert servieren. Ergibt 12 Stücke.

Crunchy-Käsekuchen
(Abb.)

Zutaten
Für den Boden:
100 g Vollkorn-Butterkekse,
60 g geschmolzene Butter;
für die Käsefüllung:
4 Eier,
500 g Ricotta-Frischkäse (ersatzweise Quark, 20% Fett),
Saft von 1 Zitrone,
50 g Zucker,
100 g Sahne,
1 Päckchen Vanille-Puddingpulver,
Salz,
1 Glas Sauerkirschen (370 g Abtropfgewicht);
für den Belag:
50 g Butter,
50 g Zucker,
100 g Sahne,
100 g Sonnenblumenkerne

EW	Fett	KH	kcal/kJ
8 g	17 g	18 g	260/1086

Vollkorn-Butterkekse mit dem Schneidestab des Handrührgerätes zerkleinern und mit Butter verkneten. Auf den Boden einer Springform (24 cm Durchmesser) gleichmäßig verteilen. Eier trennen. Ricotta-Frischkäse mit Eigelb, Zitronensaft, Zucker, Sahne und Vanille-Puddingpulver schaumig schlagen. Eiweiß mit 1 Prise Salz zu steifem Schnee schlagen und vorsichtig unter die Käsemasse ziehen. Abgetropfte Sauerkirschen unterheben.
Für den Belag Butter schmelzen, Zucker darin auflösen, aber nicht bräunen. Sahne angießen und aufkochen, Sonnenblumenkerne hinzufügen; abkühlen lassen.
Ofen auf 170 Grad vorheizen. Käsefüllung auf den Tortenboden geben, darauf Sonnenblumenkernmischung streichen. Kuchen auf mittlerer Schiene im vorgeheizten Ofen 1 Stunde backen.
Ergibt 16 Stücke.

Tipp
Eine feine Geschmacksvariante erreichen Sie durch Verwendung von Mascarpone an Stelle von Ricotta-Frischkäse.

Hefeteigbrötchen
(Abb.)

Zutaten
2 Packungen Hefeteig (tiefgekühlt, à 450 g),
Fett für das Blech

EW	Fett	KH	kcal/kJ
4 g	4 g	23 g	174/729

Hefeteig nach Packungsanweisung auftauen, kneten und gehen lassen. Teig wahlweise zu Stangen, Brötchen, Hörnchen, Kringeln oder Brezeln formen. Brötchen kreuzweise einschneiden. Hefeteig für die Kringel länglich rollen und mit den Enden zusammenfügen. Mit dem Messer alle 4 cm schräg einschneiden. Für die Brezel Teig länglich ausrollen und zur Mitte hin einrollen. Gebäck auf ein gefettetes Backblech geben und 15 Minuten gehen lassen.

Ofen auf 200 Grad vorheizen. Teigstücke vor dem Abbacken mit kaltem Wasser einpinseln und nach Wunsch mit Hagelzucker bestreuen. Im vorgeheizten Ofen 20 Minuten backen.

Brezeln

Zutaten
1 Packung Brotmischung,
Mehl zum Bestäuben,
Fett für das Blech,
Kümmel,
Mohn, Sesam

EW	Fett	KH	kcal/kJ
3 g	1 g	20 g	88/368

Brotteig nach Packungsanweisung mit 1/4 l lauwarmem Wasser zubereiten, mit Mehl bestäuben, mit den Händen kurz durchkneten.
Teig in 8 Stücke schneiden, diese zu Kugeln formen, halbieren und zu 16 Rollen (à 40 cm) formen. Je 2 Teigrollen umeinander drehen, zu Brezeln formen und auf ein gefettetes Blech legen. Abgedeckt an einem warmen Ort 15 Minuten gehen lassen. Ofen auf 200–225 Grad vorheizen. Brezeln mit lauwarmem Wasser bestreichen und mit Kümmel, Mohn und Sesam bestreuen.
Brezeln im vorgeheizten Ofen 30–35 Minuten backen. Auf einem Kuchendraht auskühlen lassen.

Schneller Rosenkuchen
(Abb.)

Zutaten
Für den Teig:
1 Packung Fix-Teig für Hefe-Obstkuchen,
1/4 l lauwarme Milch;
für die Füllung:
50 g Butter oder Margarine,
200 g gemahlene Haselnüsse,
100 g Zucker,
5 EL Sahne,
1 Eigelb,
2 Eiweiß;
außerdem:
1 Eigelb,
Fett für die Form

EW	Fett	KH	kcal/kJ
8 g	15 g	35 g	327/1365

Inhalt von 2 Beuteln Fix-Teig mit Milch verkneten. Teig ca. 10 Minuten gehen lassen.
Für die Füllung Butter oder Margarine erhitzen, Haselnüsse und Zucker darin bei schwacher Hitze leicht anrösten und abkühlen lassen. Sahne und Eigelb hinzufügen und verrühren. Zum Schluss steif geschlagenes Eiweiß unterheben.
Teig zu einem Rechteck (ca. 20 x 60 cm) ausrollen und Füllung darauf streichen. Platte von der langen Seite her aufrollen. Von der Rolle etwa 3 cm breite Streifen abschneiden. Streifen mit der Schnittfläche

nach oben in eine gefettete Springform (26 cm Durchmesser) setzen. Teig nochmals 10 Minuten gehen lassen. Ofen auf 175–200 Grad vorheizen. Rosenkuchen im vorgeheizten Ofen 30–35 Minuten backen. Eigelb mit Wasser verquirlen und »Teigrosetten« ca. 10 Minuten vor Ende der Backzeit damit bestreichen.
Ergibt 12 Stücke.

Tipp
Rosenkuchen mit Puderzucker dick bestäuben.

Erdbeertorte

Zutaten
1 Packung Biskuitteig,
3 Eier,
500 g Erdbeeren,
1/8 l kalte Milch,
1 Päckchen Schlagschaum,
3 EL Puderzucker

EW	Fett	KH	kcal/kJ
8 g	4 g	33 g	210/881

Ofen auf 175–200 Grad vorheizen. Biskuitteig nach Packungs-

anweisung mit Eiern und 4 EL Wasser zubereiten.
Teig in eine mit Backtrennpapier ausgelegte Springform (26 cm Durchmesser) füllen und glatt streichen.
Im vorgeheizten Ofen 25–30 Minuten backen. Tortenboden auf einem Kuchendraht auskühlen lassen, dann einmal waagerecht durchschneiden.
Erdbeeren waschen, putzen, trockentupfen und halbieren.
Milch nach Packungsanweisung mit Schlagschaum und Puderzucker zubereiten. 250 g Erdbeeren unterheben.
Halbe Menge Schlagschaum auf unterem Tortenboden verteilen. Zweiten Boden darauf setzen. Tortenoberfläche mit restlichem Schlagschaum bestreichen und mit restlichen Erdbeeren dekorieren. Ergibt 16 Stücke.

Möhren-Nuss-Torte
(Abb.)

Zutaten

Für den Teig:
2 EL Öl,
1 EL Zucker,
1 Prise Salz,
250 g Weizenvollkornmehl (Type 1700),
15 g Hefe;
für den Belag:
250 g Möhren,
3 Eier,
75 g Zucker,
abgeriebene Schale von 1 Orange (unbehandelt),
1 gestr. EL Speisestärke,
100 g gemahlene Haselnüsse,
1–2 EL Aprikosenkonfitüre,
4 EL gehobelte Haselnüsse;
außerdem:
Fett für die Form

EW	Fett	KH	kcal/kJ
5 g	10 g	32 g	245/1026

Für den Teig 150 ml lauwarmes Wasser, Öl, Zucker, Salz und Mehl in eine Schüssel geben. Fein zerbröckelte Hefe gleichmäßig darüber verteilen.
Alle Zutaten auf der niedrigsten Schaltstufe des Handrührgerätes und dann auf der höchsten Stufe so lange verkneten, bis sich der Teig vom Schüsselrand löst. Hefeteig gehen lassen.
Ofen auf 175–200 Grad vorheizen. Möhren waschen, putzen und fein raffeln. Eier trennen, Eiweiß steif schlagen. Eigelb mit Zucker, Orangenschale und Speisestärke verrühren. Möhren, Haselnüsse und Eiweiß darunter mischen.
Teig in eine gefettete Springform (24 cm Durchmesser) geben. Der Rand sollte ca. 4 cm hoch sein. Belag auf den Teigboden geben und Torte im vorgeheizten Ofen 35–45 Minuten backen.
Tortenrand mit erwärmter Aprikosenkonfitüre bestreichen und mit gehobelten Haselnüssen bestreuen.

Tipp
Nach Belieben kann die Möhren-Nuss-Torte mit Marzipanmöhren dekorativ garniert werden.

Zimt-Apfeltörtchen
(Abb.)

Zutaten
60 g Butter oder Margarine,
50 g Zucker,
1 gestr. TL Zimtpulver,
1 Ei,
50 g Speisestärke,
25 g Mehl,
1/4 gestr. TL Backpulver,
Fett für die Form,
2 kleine Äpfel (z. B. Boskop),
30 g Preiselbeeren,
Aprikosenkonfitüre

EW	Fett	KH	kcal/kJ
5 g	14 g	50 g	347/1452

Ofen auf 175–200 Grad vorheizen. Weiches Fett in eine Schüssel geben. Zucker, Zimtpulver, Ei, Speisestärke, Mehl und Backpulver darauf geben und alles mit einem Handrührgerät auf höchster Schaltstufe 2 Minuten gut verrühren. Eine kleine Pizzaform oder 4 Pieförmchen (10 cm Durchmesser) gut einfetten. Teig in die Vertiefungen verteilen. Äpfel schälen, vierteln, entkernen und in Schnitze teilen. Apfelschnitze kreisförmig auf dem Teig anordnen und etwas hineindrücken. Preiselbeeren darauf verteilen und Törtchen im vorgeheizten Ofen 15–20 Minuten backen. Zimt-Apfeltörtchen aus der Form lösen. Apfelschnitze mit glatt gerührter Aprikosenkonfitüre bestreichen.

Marzipankranz

Zutaten
Für den Teig:
1 Packung Hefeteig-Grundteig,
150 ml lauwarme Milch,
1 Ei,
Fett für das Blech;
für die Füllung:
220 g Marzipan-Rohmasse, 55 g Butter,
2 Eigelb,
1 EL Sahne,
Sahne zum Bestreichen;
für den Guss:
100 g Puderzucker,
etwa 1 EL Rum

EW	Fett	KH	kcal/kJ
7 g	9 g	44 g	297/1243

Hefeteig nach Packungsanweisung mit Milch und Ei zubereiten. Zugedeckt an einem warmen Ort ca. 30 Minuten gehen lassen.
Inzwischen für die Füllung Marzipan-Rohmasse mit weicher Butter, Eigelb und Sahne zu einer streichfähigen Masse verrühren.
Teig nochmals kurz mit den Händen durchkneten und zu einem Rechteck (40 x 50 cm) ausrollen.
Füllung gleichmäßig auf dem Teig verteilen, dabei einen 1 cm breiten Rand frei lassen.
Teigstück in der Mitte längs durchschneiden.
Beide Teigstücke von der Längsseite her aufrollen. Die beiden

Rollen umeinander schlingen, zu einem Kranz formen und auf ein gefettetes Blech legen.
Teigkranz mit Sahne bestreichen, mehrmals etwa 1 cm tief einschneiden.
An einem warmen Ort abgedeckt gehen lassen, bis der Kranz sein Volumen um die Hälfte erweitert hat.
Ofen auf 175–200 Grad vorheizen.
Marzipankranz im vorgeheizten Ofen 25–35 Minuten backen.
Auf einem Kuchendraht auskühlen lassen.
Puderzucker mit Rum verrühren und Kuchen damit glasieren; trocknen lassen.

Cornflakes-Erdbeertorte
(Abb.)

Zutaten

800 g Erdbeeren,
150 g Zucker,
8 Blatt Gelatine,
3 cl Kirschwasser,
1 kg Sahne,
100 g Cornflakes,
3 EL gehackte Pistazien

EW	Fett	KH	kcal/kJ
4 g	27 g	27 g	253/1057

Hälfte der Erdbeeren waschen, putzen und mit 120 g Zucker pürieren. Gelatine nach Packungsvorschrift einweichen, ausdrücken, auflösen und mit 2 EL Erdbeerpüree anrühren. Zusammen mit Kirschwasser unter die Erdbeermasse geben. Sahne steif schlagen und mit einem Schneebesen unterheben. Eine dekorative Glasschüssel mit Wasser ausspülen, Hälfte der Erdbeermasse einfüllen, Cornflakes darüber streuen und restliche Masse als obere Schicht einfüllen. Im Kühlschrank in ca. 4 Stunden fest werden lassen. Kurz vor dem Servieren restliche Erdbeeren waschen, putzen, vierteln und mit restlichem Zucker und gehackten Pistazien vermengen. Glasschüssel kurz in heißes Wasser tauchen und Torte auf eine Platte stürzen, in Stücke schneiden und auf Tellern anrichten. Nach Wunsch Erdbeeren als Beilage reichen oder die Torte damit garnieren.
Ergibt 12 Stücke.

Tipp

Wer es besonders süß mag, nimmt statt Cornflakes die knackigen Frosties.

Krümelkuchen mit Erdbeeren
(Abb. S. 285)

Zutaten

350 g Cornflakes,
200 g Butter,
750 g Magerquark,

150 g Zucker,
3 cl Cointreau,
8 Blatt weiße Gelatine,
200 g Sahne,
250 g Erdbeeren

EW	Fett	KH	kcal/kJ
13 g	24 g	42 g	391/1634

300 g Cornflakes mit weicher Butter verkneten. Einen Springformrand auf eine Tortenplatte setzen, Rand mit Pergamentpapier auslegen. Krümelteig in den Springformrand füllen und leicht andrücken.
Quark mit Zucker und Cointreau verrühren. Gelatine nach Packungsanweisung einweichen, auflösen und unter den Quark ziehen. Sahne steif schlagen und unterheben. Masse in die Springform geben und im Kühlschrank in ca. 4 Stunden fest werden lassen.
Erdbeeren putzen, waschen und halbieren. Käsekuchen mit restlichen Cornflakes bestreuen und mit Erdbeerhälften verzieren. Ergibt 12 Stücke.

Erdbeer-Zitronen-Herz
(Abb.)

Zutaten
1 Packung Mürbeteig (Fertigprodukt),
Mehl zum Ausrollen,
1 Eiweiß,
1 EL Dosenmilch,
1 Packung Cremespeise-Pulver Zitronengeschmack (ohne Kochen),
150 g Jogurt,
500 g Erdbeeren,
Puderzucker zum Bestäuben,
Minibaisers zum Garnieren

EW	Fett	KH	kcal/kJ
3 g	6 g	28 g	177/740

Ofen auf 200 Grad vorheizen. Eine Herzform (ca. 26 cm breit und hoch) auf Papier zeichnen und ausschneiden. Mürbeteig auf einer bemehlten Arbeitsfläche ca. 2 mm dick ausrollen. Papierform auflegen und Herz ausschneiden. Teigreste zusammenkneten und zu langen, ungefähr bleistiftdicken Rollen formen. Jeweils 2 Rollen zusammendrehen. Herz an den Rändern mit Eiweiß bepinseln und gedrehte Rollen als Rand auflegen.
Herz auf ein mit Backpapier

ausgelegtes Blech legen. Herzrand mit Dosenmilch bepinseln. Im vorgeheizten Ofen ca. 20 Minuten backen. Auf einem Kuchendraht auskühlen lassen. Cremespeise mit 200 ml Wasser und Jogurt nach Packungsanweisung bereiten. Herz mit Creme füllen und ca. 1 Stunde kalt stellen.
Erdbeeren waschen, putzen, in Scheiben schneiden und auf die Creme dekorativ verteilen. Mit Puderzucker bestäuben und mit Baisers garnieren. Sofort servieren. Ergibt 6 Stücke.

Tipp
Das „Herz" schmeckt auch mit einem Belag aus kandierten Früchten.

Aprikosenkuchen mit Kokossahne
(Abb.)

Zutaten
1 Dose Aprikosen (500 g Abtropfgewicht),
1 Backmischung Rührteig,
abgeriebene Schale und Saft von 1 Zitrone (unbehandelt),
50 g Kokosraspel,
500 g Sahne,
1 Päckchen Vanillinzucker,
2 Päckchen Sahnesteif

EW	Fett	KH	kcal/kJ
4 g	16 g	33 g	381/1593

Ofen auf 180 Grad vorheizen. Aprikosen auf einem Sieb gut abtropfen lassen. Rührteig mit Zitronenschale und -saft verrühren. Ein Blech mit Backpapier auslegen und Teig gleichmäßig darauf verstreichen. Aprikosen mit der Wölbung nach oben auf dem Teig verteilen. Kuchen im vorgeheizten Ofen in 35–40 Minuten goldbraun backen. Ganz auskühlen lassen. Inzwischen Kokosraspel in einer beschichteten Pfanne goldbraun rösten. Sahne mit Vanillinzucker und Sahnesteif steif schlagen, wolkenartig auf den Aprikosenkuchen streichen und mit Kokosraspeln bestreuen.
Ergibt 10 Stücke.

Mandelplätzchen

Zutaten
1 Packung Feingebäck-Backmischung,
150 g kalte Butter,
1 Ei,
3 Tropfen Rum-Aroma,
2 gestr. TL Zimtpulver,
1/2 TL gemahlene Nelken,
1/2 gestr. TL gemahlener Kardamom,
1 Msp. gemahlene Muskatblüte,
1 Prise Salz,
75 g abgezogene gehobelte Mandeln,
Fett für das Blech

EW	Fett	KH	kcal/kJ
1 g	4 g	7 g	82/341

Backmischung mit Butter in Stückchen, Ei und Gewürzen mit den Knethaken des elektrischen Rührgerätes zu einem Teig verarbeiten. Dann rasch mit den Händen zu einem Teig verkneten.
Ofen auf 175–200 Grad vorheizen. Arbeitsfläche mit Mandeln bestreuen und Teig dünn darauf ausrollen. Mit verschiedenen Formen Plätzchen ausstechen und auf ein gefettetes Blech setzen, dabei 2–3 cm Abstand lassen.
Plätzchen im vorgeheizten Ofen 10–15 Minuten backen. Auf einem Kuchendraht auskühlen lassen.

Aprikosen-Käsekuchen
(Abb.)

Zutaten
Mehl zum Ausrollen,
1 Packung Mürbeteig,
1 EL gemahlene Mandeln,
1 große Dose Aprikosen,
500 g Speisequark,
200 g Sahne, 2 Eier,
100 g Zucker,
1 Päckchen Vanillinzucker,
2 EL Vanille-Puddingpulver

EW	Fett	KH	kcal/kJ
10 g	18 g	45 g	348/1455

Boden einer Springform mit Backpapier auslegen und mit dem auf Mehl ausgerollten Mürbeteig auskleiden. Boden mit einer Gabel mehrmals einstechen. Im vorgeheizten Backofen bei 200 Grad 15 Minuten »blindbacken«. Etwas abgekühlt mit Mandeln bestreuen. Aprikosen gut abtropfen lassen, auf dem Boden verteilen. Quark mit Sahne glatt rühren. Eier mit Zucker und Vanillinzucker schaumig rühren, zusammen mit Puddingpulver unter die Quarkcreme rühren. Über die Aprikosen verteilen, glatt streichen und bei 170–200 Grad 60–70 Minuten backen. Abgekühlt aus der Form nehmen. Ergibt 12 Stücke.

Diplomatentorte
(Abb.)

Zutaten
450 g Blätterteig (tiefgekühlt; 10 Scheiben),
6 Eigelb,
125 g Zucker,
4 EL Mehl,
1/2 l Milch,
1 Vanilleschote,
200 g Sahne,
1 Päckchen Vanillinzucker,
200 g Löffelbiskuit,
3 cl Rum,
100 g Vollmilchschokolade

EW	Fett	KH	kcal/kJ
11 g	29 g	69 g	614/2566

Aus der Packung 8 Blätterteigquadrate entnehmen. Nicht benötigte Scheiben ins Tiefkühlfach legen. Blätterteigquadrate nach Packungsanweisung auftauen lassen.
Ofen auf 200 Grad vorheizen. Jeweils 4 Teigscheiben so zu einem Quadrat aneinander legen, dass sie sich leicht überlappen. Ränder mit Wasser bepinseln und gut zusammendrücken. Quadrate auf ein mit Backpapier ausgelegtes Backblech legen und mit einer Gabel einige Male einstechen. Im vorgeheizten Ofen ca. 15 Minuten backen.
In der Zwischenzeit für die Vanillecreme Eigelb mit Zucker schaumig schlagen, Mehl da-

rüber sieben und 200 ml Milch unterrühren. Restliche Milch mit aufgeschlitzter Vanilleschote aufkochen. Vanilleschote entfernen. Eimasse zugeben und unter ständigem Rühren 2 Minuten kochen. Creme abkühlen lassen.
Sahne mit Vanillinzucker steif schlagen und unter die Creme heben. Einen Blätterteigboden mit der Hälfte der Vanillecreme bestreichen. Löffelbiskuits darauf legen und mit Rum beträufeln. Restliche Creme darüber verteilen. Auf die Vanillecreme den zweiten Boden legen und leicht andrücken. Schokolade grob reiben und Torte damit bestreuen. Torte mindestens 2 Stunden kühl stellen.
Ergibt 8 Stücke.

Rumtopf-Törtchen
(Abb.)

Zutaten

60 g Butter,
50 g Zucker,
1 TL Vanillinzucker,
1 Ei,
50 g Speisestärke,
25 g Mehl,
1/4 gestr. TL Backpulver,
80 g abgetropfte Rumtopf-Früchte,
Fett für die Form,
Aprikosenkonfitüre

EW	Fett	KH	kcal/kJ
1 g	9 g	20 g	132/550

Ofen auf 175–200 Grad vorheizen. Weiches Fett in eine Schüssel geben. Zucker, Vanillinzucker, Ei, Speisestärke, Mehl und Backpulver darauf geben und alles mit einem Handrührgerät auf der höchsten Schaltstufe 2 Minuten gut verrühren. Rumtopf-Früchte eventuell klein schneiden und unter den Teig mischen.
Eine Mini-Pizza- oder Muffinform gut einfetten. In die 12 Vertiefungen je 2 TL Teig einfüllen und im vorgeheizten Ofen 15–20 Minuten backen.

Rumtopf-Törtchen vorsichtig stürzen und mit glatt gerührter Aprikosenkonfitüre bestreichen.
Ergibt 12 Stücke.

Tipp
Die Törtchen mit Zimtsahne servieren.
Sie können die Rumtopf-Törtchen auch in Papierbackförmchen backen.

Mohnstollen
(Abb.)

Zutaten
2 Packungen Hefeteig (tiefgekühlt, à 450 g),
1/8 l Milch,
25 g Butter oder Margarine,
125 g gemahlener Mohn,
60 g Zucker,
1/4 TL gemahlener Kardamom,
1 Prise geriebene Muskatnuss,
Puderzucker

EW	Fett	KH	kcal/kJ
4 g	4 g	18 g	174/727

Hefeteig nach Packungsanweisung auftauen, kneten und gehen lassen. Milch und Butter oder Margarine zum Kochen bringen. Mohn, Zucker, Kardamom und Muskatnuss zufügen, ca. 10 Minuten bei geringer Hitze unter Rühren kochen, bis eine dicke Masse entstanden ist; abkühlen lassen. Hefeteig halbieren, 2 gleichgroße Ovale ausrollen. Ein Oval mit Mohnmasse bestreichen, mit dem anderen Oval abdecken, Ränder gut zusammendrücken. Eine Seite zur

Hälfte überschlagen. Stollen abgedeckt an einem warmen Ort nochmals 15–20 Minuten gehen lassen. Ofen auf 175 Grad vorheizen. Stollen im vorgeheizten Ofen 40–50 Minuten backen. Nach dem Abkühlen mit Puderzucker bestreuen. Ergibt 20 Stücke.

Tipp
Mohnstollen bleibt lange frsich, wenn er gut in Alufolie verpackt im Kühlschrank gelagert wird.

Süße Frühstücksrolle
(Abb.)

Zutaten
Für den Teig:
200 ml Milch,
1/2 Packung Backmischung für feines Weizenbrot (500 g),
1 Würfel Hefe (42 g),
1 Ei,
Mehl zum Ausrollen;
für die Füllung:
125 g Marzipan-Rohmasse, 2 EL Sahne,
2 cl Amaretto,
100 g Rosinen,
100 g gehackte Walnüsse,
85 g Hagelzucker;
außerdem:
1 Eigelb, 1 EL Sahne,
40 g Hagelzucker

EW	Fett	KH	kcal/kJ
6 g	7 g	40 g	260/1087

Milch lauwarm erhitzen. Backmischung nach Packungsanweisung mit Milch, Hefe und Ei zubereiten und gehen lassen. Auf einer bemehlten Arbeitsfläche Teig zu einer Platte von ca. 50 x 40 cm ausrollen.
Marzipan-Rohmasse mit Sahne und Amaretto glatt rühren und auf die Teigplatte streichen.
Rosinen, Walnüsse und Hagelzucker gleichmäßig auf die Platte streuen.
Teigplatte vorsichtig vom breiten Rand her aufrollen, Rolle eventuell einmal halbieren, Enden gut nach innen drücken und nochmals 10 Minuten gehen lassen. Ofen auf 175 Grad vorheizen.

SPEZIELLES BACKEN

Eigelb mit restlicher Sahne glatt rühren, Rolle damit bestreichen und restlichen Hagelzucker darauf streuen. Im vorgeheizten Ofen 30–35 Minuten backen. Ergibt 16 Stück.

Tipp
Ganz fein schmeckt dieses Gebäck natürlich mit Butter und Marmelade.

Kokos-Apfel-Torte
(Abb.)

Zutaten
Für den Teig:
1 Packung Hefe-Obstkuchen-Teig,
1/8 l Milch;
für den Belag:
1 kg Äpfel,
2 EL Zitronensaft,
3 Eier,
75 g Zucker,
100 g Sahne,
abgeriebene Schale von 1/2 Zitrone (unbehandelt),
2 gestr. EL Speisestärke,
100 g Kokosraspel;
außerdem:
Fett für die Form

EW	Fett	KH	kcal/kJ
6 g	8 g	50 g	275/1150

Inhalt von1 Beutel Hefe-Obstkuchen-Teig mit lauwarmer Milch verkneten.
Mit dem Teig eine gefettete Springform (26 cm Durchmesser) auslegen, dabei einen 3 cm hohen Rand formen. Ofen auf 175–200 Grad vorheizen. Für den Belag 400 g Äpfel waschen, schälen, vom Kernhaus befreien und grob raffeln. Mit Zitronensaft beträufeln. Restliche Äpfel (ca. 3 Stück) schälen, halbieren, vom Kernhaus befreien und Apfelhälften in Fächer schneiden. Eier trennen. Eigelb mit Zucker, Sahne, Zitronenschale und Speisestärke verrühren. Kokosraspel, geraffelte Äpfel und steif geschlagenes Eiweiß untermischen.
Belag auf den Kuchenboden geben, Apfelhälften hineindrücken und Kuchen im vorgeheizten Ofen 40–45 Minuten backen. Ergibt 12 Stücke.

Tipp
Mit Vanillinzucker gesüßte Schlagsahne dazu reichen.

Eierlikörtorte
(Abb.)

Zutaten
Für den Teig:
4 Eier,
160 g Zucker,
200 g Mehl,
1/2 TL Backpulver,
2 EL Aprikosenkonfitüre,
1–2 EL Aprikosenlikör
oder Rum,
100 g gehobelte
Mandeln;
für die Füllung:
2 EL Preiselbeeren,
200 g Sahne,
1 Päckchen Sahnesteif,
1 Päckchen Vanillinzucker,
6 EL Eierlikör;
für die Garnierung:
400 g Sahne,
2 Päckchen Sahnesteif,
2 Päckchen Vanillinzucker,
ca. 6 EL Eierlikör

EW	Fett	KH	kcal/kJ
5 g	9 g	23 g	197/823

Ofen auf 200 Grad vorheizen. Eier und Zucker dickschaumig schlagen, Mehl und Backpulver über die Eigelbcreme sieben und unterheben. Masse in eine mit Backpapier ausgelegte Springform (26 cm Durchmesser) füllen. Im vorgeheizten Ofen ca. 20 Minuten backen. Von dem noch warmen Boden die obere Schicht so dünn wie möglich abschneiden. Konfitüre pürieren und mit Alkohol verrühren. Abgeschnittene Schicht damit bestreichen, mit Mandeln bestreuen und in 16 Stücke schneiden. Boden noch 2 x durchschneiden und untersten mit Preiselbeeren bestreichen, zweiten Boden darüber setzen. Sahne mit Sahnesteif und Vanillinzucker steif schlagen. Eierlikör vorsichtig unterrühren. Masse auf zweiten Boden streichen, dritten Boden darauf setzen. Für die Garnierung Sahne mit Sahnesteif und Vanillinzucker steif schlagen, Oberfläche und Rand der Torte damit bestreichen. 16 große Sahnerosetten auf den oberen äußeren Tortenrand spritzen und die Zwischenräume ebenfalls mit kleineren Rosetten zuspritzen. Die 16 geschnittenen Stücke mit dem breiten Ende an den Rand der Torte setzen und die Spitze über die großen Sahnerosetten legen. In die Tortenmitte mit dem Eierlikör einen Spiegel gießen. Ergibt 16 Stücke.

Tipp
Bei den Zutaten sind Ihrer Fantasie keine Grenzen gesetzt. Variieren Sie ruhig bei Konfitüre, Likör und Beere.

Schnelle Schoko-Croissants

Zutaten

1 kleines Glas Schattenmorellen (Abtropfgewicht 350 g),
2 Dosen gekühlter Croissantteig,
100 g Nuss-Schokolade,
2 TL Speisestärke,
3 EL Aprikosenkonfitüre,
2–3 EL Krokantstreusel

EW	Fett	KH	kcal/kJ
4 g	3 g	39 g	373/1560

Ofen auf 200 Grad vorheizen. Schattenmorellen abtropfen lassen. Croissantteig auseinander rollen und in die vorgesehenen 12 Dreiecke teilen.
Schokolade hacken und Kirschen halbieren, trockentupfen und leicht mit Speisestärke bestäuben.
Nur auf das breite Drittel jedes Dreiecks 1 TL Schokolade und einige Kirschen geben (damit die Füllung nicht herausquillt), ca. 2 cm Teig über die Füllung klappen und zur Spitze hin einrollen. In die typische Hörnchenform biegen und diese auf ein mit Backpapier belegtes Blech legen. Hörnchen im vorgeheizten Ofen ca. 15 Minuten backen. Aprikosenkonfitüre erwärmen und durch ein Sieb streichen. Noch warme Croissants damit bestreichen und mit Krokant bestreuen.
Ergibt 12 Stücke.

Mohnschnecken

Zutaten

Für den Teig:
1 Packung Hefeteig-Grundteig,
150 ml lauwarme Milch,
1 Ei,
Fett für das Blech;
für die Füllung:
250 g gemahlener Mohn,
140 g zerlassene Butter,
135 g Zucker,
2 Eier,
30 g abgezogene, gemahlene Mandeln,
70 g fein geschnittenes Zitronat,
80 g Rosinen,
2 Tropfen Bittermandel-Aroma;
für den Guss:
100 g Puderzucker,
ca. 3 EL Rum

EW	Fett	KH	kcal/kJ
7 g	16 g	32 g	319/1335

Hefeteig nach Packungsanweisung mit lauwarmer Milch und Ei zubereiten. Zugedeckt an einem warmen Ort ca. 30 Minuten gehen lassen.
Für die Füllung alle Zutaten gründlich vermengen.
Hefeteig nochmals kurz mit den Händen durchkneten und zu einem Rechteck (45 x 35 cm) ausrollen. Füllung gleichmäßig auf dem Teig verteilen, dabei einen 1 cm breiten Rand frei lassen. Teig von der Schmalseite her aufrollen und in ca. 2 cm dicke Scheiben schneiden. Scheiben auf ein gefettetes Blech legen und zugedeckt an einem warmen Ort 20 Minuten gehen lassen. Ofen auf 175–200 Grad vorheizen.
Schnecken im vorgeheizten Ofen 15–20 Minuten backen. Auf einem Kuchendraht auskühlen lassen. Puderzucker mit Rum verrühren und die Schnecken mit dem Guss bestreichen; trocknen lassen.

Gewürzkuchen

Zutaten

1 Packung Gewürzkuchen-Backmischung,
100 g weiche Butter,
2 Eier,
100 g brauner Zucker,
75 ml Milch,
2–3 EL Rum,
Fett für das Blech

EW	Fett	KH	kcal/kJ
4 g	8 g	32 g	233/975

Ofen auf 175–200 Grad vorheizen. Gewürzkuchen nach Packungsanweisung mit weicher Butter, Eiern, Zucker und Milch zubereiten. Teig auf ein gefettetes Blech streichen. Vor die Teigkante einen mehrfach umgeknickten Rand aus Alufolie legen. Kuchen im vorgeheizten Ofen ca. 20 Minuten backen. Glasurmischung aus der Packung mit Rum verrühren, Kuchen damit garnieren.

In den letzten Jahren hat die Anzahl der Personen, die an Diabetes mellitus (lat. „honigsüß") erkrankt sind, erheblich zugenommen. Man rechnet mit etwa 3 % der Bevölkerung, die an einem Mangel an Insulin bzw. an Insulinunwirksamkeit leiden.
Bei entsprechender Lebensweise und Ernährung kann ein Diabetiker meist ein durchaus normales Leben führen. Das Wichtigste dabei ist neben einer medikamentösen Behandlung eine ausgewogene Diät. Die Ernährung soll viel Eiweiß aber wenig Fett und Kohlenhydrate enthalten. Dabei wird in zwei Gruppen eingeteilt:

Typ I und Typ II. Beide Gruppen erfordern unterschiedliche Ernährungsformen. Diabetiker vom Typ I, meist schlanke Personen, müssen weniger auf die Kalorien achten, sondern vielmehr auf blutzuckererhöhende Kohlenhydrate – wobei die Kohlenhydrate nach Berechnungs- und Broteinheiten (BE) berechnet werden.
1 BE entspricht 12 Gramm an verwertbaren Kohlenhydraten.

Diabetiker vom Typ II weisen häufig erhöhtes Körpergewicht auf und sollten daher auf eine kalorienbewusste Ernährung achten. Diese Personengruppe rechnet nicht mit BE, sondern mit Kalorienangaben.

- Wenn Sie als Diabetiker »normale« Backrezepte ausprobieren möchten, ersetzen Sie den Zucker durch Fruchtzucker und Süßstoff. Die richtige Mischung beträgt 1 Teil Fruchtzucker zu 3 Teilen Süßstoff.

- Wenn Sie zum Backen nur weißes Mehl verwenden, kann es passieren, dass der Blutzuckerspiegel zu schnell ansteigt. Um das zu vermeiden, ersetzen Sie die Hälfte des weißen Mehls durch Vollkornmehl, für das allerdings etwas mehr Flüssigkeit verwendet werden muss (2 EL Wasser pro Teig zusätzlich). Mit diesem kleinen Trick steigt der Blutzuckerspiegel langsamer an.

- Auf Alkohol als Backzutat sollten Sie verzichten.

- Obwohl die folgenden schmackhaften Rezepte für Diabetiker zusammengestellt und ausprobiert sind, immer BE und Kalorien berechnen!

Kohlenhydrataustausch-Tabelle

Nahrungsmittel	1 BE	kcal
Getreide		
Buchweizen	20 g	60
Cornflakes	15 g	60
Haferflocken	20 g	60
Vollkornmehl	20 g	60
Weizenmehl (Type 405)	15 g	60
Milch, Milchprodukte, Brot u. Ä.		
Trinkmilch 3,5 % Fett	1/4 l	170
Trinkmilch 1,5 % Fett	1/4 l	120
Jogurt 3,5 % Fett	1/4 l	170
Jogurt 1,5 % Fett	1/4 l	120
Jogurt 0,3 % Fett	1/4 l	90
Obst		
Ananas	90 g	50
Apfel	100 g	50

Nahrungsmittel	1 BE	kcal
Aprikosen	130 g	50
Apfelsinen	180 g	50
Bananen	90 g	50
Birnen	120 g	60
Brombeeren	170 g	50
Erdbeeren	200 g	50
Heidelbeeren	170 g	50
Himbeeren	200 g	50
Kiwi	120 g	50
Pfirsich	140 g	60
Pflaumen	120 g	50
Stachelbeeren	150 g	50
Weintrauben	80 g	60
Rote Johannisbeeren	200 g	50
Schwarze Johannisbeeren	180 g	50
Nektarinen	110 g	60
Mirabellen	90 g	60
Holunderbeeren	170 g	50

GRUNDREZEPT
Plunderteig

Zutaten
Für den Hefeteig:
350 g Weizenvollkornmehl,
25 g Hefe,
35 g Butter,
1 Prise Salz,
1/2 TL flüssiger Süßstoff;
für den Butterteig:
150 g kalte Butter,
50 g Weizenvollkornmehl;
außerdem:
Weizenvollkornmehl zum Ausrollen

EW	Fett	KH	BE	kcal/kJ
3 g	8 g	14 g	1,2	138/576

Für den Hefeteig Weizenvollkornmehl, Hefe, 175 ml kaltes Wasser, Butter, Salz und flüssigen Süßstoff in der Küchenmaschine 10 Minuten kneten. Teig in einer Schüssel, mit Folie abgedeckt, 3–4 Stunden in den Kühlschrank stellen.
Inzwischen für den Butterteig Butter mit Weizenvollkornmehl verkneten. Butterteig zwischen Pergamentpapier zu einem Ziegel von ca. 15 x 20 cm ausrollen und abgedeckt zum Hefeteig in den Kühlschrank stellen.
Hefeteig auf bemehlter Arbeitsfläche zu einem Rechteck von 20 x 30 cm ausrollen. Butterziegel auf die eine Teighälfte legen, andere Hälfte darüber schlagen. Teig wieder von den Schmalseiten aus dreifach zu einem Rechteck von 20 x 10 cm übereinander klappen; in Pergamentpapier einschlagen und 20 Minuten in den Kühlschrank stellen.
Plunderteig erneut zu einer Größe von 20 x 30 cm ausrollen, dreifach zusammenklappen und nochmals 20 Minuten im Kühlschrank ruhen lassen. Diesen Arbeitsgang nochmals wiederholen.
Fertigen Plunderteig je nach Rezept weiterverarbeiten.

GRUNDREZEPT
Hefeteig

Zutaten
1 Würfel Hefe (42 g),
480 g Weizenvollkornmehl,
1 Eigelb,
1 Ei,
abgeriebene Schale von 1 Zitrone (unbehandelt),
2 1/2 TL flüssiger Süßstoff,
100 g weiche Butter,
Weizenvollkornmehl zum Ausrollen

EW	Fett	KH	BE	kcal/kJ
3 g	3 g	10 g	1,0	77/322

Hefe in 200 ml lauwarmem Wasser auflösen. Weizenvollkornmehl, Eigelb, Ei, Zitronenschale und Süßstoff zugeben und alles mit den Knethaken des Handrührgerätes kurz verkneten. Nach und nach Butter in Flöckchen unterarbeiten. Hefeteig noch 5 Minuten mit den Händen kneten.
Mit einem Tuch abdecken und bei Zimmertemperatur ca. 50 Minuten gehen lassen, bis sich sein Volumen verdoppelt hat.
Arbeitsfläche mit Mehl bestäuben und Hefeteig je nach Rezept weiterverarbeiten.
Ergibt 1 Backblech oder 2 Springformen (26 cm Durchmesser).

GRUNDREZEPT
Biskuitteig

Zutaten
5 Eier,
110 g Diabetiker- oder Fruchtzucker,
145 g Weizenvollkornmehl,
1 gestr. TL Backpulver,
abgeriebene Schale von 1/2 Zitrone (unbehandelt)

EW	Fett	KH	BE	kcal/kJ
3 g	2 g	12 g	1,0	80/334

Boden einer Springform (26 cm Durchmesser) mit Backtrennpapier auslegen, Springformrand nicht einfetten. Ofen auf 180 Grad vorheizen. Eier trennen. Eiweiß kalt stellen.
Im heißen Wasserbad Eigelb, Diabetiker- oder Fruchtzucker und 2 EL kaltes Wasser zu einer dicken, cremigen Masse schlagen. Das Wasser darf dabei

nicht kochen. Nach 5 Minuten Eiercreme aus dem Wasserbad nehmen und nochmals 5 Minuten schlagen.
Weizenvollkornmehl, Backpulver und Zitronenschale vermischen. Eiweiß steif schlagen. Hälfte des Eiweiß mit der Mehlmischung unter die Eiercreme ziehen. Restliches Eiweiß unterheben. Biskuitteig in die Springform füllen, glatt streichen und im vorgeheizten Ofen 30–35 Minuten backen. Wenn sich der Biskuit vom Formrand löst, ist er durchgebacken. Biskuit mit einem breiten Messer vom Springformrand lösen. Backtrennpapier abziehen und Biskuit auf einem Kuchendraht vollständig auskühlen lassen. Biskuit mit Alufolie abdecken und am nächsten Tag nach Belieben weiterverarbeiten.
Ergibt 1 Springform (26 cm Durchmesser).

Rheinische Waffeln
(Abb.)

Zutaten
4 Eier, 100 g Butter,
1 Prise Salz,
4 ml Diabetikersüße flüssig (z. B. natreen),
2 EL Zitronensaft,
250 g Mehl (Type 1050),
1 TL Backpulver,
1/4 l Buttermilch,
Fett für das Waffeleisen

EW	Fett	KH	BE	kcal/kJ
7 g	12 g	19 g	1,5	208/869

Eier trennen, Eigelb mit Butter, Salz, Diabetikersüße und Zitronensaft glatt rühren. Mehl und Backpulver mischen, esslöffelweise dazugeben und mit Buttermilch zu einem dickflüssigen Teig verrühren. Eiweiß steif schlagen und vorsichtig unter den Teig heben.
Waffeleisen einfetten und erhitzen, jeweils eine Schöpfkelle Teig in die Mitte geben, Eisen zusammendrücken, Waffeln in ca. 3 Minuten goldgelb backen und sofort servieren.
Ergibt ca. 10 Stück.

Frischkäse-Torte mit Himbeeren (Abb.)

Zutaten

Für den Boden:
150 g Zwieback,
100 g Halbfettmargarine;
für die Füllung:
1 Päckchen Diabetiker-Götterspeise Himbeer,
300 g Frischkäse-Light,
30 ml Zitronensaft,
5 ml Diabetikersüße flüssig (z. B. natreen),
500 g Diabetiker-Sprühsahne,
6 Blatt Gelatine,
50 g Himbeeren,
10 g gehackte Pistazien

EW	Fett	KH	BE	kcal/kJ
6 g	9 g	13 g	1,0	155/648

Zwieback fein zerkleinern und mit Halbfettmargarine verkneten, in eine Springform (24 cm Durchmesser) streichen und gut andrücken. Götterspeise nach Vorschrift zubereiten, aber nur mit 1/4 l Wasser. Frischkäse, Zitronensaft und Diabetikersüße verrühren, unter die Götterspeise ziehen und anschließend Diabetiker-Sprühsahne unterheben. Gelatine nach Vorschrift zubereiten und unterziehen. Masse auf den Boden streichen und kühl stellen, bis die Masse fest wird. Anschließend mit Himbeeren und Pistazien dekorieren.

Linzer Torte

Zutaten

Für den Teig:
100 g kalte Butter,
70 g Diabetiker- oder Fruchtzucker, 45 g gemahlene Walnüsse,
1 Eigelb, 1 Ei,
1 TL Kakaopulver,
1 TL Zimtpulver,
abgeriebene Schale von 1/2 Zitrone (unbehandelt),
1 Msp. Nelkenpulver,
1 Msp. Backpulver,
200 g Weizenvollkornmehl,
Mehl zum Ausrollen;
für die Füllung:
80 g Diabetikermarmelade (Erdbeer, Himbeer, Johannisbeer oder Waldfrucht),
200 g Himbeeren (frisch oder tiefgefroren);
außerdem:
10 g Diabetikerzucker,
Fett für die Form

EW	Fett	KH	BE	kcal/kJ
4 g	10 g	24 g	2,0	204/836

Für den Teig Butter in kleine Stücke schneiden und mit Diabetiker- oder Fruchtzucker, Walnüssen, Eigelb, Ei, Kakaopulver, Gewürzen, Backpulver und Mehl rasch zu einem Mürbeteig verkneten. Teig abgedeckt 30 Minuten in den Kühlschrank stellen.
Inzwischen eine Springform (26 cm Durchmesser) leicht einfetten. Marmelade mit Himbeeren (tiefgekühlte Himbeeren auftauen lassen) im Mixer pürieren. Ofen auf 175 Grad vorheizen. 2/3 des Mürbeteigs auf leicht bemehlter Arbeitsfläche ausrollen, Springform damit auslegen, dabei einen 1 cm hohen Rand formen. Füllung auf dem Boden verteilen und glatt streichen. Restlichen Teig ausrollen und 1,5 cm breite Streifen ausrädeln. Teigstreifen gitterförmig auf die Füllung legen. Teiggitter mit Eigelb bestreichen. Kuchen auf der zweiten Schiene von unten im vorgeheizten Ofen 30–35 Minuten backen.
Linzer Torte auf einem Kuchendraht auskühlen lassen. Torte in Alufolie einpacken und mindestens 1 Tag an einem kühlen Ort durchziehen lassen; vor dem Servieren in gleich große Stücke schneiden und mit Diabetikerzucker bestäuben.

Rhabarberrolle (Abb.)

Zutaten

Für den Teig:
4 Eier, 1 TL Diabetikersüße flüssig,
1 Prise Salz, 125 g Mehl;
für die Füllung:
750 g vorbereiteter Rhabarber,
1 TL Diabetikersüße flüssig, abgeriebene Schale von 1/2 Zitrone (unbehandelt),
1 Prise Zimtpulver,
3 Blatt weiße Gelatine,
2 Eigelb,
Saft von 1/2 Zitrone,
150 g Diabetiker-Erdbeerkonfitüre,
375 g Diabetiker-Sprühsahne

EW	Fett	KH	BE	kcal/kJ
5 g	6 g	12 g	1,0	128/540

Ofen auf 200 Grad vorheizen. Eier trennen. Eigelb, 2 EL kaltes Wasser und 1/2 TL Diabetikersüße schaumig rühren.
Eiweiß mit Salz zu steifem Schnee schlagen und mit Mehl locker unter die Eigelbmasse heben. Backblech mit Backpapier belegen, Teig darauf streichen und im vorgeheizten Ofen ca. 10 Minuten backen.
Teigplatte auf ein feuchtes Tuch stürzen. Papier anfeuchten und abziehen. Teigplatte einrollen und abkühlen lassen.
Vorbereiteten Rhabarber in 1/2 cm breite Stücke schneiden, mit 1/2 TL Diabetikersüße, Zitronenschale, Zimtpulver und etwas Wasser kurz aufkochen. Einige Rhabarberstücke zum Dekorieren herausnehmen.
Nach Packungsanweisung vorbereitete Gelatine im übrigen Rhabarber auflösen und gelieren lassen. Eigelb, Diabetikersüße und Zitronensaft schaumig schlagen, unter den Rhabarber heben und erneut kalt stellen.
Biskuitrolle auseinander rollen,

erst mit Diabetiker-Erdbeerkonfitüre, anschließend mit Rhabarber bestreichen und zusammenrollen. Mit Diabetiker-Sprühsahne und Rhabarberstücken dekorieren. Ergibt 15 Stücke.

Weihnachtskränze
(Abb. oben)

Zutaten

Für das Marzipan:
150 g geschälte, fein gemahlene Mandeln,
1 Eiweiß,
5 ml Diabetikersüße flüssig,
2 TL Rosenwasser (Apotheke);
für den Teig:
600 g Mehl,
2 Eigelb,
325 g Halbfett-margarine,
13 ml Diabetikersüße flüssig, Rumaroma,
2 EL Kakaopulver,
1/2 TL Zimtpulver,
1 Prise Nelkenpulver,
250 g Diabetiker-Aprikosenkonfitüre

EW	Fett	KH	BE	kcal/kJ
2 g	5 g	10 g	1,0	94/391

Für das Marzipan Mandeln, Eiweiß, Diabetikersüße und Rosenwasser in eine Schüssel geben. Mit den Knethaken eines Handrührgerätes gut vermengen. Von Hand nochmal durchkneten und kühl stellen.
Für den Teig Mehl, Eigelb, Halbfettmargarine, 1 TL Wasser, Diabetikersüße und Rumaroma verkneten. Teig halbieren. Eine Teighälfte mit Kakaopulver, Zimt- und Nelkenpulver verkneten und die andere Teighälfte mit Marzipan; ca. 1 Stunde kalt stellen. Ofen auf 200 Grad vorheizen. Beide Teige zu dünnen Rollen von ca. 15 cm Länge formen. Je eine helle und eine dunkle Rolle miteinander verdrehen und zum Kranz formen. Auf ein mit Backpapier belegtes Backblech geben. Im vorgeheizten Ofen 15–20 Minuten backen.
Konfitüre durch ein Sieb streichen, erwärmen und Kränze damit glasieren.

Fruchtiger Stern
(Abb. unten)

Zutaten

500 g Roggenmehl (Type 1150),
1 Würfel Hefe (42 g),
40 g Fruchtzucker,
30 g Butter oder Margarine,
je 200 g getrocknete Aprikosen, Feigen,

Datteln, Pflaumen und Apfelringe,
je 100 g gehackte Hasel- und Walnüsse,
100 g gewürfelter Fruchtmix,
100 g Rosinen,
2 TL Zimtpulver,
1 TL Anis,
1 TL gemahlene Nelken,
50 g Fruchtzucker-Aprikosenkonfitüre,
ca. 14 getrocknete Aprikosen,
etwas Fett für die Formen

EW	Fett	KH	BE	kcal/kJ
3 g	5 g	29 g	2,4	180/754

Mehl in eine Schüssel geben und Hefe hineinbröckeln. Fruchtzucker, 1/4 l lauwarmes Wasser sowie Fett zufügen und mit der Küchenmaschine zu einem glatten Teig verarbeiten. Zugedeckt an einem warmen Ort ca. 50 Minuten gehen lassen.
Inzwischen getrocknete Früchte und Nüsse hacken. Zusammen mit Fruchtmix, Rosinen und Gewürzen unter den Teig arbeiten. Zwei Sternformen (24 cm Durchmesser) einfetten. Backblech mit Backpapier auslegen. Sterne darauf setzen und Teig in die beiden Formen drücken – darauf achten, dass besonders die Sternspitzen gut ausgefüllt sind. Teig nochmals ca. 30 Minuten gehen lassen.
Ofen auf 180 Grad vorheizen. Sterne im vorgeheizten Ofen ca. 1 Stunde backen.
Sterne aus den Formen lösen. Konfitüre erwärmen, durch ein Sieb streichen und noch warme Sterne damit bestreichen. Mit kleinen Förmchen Sterne aus den Aprikosen ausstechen und gebackene Sterne damit dekorieren. Ergibt 20 Stücke.

Tipp
Wer nicht gleich zwei Sterne auf einmal benötigt, kann einen auf Vorrat einfrieren. Der Stern soll dazu ohne Verzierung in das Gefrierfach gestellt werden.

Gewürztorte *(Abb.)*

Zutaten
Für den Teig:
250 g Butter oder Margarine,
200 g Diabetikersüße,
6 Eier,
500 g Weizenvollkornmehl,
1 Päckchen Backpulver,
1 Beutel Lebkuchengewürz,
14 Blatt rote Gelatine,
1/2 l Diabetiker Roter Trauben-Trunk (z. B. Schneekoppe),
2 TL Diabetiker-Süßkraft flüssig, 200 ml Sahne,

75 g gehobelte Mandeln,
300 g Mascarpone,
etwas Zimtpulver zum Bestäuben,
Fett für die Form

EW	Fett	KH	BE	kcal/kJ
10 g	32 g	6 g	3,2	474/1979

Ofen auf 200 Grad vorheizen. Butter und Diabetikersüße schaumig rühren. Eier zufügen. Mehl, Backpulver und Lebkuchengewürz unterrühren. Eine Springform (26 cm Durchmesser) einfetten, Teig einfüllen und im vorgeheizten Ofen ca. 1 Stunde backen.
Gelatine einweichen. Trauben-Trunk, 1/2 l Wasser und 1 1/2 TL Süßkraft verrühren. Eingeweichte Gelatine tropfnass bei milder Hitze auflösen und in den Traubensaft rühren. 100 ml davon in eine flache Schale gießen, Rest in eine Schüssel füllen. Sahne sehr steif schlagen und unter den gelierenden Saft in der Schüssel rühren.
Tortenboden einmal auseinander schneiden, um den unteren Boden einen Ring legen und Sahnecreme darauf geben. Mit zweitem Boden abdecken und 1 Stunde in den Kühlschrank stellen.
Mandeln in einer Pfanne goldgelb rösten. Tortenring entfernen. Mascarpone mit restlichem Süßstoff verrühren und die Torte rundherum mit der Hälfte der Creme bestreichen. Restliche Creme in einen Spritzbeutel mit Sterntülle füllen und ein Gitter auf die Torte spritzen.
Aus geliertem Saft in der Schale kleine Sterne ausstechen und übriges Gelee hacken. In die Zwischenräume des Gitters füllen und mit Sternen verzieren. Geröstete Mandeln an den Tortenrand streuen. Torte mit Zimtpulver bestreuen.
Ergibt 20 Stücke.

Mohnkuchen mit Quark *(Abb.)*

Zutaten

Für den Hefeteig:
1 Würfel Hefe (42 g),
1/4 l lauwarme, fettarme Milch,
500 g Mehl,
4 ml Diabetiker-Flüssig-Süße,
1 Prise Salz,
3 EL Butter oder Margarine;
für den Mohnbelag:
1/4 l fettarme Milch,
1 EL Butter oder Margarine,
1 EL Zitronensaft,
3 EL Grieß,
100 g gemahlener Mohn,
2 EL Fruchtzucker-Streusüße (20 g), 1 Ei,
1 cl Rum (ersatzweise 2–3 Tropfen Rumaroma),
1/4 TL Zimtpulver;
für den Quarkbelag:
1 Ei, 250 g Magerquark,
4 EL fettarme Milch,
3 EL Fruchtzucker-Streusüße (30 g);
für die Streusel:
175 g Mehl,
3 EL Fruchtzucker-Streusüße (30 g),
80 g Butter;

SPEZIELLES BACKEN

für den Marmeladenbelag:
1 Glas Diabetiker-Waldfruchtkonfitüre,
1 cl Rum (ersatzweise 2–3 Tropfen Rumaroma);
außerdem:
Fett für das Backblech

EW	Fett	KH	BE	kcal/kJ
8 g	9 g	34 g	3,0	251/1052

Für den Teig Hefe in lauwarmer Milch auflösen und mit etwas Mehl zu einem Vorteig verrühren, ca. 20 Minuten gehen lassen. Restliches Mehl, Diabetiker-Flüssig-Süße, Salz und weiche Butter oder Margarine hinzufügen, zu einem glatten Teig kneten und ca. 40 Minuten ruhen lassen.

Für den Mohnbelag Milch, Butter oder Margarine und Zitronensaft aufkochen, Grieß einstreuen und ca. 5 Minuten quellen lassen. Mohn, Fruchtzuckerstreusüße, Ei, Rum und Zimtpulver unter den Grießbrei rühren.
Für den Quarkbelag Ei trennen, Quark mit Eigelb, Milch und Fruchtzucker-Streusüße mischen, Eiweiß steif schlagen und vorsichtig unterziehen.
Für die Streusel Mehl und Fruchtzucker-Streusüße mischen, Butter hinzufügen und Teig zu Streusel verreiben.
Für den Marmeladenbelag Konfitüre mit Rum vermischen.
Hefeteig ausrollen und auf ein gefettetes Backblech legen. Mohn-, Quark- und Marmeladenbelag klecksartig auf dem Teig verteilen, Streusel darüber geben und Kuchen ca. 15 Minuten ruhen lassen. Ofen auf 200 Grad vorheizen und Kleckskuchen 30–40 Minuten backen. Ergibt 20 Stücke.

Nuss-Mohn-Gugelhupf
(Abb.)

Zutaten
200 g Butter,
4 Eier,
150 g Fruchtzucker (z. B. natreen),
ausgekratztes Mark von 1/2 Vanilleschote,
3 TL Backpulver,
150 g Weizenmehl (Type 550),
100 g Instant-Haferflocken,
100 g gemahlener Mohn,
60 g gemahlene Haselnüsse,
3 EL Rum, 4 EL Milch,
Butter und 3 EL feine Haferflocken für die Form

EW	Fett	KH	BE	kcal/kJ
5 g	15 g	14 g	1,2	229/958

Butter, Eigelb, Fruchtzucker und Vanillemark schaumig rühren. Mit Backpulver vermischtes Mehl, Haferflocken, Mohn, Haselnüsse, Rum und Milch nach

und nach unterrühren. Eiweiß zu steifem Schnee schlagen und unterheben. Ofen auf 160 Grad vorheizen.
Teig in eine gefettete mit feinen Haferflocken ausgestreute Gugelhupfform füllen. Im vorgeheizten Ofen ca. 45 Minuten backen.
Ergibt 15 Stücke.

Muttertagsherz mit Erdbeeren
(Abb. oben)

Zutaten
Für den Mürbeteig:
125 g Mehl,
1/2 gestr. TL Backpulver,
75 g Margarine,
5 ml Diabetikersüße flüssig,
2 EL fettarme Milch;
für die Füllung:
3 Eier,
10 ml Diabetikersüße flüssig (z. B. natreen),
Saft und Schale von 1/2 Zitrone (unbehandelt),
500 g Magerquark,
6 Blatt weiße Gelatine,
125 g Sahne;
für den Belag:
500 g Erdbeeren,
nach Wunsch:
1 Päckchen roter Tortenguss, 2 ml Diabetikersüße flüssig;
außerdem:
Fett für die Form

EW	Fett	KH	BE	kcal/kJ
10 g	10 g	13 g	1,0	190/793

Ofen auf 200 Grad vorheizen. Alle Zutaten für den Teig verkneten, kühl stellen, passend für eine Herzform (oder Springform) ausrollen und in die gefettete Form legen. Mehrmals mit einer Gabel einstechen und im vorgeheizten Ofen ca. 20 Minuten backen.
Eier trennen, Eigelb mit Diabetikersüße schaumig rühren. Abgeriebene Schale und Saft der Zitrone zugeben und Quark unterrühren. Gelatine nach Vorschrift einweichen und auflösen. Gelatine schnell unter den Quark rühren und alles 10 Minuten kalt stellen. Dann steif geschlagene Sahne und zum Schluss zu Schnee geschlagenes Eiweiß unterheben. Käse-Sahne-Creme auf den Mürbeteigboden geben. Erdbeeren waschen, putzen, in Scheiben schneiden und auf die Käse-Sahne-Creme legen. Nach Wunsch mit nach Vorschrift zubereitetem Tortenguss überziehen. Torte im Kühlschrank fest werden lassen, am besten über Nacht. Ergibt 12 Stücke.

Schwarzwälder Biskuitrolle
(Abb. unten)

Zutaten
Für den Teig:
4 Eier,
4 EL Fruchtzucker-Streusüße (40 g),

Mark von 1/2 Vanilleschote,
90 g Mehl,
2 EL Kakaopulver,
1 EL Speisestärke,
1/2 Päckchen Backpulver;
für die Füllung:
1 Glas Diabetiker-Schattenmorellen (340 g),
3 TL Speisestärke,
400 g Sahne,
1 cl Kirschwasser,
Kakaopulver zum Bestäuben

EW	Fett	KH	BE	kcal/kJ
3 g	9 g	11 g	1,0	140/588

Ofen auf 175 Grad vorheizen. Eier trennen. Eigelb mit 2 EL warmem Wasser, Fruchtzucker-Streusüße und Vanillemark schaumig rühren.
Eiweiß sehr steif schlagen und auf die schaumige Eigelbmasse geben. Mehl, Kakaopulver, Speisestärke und Backpulver mischen, über die Eimasse sieben und alles vorsichtig vermengen. Teig auf ein mit Backpapier ausgelegtes Backblech streichen und im vorgeheizten Ofen ca. 10 Minuten backen.
Biskuit sofort nach dem Backen auf ein Küchentuch stürzen, Backpapier vorsichtig abziehen, Biskuit aufrollen und auskühlen lassen.
Für die Füllung Schattenmorellen abtropfen lassen, Kirschsaft auffangen. Vom Saft 3 EL abnehmen, Speisestärke damit anrühren, restlichen Saft zum Kochen bringen und mit angerührter Speisestärke binden. Schattenmorellen in die Masse geben und abkühlen lassen.
Sahne steif schlagen.
Ausgekühlte Biskuitrolle vorsichtig auseinander rollen, mit Kirschwasser gleichmäßig beträufeln, mit einer Schicht Schattenmorellen, dann mit der Hälfte der Sahne füllen und wieder aufrollen.
Biskuitrolle außen mit restlicher Sahne bestreichen und nach Wunsch mit Kakaopulver bestäuben. Ergibt 16 Stücke.

Spitzbuben
(Abb.)

Zutaten
Für den Teig:
200 g Mehl,
1 Eigelb,
60 g Fruchtzucker-Streusüße,
1 EL Rum,
Mark von 1 Vanilleschote,
abgeriebene Schale von 1/2 Zitrone (unbehandelt), 125 g Margarine;
für die Verzierung:
40 g Schwarze Johannisbeerkonfitüre für Diabetiker

EW	Fett	KH	BE	kcal/kJ
1 g	6 g	12 g	1,0	109/458

Für den Teig alle Zutaten schnell verkneten und ca. 2 Stunden kühl stellen.
Ofen auf 180 Grad vorheizen. Teig dünn ausrollen und mit einer runden Form Plätzchen ausstechen. Hälfte der Plätzchen mit einem Loch versehen. Auf ein mit Backpapier ausgelegtes Blech legen, im vorgeheizten

Ofen 12–14 Minuten backen. Plätzchen abkühlen lassen. Plätzchen ohne Loch mit Konfitüre bestreichen und gelöcherte Plätzchen darauf setzen. Ergibt 18 Stück.

Schwarz-Weiß-Plätzchen
(Abb. unten links)

Zutaten
Für den Teig:
250 g Mehl,
1 TL Backpulver,
80 g Margarine,
50 g Fruchtzucker-Streusüße,
1 Ei,
Mark von 1 Vanilleschote,
15 g Kakaopulver,
1 EL fettarme Milch,
20 g Fruchtzucker-Streusüße, einige Tropfen Rumaroma;
außerdem:
Mehl zum Ausrollen,
1 Eiweiß zum Bestreichen

EW	Fett	KH	BE	kcal/kJ
1 g	2 g	6 g	0,5	42/176

Mehl mit Backpulver in eine Schüssel sieben. Margarine mit Fruchtzucker-Streusüße verrühren, Ei und Vanillemark dazugeben und alles mit den Knethaken des elektrischen Handrührgerätes zu einem glatten Teig verkneten.

Teig halbieren. Für den dunklen Teig unter eine Teighälfte gesiebtes Kakaopulver, Milch, Fruchtzucker-Streusüße und Rumaroma kneten. Beide Teige mindestens 30 Minuten im Kühlschrank ruhen lassen.
Für das Schneckenmuster hellen und dunklen Teig auf leicht bemehlter Arbeitsfläche jeweils zu gleich großen Teigplatten ausrollen. Eine Teigplatte dünn mit Eiweiß bestreichen, zweite Teigplatte darauf legen, ebenfalls mit Eiweiß bestreichen und fest zusammenrollen.
Für das Schachbrettmuster aus einem der beiden Teige auf leicht bemehlter Arbeitsfläche eine 2 mm dicke Platte ausrollen, mit Eiweiß bestreichen. Aus hellem und dunklem Teig ca. 1/2 cm dicke quadratische Stränge formen und in 3–4 Schichten schachbrettartig zusammensetzen. In die Teigplatte wickeln.
Für das Streifenmuster beide Teige auf leicht bemehlter Arbeitsfläche jeweils zu ca. 1/2 cm dicken, gleich großen Platten ausrollen. Jede Platte in 3–4 Streifen schneiden. Abwechselnd helle und dunkle Streifen, mit Eiweiß bestrichen, aufeinander setzen.
Geformte Teigstücke nochmals mindestens 30 Minuten in den Kühlschrank legen. Ofen auf 200 Grad vorheizen. Teig in 1/2 cm dicke Scheiben schneiden, auf ein mit Backpapier belegtes Backblech setzen und im vorgeheizten Ofen 12–15 Minuten backen. Ergibt 45 Stück.

Käsetörtchen
(Abb. S. 307, rechts)

Zutaten
Für den Teig:
125 g Mehl,
1/2 TL Backpulver,
60 g Margarine,
20 g Fruchtzucker-Streusüße,
2 EL fettarme Milch,
Mehl zum Ausrollen;
für die Füllung:
375 g Magerquark,
1 Eigelb,
30 g Fruchtzucker-Streusüße,
etwas abgeriebene Zitronenschale (unbehandelt),
1 EL Vanille-Puddingpulver,
1 EL fettarme Milch,
1 Eiweiß;
für den Belag:
1 Glas Diabetiker-Aprikosenhälften;
für den Guss:
1/4 l Saft der Diabetiker-Aprikosenhälften, evtl. mit Wasser aufgefüllt,
1 Päckchen klarer Tortenguss

EW	Fett	KH	BE	kcal/kJ
7 g	6 g	19 g	1,5	165/690

Für die Backförmchen 10 Kreise (ca. 14 cm Durchmesser) aus Alufolie ausschneiden. Diese über den Boden eines kleinen runden Gefäßes (ca. 7 cm Durchmesser) legen und andrücken, sodass Förmchen entstehen. Förmchen auf ein Backblech stellen.
Für den Teig Mehl mit Backpulver mischen und in eine Schüssel sieben. Margarine, Fruchtzucker-Streusüße und Milch dazugeben und mit den Knethaken des elektrischen Handrührgerätes alles zu einem glatten Teig verkneten. Mindestens 30 Minuten ruhen lassen.
In der Zwischenzeit für die Füllung Quark, Eigelb, Fruchtzucker-Streusüße, Zitronenschale, Puddingpulver und Milch verrühren. Eiweiß sehr steif schlagen und unterheben. Ofen auf 175–200 Grad vorheizen. Teig auf leicht bemehlter Arbeitsfläche ausrollen und 10 Kreise (7 cm Durchmesser) ausstechen. Diese in die Förmchen legen. Quarkmasse darauf verteilen und mit je einem gut abgetropften Aprikosenstück (Flüssigkeit auffangen) belegen. Im vorgeheizten Ofen ca. 30 Minuten backen.
Tortenguss mit Saft der abgetropften Aprikosenhälften nach Vorschrift zubereiten und über die erkalteten Törtchen geben. Ergibt 10 Stück.

Frischkäse-Torte mit Erdbeeren
(Abb. S. 295)

Zutaten
10 Zwiebäcke,
60 g Halbfettbutter,
1 EL Zucker,
einige Tropfen Süßstoff,
1 Päckchen Götterspeise Zitrone,
250 g Erdbeeren,
3 EL kalorienreduzierte Erdbeerkonfitüre,
Saft von 1 Zitrone,
500 g fettarmer Frischkäse,
Fett für die Form

EW	Fett	KH	BE	kcal/kJ
4 g	4 g	13 g	1,0	198/828

Zwiebäcke in ein Tuch wickeln, mit einem Rollholz fein zerkleinern und mit Halbfettbutter und Zucker verkneten. Zwiebackmasse mit Süßstoff abschmecken und glatt als Boden in eine gefettete Springform drücken.
Götterspeisepulver mit 1/8 l Wasser verrühren, 10 Minuten quellen, dann erhitzen (aber nicht kochen) und erkalten lassen. Erdbeeren waschen, putzen und halbieren oder vierteln. Erdbeerkonfitüre durch ein Sieb streichen und mit erkalteter Götterspeise, Zitronensaft und Frischkäse glatt rühren. Zwiebackboden mit Erdbeeren belegen, Frischkäsecreme darüber geben und glatt streichen. Ca. 2 Stunden kalt stellen. Ergibt 12 Stücke.

Tipp
Die Torte nach Belieben mit Erdbeeren und gehackten Pistazien verzieren.

Sächsischer Weihnachtsstollen
(Abb.)

Zutaten
Für den Teig:
200 g Rosinen,
2 cl Rum,
1 Würfel Hefe (42 g),
180 ml fettarme Milch,
400 g Mehl,
4 EL Fruchtzucker-Streusüße (40 g),
2–3 Tropfen Bittermandelaroma,
1 Prise Salz,
50 g Butter,
100 g gehackte Mandeln;
zum Bestreichen:
50 g Butter,
1 EL Fruchtzucker-Streusüße (10 g)

EW	Fett	KH	BE	kcal/kJ
3 g	6 g	19 g	1,5	144/604

Rosinen waschen, abtropfen lassen, mit Rum übergießen und zugedeckt ziehen lassen. Hefe in lauwarmer Milch auflösen, mit etwas Mehl zu einem Vorteig verrühren und ca. 20 Minuten ruhen lassen.
Mit restlichem Mehl, Fruchtzucker-Streusüße, Bittermandelaroma und Salz zu einem glatten Teig verkneten und an einem warmen Platz ca. 20 weitere Minuten gehen lassen.
Anschließend Butter leicht erwärmen, mit Mandeln und Rosinen in den Teig kneten, ca. 30 Minuten ruhen lassen, ausrollen und zur typischen Stollenform übereinander schlagen. Stollen auf ein mit Backpapier ausgelegtes Backblech legen, nochmals ca. 20 Minuten gehen lassen.
Ofen auf 200 Grad vorheizen. Stollen im vorgeheizten Ofen ca. 1 Stunde backen. Anschließend erkalten lassen. Butter erwärmen, Fruchtzucker-Streusüße darin auflösen und Stollen damit bestreichen.
Ergibt 25 Stücke.

Spritzgebäck

Zutaten
150 g Margarine,
100 g Fruchtzucker-Streusüße,
abgeriebene Schale von 1/2 Zitrone (unbehandelt),
Mark von 1/2 Vanilleschote,
125 g Speisestärke,
250 g Mehl,
1/8 l Magermilch

EW	Fett	KH	BE	kcal/kJ
1 g	5 g	15 g	1,3	114/476

Ofen auf 180 Grad vorheizen. Margarine mit Fruchtzucker-Streusüße, Zitronenschale und Vanillemark schaumig rühren. Speisestärke und Mehl mischen, nach und nach mit der Milch unterrühren. Teig in einen Spritzbeutel mit großer Sterntülle füllen und nach Belieben Motive auf ein mit Backpapier ausgelegtes Blech spritzen. Spritzgebäck im vorgeheizten Ofen 12 Minuten backen.
Ergibt 20–25 Stück.

Kartoffeltorte »sehr fein« (Abb.)

Zutaten

4 Eier,
5 EL Fruchtzucker-Streusüße (50 g),
Mark von 1/2 Vanilleschote, 1 Prise Salz,
375 g gekochte, geraspelte Kartoffeln vom Vortag, 60 g gemahlene Haselnüsse,
150 g Grieß,
1 TL Backpulver,
2 EL gehackte Haselnüsse,
2 EL ganze Haselnüsse

EW	Fett	KH	BE	kcal/kJ
5 g	7 g	19 g	1,5	161/675

Ofen auf 175 Grad vorheizen. Eier trennen. Eigelb mit Fruchtzucker-Streusüße, Vanillemark, Salz und 3 EL heißem Wasser schaumig rühren. Kartoffelraspel, gemahlene Haselnüsse, Grieß und Backpulver untermischen. Eiweiß steif schlagen und vorsichtig unterheben.
Teig in eine Springform (26 cm Durchmesser) füllen, mit gehackten und ganzen Haselnüssen bestreuen und im vorgeheizten Ofen ca. 45 Minuten backen. Ergibt 12 Stücke.

Bienenstich

Zutaten

1 Hefeteig nach Grundrezept (s. S. 297);
für den Belag:
120 g Butter,
95 g Diabetiker- oder Fruchtzucker,
200 ml Milch,
200 g Mandelblättchen;
außerdem:
Fett für das Blech

EW	Fett	KH	BE	kcal/kJ
6 g	14 g	18 g	1,5	214/896

Hefeteig zubereiten und gehen lassen. Inzwischen ein Blech einfetten. Für den Belag Butter zerlassen, Diabetiker- oder Fruchtzucker darin auflösen und Milch zugießen. Alles 2–3 Minuten unter Rühren köcheln lassen, bis die Mischung dickflüssig wird. Mandeln unterrühren; Masse auskühlen lassen.
Hefeteig kurz durchkneten, auf das Blech legen und mit etwas Mehl bestäuben. Teig in Blechgröße ausrollen. Mandelmasse gleichmäßig darauf verteilen und glatt streichen. Kuchen mit einem Tuch abgedeckt bei Zimmertemperatur 30–35 Minuten gehen lassen. Ofen auf 180 Grad vorheizen.
Bienenstich im vorgeheizten Ofen 30–35 Minuten backen. Auf dem Blech in gleich große Stücke schneiden und auf einem Kuchendraht auskühlen lassen. Ergibt 24 Stücke.

Beeren-Jogurt-Torte
(Abb.)

Zutaten
150 g Zwieback,
75 g Margarine,
3 EL Fruchtzucker-Streusüße,
10 Blatt weiße Gelatine,
500 g Jogurt (1,5%),
Schale und Saft von 1 Zitrone (unbehandelt),
3 Eiweiß,
100 g Sahne,
je 150 g Erdbeeren, Himbeeren und Johannisbeeren,
1 Päckchen roter Tortenguss,
Margarine für die Form

EW	Fett	KH	BE	kcal/kJ
4 g	5 g	21 g	1,7	169/706

Für den Boden Zwieback fein zerdrücken, mit Margarine und 1 EL Fruchtzucker verkneten. Auf dem Boden einer gefetteten Springform (26 cm Durchmesser) verteilen, fest andrücken und kalt stellen.
Für die Füllung Gelatine nach Packungsanweisung in kaltem Wasser einweichen, ausdrücken und auflösen. Jogurt mit 1 EL Fruchtzucker, abgeriebener Zitronenschale und Zitronensaft glatt rühren. Gelatine vorsichtig unterrühren. Jogurtmasse kalt stellen, bis sie zu gelieren beginnt.
Eiweiß und Sahne getrennt steif schlagen, vorsichtig unter die Jogurtmasse heben. Masse auf den Boden geben und glatt streichen, ca. 3 Stunden kalt stellen.
Beeren verlesen und gegebenenfalls waschen, Johannisbeeren von den Rispen streifen. Torte mit Früchten belegen. Tortenguss mit 1/4 l Wasser – nach Wunsch kann auch Saft oder Rotwein verwendet werden – und restlichem Fruchtzucker nach Packungsanleitung zubereiten und über die Früchte gießen. Guss fest werden lassen und Torte kühl servieren.
Ergibt 12 Stücke.

Leichter Teekuchen

Zutaten
Für den Teig:
250 g geschälte Mandeln,
65 g Weizenvollkornmehl, 1 1/2 gestr. TL Backpulver,
100 g weiche Butter,
175 g Diabetiker- oder Fruchtzucker,
5 Tropfen Bittermandelaroma, 4 Eier,
Schale von 1/2 Orange (unbehandelt),
1 Prise gemahlener Ingwer,
1/2 TL Vanillepulver,
Diabetikerzucker zum Bestäuben,
Butter für die Form

EW	Fett	KH	BE	kcal/kJ
4 g	13 g	5 g	1,0	179/748

Mandeln im Mixer sehr fein mahlen und mit Weizenvollkornmehl und Backpulver mischen. Ofen auf 180 Grad vorheizen. Eine Kastenform (30 cm

Länge) einfetten.
Butter mit Diabetiker- oder Fruchtzucker schaumig rühren, Bittermandelaroma zufügen. Eier trennen. Eiweiß kalt stellen. Eigelb einzeln unter die Buttermasse rühren, Orangenschale, Ingwer und Vanillepulver zugeben, dann Mandelmischung rasch unterrühren. Eiweiß steif schlagen und unter den Teig heben. Rührteig in die Form füllen und glatt streichen.
Kuchen im vorgeheizten Ofen backen. Nach 45 Minuten die Stäbchenprobe machen. Kuchen, falls nötig, noch 10 Minuten backen.
Teekuchen auf einem Kuchendraht auskühlen lassen. Dann in Alufolie verpackt mindestens 1 Tag an einem kühlen Ort durchziehen lassen. Vor dem Servieren in gleich große Stücke schneiden und mit Diabetikerzucker bestäuben.
Ergibt 20 Stücke.

Nusskränze
(Abb.)

Zutaten
200 g gemahlene Haselnüsse,
100 g gemahlene Mandeln,
1 Ei,
4 EL Orangensaft,
1–2 TL Diabetiker-Flüssigsüße,
1 Päckchen geriebene Orangenschale,
2–3 EL Mehl,
1 Eiweiß,
30 g gehackte Pistazien,
30 g gehackte Mandeln

EW	Fett	KH	BE	kcal/kJ
3 g	9 g	3 g	0,3	120/510

Haselnüsse, Mandeln und verquirltes Ei mischen. Orangensaft und Diabetiker-Flüssigsüße dazugeben. Mit Orangenschale und Mehl zu einem weichen Teig verarbeiten. In einen Spritzbeutel mit Lochtülle füllen und 20–22 Kränze auf ein mit Backpapier ausgelegtes Blech spritzen.
1 Stunde trocknen lassen, dann bei 120–150 Grad im vorgeheizten Ofen ca. 15 Minuten backen. Kränzchen mit Eiweiß bestreichen und vorsichtig in gehackte Mandeln und Pistazien drücken.
Ergibt ca. 22 Stück.

Mandarinen-Nusstorte *(Abb. S. 313, oben)*

Zutaten
Für den Teig:
2 Eier,
7 ml Diabetikersüße flüssig, 20 g Mehl,
20 g Speisestärke,
1/2 TL Backpulver,
50 g gemahlene Haselnüsse, in der Pfanne geröstet;
für die Füllung:
300 ml Magermilch,
1 Päckchen Diabetiker-Vanille-Puddingpulver,
7 ml Diabetikersüße flüssig, 30 g steif geschlagene Sahne;
außerdem:
10 g gemahlene Haselnüsse, in der Pfanne geröstet,

200 g abgetropfte Diabetiker-Mandarinenfilets

EW	Fett	KH	BE	kcal/kJ
3 g	5 g	8 g	0,6	91/380

Ofen auf 200 Grad vorheizen. Eier trennen. Eigelb, 2 EL warmes Wasser und Diabetikersüße mit den Schneebesen des elektrischen Handrührgerätes schaumig rühren. Eiweiß steif schlagen, auf die Eigelbmasse geben. Mehl, Speisestärke und Backpulver mischen und darüber sieben. Alles vorsichtig vermengen. Gemahlene Haselnüsse zum Schluss locker unterheben.
Teig in eine mit Backpapier ausgelegte Springform (22 cm Durchmesser) füllen und im vorgeheizten Ofen ca. 20 Minuten backen. Tortenboden auf einen Kuchendraht stürzen und erkalten lassen.
In der Zwischenzeit Füllung zubereiten. Von der Milch 6 EL abnehmen und damit Diabetiker-Puddingpulver anrühren. Diabetikersüße unterrühren. Übrige Milch zum Kochen bringen. Angerührtes Puddingpulver in die kochende Milch geben, unter ständigem Rühren kurz aufkochen lassen. Pudding im kalten Wasserbad unter Rühren erkalten lassen. Geschlagene Sahne unterheben.
Tortenboden einmal waagerecht durchschneiden. 2/3 der Masse auf den unteren Boden streichen, oberen darauf legen, gut andrücken. Rand mit restlicher Creme bestreichen und mit gemahlenen, gerösteten Haselnüssen bestreuen. Tortenoberfläche mit gut abgetropften Mandarinenfilets belegen. Ergibt 12 Stücke.

Mandeltorte mit Äpfeln (Abb. unten)

Zutaten

Für den Teig:
100 g Mehl,
1 Msp. Backpulver,
25 g gemahlene Mandeln,
50 g Margarine,
1 Eigelb,
1 Prise Salz,
30 g Fruchtzucker-Streusüße;

für den Belag:
375 g säuerliche Äpfel, vorbereitet gewogen,
Saft von 1/2 Zitrone,
80 g gemahlene Mandeln,
100 g Diabetiker-Stachelbeeren, gut abgetropft, 1 Eigelb,
30 g Fruchtzucker-Streusüße, 2 Eiweiß,
10 g Mehl,
1 Msp. Backpulver,
10 g Mandelblättchen;

außerdem:
Fett für die Form

EW	Fett	KH	BE	kcal/kJ
4 g	8 g	17 g	1,4	162/678

Mehl mit Backpulver in eine Schüssel sieben. Mandeln, Mar-

garine, Eigelb, Salz und Fruchtzucker-Streusüße zugeben. Mit den Knethaken des elektrischen Handrührgerätes alles zu einem glatten Teig verkneten. Ca. 30 Minuten im Kühlschrank ruhen lassen. In der Zwischenzeit Äpfel schälen, vierteln, vom Kerngehäuse befreien und in dünne Spalten schneiden. Mit Zitronensaft beträufeln.
Eine am Boden gefettete Springform (22 cm Durchmesser) mit ausgerolltem Teig auslegen, dabei einen 3 cm hohen Rand formen, mehrmals mit einer Gabel einstechen. Teigboden mit 30 g gemahlenen Mandeln bestreuen und mit vorbereiteten Äpfeln und Diabetiker-Stachelbeeren belegen.
Ofen auf 175–200 Grad vorheizen. Eigelb mit 1 EL heißem Wasser und Fruchtzucker-Streusüße schaumig rühren. Eiweiß zu steifem Schnee schlagen und auf die Eigelbmasse geben. Mehl, Backpulver und restliche gemahlene Mandeln dazugeben und alles vorsichtig vermengen. Masse über das Obst geben und gleichmäßig verteilen. Mit Mandelblättchen bestreuen und im vorgeheizten Ofen ca. 40 Minuten backen.

Aprikosen-Mandel-Kuchen

Zutaten

Für den Teig:
90 g kalte Butter,
180 g Weizenvollkornmehl,
1 Ei,
25 g Diabetiker- oder Fruchtzucker,
Mehl zum Ausrollen;
für den Belag:
550 g frische Aprikosen oder 10 Aprikosen aus dem Glas (mit Süßstoff zubereitet);
für den Guss:
75 g geschälte Mandeln,
2 Eier,
40 g Diabetiker- oder Fruchtzucker,
2 Tropfen Bittermandelaroma,
20 g Weizenvollkornmehl,
flüssiger Süßstoff;
außerdem:
Fett für die Form

EW	Fett	KH	BE	kcal/kJ
4 g	13 g	24 g	2,0	201/842

Für den Mürbeteig Butter in kleine Stücke schneiden und mit Weizenvollkornmehl, Ei und Diabetiker- oder Fruchtzucker rasch verkneten. Teig in Folie eingeschlagen 30 Minuten in den Kühlschrank stellen.
Inzwischen Aprikosen 1–2 Minuten in kochendes Wasser legen, mit einem kleinen Messer häuten und abkühlen lassen. Aprikosen halbieren, entsteinen und vierteln.
Ofen auf 180 Grad vorheizen. Eine Springform (26 cm Durchmesser) leicht einfetten. Mürbeteig auf leicht bemehlter Arbeitsfläche ausrollen und die Springform damit auskleiden, dabei einen 2 cm hohen Rand formen. Mürbeteigrand mit doppelt gefalteter Alufolie stützen. Teigboden mit einer Gabel mehrmals einstechen. Mürbeteig im vorgeheizten Ofen 20 Minuten vorbacken.
Inzwischen Mandeln im Mixer sehr fein mahlen. Eier trennen. Eiweiß kalt stellen. Diabetiker- oder Fruchtzucker mit Eigelb und Bittermandelaroma 5 Minuten im heißen (aber nicht kochenden) Wasserbad cremig schlagen. Eiercreme aus dem Wasserbad nehmen und nochmals 5 Minuten schlagen. Eiweiß steif schlagen. Mandeln und Weizenvollkornmehl mit Hälfte des Eischnees unter die Eiercreme heben. Restliches Eiweiß unterziehen. Guss mit Süßstoff abschmecken.
Vorgebackenen Mürbeteig dicht mit Aprikosenvierteln belegen. Guss darüber verteilen und verstreichen. Kuchen im vorgeheizten Ofen bei 180 Grad 35–40 Minuten backen.
Kuchen auf einem Kuchendraht auskühlen lassen.
Ergibt 10 Stücke.

Tipp

Das Rezept lässt sich anstelle von Aprikosen auch mit Pfirsichen zubereiten.

Käsekuchen (Abb.)

Zutaten

Für den Teig:
200 g Mehl,
1/2 TL Backpulver,
40 g Fruchtzucker-Streusüße,
Mark von 1 Vanilleschote,
1 Ei,
80 g Margarine;
für den Belag:
6 Eier,
1 kg Magerquark,
90 g Speisestärke,
90 g Fruchtzucker-Streusüße,
Mark von 1/2 Vanilleschote,
abgeriebene Schale von 1 Orange (unbehandelt);
außerdem:
1 Eigelb zum Bestreichen

EW	Fett	KH	BE	kcal/kJ
13 g	8 g	24 g	2,0	227/951

Ofen auf 200 Grad vorheizen. Aus den Teigzutaten einen Mürbeteig herstellen und Boden und Rand einer Springform (28 cm Durchmesser) damit auslegen. Mit einer Gabel mehrmals einstechen. Im vorgeheizten Ofen 10 Minuten vorbacken. Für den Belag Eier trennen, Eiweiß steif schlagen. Restliche Zutaten miteinander verrühren, Eiweiß unterheben. Quarkmasse auf den vorgebackenen Boden geben und mit Eigelb bestreichen. Kuchen bei 175 Grad 60–70 Minuten backen; im abgeschalteten Ofen bei geöffneter Tür auskühlen lassen. Ergibt 16 Stücke.

Himbeer-Marzipan-Torte

Zutaten

1 Biskuitboden nach Grundrezept »Biskuittorte« (s. S. 97);
zum Tränken der Böden:
3 EL Rum,
1/4 l trockener Weißwein (»Für Diabetiker geeignet«);
für die Füllung:
400 g Himbeeren (frisch oder tiefgekühlt),
40 g Diabetiker- oder Fruchtzucker,
1 1/2 EL Zitronensaft,
2 g Agar-Agar flüssiger Süßstoff;
für die Marzipandecke:
200 g geschälte Mandeln,
35 g Diabetiker- oder Fruchtzucker,
2 Tropfen Bittermandelaroma, 1 Eiweiß;
zum Garnieren:
60 g Diabetiker-Aprikosenmarmelade,
50 g Zartbitter-Diabetikerschokolade

EW	Fett	KH	BE	kcal/kJ
4 g	12 g	30 g	2,5	277/1158

Biskuitboden in drei gleichmäßige Böden schneiden. Rum mit Weißwein mischen und Böden damit beträufeln.
Himbeeren mit Diabetiker- oder Fruchtzucker und Zitronensaft erhitzen, Agar-Agar darüber streuen, 1 Minute köcheln, dann abkühlen lassen.
Untere zwei Biskuitböden mit der Himbeermasse gleichmäßig bestreichen, zusammensetzen und dritten Boden darauf geben.
Mandeln im Mixer sehr fein mahlen und mit Diabetiker- oder Fruchtzucker, Bittermandelaroma und Eiweiß verkneten.
Marzipan zwischen Pargamentpapier auswellen, einen Springformboden (26 cm Durchmesser) darauf legen und die Marzipandecke mit einem Messer ausschneiden. Marzipandecke auf den obersten Biskuitboden legen. Marzipanreste für die Garnitur beiseite legen.
Aprikosenmarmelade erwärmen und Tortenrand damit bestreichen. Diabetikerschokolade fein reiben. Tortenrand damit gleichmäßig bestreuen.
Torte vor dem Servieren mindestens 1 Tag abgedeckt im Kühlschrank durchziehen lassen.
Ergibt 12 Stücke.

Müslitaler

Zutaten

150 g grobe Haferflocken,
150 g gehackte Mandeln,
175 g Roggenmehl,
1/2 TL Backpulver,
2 Prisen Salz,
50 g gewürfeltes Zitronat,
1–2 TL Diabetikersüße flüssig,
100 ml Buttermilch,
100 g flüssige Butter,
ca. 14 Oblaten (6–7 cm Durchmesser),
ca. 14 abgezogene Mandeln

EW	Fett	KH	BE	kcal/kJ
5 g	14 g	16 g	1,5	205/879

Haferflocken und gehackte Mandeln in einer trockenen Pfanne unter Rühren etwas anrösten, abkühlen lassen. Ofen auf 200 Grad vorheizen.
In einer Schüssel Haferflocken-Mandel-Mischung mit Mehl, Backpulver, Salz und Zitronat mischen. Diabetikersüße mit Buttermilch verrühren und zusammen mit flüssiger, abgekühlter Butter unter die trockenen Zutaten rühren. Alles zu einem festen Teig verkneten.
Teig in Potionen auf den Oblaten flach drücken. Jeweils 1 abgezogene Mandel in die Mitte drücken. Müslitaler im vorgeheizten Ofen 15–20 Minuten backen. Ergibt ca. 14 Stück.

Tipp
Müslitaler eignen sich gut als kleiner, köstlicher Bissen für zwischendurch.

Mohnkuchen

Zutaten

1 Hefeteig nach Grundrezept (s. S. 297);
für die Füllung:
85 g geschälte Mandeln,
ca. 400 ml Milch,
300 g gemahlener Mohn,
20 g Grieß,
85 g Diabetiker- oder Fruchtzucker,
abgeriebene Schale von 1/2 Zitrone (unbehandelt),
3 Tropfen Bittermandelaroma;
für die Streusel:
60 g Butter,
100 g Weizenvollkornmehl,
50 g Diabetiker- oder Fruchtzucker;
außerdem:
Fett für das Blech

EW	Fett	KH	BE	kcal/kJ
8 g	15 g	24 g	2,0	255/1068

Zuerst den Hefeteig zubereiten und gehen lassen.
Mandeln im Mixer sehr fein mahlen. Milch aufkochen. Mohn, Grieß und Diabetiker- oder Fruchtzucker zugeben und alles unter Rühren einmal aufwallen lassen. Mandeln, Zitronenschale und Bittermandelaroma unterrühren; Mohnfüllung abkühlen lassen.
Ein Blech einfetten. Hefeteig auf leicht bemehlter Arbeitsfläche in Blechgröße ausrollen, auf das Blech legen, dabei an den Rändern etwas hochziehen. Mohnfüllung gleichmäßig auf dem Teig verteilen.
Kuchen 25–30 Minuten mit einem Tuch bedeckt bei Zimmertemperatur gehen lassen.
Ofen auf 200 Grad vorheizen.
Für die Streusel Butter schmelzen, Weizenvollkornmehl und Diabetiker- oder Fruchtzucker zugeben und alles zu Streuseln zerkrümeln. Streusel auf dem Mohnbelag verteilen. Kuchen im vorgeheizten Ofen 30–35 Minuten backen; auf dem Blech in Stücke schneiden und diese auf einem Kuchendraht auskühlen lassen. Ergibt 24 Stücke.

Tipp

Mohnkuchen schmeckt noch leicht warm besonders gut.

Nusskipferl

Zutaten

Für den Teig:
1 Plunderteig nach Grundrezept (s. S. 297),
Mehl zum Ausrollen;
für die Füllung:
200 g gemahlene, leicht geröstete Haselnüsse,
65 g Diabetiker- oder Fruchtzucker,
15 g Kakaopulver,
1/2 TL Vanillepulver,
1 Ei,
1 1/2 EL Rum,
evtl. 1 EL Sahne;
außerdem:
1 Eigelb,
Fett für die Form

EW	Fett	KH	BE	kcal/kJ
8 g	24 g	30 g	2,5	369/1544

Plunderteig zubereiten und im Kühlschrank ruhen lassen.
Inzwischen Haselnüsse mit Diabetiker- oder Fruchtzucker, Kakaopulver, Vanillepulver, Ei, Rum und, falls nötig, Sahne zu einer streichfähigen Masse vermengen.
Ein Blech leicht einfetten. Plunderteig auf leicht bemehlter Arbeitsfläche zu einem Rechteck von ca. 40 x 30 cm ausrollen. Teigplatte längs halbieren, sodass man 2 Rechtecke von 40 x 15 cm erhält. Aus jeder Teigplatte 5 gleichschenkelige Dreiecke (von 13 cm Breite und 15 cm Höhe) ausrädeln. Auf jedes Dreieck ca. 25 g Füllung streichen. Dreiecke von der Breitseite her aufrollen, zu Hörnchen formen und auf das gefettete Blech setzen. Teigabschnitte aufeinander legen und zu einem Quadrat von 15 x 15 cm ausrollen. Quadrat diagonal in 2 Dreiecke teilen, ebenfalls füllen, aufrollen, zu Hörnchen formen und auf das Blech setzen. Nusskipferl mit einem Tuch abdecken und an einem warmen Ort 30–40 Minuten gehen lassen.
Ofen auf 200 Grad vorheizen.
Nusskipferl mit Eigelb bestreichen und im vorgeheizten Ofen

in 20–25 Minuten hellbraun backen. Auf einem Kuchendraht auskühlen lassen.
Ergibt 12 Stück.

Kirschtorte

Zutaten

Für den Teig:
5 Eier,
105 g Diabetiker- oder Fruchtzucker,
145 g Weizenvollkornmehl,
1 gestr. TL Backpulver,
1 1/2 TL Kakaopulver;
für die Füllung und zum Bestreichen:
5 EL Kirschwasser (nach Belieben),
580 g Sauerkirschen, frisch oder aus dem Glas (mit Süßstoff zubereitet),
10 g Diabetiker- oder Fruchtzucker,
1 TL Zimtpulver,
2 g Agar-Agar,
350 g Sahne,
flüssiger Süßstoff,
2 g Biobin oder Nestargel;
außerdem:
55 g feingeraspelte Diabetikerschokolade

EW	Fett	KH	BE	kcal/kJ
6 g	13 g	25 g	2,0	245/1025

Boden einer Springform (26 cm Durchmesser) mit Backpapier auslegen. Springformrand nicht einfetten. Ofen auf 180 Grad vorheizen. Eier trennen. Eiweiß kalt stellen. Eigelb mit Diabetiker- oder Fruchtzucker und 2 EL Wasser im Wasserbad 5 Minuten cremig schlagen. Creme aus dem Wasserbad nehmen und noch 5 Minuten kalt schlagen. Weizenvollkornmehl, Backpulver und Kakopulver vermischen. Eiweiß steif schlagen. Hälfte des Eischnees abwechselnd mit der trockenen Mischung unter die Eiercreme heben. Restliches Eiweiß unterziehen. Biskuitteig in die Springform füllen, glatt streichen und im vorgeheizten Ofen 30 Minuten backen.
Biskuit mit dem Messer vom Springformrand lösen, Backpapier abziehen und Biskuit mindestens 3 Stunden auskühlen lassen. Biskuit zweimal durchschneiden. Böden mit Kirschwasser beträufeln.
Für die Füllung Sauerkirschen mit 2 EL Flüssigkeit (Abtropfflüssigkeit oder Wasser), Diabetiker- oder Fruchtzucker, Zimtpulver und Agar-Agar erhitzen und 1 Minute kochen lassen; mit Süßstoff abschmecken und kalt stellen. Sahne kurz anschlagen, Süßstoff und Biobin zugeben und Sahne steif schlagen.
Auf den untersten Boden Kirschkompott verteilen. Zweiten Boden aufsetzen. Hälfte der Sahne verteilen und glatt streichen. Dritten Boden auflegen. Mit restlicher Sahne Tortenrand und Oberseite der Torte bestreichen und mit Schokoladenraspeln bestreuen.
Torte einige Stunden kühl stellen, dann mit einem nassen Messer in gleichmäßige Stücke schneiden. Ergibt 12 Stücke.

Löffelbiskuits

Zutaten

3 Eier,
90 g Diabetiker- oder Fruchtzucker,
70 g Weizenvollkornmehl;
zum Bestreuen:
12 g Diabetikerzucker

EW	Fett	KH	BE	kcal/kJ
6 g	2 g	12 g	1,0	69/289

Eier trennen. Eiweiß kühl stellen. Eigelb mit 50 g Fruchtzucker im heißen Wasserbad 4–5 Minuten dick aufschlagen. Backbleche mit Backpapier auslegen. Backofen auf 180 Grad vorheizen.
Eiweiß steif schlagen, restlichen Fruchtzucker einrieseln lassen. Eigelbcreme, Weizenvollkornmehl und 2/3 des Eischnees untereinander heben. Restlichen Eischnee behutsam unterziehen. Teig in einen Spritzbeutel mit großer Lochtülle füllen. Löffelbiskuits von 6 cm Länge und 2 cm Breite mit Abstand auf die Bleche spritzen, im vorgeheizten Ofen 12–15 Minuten hellbraun backen.
Löffelbiskuits dicht nebeneinander auf einen Kuchendraht legen, mit Diabetikerzucker bestäuben und auskühlen lassen.

Brot und Brötchen sind fester Bestandteil fast jeden Essens, egal ob es sich um ein leckeres Frühstück, den kleinen Snack zwischendurch oder ein dreigäniges Menü handelt.

Das Brot blickt auf eine lange Geschichte, gespickt mit viel Aberglauben, zurück. Es ist das älteste Lebensmittel der Welt. Vor 6000 bis 8000 Jahren kamen Siedler zwischen Euphrat und Tigris auf die Idee, ihren Getreidebrei in der offenen Feuerstelle zu backen, wodurch er besser schmeckte und leichter verdaulich wurde.

Vor 3000 Jahren dann gelang es den Ägyptern, eine Art Sauerteig herzustellen, wie wir ihn heute als Basis für unser Brot benutzen. Um die Zeitenwende gab es in Rom schon eine Bäckerinnung mit 300 Handwerksbetrieben. In der Antike war übrigens die Brotherstellung Sache der Männer, während in vorgeschichtlichen Zeiten ausschließlich die Frauen im Haus buken.

Im Mittelalter hatten die Bäcker einen hohen gesellschaftlichen Rang, die Bäckerinnungen gehörten zu den ältesten und angesehensten Zünften. Allerdings mussten sie sich ständig der Kontrolle misstrauischer Brotschätzer unterwerfen, die dafür sorgten, dass die Kunden nicht mit falschen Gewichten und schlechtem Mehl betrogen wurden.

Der eifrige Wettbewerb zwischen den Bäckermeistern in dieser Zeit legte den Grundstein für unsere heutige Brotvielfalt. Brot hatte stets auch eine mythisch-religiöse Bedeutung: So galt früher zum Beispiel eine Brezel als Synonym für verschlungene Wege, die eine Person noch gehen musste. Folgende Sitte hat sich sogar bis heute erhalten: Zum Einzug bekommt der neue Hausinhaber Brot mit Salz geschenkt, damit er und seine Familie im neuen Heim niemals Hunger leiden müssen.

In prähistorischer Zeit galt das Backhaus als Sitz der Götter, in dem man auch Opfer brachte, und schon vor der Antike war Brot Grabbeigabe. Eine besondere Rolle spielt Brot natürlich im Christentum: Christus segnete und wandelte es in der heiligen Kommunion zu seinem eigenen Fleisch, das der Welt Erlösung brachte. Da dieses Ereignis am Gründonnerstag stattgefunden hatte, galt der Donnerstag seither als besonders günstiger Backtag.

Man denke auch an die zahlreichen Bibelzitate und Redewendungen mit Brot: »Wes Brot ich ess', des Lied ich sing«, »Der Mensch lebt nicht vom Brot allein«, »Unser täglich Brot«, »Brot und Spiele«, »den Brotkorb höher hängen«, »Wer nie sein Brot mit Tränen aß«, »in Lohn und Brot stehen« ...

Auch ist es heute für die meisten noch ein Sakrileg, Brot wegzuwerfen. Man tut es nur im Notfall und mit sehr schlechtem Gewissen. Das hat nicht nur mit Sparsamkeit und der Erinnerung an Nahrungsmittelknappheit im Krieg zu tun – den haben viele gar nicht mehr erlebt – es hat etwas mit der Symbolik, der Geschichte von Brot zu tun ...

Wer heute eine Bäckerei betritt, kommt aus dem Staunen nicht mehr heraus. Die unterschiedlichsten Brotsorten aus aller Welt werden da täglich frisch angeboten. Einen nicht unerheblichen Anteil haben inzwischen die Vollkornbackwaren eingenommen.

Wesentlich mehr Spaß macht es allerdings, die eigene Küche zu einer Hobby-Backstube umzufunktionieren und Brot und Brötchen selber herzustellen. Egal, ob man ein Baguette, Roggenbrot, Hörnchen, einen türkischen Fladen oder italienische Grissini backen möchte – der köstliche Duft, der den Backvorgang begleitet, und der gute Geschmack von frischem Brot entschädigt für die kleine Mühe. Ein weiterer Vorteil der »hauseigenen« Bäckerei ist, dass der Hobby-Bäcker und seine Familie wissen, welche Zutaten in der Backware stecken.

Zum Backen von Brotwaren stehen im Wesentlichen drei verschiedene Teigarten zur Auswahl:
Der Sauerteig ist wohl die älteste Basis zur Brotherstellung. Er wird gerne für Gebäck verwendet, bei dem zum großen Teil Roggenmehl oder Vollkornschrot eingesetzt wird. Sauerteig kann man selber herstellen, einfacher und praktischer ist es, einen fertigen Sauerteig beim Bäcker zu kaufen.
Hefeteig zählt ebenfalls zu den beliebten Teigarten, aus denen Brot und/oder Brötchen hergestellt werden. Nussbrot, Weißbrot, Baguette oder Quarkbrot – es gibt viele Brotsorten, die aus Hefeteig hergestellt werden. Der Teig besteht hauptsächlich aus Weizenmehl, für das Backen gelten die gleichen Regeln wie für die Verarbeitung von normalem Hefeteig.
Auch Backpulverteig kann zur Herstellung von leckerem Brot und Brötchen verwendet werden. Der Vorteil liegt hierbei in der schnellen und leichten Herstellung des Teiges. Aus Backpulverteig lassen sich z. B. einfache Weißbrote, Haferbrot oder Bananenbrot herstellen. Wer allerdings bei dem fertigen Backwerk den typischen Brotgeschmack erwartet, wird etwas enttäuscht werden, denn das Endprodukt erinnert in seinem Geschmack eher an einen Kuchen.

Damit die Teiglockerung optimal funktionieren kann, sollten nur hoch ausgemahlene Mehlsorten verwendet werden. Diese Mehle können natürlich auch mit anderen Mehlsorten kombiniert werden. Dadurch entstehen interessante neue Geschmacksrichtungen. Weizenmehl kann gut mit Weizenvollkornflocken, Weizenkleie, Buchweizen, Grahammehl oder Maismehl vermischt werden.
Das Lebensmittel Brot lässt sich auf verschiedene Weise klassifizieren, z. B. nach der Form:
Freigeschobene Brote: Sie werden mit so viel Abstand in den Ofen geschoben, dass sie sich nirgendwo berühren und ringsum eine Kruste bilden können. So entstehen längliche oder runde Laibe von Land- und Bauernbroten, auch Weißbrote.
Angeschobene Brote: Die Teigstücke sitzen so eng aneinander, dass sie sich an den Längsseiten berühren; sie haben seitlich keine Kruste und immer eine Kastenform (z. B. Paderborner oder Kommissbrot).
Kastenbrote: Vor allem weichere Teige werden in eckigen Formen gebacken, z. B. Toast- und Weißbrot, Rosinenbrot und auch Vollkornbrot. Die Kruste ist nur an der Oberfläche ausgeprägt.
Dampfkammerbrote: Der Teig wird in speziellen Kammern oder Röhren extrem langsam bei großer Hitze gebacken. So entsteht z. B. die runde oder viereckige Form von Pumpernickel.
Der Geschmack eines Brotes ist neben der Mehlsorte auch von den verwendeten Zutaten abhängig. Beliebte Zutaten sind unter anderem frische Kräuter, Sesam, Kümmel, Pistazien, Mohn, Speckwürfelchen, Zwiebeln, geraspelter Käse, Schinkenstückchen, Nüsse oder Rosinen. Hier kann man seiner Fantasie freien Lauf lassen und ganz nach eigenem Gusto variieren.
Auch an Brötchenteig machen sich Gewürze ganz ausgezeichnet. Sie geben dem Ganzen einen unverwechselbaren Geschmack und sind – auf die Brötchenoberfläche gestreut – nicht nur geschmacklich, sondern auch optisch ein Genuss.

Hier noch einige Tipps zum Ausprobieren:
- Etwas Wasser im Backofen sorgt dafür, dass das Brot während des Backvorgangs nicht austrocknet.
- Wer eine besonders knusprige Kruste schätzt, pinselt die Teigoberfläche vor dem Backen mit Ei, Bier, Sahne oder Butter ein.
- Eine weichere Brotoberfläche wird erzielt, wenn man das Brot mit einem Tuch abgedeckt auskühlen lässt.

Partybrötchen mit Frischkäse
(Abb. S. 319)

Zutaten
500 g Mehl,
1 TL Salz,
1 Würfel Hefe (42 g)
oder 2 Päckchen
Trockenhefe,
1/2 TL Zucker,
150 g Frischkäse mit
französischen Kräutern
(z. B. von Bresso)
2 EL Mohn, 2 EL Sesam,
1 EL Sonnenblumen-
kerne

EW	Fett	KH	kcal/kJ
4 g	3 g	19 g	124/517

Mehl mit Salz in eine Schüssel geben, eine Mulde hineindrücken. Hefe zerbröckeln, mit 75 ml lauwarmem Wasser und Zucker verrühren und in die Mulde geben. Angerührte Hefe mit etwas Mehl verrühren, zugedeckt 10–15 Minuten gehen lassen. (Bei Verwendung von Trockenhefe die Packungsvorschrift beachten.)
Frischkäse und 1/8 l lauwarmes Wasser hinzufügen, alles sehr gut verkneten. Teig zugedeckt 30 Minuten gehen lassen, bis sich sein Volumen verdoppelt hat.
Teig erneut durchkneten und zu einer Rolle formen. Rolle in 20 gleich große Scheiben schneiden und daraus Kugeln formen. Auf ein Backblech setzen, kreuzweise mit einem Messer einritzen, mit Mohn, Sesam und Sonnenblumenkernen bestreuen und nochmals 20 Minuten gehen lassen.
Ofen auf 200 Grad vorheizen, Brötchen auf mittlerer Schiene ca. 20 Minuten backen.
Ergibt 20 Stücke.

Rustikales Landbrot

Zutaten
Für den Sauerteig:
180 g Roggenmehl
(Type 1150),
10 g Hefe;
für den Teig:
15 EL Milch,
2 TL Öl,
2 1/2 TL Salz,
6 TL Kümmel,
150 g Roggenmehl
(Type 1150),
450 g Weizenmehl;
außerdem:
Fett für das Blech,
1 Ei

EW	Fett	KH	kcal/kJ
5 g	1 g	38 g	211/880

Roggenmehl, Hefe und 1/4 l Wasser zu einem glatten Teig verarbeiten und diesen abgedeckt ca. 16 Stunden gehen lassen.
Sauerteig mit lauwarmer Milch, Öl, Salz, 2 TL Kümmel und beiden Mehlsorten mischen und kräftig durcharbeiten.
Teig abgedeckt an einem warmen Ort 1 Stunde gehen lassen. Teig erneut gut durchkneten und 2 Brote formen. Brote auf ein gefettetes Blech legen und 20–30 Minuten gehen lassen.
Ofen auf 200 Grad vorheizen. Laibe mit verquirltem Ei bestreichen und mit einem scharfen Messer mehrmals schräg einschneiden, mit restlichem Kümmel bestreuen. Im vorgeheizten Ofen 50–60 Minuten backen.
Ergibt 2 Laibe von je 500 g.

Tipp
Kümmel ist das am weitesten verbreitete Brotgewürz und sorgt nicht nur für einen kräftigen, aromatischen Geschmack, sondern regt durch seine ätherischen Öle auch kräftig den Appetit an, fördert die Verdauung und wirkt wohltuend für den Magen.

Kerniges Buttermilchbrot
(Abb. S. 323)

Zutaten
400 g Weizenvollkorn-
mehl,
100 g Weizenmehl,
1 1/2 Würfel Hefe
(63 g),
1/2 l Buttermilch,
1 TL Zucker,
100 g fertige Müsli-
mischung,
2 TL Salz,

125 g Quark,
nach Geschmack Fenchel oder Brotgewürz,
Fett für die Form,
etwas Milch zum Bestreichen,
Sesam- und Leinsamen, Sonnenblumenkerne oder Müslimischung zum Bestreuen

EW	Fett	KH	kcal/kJ
7 g	2 g	11 g	175/731

Beide Mehlsorten in eine Schüssel geben, in die Mitte eine Vertiefung drücken, Hefe hineinbröckeln und mit etwas Buttermilch und Zucker verrühren. Zugedeckt an einem warmen Ort ca. 15 Minuten gehen lassen. Restliche Milch, Müslimischung, Salz, Quark und Gewürze zugeben und alles zu einem Teig verkneten. An einem warmen Ort nochmals ca. 30 Minuten gehen lassen.

Ofen auf 200 Grad vorheizen. Teig so lange kneten (mit Küchenmaschine oder Knethaken des Handrührgerätes), bis er sich von der Schüssel löst. Teig in eine gefettete Kastenform füllen und mit Milch bestreichen, mit Sesam, Leinsamen, Sonnenblumenkernen oder Müslimischung bestreuen. Im vorgeheizten Ofen ca. 1 Stunde backen.

Blätterteigecken mit Krabbencreme

(Abb.)

Zutaten

4 Scheiben Blätterteig (tiefgekühlt),
1 Eigelb, 500 g Tiefseekrabbenfleisch,
1 EL Limonensaft,
200 g Brunch (Fertigprodukt),
200 g Crème fraîche,
Salz,
frisch gemahlener weißer Pfeffer,
Paprikapulver und Dillfähnchen zum Garnieren

EW	Fett	KH	kcal/kJ
8 g	6 g	4 g	121/506

Ofen auf 200 Grad vorheizen. Blätterteigscheiben auftauen lassen, quer halbieren und Teigquadrate nochmals diagonal durchschneiden. Blätterteigecken auf ein mit Backpapier ausgelegtes Blech legen und mit wenig Wasser verquirltem Eigelb bestreichen. Im vorgeheizten Ofen in 12–15 Minuten goldbraun backen. Blätterteigecken auf einem Kuchendraht ganz auskühlen lassen. Inzwischen Krabben bis auf 150 g mit Limonensaft pürieren, mit den übrigen Zutaten glatt rühren, Krabbenpüree gleichmäßig unterrühren. Creme mit Salz und Pfeffer würzig abschmecken.

Blätterteigecken mit einem spitzen Messer waagerecht halbieren. Auf die unteren Hälften Krabbencreme und ganze Krabben verteilen und Deckel obenauf setzen. Nach Belieben mit Paprikapulver bestäuben und mit Dillfähnchen garnieren.

Omas Bauernbrot

Zutaten

Für den Sauerteig:
50 g frische Hefe,
75 g Weizenmehl,
75 g Roggenmehl (Type 1370),
Mehl zum Kneten;
für den Teig:
2 TL Salz,
2 EL Öl,
500 g Weizenmehl,
150 g Roggenmehl (Type 1370);
außerdem:
etwas Fett für das Blech

EW	Fett	KH	kcal/kJ
5 g	1 g	38 g	199/831

Hefe in knapp 1/4 l lauwarmem Wasser anrühren und das vermischte Mehl dazugeben. Alles gut verrühren und Sauerteig 24 Stunden bei Zimmertemperatur gehen lassen.
Sauerteig mit 1/3 l lauwarmem Wasser vermischen, Salz, Öl und beide Mehlsorten dazugeben. Teig wieder durchkneten und zu einem großen, runden Fladen formen.

Auf einem gefetteten Blech nochmals 30 Minuten gehen lassen, mit einem scharfen Messer einritzen und im vorgeheizten Ofen bei 200 Grad 1 Stunde backen.
Ergibt 1 Laib von 1 1/4 kg.

Lustige Zwiebelbrote
(Abb.)

Zutaten
200 g Zwiebeln,
1 EL Butter oder Margarine,
700 g Roggenmehl,
300 g Weizenmehl,
2 Päckchen Trockenhefe,
3 TL Salz,
1 Beutel Natursauerteig (aus dem Reformhaus),
Fett für das Blech

EW	Fett	KH	kcal/kJ
4 g	1 g	34 g	211/882

Zwiebeln schälen und fein würfeln. Butter oder Margarine erhitzen, Zwiebeln darin rösten und auf Küchenpapier gut abtropfen und abkühlen lassen. Beide Mehlsorten in eine Schüssel geben, mit Trockenhefe mischen, Salz und Sauerteig zufügen. 500–600 ml Wasser lauwarm erwärmen, angießen, alles zu einem glatten Teig verkneten und Zwiebeln unterheben. Sollte der Teig kleben, noch etwas Mehl zufügen und zugedeckt an einem warmen Ort 15 Minuten gehen lassen.

Teig in 2 gleichgroße Stücke teilen. Einen Teig ca. 2 cm dick ausrollen und in 4–6 Kreise mit einem Durchmesser von ca. 2 cm ausstechen. Verbliebene Teigränder wieder zusammenkneten und ca. 1 cm dick ausrollen. 4–6 Kreise von ca. 4 cm Durchmesser ausstechen. Diese jeweils mit 2 Löchern versehen. Kleine Röllchen aus Alufolie drehen und in die Löcher stecken, damit sie beim Backen die Form behalten.
Aus restlichem Teig Öhrchen ausstechen. Teile jeweils zu einem Schweinchen zusammensetzen.

Aus der zweiten Hälfte des Teiges einen Fisch formen und mithilfe einer Schere Schuppen in den Rücken schneiden. Figuren auf eine gefettetes Backblech legen, noch ca. 10 Minuten gehen lassen und mit Wasser einpinseln. Ofen auf 250 Grad vorheizen.
Figuren in den Ofen schieben und Temperatur auf 175 Grad herunterschalten. Schweinchen 30–40 Minuten, Fisch ca. 45 Minuten backen. Damit die Brote nicht austrocknen, ein Töpfchen mit heißem Wasser mit in den Ofen stellen.
Ergibt 5 Stücke.

Kräuterquark

Zutaten
1 Zwiebel,
1 Knoblauchzehe,
250 g Sahnequark,
4 EL gemischte, gehackte Kräuter,
Salz,
Pfeffer

EW	Fett	KH	kcal/kJ
8 g	8 g	3 g	118/491

Zwiebel und Knoblauchzehe schälen; Zwiebel fein würfeln und Knoblauchzehe zerdrücken. Quark mit Zwiebeln, Knoblauch und Kräutern vermischen und mit Salz und Pfeffer pikant abschmecken.

Sardellenbutter
(Abb. S. 325)

Zutaten
125 g weiche Butter,
1 EL Sardellenpaste,
weißer Pfeffer,
3 Sardellenfilets

EW	Fett	KH	kcal/kJ
1 g	1 g	1 g	253/1058

Butter schaumig rühren, Sardellenpaste zugeben und mit Pfeffer würzen. Sardellenfilets in feine Streifen schneiden und vorsichtig unter die Buttermasse heben. Sardellenbutter bis zum Servieren kühl stellen.

Pfefferquark
(Abb. S. 325)

Zutaten
100 g milder Edelschimmelkäse,
150 g Sahnequark,
1 EL grüne Pfefferkörner,
Salz,
Pfeffer

EW	Fett	KH	kcal/kJ
10 g	13 g	2 g	171/713

Edelschimmelkäse mit einer Gabel zerdrücken und mit Quark zu einer glatten Masse verrühren. Grüne Pfefferkörner unterheben und mit Salz und Pfeffer pikant abschmecken.

Käsecreme
(Abb. S. 325)

Zutaten
1 Zwiebel,
2 Knoblauchzehen,
200 g Frischkäse,
3 EL Sahne,
Salz,
Pfeffer

EW	Fett	KH	kcal/kJ
10 g	8 g	4 g	123/509

Zwiebel und Knoblauchzehen schälen, Zwiebel fein würfeln und Knoblauchzehen zerdrücken. Frischkäse mit Zwiebeln, Knoblauch und Sahne mischen. Alles mit Salz und Pfeffer pikant abschmecken.

Currybutter

Zutaten
125 g weiche Butter,
2 EL Curry,
1 EL Zitronensaft,
1/2 TL Paprikapulver,
Salz,
Pfeffer

EW	Fett	KH	kcal/kJ
1 g	26 g	1 g	236/986

Butter schaumig rühren, mit Curry, Zitronensaft, Paprikapulver, Salz und Pfeffer mischen und pikant abschmecken. Bis zum Servieren kühl stellen.

Helles Weizenbrot

Zutaten
500 g Weizenmehl (Type 550),
1 Würfel Hefe (42 g),
300 ml Milch,
1 TL Zucker,
1 TL Salz,
40 g Margarine,
Fett für das Blech

EW	Fett	KH	kcal/kJ
4 g	4 g	25 g	160/670

Mehl, Hefe, lauwarme Milch, Zucker, Salz und Margarine in eine Schüssel geben und mit den Knethaken des Handrührgerätes 3–5 Minuten kneten, bis der Teig elastisch ist. An einem warmen Ort bis zur dop-

pelten Größe aufgehen lassen. Ofen auf 200 Grad vorheizen. Teig noch einmal durchkneten, zum Brotlaib formen und auf ein gefettetes Backblech geben. Im vorgeheizten Ofen 40–50 Minuten backen.

Tipp

Dieses Basisrezept lässt sich auf vielfältige Weise abwandeln, z. B. einfach 3 EL frisch gehackte Kresse oder Petersilie unterkneten.

Haferbrot
(Abb.)

Zutaten

1 Würfel Hefe (42 g),
1 TL Zucker,
1/2 l lauwarme Milch,
750 g Mehl,
250 g Haferflocken,
25 g Salz,
Fett für das Blech

EW	Fett	KH	kcal/kJ
4 g	2 g	24 g	130/545

Hefe in eine Schüssel bröckeln. Zucker und Milch dazugeben und umrühren. 2/3 des Mehls dazusieben und unterrühren. Restliches Mehl auf den Vorteig sieben und Haferflocken und Salz am Schüsselrand verteilen. Teig an einem warmen Ort 20–30 Minuten gehen lassen. Anschließend mit den Knethaken des Handrührgerätes alles gut durchrühren. Der Teig muss sich gut lösen lassen von der Teigschüssel. Wenn er zu fest

ist, ein wenig Milch, und wenn er klebt, etwas Mehl hinzufügen. Etwas Mehl auf die Arbeitsplatte geben und Teig mit den Händen nachkneten. Dann 1 oder 2 Brote formen, in Haferflocken wälzen und auf ein gefettetes Backblech legen. Mit Milch bepinseln.
Brote an einem warmen Ort noch einmal 20–30 Minuten gehen lassen.
Wieder mit Milch bestreichen und im vorgeheizten Ofen ca. 30 Minuten backen.
Eine Tasse Wasser in den Backofen stellen.

Kleine Kater-Krüstchen
(Abb.)

Zutaten
500 g Backmischung für Brötchen,
1/2 Würfel Hefe,
2 EL Sonnenblumenkerne,
2 EL gehackte Walnüsse,
2 EL gebratene Speckwürfel

EW	Fett	KH	kcal/kJ
4 g	4 g	21 g	120/503

Backmischung in eine Schüssel geben. In die Mitte eine Vertiefung drücken, frische Hefe hineinbröckeln und mit 75 ml lauwarmem Wasser verrühren. An einem warmen Ort 15 Minuten gehen lassen.
300 ml lauwarmes Wasser angießen und mit den Knethaken des Handrührgerätes 3–5 Minuten durcharbeiten.
Hefeteig an einem warmen Ort zugedeckt 30 Minuten gehen lassen.
Teig mit bemehlten Händen nochmals kurz durchkneten und in 3 Teile teilen.
Jeweils einen Teil mit Sonnenblumenkernen, mit Walnüssen und mit gebratenen Speckwürfeln vermischen und zu je 6 Brötchen formen.
Brötchen an einem warmen Ort 30–45 Minuten gehen lassen, bis sie sich etwa um ein Drittel vergrößert haben.
Ofen auf 175 Grad vorheizen.
Brötchen auf ein mit Backpapier belegtes Blech geben und im vorgeheizten Ofen auf mittlerer Schiene 30–40 Minuten backen.
Brötchen auf einem Kuchendraht abkühlen lassen.

Tipp
Stellen Sie ein Gefäß mit Wasser beim Backen in den Ofen, dann wird der Teig lockerer und saftiger.

Kerniges Zwiebelbrot

Zutaten

100 g Dinkel (geschrotet),
2 Zwiebeln,
10 g Butter,
3 Zweige Salbei,
250 g Weizenvollkornmehl,
250 g Roggenmehl (Type 1150),
1 TL Salz,
200 g saure Sahne,
1 Würfel Hefe (42 g),
75 g geschälte Kürbiskerne,
Fett für die Form,
Mehl zum Bestäuben

EW	Fett	KH	kcal/kJ
4 g	5 g	32 g	192/803

Dinkel in 1/4 l kochendes Wasser geben. Bei schwacher Hitze unter mehrmaligem Umrühren 20 Minuten ausquellen, dann abkühlen lassen.
Gewürfelte Zwiebeln in Butter glasig dünsten. Fein gehackte Salbeiblättchen, beide Mehlsorten, Salz und gedünstete Zwiebeln mischen.
Saure Sahne lauwarm erwärmen, Hefe hineinbröckeln und alles verrühren. Zusammen mit Dinkel zum Mehlgemisch geben und alles kräftig durchkneten. Zugedeckt an einem warmen Ort ca. 30 Minuten gehen lassen. Teig nochmals gut durchkneten und gleichzeitig Kürbiskerne unterarbeiten. Teig in die gefettete Kastenform geben und nochmals an einem warmen Ort 15 Minuten gehen lassen. Ofen auf 200 Grad vorheizen.
Brot mit Mehl leicht bestäuben und im vorgeheizten Ofen 80–90 Minuten backen.
Ergibt 1 Laib von 500 g.

Tipp

Mit einer Getreidemühle können Sie Dinkel auch selbst schroten, aber stets nur so viel, wie Sie benötigen, da das zerkleinerte Getreide schnell an gesunden Vitaminen verliert.

Baguette

Zutaten

25 g frische Hefe,
1/2 EL Salz,
350 g Mehl,
Mehl für die Arbeitsfläche

EW	Fett	KH	kcal/kJ
1 g	1 g	9 g	41/171

In einer großen Schüssel Hefe in 6 EL lauwarmem Wasser auflösen, Salz und nach und nach Mehl zugeben und Teig gründlich durcharbeiten.
Teig zugedeckt an einem warmen Ort 30 Minuten gehen lassen.
Teig durchkneten und nochmals 30 Minuten gehen lassen.
Auf einer bemehlten Arbeitsfläche Teig zu 2 langen Baguettestangen formen. Falls die Form nicht hält und der Teig sich wieder zusammenzieht, nochmals 5 Minuten ruhen lassen und erneut »in die Länge ziehen«.
Baguettes auf ein mit Backpapier ausgelegtes Blech legen und 10 Minuten gehen lassen. Ofen auf 250 Grad vorheizen.
Baguettes mit einer Rasierklinge mehrmals diagonal einschneiden, mit Wasser einpinseln und im vorgeheizten Ofen 10–15 Minuten backen.
Ergibt 2 Stücke.

Tipp

Es lohnt sich, von diesem französischen Stangenbrot gleich die doppelte Teigmenge zuzubereiten, 4 Weißbrotstangen zu backen und einen Teil davon einzufrieren. Diese werden aber nur 7–8 Minuten gebacken und noch lauwarm in Gefrierfolie gewickelt; dort lässt man sie auskühlen und friert sie dann ein.

Graham-Laib

Zutaten

50 g frische Hefe,
30 g Margarine,
ca. 1/4 l Milch,
1 TL Salz,
40 g Honig,
400 g Grahammehl,

250 g Weizenmehl,
Mehl für die Arbeitsfläche,
Fett für das Blech

EW	Fett	KH	kcal/kJ
2 g	1 g	9 g	58/243

Hefe in eine Schüssel bröckeln; Margarine schmelzen, Milch zugeben und handwarm erhitzen. Flüssigkeit über die Hefe gießen und umrühren. Salz, Honig, Graham- und Weizenmehl zugeben und alles gut vermengen. Teig auf bemehlter Arbeitsfläche kräftig durchkneten und zu einem Laib formen. Auf einem gefetteten Blech an einem warmen Ort nochmals 30–40 Minuten gehen lassen. Ofen auf 175–200 Grad vorheizen.
Laib im vorgeheizten Ofen ca. 50 Minuten backen. Auf einem Kuchendraht auskühlen lassen.
Ergibt 1 Laib von ca. 1 kg.

Tipp
Aus dem gleichen Teig lassen sich auch Brötchen herstellen: 4 Rollen formen und jede Rolle in 6 Stücke teilen. Brötchen daraus formen und diese auf dem Blech 15 Minuten gehen lassen. Vor dem Backen (Backzeit nur 20 Minuten bei 230 Grad) mit Wasser bepinseln.

Gewürzbrot

Zutaten
20 g Butter,
1 Würfel Hefe (42 g),
150 g Roggenmehl (Type 1740),
450 g Weizenmehl,
1 EL Salz,
1 EL Estragon (frisch, fein gehackt),
4–5 EL Petersilie (frisch, fein gehackt),
Mehl für das Backblech,
1 Ei

EW	Fett	KH	kcal/kJ
5 g	2 g	28 g	156/652

1/4 l Wasser erwärmen und Butter darin zergehen lassen. Zerbröckelte Hefe zugeben und unter Rühren auflösen. 150 g Roggenmehl mit 300 g Weizenmehl und Salz mischen. Hefeflüssigkeit einrühren und einen glatten Teig kneten. Teig an einem warmen Ort zugedeckt 30 Minuten gehen lassen.
Restliches Mehl und Kräuter in den Teig kneten und diesen zu einem Brotlaib formen. Auf ein bemehltes Blech setzen und abgedeckt nochmals 20 Minuten ruhen lassen. Ofen auf 200 Grad vorheizen.
Brot mit verquirltem Ei bestreichen und im vorgeheizten Ofen goldgelb backen.
Ergibt 1 Laib von ca. 600 g.

Tipp
Estragon lässt sich auch durch frisches Basilikum oder Majoran ersetzen.

Toastbrot

Zutaten
500 g Weizenmehl,
1/2 Würfel Hefe (20 g),
1 Prise Zucker,
1/2 TL Salz,
Butter für die Form

EW	Fett	KH	kcal/kJ
3 g	1 g	25 g	119/496

5 EL Mehl, zerbröckelte Hefe, Zucker und knapp 3/8 l lauwarmes Wasser in einer Schüssel verrühren, an einem warmen Ort abgedeckt 30 Minuten gehen lassen.
Restliches Mehl mit Salz vermischt darüber sieben und alles zu einem festen Teig verkneten. Zu einer Kugel geformt unter einem Tuch noch 30 Minuten ruhen lassen, dann nochmals durchkneten.
Teig zu einem länglichen Laib formen und in eine ausgebutterte Kastenform (1,5 l Inhalt) legen. 1 Stunde zugedeckt gehen lassen. Ofen auf 200 Grad vorheizen.
Mit einem Messer die Oberfläche der Länge nach einschneiden, damit das Brot gut aufbrechen kann. Oberfläche mit Wasser bepinseln und im vorgeheizten Ofen 40–50 Minuten backen.
Fertiges Kastenbrot nochmals mit Wasser bestreichen und sofort aus der Form stürzen. Auf einem Kuchendraht auskühlen lassen, damit es nicht schwitzt

und knusprig bleibt.
Ergibt 1 Laib von 500 g.

Tipp
Wer ein noch weicheres Brot möchte, kann den Teig mit 50 g Butter anreichern oder statt Wasser Milch nehmen. Ganz frisch, noch warm in Scheiben geschnitten, schmeckt das Weißbrot mit Butter am besten, am nächsten Tag kann man es toasten oder als »Unterlage« zum berühmten »Toast Hawaii« mit Schinken, Ananas und Käse überbacken.

Pikante Eclairs
(Abb.)

Zutaten
Für den Teig:
50 g Butter,
1 Prise Jodsalz,
150 g Mehl,
120 g Instant-Haferflocken,
30 g Speisestärke,
5–7 Eier;
für die Kräutercreme:
250 g Frischkäse,
2 EL Milch,
gemischte, gehackte Kräuter,
Jodsalz,
Pfeffer;
für die Meerrettich-Creme:
200 g Magerquark,
2 EL Milch,
2 EL Meerrettich,
Jodsalz,
Pfeffer aus der Mühle

EW	Fett	KH	kcal/kJ
9 g	6 g	13 g	150/628

Butter in Stücke schneiden und mit Salz sowie 375 ml Wasser aufkochen. Topf von der Herdplatte nehmen, sobald die Butter geschmolzen ist. Mehl, Instant-Haferflocken und Speisestärke mischen, in den Topf schütten und so lange kräftig rühren, bis sich der Teig als Kloß vom Boden löst. Dann auskühlen lassen.
Ofen auf 200 Grad vorheizen. Mit den Knethaken des Handrührgerätes nach und nach so viele Eier einrühren, bis der Teig glänzt und Spitzen zieht.
Einen Spritzbeutel mit großer Sterntülle versehen und mit Teig füllen.
16 Teigstränge auf ein mit Backpapier ausgelegtes Backblech setzen. Im vorgeheizten Ofen 8–10 Minuten backen.
Für die Füllungen die jeweiligen Zutaten gut verrühren.
Abgekühlte Eclairs halbieren, mit Cremes füllen und sofort servieren.
Ergibt 16 Stück.

Minipizzen

Zutaten

Für den Teig:
1 Würfel Hefe (42 g),
800 g Mehl (Type 550),
60 g Butter oder Margarine,
2 TL Salz;
für den Belag:
300 g Zwiebeln,
2 Koblauchzehen,
30 g Butter,
250 g Tomatenpüree,
Salz, Pfeffer,
1 Dose Tunfisch naturell (210 ml),
200 g eingelegte Artischockenherzen,
250 g Mozzarella,
Mehl für die Arbeitsfläche,
100 g schwarze Oliven,
125 g geriebener Pecorino,
einige Stiele frischer Majoran,
10 EL Olivenöl;
außerdem:
Fett für die Bleche

EW	Fett	KH	kcal/kJ
15 g	21 g	42 g	438/1833

Hefe zerbröckeln, in 450 ml lauwarmem Wasser auflösen. Mehl, Butter oder Margarine, Salz und aufgelöste Hefe zu einem glatten Teig verarbeiten. Zugedeckt an einem warmen Ort zur doppelten Größe aufgehen lassen. Zwiebeln schälen, in dünne Ringe schneiden. Knoblauch schälen, hacken und in Butter andünsten.
Tomatenpüree zufügen, einige Minuten kochen lassen und würzen. Tunfisch in Stücke teilen. Artischocken in Spalten, Mozzarella in Scheiben schneiden. Teig in 16 Portionen teilen, zu dünnen Fladen ausrollen und auf gefettete Bleche legen. Tomatenpüree auf 8 Fladen streichen, Tunfisch, Artischocken, Oliven und Mozzarella darauf legen und mit der Hälfte des Öls beträufeln.
Die anderen 8 Fladen mit Zwiebelringen belegen, mit Pecorino bestreuen und mit restlichem Öl beträufeln. Teig nochmals 15 Minuten gehen lassen. Im vorgeheizten Ofen bei 200 Grad 15–20 Minuten backen. Zwiebel-Pizza mit Majoranblättchen bestreuen. Ergibt 16 Stück.

Zwieback

Zutaten

1 Laib selbst gebackenes Toastbrot (s. S. 330),
100 g Butter

EW	Fett	KH	kcal/kJ
4 g	5 g	25 g	166/694

Ofen auf 200 Grad vorheizen. Fertiges Toastbrot in Scheiben schneiden, mit flüssiger Butter bestreichen und auf einem Blech mit Backpapier im vorgeheizten Ofen 15 Minuten backen.

Nussbrot

Zutaten

1 Würfel Hefe (42 g),
200 g Mehl (Type 550),
250 g Roggenmehl (Type 1150),
1 1/2 TL Salz,
1/8 l Buttermilch,
30 g Butter,
1 Ei,
100 g Walnusskerne,
Mehl für die Arbeitsfläche,
Butter für die Form

EW	Fett	KH	kcal/kJ
3 g	4 g	15 g	110/460

Hefe zerbröckeln und in 75 ml lauwarmem Wasser auflösen. Mehlsorten mischen und zusammen mit Salz, Buttermilch, Butter, Ei und aufgelöster Hefe in einer Schüssel zu einem glatten Teig verarbeiten. Zugedeckt an einem warmen Ort gehen lassen, bis sich das Volumen verdoppelt hat.
Walnusskerne grob hacken. Teig nochmals auf einer bemehlten Arbeitsfläche kräftig durchkneten, dabei gehackte Nüsse unterarbeiten. Eine runde Brotform (2 l Inhalt) oder eine Kastenform (25 cm) mit Butter fetten und Teig hineingeben. Dabei sollte die Form nur zur Hälfte gefüllt sein. Form schließen oder zudecken und Teig nochmals ca. 1 Stunde gehen lassen.

Ofen auf 200 Grad vorheizen. Brot im vorgeheizten Ofen ca. 1 Stunde backen. Aus der Form lösen und auf einem Kuchendraht auskühlen lassen.
Ergibt 24 Scheiben.

Pikante Paprika-Käsetorte
(Abb.)

Zutaten

Für den Teig:
150 g Mehl,
1 Eiweiß,
60 g Butter,
Salz;
für die Füllung:
1 Knoblauchzehe,
2 rote Zwiebeln,
100 g Butter,
400 g Doppelrahm-Frischkäse,
100 g Crème fraîche,
250 g Magerquark,
1 Eigelb,
je 1 Bd. Petersilie, Dill, Schnittlauch,
Pfeffer,
150 g Pumpernickel,
je 1 rote und gelbe Paprikaschote,
2 Stangen Sellerie,
1 EL Öl,
6 Scheiben Salami;
außerdem:
Fett für die Form

EW	Fett	KH	kcal/kJ
12 g	26 g	22 g	375/1565

Mehl, Eiweiß, 60 g Butter, 1/2 TL Salz und 2 EL Wasser zu einem glatten Teig verkneten, in Folie wickeln und 30 Minuten kalt stellen.
Ofen auf 200 Grad vorheizen. Teig ausrollen, Boden einer gefetteten Springform (26 cm Durchmesser) damit auslegen und mit einer Gabel mehrmals einstechen.
Im vorgeheizten Ofen 10 Minuten backen.
Auf einem Kuchendraht auskühlen lassen.

Knoblauchzehe und Zwiebeln schälen, Knoblauch zerdrücken und Zwiebeln achteln. Butter schaumig rühren, Frischkäse, Crème fraîche, Magerquark, Eigelb und zerdrückten Knoblauch zufügen. Kräuter waschen, trockentupfen, fein hacken und unter die Masse rühren. Mit Salz und Pfeffer würzen. Pumpernickel zerkrümeln und auf dem Mürbeteigboden verteilen. Käsemasse darauf streichen und ca. 20 Minuten kalt stellen.

Für den Belag Paprikaschoten halbieren, mit Stangensellerie putzen, waschen und in Streifen schneiden. Öl erhitzen, Zwiebelachtel und Paprika- und Selleriestreifen darin ca. 5 Minuten dünsten, aus der Pfanne nehmen und kalt stellen.
Gemüse und Salamischeiben dekorativ auf dem Käsekuchen anordnen und 3–4 Stunden kühlen. Nach Wunsch mit Stangensellerieblättern garniert servieren.
Ergibt 12 Stücke.

Knusprige Haferbrötchen
(Abb.)

Zutaten

200 g blütenzarte Haferflocken,
200 g Weizenvollkornmehl,
300 g Roggenvollkornmehl,
1 Würfel Hefe (42 g),
1 Päckchen Fertigsauerteig (150 g),
1 TL Jodsalz,
100 g Kürbiskerne,
50 g kernige Haferflocken zum Bestreuen,
Fett für das Blech

EW	Fett	KH	kcal/kJ
8 g	5 g	42 g	258/1078

Blütenzarte Haferflocken mit Weizen- sowie Roggenmehl mischen und in die Mitte eine Vertiefung drücken.
Hefe in ca. 100 ml lauwarmem Wasser auflösen und in die Mulde geben.
An einem warmen Ort abgedeckt 15 Minuten gehen lassen.
Sauerteig, Salz und 400 ml Wasser hinzufügen, alle Zutaten zu einem glatten Teig verkneten und weitere 30 Minuten gehen lassen.
Kürbiskerne unterkneten und Brötchen formen.
Kreuzweise einschneiden und mit kernigen Haferflocken bestreuen.
Auf ein gefettetes Backblech setzen und abgedeckt weitere 10–15 Minuten gehen lassen.
Backofen auf 220 Grad vorheizen. Brötchen im vorgeheizten Ofen auf mittlerer Einschubleiste 20–25 Minuten backen.
Ergibt 15 Stücke.

Tipp
Anstelle der Kürbiskerne können auch Sonnenblumenkerne oder Leinsamen unter den Haferbrötchen-Teig geknetet werden.

Pikantes Käsegebäck mit Butterperlen
(Abb.)

Zutaten
500 g Mehl,
450 g Butter,
150 g geriebener Emmentaler,
2 Eier,
1–2 TL Salz,
Mehl zum Ausrollen,
1 Eigelb,
2–3 EL Milch,
10 g Mohn,
10 g Sesam

EW	Fett	KH	kcal/kJ
3 g	11 g	10 g	155/650

Mehl in eine Schüssel sieben, 250 g Butterflocken, geriebenen Käse, Eier und Salz dazugeben. Alles mit den Händen oder mit den Knethaken des Handrührgerätes zu einem glatten Teig verarbeiten. Teig 2 Stunden kühl stellen.
Ofen auf 200 Grad vorheizen. Teig in 4 Portionen teilen und nach und nach auf Mehl ca. 2 mm dünn ausrollen. Kekse ausstechen und auf ein mit Backpapier ausgelegtes Blech geben. Eigelb mit Milch verquirlen, Gebäck damit bestreichen. Teilweise mit Mohn-und Sesamkörnern bestreuen. Im vorgeheizten Ofen auf mittlerer Einschubleiste 6–8 Minuten backen.
Für die Butterperlen 200 g Butter in kleine Würfelchen schneiden und zwischen Butterbrettchen zu Kugeln rollen. Bis zum Servieren in Eiswasser aufheben.

Italienisches Fladenbrot

Zutaten
Für den Teig:
1/2 Würfel Hefe (20 g),
1 TL Zucker,
500 g Mehl (Type 550),
1/2 TL Salz,
30 g Butter;
für den Belag:
2 Knoblauchzehen,
6 EL kaltgepresstes Olivenöl,
1 Zweig frischer oder 2 TL getrockneter Rosmarin

EW	Fett	KH	kcal/kJ
5 g	3 g	32 g	224/937

Hefe und Zucker in 300 ml lauwarmem Wasser auflösen. Mehl und Salz mischen. Mit Hefewasser und zerlassener Butter zu einem glatten Teig verkneten. Zugedeckt 15 Minuten gehen lassen, bis sich der Teig verdoppelt hat.
Teig kneten, zu einer Rolle formen, dann in 12 Stücke teilen und zu ovalen Fladen ausrollen. Auf ein mit Backpapier ausgelegtes Backblech geben und mit einem Löffelstiel Vertiefungen hineindrücken.
Knoblauch schälen, zerdrücken und mit Öl mischen. Teigstücke damit bestreichen und mit Rosmarin bestreuen. Noch einmal

15 Minuten gehen lassen. Ofen auf 200–225 Grad vorheizen. Fladenbrote im vorgeheizten Ofen in 15–20 Minuten goldbraun backen.
Ergibt 12 Stücke.

Schrippen

Zutaten

500 g Weizenmehl,
1/2 Würfel Hefe (20 g),
1 gestr. TL Zucker,
1/4 l kohlensäurehaltiges Mineralwasser (Zimmertemperatur),
2 gestr. TL Salz,
Mehl zum Kneten,
Fett für das Blech

EW	Fett	KH	kcal/kJ
3 g	1 g	19 g	96/401

Hefeteig analog dem Rezept für Toastbrot (Rezept siehe S. 330) mit 100 ml warmem Wasser und 1/4 l Mineralwasser zubereiten. 40 Minuten gehen lassen. Teig durchkneten, zu einem Strang rollen und in ca. 20 Stücke schneiden. Jedes Teilchen rund rollen, etwas oval formen, der Länge nach einschneiden und 10 Minuten gehen lassen. Ofen auf 225 Grad vorheizen.
Brötchen auf ein gefettetes Blech setzen, mit Wasser bestreichen und im vorgeheizten Ofen knapp 15 Minuten backen. Die heißen Schrippen nochmals mit Wasser bestreichen, damit sie schön glänzen.
Ergibt 20 Stück.

Tipp

Die ovalen Teigballen nennt man Schrippen, aus dem gleichen Teig entstehen auch Kaisersemmeln (rund mit sternförmigen Einschnitten), Sternsemmeln (rund mit kreuzförmigen Einschnitten) oder Mohnbrötchen (Kaisersemmeln mit Mohn bestreut).

Schmalzbrötchen

Zutaten

350 g Weizenmehl (Type 1050),
150 g Roggenvollkornschrot,
1 Päckchen Trockenbackhefe,
1/2 TL gemahlener Kümmel,
1 TL Salz,
50 g weiches Schmalz,
Mehl für die Arbeitsfläche,
4 EL Kümmelsamen

EW	Fett	KH	kcal/kJ
4 g	4 g	27 g	169/708

Beide Mehlsorten in einer Schüssel mit Trockenbackhefe vermischen und Kümmel, Salz, Schmalz und 300 ml lauwarmes Wasser hinzufügen. Mit den Knethaken des Handrührgerätes zuerst auf niedrigster, dann auf höchster Stufe zu einem glatten Teig verarbeiten. Diesen an einem warmen Ort so lange gehen lassen, bis er sein Volumen verdoppelt hat.
Teig auf einer gemehlten Arbeitsfläche erneut kräftig durchkneten. Zu einer Rolle formen und in 14 Teile schneiden. Runde Brötchen formen und auf ein Blech mit Backpapier setzen. Nochmals gehen lassen, bis sie ihre doppelte Höhe erreicht haben. Ofen auf 225 Grad vorheizen.
Brötchen mit lauwarmem Wasser bepinseln und mit Kümmelsamen bestreuen. Im vorgeheizten Ofen 25–30 Minuten backen.
Ergibt 14 Stücke.

Tipp

Die dunklen, kräftigen Brötchen mit dem leicht anisartigen Aroma des Kümmels verlangen nach einem herzhaften Belag: Mit Käse oder Schinken, Gurke, Salatblatt und Tomaten- oder Eierscheiben wird eine vollwertige Zwischenmahlzeit daraus!

Salzstangen

Zutaten

275 g Mehl,
2 TL Backpulver,
1 Prise Salz,
100 g Butter,

7 EL Milch,
Mehl zum Ausrollen,
Fett für das Blech,
1 Eigelb,
grobkörniges Salz zum Bestreuen

EW	Fett	KH	kcal/kJ
1 g	2 g	5 g	47/196

Ofen auf 200 Grad vorheizen. Mehl, Backpulver und Salz mischen, Butter in Flöckchen und Milch dazugeben, mit dem Rührgerät gut verkneten und auf der bemehlten Arbeitsfläche ausrollen.
Mit dem Lineal ca. 1/2 cm schmale, gleichmäßige Streifen ausschneiden, auf ein gefettetes Backblech legen und mit Eigelb bepinseln. Mit Salz bestreuen und im vorgeheizten Ofen ca. 10 Minuten backen.

Piroggen mit fernöstlicher Füllung
(Abb.)

Zutaten
Für den Teig:
500 g Weizenvollkornmehl,
1 Würfel Hefe (42 g),
150 ml Milch,
2 EL Butter oder Margarine,
3 Eier,
1 TL Honig,
1/2 TL Salz,
1 Prise Koriander,
Mehl zum Ausrollen;

für die Füllung:
300 g Zwiebeln,
2 EL Butter oder Margarine,
100 g frische Sojasprossen,
Salz,
100 g ungesalzene Erdnüsse,
abgeriebene Schale von 1/2 Orange (unbehandelt),
2 cl Sherry,
2 EL Sojasauce,
3 Knoblauchzehen,
Pfeffer,
Curry,
1 Ei,
1 EL Dosenmilch,
4 EL Sesam

EW	Fett	KH	kcal/kJ
1 g	10 g	27 g	243/1016

Mehl in eine Schüssel geben, in die Mitte eine Vertiefung drücken, Hefe hineinbröckeln. Milch leicht erwärmen. Einige EL Milch mit zerbröckelter Hefe vermischen und zu einem Vorteig verrühren, zugedeckt an einem warmen Ort ca. 20 Minuten gehen lassen.
Butter oder Margarine in restli-

cher lauwarmer Milch auflösen, zusammen mit Eiern, Honig und Gewürzen zum Vorteig geben und alles zu einem glatten Teig verkneten. Zugedeckt an einem warmen Ort ca. 1 Stunde gehen lassen. Für die Füllung Zwiebeln schälen, in feine Ringe schneiden und in erhitzter Butter oder Margarine goldbraun dünsten. Sojasprossen ca. 3 Minuten in kochendem Salzwasser blanchieren. Erdnüsse, Orangenschale, Sherry, Sojasauce und blanchierte Sojasprossen zugeben. Knoblauchzehen zerdrücken, mit Gewürzen zugeben und abschmecken.
Ofen auf 200 Grad vorheizen. Teig ca. 1/2 cm dick auf einer bemehlten Arbeitsfläche ausrollen und zu 7 x 7 cm großen Quadraten ausschneiden. Füllung darauf verteilen, dabei jeweils einen Rand von 3 cm frei lassen. Quadrate zu Hörnchen aufrollen. Ei mit Dosenmilch verschlagen. Hörnchen mit Eimilch bestreichen und mit Sesam bestreuen. Piroggen im vorgeheizten Ofen ca. 35 Minuten backen.

Grissini

Zutaten

Für den Teig:
1 Würfel Hefe (42 g),
500 g Mehl (Type 405 oder Type 550),
40 g Butter,
1 TL Salz,
Mehl für die Arbeitsfläche;
zum Bestreichen:
1 Eigelb,
1 EL Milch;
außerdem:
Butter für das Blech

EW	Fett	KH	kcal/kJ
1 g	1 g	7 g	46/192

Hefe zerbröckeln und in 1/4 l lauwarmem Wasser auflösen. Mehl, Butter, Salz und aufgelöste Hefe in eine Schüssel geben und zu einem glatten Teig verarbeiten. Zugedeckt an einem warmen Ort zur doppelten Größe aufgehen lassen.
Teig nochmals auf einer bemehlten Arbeitsfläche kräftig durchkneten. In kleine Stücke teilen und zu ca. 20 cm langen, dünnen Röllchen formen.
Ein Backblech mit Butter fetten, Teigröllchen mit Abständen darauf legen. Nochmals 10 Minuten gehen lassen. Ofen auf 200 Grad vorheizen. Eigelb und Milch verquirlen. Grissini damit bestreichen und im vorgeheizten Ofen in 12–15 Minuten goldgelb backen. Vom Backblech nehmen und auf einem Kuchendraht auskühlen lassen.

Jogurtbrot

Zutaten

275 g Weizenmehl (Type 1050),
200 g Roggenmehl (Type 1150),
25 g Weizenkleie,
1 TL Salz, 250 g Jogurt (3,5 % Fett),
1 Würfel Hefe (42 g),
40 g Butter,
30 g Haselnusskerne,
20 g Pistazien,
Mehl für die Arbeitsfläche, 50 g Sonnenblumenkerne, Butter oder Margarine für die Form, Weizen- oder Haferflocken zum Bestreuen

EW	Fett	KH	kcal/kJ
8 g	5 g	27 g	186/778

Mehlsorten, Kleie und Salz mischen. Jogurt mit 100 ml lauwarmem Wasser verrühren. Hefe zerbröckeln und in der Jogurt-Wasser-Mischung auflösen. Butter schmelzen und mit angerührter Hefe zum Mehl geben. Alles zu einem glatten Teig kneten. Zugedeckt an einem warmen Ort gehen lassen, bis sich das Volumen des Teigs verdoppelt hat.
Haselnusskerne und Pistazien grob hacken. Brotteig auf einer bemehlten Arbeitsfläche noch einmal kräftig kneten. Dabei Pistazien, Haselnusskerne und Sonnenblumenkerne unterkneten. Einen Brotlaib aus dem Teig formen. Eine Kastenform (25 cm Länge, 1,5 l Inhalt) mit Butter oder Margarine fetten. Brotlaib hineinlegen, leicht mit Salzwasser bestreichen und mit Weizen- oder Haferflocken bestreuen.

Brotteig in der Form nochmals für ca. 20 Minuten gehen lassen. Dann im vorgeheizten Ofen bei 175 Grad ca. 55 Minuten backen.

Olivenbrot (Abb.)

Zutaten
100 g schwarze, entsteinte Oliven,
1 1/2 EL Kräuter der Provence,
1 Packung Pizzateig (Fertigprodukt),
Mehl zum Ausrollen,
2 EL Olivenöl, Salz

EW	Fett	KH	kcal/kJ
1 g	2 g	12 g	77/324

Ofen auf 200 Grad vorheizen. Oliven in kleine Würfel schneiden und mit 1 EL Kräuter der Provence mischen. Pizzateig auf einer bemehlten Arbeitsfläche zu einem Rechteck von 30 x 40 cm ausrollen. Mit Olivenöl bestreichen und Oliven darauf verteilen.
Pizzateig von der langen Seite her locker aufrollen und mit der Nahtstelle nach unten auf ein mit Backpapier ausgelegtes Blech setzen. Olivenbrot mit Salzwasser bestreichen und mit einem scharfen Messer mehrmals diagonal einschneiden. Restliche Kräuter darüber streuen. Brot im vorgeheizten Ofen 20–25 Minuten goldbraun backen. Vor dem Anschneiden ganz auskühlen lassen.

Pikant gefüllte Hörnchen

Zutaten
Für den Teig:
30 g Hefe,
1/4 l lauwarme Milch,
550 g Mehl,
1 TL Salz,
260 g Butter,
1 Ei,
Mehl zum Ausrollen,
1 Eigelb;
für die Füllung:
1 Zwiebel,
1 Dose Tunfisch naturell (210 ml),
1/2 Bd. Petersilie,
1 EL Kapern,
3 Tomaten,
100 g Schafskäse,
10–12 Basilikumblätter,
Salz,
Pfeffer aus der Mühle

EW	Fett	KH	kcal/kJ
6 g	15 g	25 g	265/1106

Hefe zerbröckeln und in Milch auflösen. 500 g Mehl, Salz, 60 g Butter, Ei und aufgelöste Hefe zu einem glatten Teig ver-

arbeiten. Restliche Butter und Mehl verkneten, auf Backpapier zu einer Platte von 15 x 18 cm ausstreichen. Teig über Nacht kalt stellen.
Hefeteig auf einer bemehlten Arbeitsfläche zu einer Größe von 20 x 32 cm ausrollen. Ränder mit Eigelb bestreichen. Butterplatte im Teig einschlagen, Ränder gut andrücken. Teig zu einem Rechteck von 20 x 45 cm ausrollen. Seiten zur Mitte einschlagen, sodass 3 Schichten entstehen. Teig 30 Minuten kalt stellen. Wie beschrieben noch zweimal ausrollen und wieder zusammenlegen.
Ofen auf 200 Grad vorheizen. Zwiebel schälen und würfeln. Tunfisch zerpflücken. Petersilie hacken. Alles mit Kapern mischen. Tomaten überbrühen, häuten, entkernen und würfeln. Käse zerbröckeln, Basilikum hacken. Tomaten, Käse und Basilikum mischen.
Füllungen würzen.
Teig ausrollen und 18 Dreiecke daraus schneiden. Füllungen auf je 9 Teigstücke geben und zu Hörnchen aufrollen. Im vorgeheizten Ofen 20 Minuten backen.
Ergibt 18 Stücke.

Käse-Windbeutel
(Abb.)

Zutaten
30 g Butter,
4 EL Mehl,
1 EL Speisestärke,
2–3 Eier,
1/2 TL Backpulver,
1 Bd. Dill,
200 g Frischkäse,
2 EL Milch,
Salz, Pfeffer

EW	Fett	KH	kcal/k J
3 g	7 g	3 g	90/379

1/8 l Wasser und Butter in einem Topf zum Kochen bringen; vom Feuer nehmen. Mehl mit Speisestärke mischen, in den Topf geben, zu einem glatten Kloß verrühren und unter Rühren ca. 1 Minute erhitzen. Kloß in eine Schüssel geben und Eier nach und nach unterrühren (weitere Eizugabe erübrigt sich, sobald der Teig stark glänzt und in langen Spitzen vom Löffel fällt). Das Backpulver unter erkalteten Teig rühren. Teig in einen Spritzbeutel mit kleiner Tülle füllen und ca. 15 walnussgroße Häufchen auf ein mit Backpapier ausgelegtes Backblech spritzen.
Im vorgeheizten Ofen bei 220 Grad 20–25 Minuten backen. In den ersten 15 Minuten darf der Ofen nicht geöffnet werden, da der Teig sonst zusammenfällt. Windbeuteln sofort nach dem Backen Deckel abschneiden und auskühlen lassen. Dill waschen, trockentupfen und fein hacken, mit Frischkäse und Milch verrühren, salzen und pfeffern. Käsemasse mit einem Spritzbeutel in die Windbeutel spritzen und Windbeuteldeckel aufsetzen. Ergibt 15 Stück.

Pikante Blätterteigtörtchen

Zutaten

300 g Blätterteig (tiefgekühlt),
75 g Schinkenspeck,
1 Zwiebel,
1 Knoblauchzehe,
3 Tomaten,
8 grüne Oliven,
200 g Rinderhackfleisch,
2 Eier,
1 EL gehackte Petersilie,
Pfeffer, Salz,
Mehl zum Ausrollen,
1 Eiweiß, 1 Eigelb

EW	Fett	KH	kcal/kJ
20 g	43 g	29 g	645/2707

Blätterteig nach Vorschrift auftauen lassen. Schinkenspeck würfeln und ausbraten. Zwiebel schälen, würfeln, mit ausgepresstem Knoblauch im heißen Fett glasig braten. Tomaten häuten und würfeln. Oliven in Scheiben schneiden. Alles mit Hackfleisch, Eiern und Petersilie vermengen, dann mit Salz und Pfeffer abschmecken.
Teig auf bemehlter Arbeitsfläche dünn ausrollen.
8 Scheiben ausstechen und auf 4 Scheiben die Füllung gleichmäßig verteilen. Ränder mit Eiweiß bestreichen.
Restliche Scheiben darauf setzen, andrücken, mit Eigelb bestreichen. Im vorgeheizten Ofen bei 200 Grad 20 Minuten backen. Heiß servieren.

Herzhafte Blätterteigtaschen (Abb.)

Zutaten

450 g Blätterteig (tiefgekühlt),
1 Ei, 250 g frischer Blattspinat,
1 kleine Zwiebel,
Knoblauchzehe,
1 EL Butter,
Salz, Pfeffer,
200 g Schweinemett oder grobe Bratwurstmasse

EW	Fett	KH	kcal/kJ
6 g	20 g	16 g	277/1168

Blätterteig in 10 Quadrate teilen und nach Packungsvorschrift auftauen lassen. Ei trennen, Teigquadrate an den Rändern mit Eiweiß bestreichen.
Spinat waschen, verlesen und gut abtropfen lassen. Zwiebel schälen, fein würfeln, Knoblauch schälen, zerdrücken, beides in heißer Butter anbraten. Spinat dazu geben, salzen und pfeffern, kurz andünsten, abkühlen lassen. Spinat auf Teigquadrate legen, Schweinemett darauf verteilen, jeweils zu einem Rechteck zusammenklappen und Ränder fest andrücken. In Abständen von 1/2 cm einschneiden. So entstandene »Zähne« etwas auseinander ziehen. Gebäck auf ein mit Backpapier ausgelegtes Backblech legen, mit Eigelb bestreichen und im vorgeheizten Ofen bei 200 Grad 15–20 Minuten backen. Ergibt 10 Stück.

Käsehörnchen

Zutaten

300 g Blätterteig (tiefgekühlt),
125 g gekochter Schinken,
125 g Emmentaler,
250 g süße Sahne,
1 Ei, Salz,
geriebene Muskatnuss,
1 EL gehackte Petersilie,
1 TL Zitronensaft,
Mehl zum Ausrollen,
1 Eigelb

EW	Fett	KH	kcal/kJ
25 g	57 g	36 g	773/3245

Blätterteig auftauen lassen. Schinken fein wiegen, Käse reiben, mit Sahne, Ei, Salz, Muskatnuss, Petersilie und Zitronensaft vermischen.
Blätterteigplatte auf bemehltem Brett ausrollen, in Quadrate teilen. Jedes Teigstück mit einem Löffel Füllung belegen, von einer Ecke her aufrollen und halbmondartig formen.
Auf ein abgespültes Blech legen, mit Eigelb bestreichen und im gut vorgeheizten Ofen bei 220 Grad 15 Minuten goldgelb backen. Sofort servieren.

Käsestangen

Zutaten

350 g Mehl,
25 g Hefe,
1 TL Zucker,
1 TL Salz,
125 g Butter,
1/8 l lauwarme Milch,
2 Eigelb,
100 g Emmentaler,
Kümmel,
Paprika, Salz

EW	Fett	KH	kcal/kJ
2 g	5 g	9 g	62/620

Mehl, zerbröckelte Hefe, Zucker, Salz, Butter und Milch mit der Küchenmaschine oder den Knethaken des Handrührgerätes zu einem glatten Teig kneten. Zugedeckt an einem warmen Ort zur doppelten Größe aufgehen lassen.
Ofen auf 225 Grad vorheizen. Teig ca. 4 mm dick zu einem Rechteck ausrollen. Eigelb mit 2 EL Wasser verrühren und eine Hälfte der Teigplatte damit bestreichen. Etwas Eigelb übrig lassen.
Käse fein reiben und auf die mit Eigelb bestrichene Teigplatte streuen. Dabei 2 EL zum Bestreuen zurückbehalten.
Zweite Teigplatte darüber schlagen und wieder 4 mm dünn ausrollen. In ca. 2 1/2 cm breite und ca. 15 cm lange Streifen schneiden. Streifen mit restlichem Eigelb einpinseln, mit restlichem Käse, Kümmel, Paprika oder Salz bestreuen und zu Spiralen drehen.
Ein Backblech fetten, Spiralen darauf legen und im vorgeheizten Ofen 15–20 Minuten backen.
Ergibt 35 Stücke.

Laugenbrezeln

Zutaten

1 Würfel Hefe (42 g),
1 TL Zucker,
500 g Mehl (Type 550),
1 EL Salz, 2 EL Natron (Natriumcarbonat),
2 EL grobes Salz zum Bestreuen

EW	Fett	KH	kcal/kJ
4 g	1 g	27 g	136/570

Zerbröckelte Hefe mit Zucker in 3/8 l lauwarmem Wasser auflösen. Zugedeckt an einem warmen Ort 10 Minuten gehen lassen. Mehl und Salz in einer Schüssel mischen. Aufgelöste Hefe unter Rühren zufügen. Alles zu einem glatten Teig kneten. Zugedeckt zur doppelten Größe aufgehen lassen.
1 1/2 l Wasser in einem Topf aus Emaille oder Glas zum Kochen bringen. Natron zufügen und 10 Minuten sprudelnd kochen lassen. Ofen auf 200 Grad vorheizen. Teig nochmals kneten, zu einer Rolle formen und in 14 Portionen teilen. Jedes Stück ausrollen und zu einer Brezel schlingen.
Brezeln einzeln mit einem Schaumlöffel für je 20 Sekunden in die Natronlauge tauchen. Abtropfen lassen und mit Salz bestreuen. Backblech mit Backpapier auslegen. Brezeln darauf geben und im vorgeheizten Ofen 20 Minuten backen.
Ergibt 14 Stücke.

Pizza mit Pilzen und Spinat
(Abb.)

Zutaten
300 g Blattspinat (tiefgekühlt), 1 Packung Backmischung für Pizzateig (460 g),
1 Glas Pasta Sauce Funghi (475 g),
2–3 Knoblauchzehen,
2 EL Olivenöl,
Salz, grober Pfeffer,
2 Mozzarella (je 125 g),
8 Sardellenfilets,
2 EL Pinienkerne

EW	Fett	KH	kcal/kJ
28 g	32 g	90 g	767/3213

Spinat vor der Zubereitung kurz antauen lassen. Backmischung für den Pizzateig nach Packungsanweisung zubereiten, Teig in 4 gleiche Portionen teilen und jeweils zu runden Pizzen ausrollen. Pasta Sauce Funghi gleichmäßig auf die Pizzaböden streichen. Knoblauchzehen abziehen, fein würfeln, mit Spinat in erhitztem Öl kurz dünsten, mit Salz und Pfeffer abschmecken. Mozzarella in Scheiben schneiden, Sardellenfilets halbieren und alle Zutaten nach Wunsch auf der Pasta Sauce arrangieren. Zum Schluss die Pizzen mit Pinienkernen und grobem Pfeffer bestreuen und im vorgeheizten Ofen bei 200 Grad ca. 15–20 Minuten backen.

Quiche mit Schafskäse

Zutaten
300 g Mehl,
200 g Butter,
1 Ei,
1/4 l Milch,
1 Eigelb,
geriebene Muskatnuss,
250 g Schafskäse,
50 g mittelalter Gouda

EW	Fett	KH	kcal/kJ
26 g	61 g	58 g	894/3756

Aus 250 g Mehl, 150 g Butter und dem Ei einen Mürbeteig zubereiten. Den Teig für ca. 1 Stunde kalt stellen.
Für den Belag in der Zwischenzeit 50 g Butter in einem Topf erhitzen, 50 g Mehl hineinschütten und durchschwitzen lassen.
Milch nach und nach dazugeben und dabei ständig rühren. Topf vom Herd nehmen.
Sauce mit Eigelb legieren und mit Muskatnuss würzen.
Schafskäse zerbröckeln, Gouda reiben, beides in die Sauce rühren und auf dem Herd bei milder Hitze dicklich einkochen lassen.
Eine Quicheform mit dem Teig auskleiden.
Teigboden mehrmals mit einer Gabel einstechen und Belag darauf verteilen.
Die Quiche bei 190 Grad ca. 1 Stunde backen.

Schweizer Fleischtorte

Zutaten
300 g Mehl,
100 g Butter,
1 Ei, Salz, 1 Brötchen,
100 ml Milch,
2 Zwiebeln, 60 g Speck,
500 g gemischtes Hackfleisch, 100 g süße Sahne, Pfeffer,
geriebene Muskatnuss,
1 Eigelb zum Bestreichen

EW	Fett	KH	kcal/kJ
46 g	75 g	63 g	1303/5472

Aus Mehl, Butter, Ei, etwas Salz und 100 ml Wasser einen glatten Teig kneten; kalt stellen. Brötchen in Würfel schneiden, in heißer Milch einweichen lassen. Zwiebeln schälen, fein hacken. Speck würfeln. In einer Pfanne auslassen. Zwiebeln zufügen und in 10 Minuten glasig braten. Mit dem Hackfleisch und dem ausgedrückten Brötchen vermischen. Sahne unterrühren, salzen, pfeffern und mit Muskatnuss abschmecken. Boden und Rand einer Springform mit 2/3 des Teiges auslegen. Füllung auf den Teig geben. Aus dem restlichen Teig in Springformgröße eine runde Platte ausrollen. Auf die Füllung legen und vor allem an den Rändern gut andrücken. Die Oberfläche mit verquirltem Eigelb bestreichen. Die Fleischtorte bei 240 Grad 50–60 Minuten backen.

Pizza mit vier Käsesorten *(Pizza ai quattro formaggi) (Abb.)*

Zutaten
2 Packungen Fertigmischung für Pizzateig,
250 g Mozzarella,
120 g Gorgonzola,
120 g Greyerzer,
120 g Parmesan,
2 Knoblauchzehen,
2 Packungen Tomatensauce mit Kräutern,
2 TL Salbei (gerebelt),
Pfeffer, 2 EL Olivenöl

EW	Fett	KH	kcal/kJ
43 g	50 g	19 g	702/2948

Pizzateig nach Packungsvorschrift zubereiten. Teig zu einem runden Fladen (45 cm Durchmesser) ausrollen und auf ein mit Backpapier ausgelegtes Backblech geben. Rundherum einen kleinen Rand formen. Mozzarella und Gorgonzola klein würfeln. Greyerzer und Parmesan reiben. Knoblauchzehen schälen und in feine Scheiben schneiden. Tomatensauce auf einem Sieb etwas abtropfen lassen und Pizzaboden reichlich damit bestreichen. Käse und Knoblauch darauf verteilen. Mit etwas Salbei und Pfeffer bestreuen. Mit Olivenöl beträufeln. Bei ca. 200 Grad 20–30 Minuten backen.

Blätterteigrolle mit Hackfleisch
(Abb.)

Zutaten

450 g Blätterteig (tiefgekühlt),
1 Zwiebel,
1 Knoblauchzehe,
2 Tomaten,
1 Dose rote Bohnen (425 ml),
1 Dose Mais (425 ml),
400 g Rinderhackfleisch,
2 Eier,
Salz,
Pfeffer,
Paprikapulver,
Cayennepfeffer,
2 EL gemischte, gehackte Kräuter

EW	Fett	KH	kcal/kJ
18 g	19 g	26 g	477/1996

Blätterteigscheiben nach Packungsanweisung auftauen lassen. Zwiebel und Knoblauchzehe schälen, Zwiebel fein würfeln, Knoblauch zerdrücken. Tomaten waschen, vom Stielansatz befreien und in Würfel schneiden. Bohnen und Mais abgießen. Bohnen abspülen, gut abtropfen lassen. Alle vorbereiteten Zutaten mit Rinderhackfleisch, 1 Ei, Gewürzen und Kräutern vermengen.
Ofen auf 200 Grad vorheizen. Zweites Ei trennen. 9 Blätterteigscheiben an den Rändern mit Eiweiß bestreichen und überlappend zu einem Rechteck zusammenlegen, Ränder andrücken. Hackfleischmasse aufstreichen, Teigplatte von der langen Seite her aufrollen. Restliche Blätterteigscheibe mit einem Teigrädchen in Streifen schneiden, diese mit Eiweiß bestreichen und auf die Rolle legen. Alles mit Eigelb einpinseln. Rolle auf ein mit Backpapier ausgelegtes Backblech legen und im vorgeheizten Ofen ca. 45 Minuten backen.
Ergibt 8 Stücke.

Zucchinistrudel mit Petersiliensauce
(Abb. S. 347)

Zutaten

Für den Teig:
250 g Mehl,
1 Prise Salz,
50 g flüssige Margarine (z. B. von Sanella),
Mehl zum Ausrollen;
für die Füllung:
250 g durchwachsener Speck,
1 Zwiebel,
500 g Zucchini,

1/2 Töpfchen Thymian (oder 1 TL getrockneter Thymian), Salz,
Pfeffer, frisch gemahlen,
30 g flüssige Margarine,
2 EL Paniermehl;
für die Sauce:
30 g Margarine,
30 g Mehl,
1/2 l Milch,
1 Bd. glatte Petersilie,
Salz,
Pfeffer, frisch gemahlen,
1 Prise Muskatnuss

EW	Fett	KH	kcal/kJ
4 g	12 g	16 g	210/880

Mehl, Salz, Margarine und 9 EL Wasser zu einem glatten Teig verkneten. In einer warmen Schüssel, bedeckt, 30 Minuten ruhen lassen.
Speck in feine Streifen schneiden. Zwiebel schälen, Zucchini waschen und putzen und alles fein würfeln. Speck in einer Pfanne auslassen, Zwiebelwürfel darin glasig dünsten. Zucchini zugeben und 10 Minuten dünsten. Thymian abbrausen, trockenschütteln und hacken. Zur Speckmischung geben, mit Salz und Pfeffer abschmecken. Ofen auf 200 Grad vorheizen. Teig nochmals gut durchkneten und auf einem bemehlten Tuch sehr dünn ausrollen. Mit flüssiger Margarine bestreichen und mit Paniermehl bestreuen, dabei einen 2 cm breiten Rand frei lassen. Füllung darauf verteilen und mithilfe des Tuches der Länge nach aufrollen.
Strudel auf ein mit Backpapier belegtes Blech legen. Nochmals mit flüssiger Margarine bestreichen. Im vorgeheizten Ofen ca. 45 Minuten backen.
Für die Sauce Margarine zerlassen. Mehl darin anschwitzen und unter Rühren mit Milch aufgießen, aufkochen und 10 Minuten weiter köcheln lassen. Petersilie abbrausen, trockenschütteln, fein hacken und zur Sauce geben. Mit Salz, Pfeffer und Muskatnuss pikant abschmecken. Heiß zum Strudel reichen.

Große Pirogge
(Abb.)

Zutaten
Für den Teig:
360 g Mehl,
1 Würfel Hefe (42 g),
200 ml lauwarme Milch,
1 Prise Zucker,

Salz;
für die Füllung:
2 Zwiebeln,
1 Knoblauchzehe,
je 1 kleine rote und grüne Paprikaschote,
300 g Tatar,
2 Eier,
2 EL Kapern,
1 Dose Mais (285 g),
50 g Paprikamark (ersatzweise Tomatenmark),
Pfeffer

EW	Fett	KH	kcal/kJ
10 g	3 g	29 g	200/837

Mehl in eine Schüssel sieben und in die Mitte eine Vertiefung drücken. Hefe hineinbröckeln und mit Milch, Zucker und etwas Mehl zu einem Vorteig verrühren. Teig an einem warmen Ort ca. 15 Minuten gehen lassen.
Vorteig mit restlichem Mehl und etwas Salz zu einem glatten Teig verkneten und weitere 20 Minuten ruhen lassen. Für die Füllung Zwiebeln und Knoblauchzehe schälen und Paprikaschoten halbieren, putzen, waschen; alles fein würfeln. Gemüse mit Tatar, Eiern, Kapern, Mais und Paprikamark verkneten und mit Salz und Pfeffer würzen.
Ofen auf 200 Grad vorheizen. Hefeteig halbieren, beide Hälften zu einer runden Platte (28 cm Durchmesser) ausrollen. Eine Hälfte auf ein mit Backpapier belegtes Backblech legen, Hackmasse kuppelförmig darauf verteilen, dabei einen ca. 4 cm breiten Rand frei lassen. Rand mit Wasser einstreichen, zweite Teigplatte über die Füllung legen und Rand andrücken. Teig mit einer Gabel mehrmals einstechen, Rand alle 2 cm einschneiden und nach links umklappen.
Pirogge im vorgeheizten Ofen ca. 50 Minuten backen.
Ergibt 12 Stücke.

Fischpastete

Zutaten

Für den Teig:
250 g Mehl,
250 g Butter,
1 TL Salz,
1 Eigelb,
125 g Magerquark,
Mehl zum Ausrollen;
für die Füllung:
500 g Rotbarschfilet,
250 g Crème fraîche,
3 Eiweiß,
Salz,
Pfeffer aus der Mühle,
Cayennepfeffer,
100 g Spinat,
150 g Lachsfilet;
zum Bestreichen:
1 Eigelb,
2 EL Sahne

EW	Fett	KH	kcal/kJ
16 g	27 g	16 g	415/1736

Für den Teig Mehl, Butter, Salz, Eigelb und gut ausgedrückten Quark zu einem glatten Teig verkneten. Zu einer Kugel formen, in Folie wickeln und 30 Minuten kalt stellen.
Rotbarsch waschen, würfeln, mit Crème fraîche und 2 Eiweiß mischen. 30 Minuten tiefkühlen, dann pürieren und durch ein Sieb streichen. Mit Salz und den beiden Pfeffersorten würzen. Kalt stellen.
Spinat putzen, waschen, ca. 2 Minuten in kochendem Salzwasser blanchieren und kalt abschrecken. Blätter auf Küchenpapier nebeneinander ausbreiten. Lachsfilet waschen, in lange, 4 cm breite Streifen schneiden. Würzen und in Spinat einwickeln.
Ofen auf 200 Grad vorheizen. 4/5 des Teiges auf einer bemehlten Arbeitsfläche zu einem Rechteck ausrollen. Hälfte des Rotbarschpürees auf eine Teighälfte verteilen, dabei einen 1 cm breiten Rand frei lassen. Lachs darauf legen und mit restlichem Püree bedecken. Teigränder mit 1 Eiweiß bestreichen. Teig über die Füllung schlagen und andrücken. Aus restlichem Teig Ornamente ausstechen und Pastete damit verzieren. Im vorgeheizten Ofen ca. 35 Minuten backen.
Eigelb und Sahne vequirlen. Pastete 10 Minuten vor Ende der Backzeit damit bestreichen und noch warm servieren.
Ergibt 12–14 Scheiben.

Erfurter Blumenkohltorte
(Abb.)

Zutaten

450 g Blätterteig (tiefgekühlt),
1 großer Blumenkohl,
Salz,
Saft von 1 Zitrone,
1 Bd. Petersilie,
150 g Emmentaler,
300 g Putenfiletschinken, in dünnen Scheiben,
6 Eier,
150 ml trockener Weißwein,
150 g Sahne,
weißer Pfeffer,
Muskatnuss,
3 EL Butter

EW	Fett	KH	kcal/kJ
17 g	23 g	17 g	385/1611

Blätterteigquadrate nach Packungsanweisung auftauen lassen. Blumenkohl putzen, in Röschen teilen und in kochendem Salzwasser mit Zitronensaft bissfest garen. Abgießen, gut abtropfen und abkühlen lassen. Ofen auf 225 Grad vorheizen. Petersilie waschen, trockentupfen und fein hacken. Emmentaler reiben.
Eine runde feuerfeste Form (oder Springform) mit kaltem Wasser ausspülen, mit Blätterteigquadraten auslegen, einen Rand hochziehen und andrücken. Boden mit Petersilie bestreuen und dicht mit Blumenkohlröschen belegen, dabei jedes zweite Röschen vorher in eine Schinkenscheibe hüllen. Eier, Weißwein, Sahne und Käse-

PIKANTES BACKEN

raspel verquirlen und mit Salz, Pfeffer und Muskatnuss würzen. Masse gleichmäßig über die Form verteilen und mit Butterflöckchen belegen.
Torte im vorgeheizten Ofen in 45–50 Minuten goldbraun backen.
Ergibt 12 Stücke.

Elsässer Flammkuchen (Abb.)

Zutaten

1 Packung Fertigmischung für Pizzateig,
4 kleine Zwiebeln,
150 g Frühstücksspeck,
2 EL Öl,
160 g Crème fraîche,
2 EL Milch,
Salz,
Pfeffer,
1 Prise Muskatnuss

EW	Fett	KH	kcal/kJ
10 g	69 g	34 g	819/3440

Teig nach Packungsvorschrift zubereiten. Ein Backblech zur Hälfte mit Backpapier auslegen. Teig gleichmäßig darauf ausrollen und an der offenen Seite einen kleinen Rand hochdrücken. Zwiebeln schälen und in feine Ringe schneiden.
Speck klein würfeln. In einer Pfanne das Öl erhitzen, Zwiebeln glasig dünsten und Speck anbraten. Crème fraîche mit Milch verrühren, mit Salz, Pfeffer und Muskatnuss würzen. Zwiebeln und Speck unterheben und alles gleichmäßig auf dem Teig verteilen. Flammkuchen im vorgeheizten Ofen bei 200 Grad ca. 30 Minuten backen, bis der Rand knusprig ist.

Tomatenkuchen vom Blech

Zutaten

300 g Blätterteig (tiefgekühlt),
Mehl zum Ausrollen,
250 g Schinkenspeck,
700 g Tomaten,
3 EL Paniermehl,
1 TL getrockneter Thymian,
200 g geriebener Emmentaler,
3 Eier,
250 g saure Sahne,
Salz, Pfeffer,
geriebene Muskatnuss,
1 Bd. Petersilie

EW	Fett	KH	kcal/kJ
33 g	83 g	40 g	1062/4460

Blätterteig nach Vorschrift auftauen lassen.
Auf bemehlter Arbeitsfläche in der Größe eines halben Backblechs ausrollen.
Blech mit kaltem Wasser abspülen und Teig darauf legen.
An den Rand ein gefalztes Stück Alufolie drücken.

Schinkenspeck fein würfeln und in 3 Minuten anbraten. Tomaten häuten und in Scheiben schneiden.
Blätterteig mit Paniermehl bestreuen. Tomatenscheiben und Schinkenspeckwürfel abwechselnd darauf verteilen. Mit Tomaten abschließen, Thymian darüber streuen, Käse gleichmäßig darauf verteilen.
Eier und saure Sahne verquirlen, salzen, pfeffern und mit Muskatnuss würzen.
Die Eiersahne über den Kuchen gießen.
Den Tomatenkuchen auf mittlerer Schiene im gut vorgeheizten Ofen bei 200 Grad 30–40 Minuten backen.
Mit gehackter Petersilie bestreuen und heiß servieren.

Knusprige Pizzafladen
(Abb.)

Zutaten

350 g Weizenvollkornmehl, 30 g Hefe,
1 Prise Zucker,
1/4 l Buttermilch,
Salz,
30 g Butter,
10 g Weizenkleie,
Fett für das Blech,
350 g geräucherter Schinken,
je 1 rote und 1 grüne Paprikaschote,
2 Zwiebeln,
Pfeffer, Oregano,
300 g geriebener Emmentaler

EW	Fett	KH	kcal/kJ
18 g	22 g	21 g	347/1454

Mehl in eine Schüssel sieben und in die Mitte eine Mulde drücken. Hefe auflösen, mit Zucker in die Mulde geben und 30 Minuten gehen lassen. Buttermilch, 15 g Salz, 20 g weiche Butter und Weizenkleie hinzufügen und alles zu einem geschmeidigen Teig verkneten. Nochmals gehen lassen. 12 Fladen formen, etwas ausrollen, mit lauwarmem Wasser bestreichen und auf ein gefettetes Blech legen. Schinken würfeln, Paprika waschen, putzen, in Streifen schneiden, Zwiebeln schälen und fein hacken. Schinken, Paprika und Zwiebeln in restlicher Butter andünsten und mit Salz, Pfeffer und Oregano würzen.
Auf die Fladen verteilen und bei 180 Grad 30 Minuten backen. Gegen Ende der Backzeit Käse auf den Fladen verteilen und schmelzen lassen.

Pikante Käsewähe
(Abb.)

Zutaten
Für den Teig:
300 g Mehl,
10 g Hefe,
1/8 l Milch,
2 EL Butter oder Margarine, Salz;
für die Füllung:
1 Bd. Frühlingszwiebeln,
1 rote Paprikaschote,
2 EL Butter oder Margarine,
3 Eier,
150 g Jogurt,
2 EL Mehl,
100 g geriebener Gouda,
100 g geriebener Appenzeller,
Pfeffer,
Paprikapulver,
75 g roher Schinken;
außerdem:
Fett für die Form

EW	Fett	KH	kcal/kJ
36 g	33 g	72 g	784/3282

Mehl in eine Schüssel sieben, in die Mitte eine Mulde drücken, Hefe hineinbröckeln und mit etwas lauwarmer Milch zu einem Vorteig verrühren. Zugedeckt an einem warmen Ort ca. 15 Minuten gehen lassen.
Restliche lauwarme Milch mit darin aufgelöster Butter oder Margarine und Salz zugeben und alles zu einem glatten Teig verkneten. Zugedeckt weitere 30 Minuten gehen lassen.
Für die Füllung Frühlingszwiebeln und Paprikaschote putzen und waschen. Frühlingszwiebeln in Ringe, Paprikaschote in Streifen schneiden und in 1 EL erhitzter Butter oder Margarine kurz dünsten.
Eier trennen. Eigelb mit Jogurt, Mehl und Käse verrühren, mit Pfeffer und Paprikapulver würzen. Eiweiß steif schlagen und unterheben.
Ofen auf 200 Grad vorheizen.
3/4 des Teiges ausrollen und Boden und Rand einer gefetteten Springform (26 cm Durchmesser) damit auskleiden.
Schinken in Streifen schneiden und mit Zwiebelringen und Paprikastreifen auf dem Teigboden verteilen. Käsemasse einfüllen und Teigrand nach innen schlagen.
Aus restlichem Teig Formen ausstechen und den Teigrand damit verzieren. Restliche Butter oder Margarine auf der Wähe verteilen.
Wähe im vorgeheizten Ofen ca. 30 Minuten backen.
Ergibt 12 Stücke.

Tipp
Dazu schmeckt ein Elsässer Wein.

PIKANTES BACKEN

Spargel-Tarte
(Abb.)

Zutaten
450 g Blätterteig (tiefgekühlt),
750 g Spargel,
Salz,
150 g Frühstücksspeck,
125 g Mozzarella,
3 Eier,
125 g Sahne,
3 cl Weißwein,
Pfeffer, Zucker,
Curry,
1 TL gekörnte Gemüsebrühe,
1 EL gehackte Petersilie

EW	Fett	KH	kcal/kJ
24 g	74 g	44 g	960/4040

Blätterteigscheiben nach Packungsvorschrift auftauen lassen. Spargel schälen, in Stücke schneiden und in 1/2 l Salzwasser ca. 10 Minuten garen, herausnehmen und abtropfen lassen. Frühstücksspeck in Streifen, Mozzarella in Würfel schneiden. Frühstücksspeckstreifen etwas anbraten. Eine Springform (28 cm Durchmesser) mit Blätterteigscheiben auslegen, sodass der Boden und ca. ein 4 cm hoher Rand belegt sind. Spargel hineinlegen und mit Speckstreifen und Mozzarella bestreuen. Im vorgeheizten Ofen bei 220 Grad ca. 10 Minuten vorbacken. Eier mit Sahne verquirlen, Weißwein dazugießen und verrühren. Mit Salz, Pfeffer, Zucker, Curry und Gemüsebrühe würzen. Masse über vorgebackene Tarte gießen, mit Petersilie bestreuen und weitere 20–25 Minuten backen. Heiß servieren.

Tomaten-Lauch-Torte

Zutaten
190 g Mehl,
1 Prise Salz,
105 g Butter,
3–4 Stangen Lauch,
geriebene Muskatnuss,
Salz, Pfeffer,
200 g geriebener Emmentaler,
30 g geriebener Parmesan,
4 große Eier,
225 g süße Sahne,
2 Fleischtomaten

EW	Fett	KH	kcal/kJ
34 g	62 g	49 g	911/3825

175 g Mehl mit Salz mischen, 75 g Butter hineinschneiden, 2 EL kaltes Wasser zugeben und den Teig schnell verkneten. 15 Minuten kalt stellen. Lauch waschen, quer halbieren und das Weiße in Scheiben schneiden. In 30 g heißer Butter anbraten, mit Muskatnuss, Salz und Pfeffer würzen. Restliches Mehl mit Emmentaler und Parmesan mischen. Eier mit Sahne verschlagen, mit Salz, Pfeffer und Muskatnuss würzen.

Teig auf Größe einer Springform (26 cm Durchmesser) ausrollen, einen Rand hochziehen. Lauch auf dem Teig verteilen. Mit Käsemischung bestreuen, mit Eiersahne begießen. Tomaten waschen, von den Stielansätzen befreien und in Scheiben schneiden; auf der Torte verteilen, leicht salzen und pfeffern. Bei 220 Grad 15 Minuten, dann bei 165 Grad 30 Minuten backen.

Kartoffelkuchen »Torta Tarentina«
(Abb.)

Zutaten
Für den Teig:
600 g Kartoffeln,
50 g saure Sahne,
2 Eier,
50 g geriebener Gouda,
Salz, Pfeffer,
Muskatnuss;
für den Belag:
20 g getrocknete Mischpilze,
4 Tomaten,
1/2 Bd. Lauchzwiebeln,
italienische Kräuter,
Knoblauch-Würzpaste (z. B. von Fuchs),
400 g Mozzarella,
7 schwarze Oliven;
außerdem:
Fett für die Form

EW	Fett	KH	kcal/kJ
11 g	8 g	13 g	179/747

Ofen auf 200 Grad vorheizen. Kartoffeln schälen, waschen, raspeln, mit saurer Sahne, Eiern und Käse mischen. Kartoffelmasse mit Salz, Pfeffer und Muskatnuss würzen. Springform (26 cm Durchmesser) einfetten und Kartoffelmasse hineingeben. Im vorgeheizten Ofen ca. 20 Minuten vorbacken.
In der Zwischenzeit Mischpilze einweichen und gut ausdrücken. Tomaten waschen, vierteln, Kerne entfernen und würfeln. Lauchzwiebeln putzen, in Ringe schneiden und waschen. Pilze, Tomaten und Lauchzwiebeln mischen und mit Salz, Pfeffer, italienischen Kräutern und Knoblauch-Würzpaste abschmecken. Mozzarella in Scheiben schneiden.
Gemüsemasse auf den vorgebackenen Kartoffelboden verteilen. Oliven darauf geben und mit Mozzarellascheiben belegen. Torta Tarentina bei 160 Grad weitere 45 Minuten backen.
Nach Wunsch mit feinen Lauchzwiebelstreifen garnieren.

Quark-Ölteig-Pizza
(Abb.)

Zutaten
Für den Teig:
200 g Quark,
6 EL Milch,
1 Ei,
6 EL Öl,
1/2 TL Salz,
1 Prise Zucker,
425 g Mehl,
2 TL Backpulver;

für Belag und Sauce:
4 Eier,
1 kleine Dose Tomaten (400 g),
Salz,
Pfeffer,
Paprikapulver,
Currypulver,
Knoblauchpfeffer,
1 TL gerebelter Majoran,
450 g Brokkoli (tiefgekühlt),
60 g Kapern,
150 g roher Schinken;
für die Knoblauchcreme:
1 Knoblauchzehe,

300 g Crème fraîche,
Salz, Pfeffer,
3 EL gemischte, gehackte Kräuter

EW	Fett	KH	kcal/kJ
42 g	56 g	94 g	1149/4802

Für den Teig Quark mit Milch, Ei, Öl, Salz und Zucker verrühren. 400 g Mehl und Backpulver vermischen, Hälfte mit den Knethaken des Handrührgerätes unter den Quark rühren, Rest mit den Händen unterkneten. Teig vor der Weiterverarbeitung ca. 30 Minuten kalt stellen.
Eier hart kochen, abschrecken, pellen und vierteln.
Für die Sauce Dosentomaten in einem Topf erhitzen, mit dem in etwas Wasser angerührten restlichen Mehl binden und aufkochen lassen. Mit Gewürzen pikant abschmecken. Teig vierteln und 4 runde Platten (ca. 26 cm Durchmesser) ausrollen und mit Tomatensauce bestreichen.
Brokkoli auftauen lassen. Ofen auf 200 Grad vorheizen. Brokkoliröschen eventuell halbieren, Kapern abtropfen lassen. Brokkoliröschen, Eiviertel, Schinkenscheiben und Kapern dekorativ auf den Pizzaböden verteilen. Pizzen im vorgeheizten Ofen 25–30 Minuten backen. Knoblauchzehe abziehen und zerdrücken. Crème fraîche mit Salz und Pfeffer würzen, Knoblauch und Kräuter untermischen und zu den Pizzen servieren.

Pizza mit Hackfleisch
(Abb.)

Zutaten
4 Pizzaböden (tiefgekühlt; à ca. 150 g),
2 Zwiebeln,
2 grüne Paprikaschoten,
2 EL Öl,
500 g Hackfleisch,
1 EL Tomatenmark,
1 Dose geschälte Tomaten (400 g),
Salz,
1 TL Kräuter der Provence,
1 TL grüne Pfefferkörner,
1 Dose Mais (425 g),
12 Scheiben Emmentaler (à 30 g)

EW	Fett	KH	kcal/kJ
66 g	51 g	113 g	1255/5264

Pizzaböden nach Packungsvorschrift auftauen lassen.
Zwiebeln schälen und fein würfeln. Paprikaschoten halbieren, putzen, waschen und in Streifen schneiden. Öl erhitzen und Hackfleisch darin anbraten. Zwiebeln und Paprikastreifen dazugeben und andünsten. Tomatenmark und Dosentomaten

hinzufügen und alles so lange schmoren lassen, bis die Flüssigkeit verdunstet ist. Ofen auf 200 Grad vorheizen. Hackfleisch-Gemüse-Mischung mit Salz, Kräutern der Provence und Pfefferkörnern würzen und gleichmäßig auf den Pizzaböden verteilen. Mais abtropfen lassen, darauf streuen und mit Käsescheiben belegen.
Pizzen im vorgeheizten Ofen 15–20 Minuten backen.

Herzhafte Frühlingsquiche
(Abb. S. 343)

Zutaten

Für den Teig:
250 g Mehl,
Salz, 1 Eigelb,
125 g kalte Butter,
Mehl zum Ausrollen;
für den Belag:
200 g gekochter Schinken,
450–500 g Gemüsemischung (tiefgekühlt, z. B. von Bonduelle),
80 g Appenzeller,
4 Eier, 1 Eigelb,
250 g Crème fraîche,
1 Msp. Muskatnuss,
Salz,
Pfeffer aus der Mühle,
55 g Butter;
außerdem:
Butter für die Form

EW	Fett	KH	kcal/kJ
13 g	19 g	17 g	317/1325

Mehl auf eine Arbeitsfläche sieben. In die Mitte eine Vertiefung drücken. Etwas Salz, Eigelb und Butter in kleinen Stücken hineingeben. 50 ml kaltes Wasser hinzufügen. Zutaten mit einer Teigkarte oder einem großen Messer miteinander mischen, dann gut verkneten.
Wenn notwendig, noch etwas Wasser zufügen, der Teig soll geschmeidig sein, nicht zu weich. Teig zu einer Kugel formen und abgedeckt ca. 2 Stunden kalt stellen.
Arbeitsplatte mit etwas Mehl bestäuben.
Teig ca. 4 mm dick ausrollen. Eine Quiche- oder Springform (28 cm Durchmesser) ausbuttern.
Teig in die Form legen, an den Rändern hochziehen. Ofen auf 180 Grad vorheizen.
Schinken in Streifen schneiden und mit unaufgetauter Gemüsemischung auf dem Teig verteilen. Käse grob raspeln und darüber streuen.
Eier, Eigelb und Crème fraîche miteinander verrühren, mit Muskatnuss, Salz und Pfeffer würzen und über das Gemüse gießen.
Butter in Flöckchen obenauf setzen. Frühlingsquiche ca. 1 Stunde im vorgeheizten Ofen auf mittlerer Einschubleiste backen.
Etwas abkühlen lassen. Lauwarm servieren.
Ergibt 12 Stücke.

Tipp
Die herzhafte Frühlingsquiche eignet sich als Partygericht für 10–12 Personen, denn sie ist schnell und kinderleicht zubereitet. Einfach die Zutatenmenge verdoppeln, Teig ausrollen, auf ein Backblech legen, Schinken, Gemüsemischung sowie alles Weitere darauf verteilen und Quiche wie oben angegeben backen.

Putenfleisch-Pastete

Zutaten

Für den Teig:
500 g Mehl,
250 g Butter,
1 TL Salz,
1 Ei,
Mehl zum Ausrollen;
für die Füllung:
300 g Putenbrustfilet,
1 EL Butter,
Salz,
Pfeffer aus der Mühle,
100 g gekochter Schinken,
100 g gepökelte Zunge,
200 g Sahne,
500 g Kalbsbrät,
60 g Pistazien,
1 Eigelb,
4 Blatt weiße Gelatine,
1/4 l Kalbsfond,
3 EL Madeira;
außerdem:
Butter für die Form

EW	Fett	KH	kcal/kJ
16 g	23 g	23 g	385/1613

Mehl, kalte Butter, Salz, Ei und 8–10 EL Eiswasser zu einem glatten Teig verkneten. In Folie wickeln und 30 Minuten kalt stellen.
Putenbrust in 50 g schwere Stücke schneiden. Butter erhitzen, Fleischwürfel darin anbraten, würzen und abkühlen lassen. Schinken und Zunge würfeln. Sahne steif schlagen und unter das Kalbsbrät rühren. Pistazien, Schinken- und Zungenwürfel unterheben, mit Salz und Pfeffer würzen.
Ofen auf 175 Grad vorheizen. 3/4 des Teiges auf einer bemehlten Arbeitsfläche ausrollen. Eine Pasteten- oder Kastenform (2 l Inhalt) einfetten und mit Teig auslegen. Brät und Putenfleischwürfel einschichten. Restlichen Teig ausrollen, Pastete damit bedecken. Ein Loch (Kamin) aus dem Teigdeckel ausstechen. Aus den Teigresten Verzierungen ausschneiden und auf die Pastete legen. Im vorgeheizten Ofen ca. 1 Stunde backen. Eigelb und 1 EL Wasser verquirlen. Pastete 10 Minuten vor Ende der Backzeit damit bestreichen. Auskühlen lassen. Gelatine in kaltem Wasser einweichen. Fond und Madeira erwärmen. Gelatine ausdrücken, darin auflösen und durch den Kamin in die Pastete gießen. Kalt stellen.
Ergibt 16–18 Scheiben.

Kartoffelpizza
(Abb.)

Zutaten

Für den Teig:
1 kg Kartoffeln,
150 g saure Sahne,
4 Eier,
300 g geriebener mittelalter Gouda,
1 EL Schnittlauchröllchen,
1 Bd. Petersilie,
Salz,
Pfeffer,
Thymian,
Oregano;
für den Belag:
4 EL Tomatenmark,
4 EL mittelscharfer Senf (z. B. Löwensenf),
je 1 kleine rote und grüne Paprikaschote,
200 g Champignons,
1 Bd. Frühlingszwiebeln,
1 kleine Dose Mais ,
100 g schwarze Oliven (entsteint);
außerdem:
Fett für das Blech

EW	Fett	KH	kcal/kJ
32 g	44 g	49 g	738/3088

Ofen auf 200 Grad vorheizen. Kartoffeln waschen, schälen und reiben. Mit 3/4 der sauren Sahne, Eiern, 100 g Käse und Schnittlauch verrühren. Petersilie waschen, trockentupfen,

hacken, hinzufügen und die Masse mit Salz, Pfeffer, Thymian und Oregano abschmecken. Masse auf ein gefettetes Backblech verteilen und im vorgeheizten Ofen 20 Minuten vorbacken.
Tomatenmark, Senf und restliche saure Sahne verrühren, mit Thymian und Oregano würzen. Paprikaschoten halbieren, putzen, waschen und in Streifen schneiden. Pilze und Frühlingszwiebeln putzen, Pilze in Scheiben schneiden, Frühlingszwiebeln waschen und in Ringe schneiden, Mais abtropfen lassen. Pizzaboden mit Tomaten-Senf-Mischung bestreichen, mit vorbereitetem Gemüse, Mais und Oliven belegen und mit restlichem Käse bestreuen.
Bei 175 Grad 20–25 Minuten backen.

Zwiebelkuchen »italienisch« (Abb.)

Zutaten

Für den Teig:
150 ml Milch,
500 g Mehl,
1 Würfel Hefe (42 g),
2 EL Butter oder Margarine,
1 Prise Salz;
für den Belag:
1 kg Gemüsezwiebeln,
150 g durchwachsener Speck,
4 Tomaten,
250 g saure Sahne,
1 TL Thymian,
3 Eier,
150 g Mozzarella,
Salz,
Pfeffer,

Knoblauchpulver;
außerdem:
Fett für das Blech

EW	Fett	KH	kcal/kJ
16 g	20 g	46 g	446/1864

Milch lauwarm erwärmen. Mehl in eine Schüssel sieben, in die Mitte eine Mulde drücken, Hefe hineinbröckeln und mit etwas lauwarmer Milch zu einem Vorteig verrühren. Zugedeckt an einem warmen Ort ca. 15 Minuten gehen lassen.
In restlicher Milch Butter oder Margarine auflösen, mit Salz zum Vorteig geben und alles zu einem glatten Teig verkneten. Zugedeckt an einem warmen Ort ca. 30 Minuten gehen lassen. In der Zwischenzeit Zwiebeln schälen und in Ringe schneiden. Speck würfeln. Tomaten waschen, vom Stielansatz befreien und in Scheiben schneiden. Ofen auf 200 Grad vorheizen. Speck auslassen, herausnehmen, Zwiebelringe im Speckfett goldbraun braten und beiseite stellen. Saure Sahne, Thymian, Eier, zerbröckelten Mozzarella, Salz, Pfeffer und Knoblauchpulver glatt rühren. Hefeteig auf einem gefetteten Backblech ausrollen. Zwiebeln auf dem Teig verteilen, mit Speck bestreuen. Sahne-Eiermischung darüber gießen und mit Tomatenscheiben belegen. Zwiebelkuchen im vorgeheizten Ofen 30–40 Minuten backen. Ergibt 10 Stücke.

Fleisch-Champignon-Torte (Abb.)

Zutaten

450 g Blätterteig (tiefgekühlt),
2 Zwiebeln,
500 g frische Champignons,
1 Bd. Petersilie,
1 Knoblauchzehe,
1 EL Butter oder Margarine,

1 altbackenes Brötchen,
650 g Schweinefleisch (Dose),
1 Ei,
Salz,
Pfeffer,
1/2 TL Thymian,
1 cl Weinbrand,
1 Eigelb,
1 EL Milch

EW	Fett	KH	kcal/kJ
11 g	32 g	15 g	409/1718

Blätterteig nach Packungsanleitung auftauen. Zwiebeln abziehen und fein würfeln. Champignons putzen und in Scheiben schneiden. Petersilie hacken, Knoblauchzehe abziehen, zerdrücken.
Fett in einer Pfanne erhitzen und die vorbereiteten Zutaten darin andünsten. Brötchen einweichen, ausdrücken. Fleisch würfeln.
Alles mit Ei vermengen und mit Salz, Pfeffer, Thymian und Weinbrand abschmecken.
Die Hälfte des Blätterteiges ausrollen und in eine mit kaltem Wasser ausgespülte flache Auflaufform legen. Füllung gleichmäßig darauf verteilen. Restlichen Blätterteig ausrollen und darüber legen. Die überstehenden Ränder mit einem scharfen Messer abschneiden. Teigrand gut andrücken. Aus den Teigresten kleine Verzierungen schneiden und auf die Torte setzen. Das Eigelb mit der Milch verschlagen und Oberfläche damit bestreichen. Torte im vorgeheizten Ofen bei 220 Grad ca. 20 Minuten backen.

Gemüsestrudel

Zutaten

Für den Teig:
50 g Butter,
250 g Mehl,
1 Prise Salz,
Mehl zum Ausrollen;
für die Füllung:
750 g Gemüse (z. B. Möhren, Stangensellerie, Wirsingkohl, Lauch),
3 EL Butter,

Salz,
Pfeffer aus der Mühle,
150 g Schafskäse,
3 EL Paniermehl zum Bestreuen;
außerdem:
Butter für das Blech

EW	Fett	KH	kcal/kJ
11 g	16 g	44 g	379/1584

Für den Teig Butter schmelzen und zusammen mit Mehl, Salz und 1/8 l lauwarmem Wasser zu einem glatten Teig verarbeiten. Teig mit den Händen 10 Minuten kneten.
Strudelteig in Folie wickeln und ca. 30 Minuten ruhen lassen.
Für die Füllung Gemüse waschen, putzen und klein schneiden. 1 EL Butter erhitzen, Gemüse darin ca. 5 Minuten dünsten.
Mit Salz und Pfeffer würzen und abkühlen lassen.
Schafskäse grob zerbröckeln.
Ofen auf 200 Grad vorheizen.
Teig auf einem großen bemehlten Tuch sehr dünn ausrollen und über den Handrücken hauchdünn ausziehen. Restliche Butter zerlassen und Teig damit bestreichen. Paniermehl darüber streuen, Gemüse und Käse darauf verteilen.
Teigkanten nach innen einschlagen. Strudel mithilfe des Tuches aufrollen.
Ein Backblech mit Butter fetten. Strudel mit der Nahtstelle nach unten darauf legen. Im vorgeheizten Ofen 30–40 Minuten backen.
Ergibt 6 Stücke.

Pizza Napoli (Abb.)

Zutaten
10 g frische Hefe,
1 Prise Zucker,
4 EL lauwarme Milch,
125 g Mehl,
Salz, 30 g Butter,
Fett für die Form,
2–3 EL Sardellenpaste,
300 g Fleischtomaten,
Basilikum, Pfeffer,
75 g Salami,
1 kleines Glas Oliven,
150 g Mozzarella

EW	Fett	KH	kcal/kJ
12 g	27 g	27 g	431/1810

Hefe, Zucker und Milch zu einem Vorteig verrühren und einige Minuten gehen lassen.
Mehl und 1 Prise Salz mischen, Hefemilch und Butter hinzufügen und alles zu einem glatten Teig verkneten.
Zugedeckt ca. 15 Minuten gehen lassen. Nochmals gut durchkneten und zu einer runden Platte ausrollen.
Teig in eine gefettete Form legen, dünn mit Sardellenpaste bestreichen.
Tomaten waschen, in Scheiben schneiden, auf den Teig legen und mit Basilikum, Salz und Pfeffer würzen.
Salamischeiben und Oliven darüber geben.
Mozzarellascheiben auf der Pizza verteilen.
Im vorgeheizten Ofen bei 200 Grad ca. 30 Minuten backen.

Wurst-Quiche
(Abb.)

Zutaten
Für den Teig:
75 g Käse,
200 g Mehl,
1 Ei,
3 EL Schmand,
Salz;
für den Belag:
4 Tomaten,
300 g Fleischwurst,
225 g Käse,
1 Bd. Petersilie;
für den Guss:
3 Eier,
1/8 l Milch,
Salz, grober Pfeffer;
außerdem:
Fett für die Form

EW	Fett	KH	kcal/kJ
13 g	17 g	15 g	284/1189

Käse reiben, mit Mehl, Ei, Schmand und 1 Prise Salz zu einem glatten Teig verkneten, in Folie wickeln und ca. 1 Stunde kalt stellen.
Tomaten waschen, vom Stielansatz befreien, Fleischwurst pellen und beides in Scheiben schneiden. Käse in Scheiben schneiden. Petersilie waschen, trockentupfen und fein hacken. Mit Eiern und Milch verrühren und mit Salz und grobem Pfeffer würzen.
Ofen auf 200 Grad vorheizen. Teig ausrollen, eine gefettete Springform damit auslegen und einen Rand hochziehen. Teig ringförmig abwechselnd mit Wurst-, Käse- und Tomatenscheiben belegen und Guss darüber verteilen. Im vorgeheizten Ofen 25–30 Minuten backen. Nach Wunsch mit gehackter Petersilie bestreut servieren.
Ergibt 12 Stücke.

Böhmischer Krautstrudel

Zutaten
Für den Teig:
50 g Butter,
250 g Mehl,
1 Prise Salz,
1 EL Öl,
Mehl zum Ausrollen;
für die Füllung:
1,5 kg Weißkohl,
1 Zwiebel,
150 g geräucherter durchwachsener Speck,
50 g Butter,
1 EL Kümmel,
Salz,
Pfeffer

EW	Fett	KH	kcal/kJ
10 g	47 g	43 g	526/2198

Butter schmelzen. Mit Mehl, Salz und 1/8 l lauwarmem Wasser zu einem glatten Teig verkneten. Mit Öl bestreichen und in Folie wickeln. 30 Minuten ruhen lassen.
Kohl putzen, waschen und in feine Streifen schneiden. Zwiebel schälen und würfeln. Speck ebenfalls würfeln und in 1 EL Butter auslassen. Zwiebeln darin glasig andünsten. Kohl und 1/2 EL Kümmel zufügen und

Gemüse knapp gar dünsten. Mit Salz und Pfeffer würzen. Abkühlen lassen.
Ofen auf 200 Grad vorheizen. Teig auf einem bemehlten Tuch ausrollen und über die Handrücken hauchdünn ausziehen. Restliche Butter schmelzen und auf den Teig streichen. Füllung darauf verteilen. Teig an den Seiten über die Füllung schlagen; aufrollen.
Mit der Nahtstelle nach unten auf ein mit Backpapier ausgelegtes Backblech legen. Restlichen Kümmel darüber streuen und im vorgeheizten Ofen 40–45 Minuten backen.
Ergibt 6 Stücke.

Zwiebelstrudel
(Abb.)

Zutaten
Für den Teig:
250 g Mehl,
1 Prise Salz,
2 EL Öl;
für die Füllung:
6 mittelgroße Zwiebeln,
3 EL Öl,
1 1/2 TL Kümmel,
3 EL gehackte, gemischte Kräuter,
Salz,
Knoblauchpfeffer,
etwas Zucker,
1/4 TL Curry,
1/4 TL Paprikapulver;
außerdem:
2 EL Öl,
Mehl zum Ausrollen,
1 Eigelb

EW	Fett	KH	kcal/kJ
3 g	7 g	21 g	168/702

1/8 l Wasser lauwarm erwärmen. Mehl, Wasser, Salz und Öl in eine Schüssel geben und zu einem glatten Teig verkneten. Teig kräftig auf die Arbeitsfläche schlagen, bis er glatt und glänzend geworden ist. In einer angewärmten Schüssel bedeckt ca. 30 Minuten ruhen lassen.
Für die Füllung Zwiebeln schälen, halbieren und in Streifen schneiden. Öl erhitzen, Zwiebelstreifen, Kümmel, Kräuter, Salz, Knoblauchpfeffer, Zucker, Curry und Paprikapulver darin ca. 5 Minuten andünsten.
Ofen auf 225 Grad vorheizen. Teig auf einer bemehlten Arbeitsfläche auf eine Größe von 40 x 25 cm ausrollen. Ein Geschirrtuch mit Mehl bestäuben, ausgerollte Teigplatte darauf legen und auf eine Größe von 80 x 50 cm ausziehen. Erkaltete Zwiebelmasse darauf verteilen und von der schmalen Seite her mithilfe des Geschirrtuches zu einem Strudel zusammenrollen.
Mit der Nahtstelle nach unten auf ein mit Backpapier ausgelegtes Backblech legen. Eigelb mit restlichem Öl verrühren und Strudel damit bestreichen.
Strudel im vorgeheizten Ofen 40–45 Minuten backen.

Zwiebelkuchen
(Abb.)

Zutaten
Für den Teig:
500 g Mehl,
1 Würfel Hefe (42 g),
100 ml Milch,
2 EL Butter oder Margarine,
1 Prise Salz;
für den Belag:
1 kg Gemüsezwiebeln,
150 g durchwachsener, geräucherter Speck,
300 g saure Sahne,
1 TL Kümmel,
3 Eier,
150 g geriebener Emmentaler,
Pfeffer;
außerdem:
Fett für das Blech

EW	Fett	KH	kcal/kJ
8 g	11 g	23 g	237/991

Mehl in eine Schüssel sieben, in die Mitte eine Mulde drücken, Hefe hineinbröckeln, Milch erwärmen, etwas lauwarme Milch zugeben und zu einem Vorteig verrühren. Zugedeckt an einem warmen Ort ca. 15 Minuten gehen lassen.
Butter oder Margarine in restlicher Milch auflösen, Salz zugeben und mit dem Vorteig zu einem glatten Teig verkneten. Zugedeckt an einem warmen Ort ca. 30 Minuten gehen lassen. Ofen auf 200 Grad vorheizen. Zwiebeln schälen und in Ringe schneiden. Speck in Würfel schneiden, auslassen und aus der Pfanne nehmen. Im Speckfett Zwiebelringe goldgelb braten. Saure Sahne, Kümmel, Eier, Käse, Salz und Pfeffer verquirlen.
Hefeteig in Blechgröße ausrollen, auf ein gefettetes Backblech legen. Zwiebeln auf dem Teig verteilen, Speckwürfel darüber streuen. Alles mit dem Sahne-Eier-Gemisch übergießen und im vorgeheizten Ofen 30–40 Minuten backen.
Ergibt 20 Stücke.

Tipp
Zwiebelkuchen schmeckt auch kalt zur Brotzeit.

Spinattorte mit Ei

Zutaten
Für den Teig:
300 g Blätterteig (tiefgekühlt);
für die Füllung:
1,5 kg Spinat,
500 g Quark (20%),
2 EL Grieß,
6 Eier,
2 Knoblauchzehen,
1 Bd. Majoran,
2 1/2 TL Salz,
Pfeffer aus der Mühle,
frisch gemahlene Muskatnuss,
2 EL Paniermehl oder Zwiebackbrösel,
2–8 hauchdünne Scheiben Schinkenspeck

EW	Fett	KH	kcal/kJ
21 g	20 g	21 g	358/1500

Blätterteig auftauen lassen. Spinat verlesen, putzen und waschen. Tropfnass in einen Topf geben. Deckel auflegen und dämpfen, bis die Blätter zusammengefallen sind. Abtropfen lassen und hacken. Quark, Grieß, 2 Eier, geschälte, zerdrückte Knoblauchzehen und Majoranblättchen in einer Schüssel mischen. Mit Salz, Pfeffer und Muskatnuss würzen. Blätterteigscheiben aufeinander legen, 1/2 cm dick rund ausrollen und eine Springform (26 cm Durchmesser) auslegen, dabei einen Rand formen. Boden mit Paniermehl bestreuen. Ofen auf 200 Grad vorheizen. Spinat gut ausdrücken. Mit Quarkmischung verrühren. 2/3 der Füllung in die Form geben und mit einem Esslöffel in regelmäßigem Abstand 4 große Vertiefungen hineindrücken. Restliche Eier nacheinander aufschlagen und jeweils 1 Ei in eine Vertiefung geben. Restliche Füllung und Schinkenspeck auf dem Kuchen verteilen. Im vorgeheizten Ofen 45–50 Minuten backen. Ergibt 8 Stücke.

Gemüsekuchen vom Blech
(Abb.)

Zutaten

Für den Teig:
375 g Mehl,
1 Päckchen Trockenhefe,
4 EL Olivenöl,
1 1/2 TL Salz;
für den Belag:
200 g durchwachsener Speck,
500 g Möhren,
500 g Brokkoli,
2 Fenchelknollen,
1 Stange Lauch,
1 Kohlrabi,
400 ml Milch,
200 g Kräuter-Schmelzkäse,
6 Eier,
Salz,
Pfeffer,
Muskatnuss,
100 g geriebener Gouda;
außerdem:
Fett und Mehl für die Form

EW	Fett	KH	kcal/kJ
15 g	26 g	29 g	434/1815

Mehl und Hefe in einer Schüssel mischen. 200 ml lauwarmes Wasser, Öl und Salz zufügen, alles zu einem geschmeidigen Hefeteig verkneten und zugedeckt ca. 30 Minuten gehen lassen. Inzwischen Speck fein würfeln, in einer Pfanne auslassen und beiseite stellen. Gemüse putzen und waschen. Möhren in Scheiben schneiden, Brokkoli in Röschen zerteilen. Fenchel in Spalten, Lauch in Ringe schneiden. Kohlrabi zunächst in Scheiben schneiden, dann Scheiben vierteln. Gemüse in reichlich ko-

chendem Wasser ca. 2 Minuten blanchieren, abschrecken und gut abtropfen lassen.
Ofen auf 200 Grad vorheizen. Milch erwärmen, Schmelzkäse darin unter Rühren auflösen und alles lauwarm abkühlen lassen. Speck und Eier zufügen, alles verquirlen und mit Salz, Pfeffer und Muskatnuss abschmecken.
Gegangenen Hefeteig nochmals durchkneten. Fettpfanne des Backofens leicht fetten und mit Mehl bestäuben. Teig darin ausrollen und einen Rand hochziehen. Gemüse auf dem Teig verteilen und Eiermilch darüber gießen. Alles mit geriebenem Käse bestreuen. Gemüsekuchen im vorgeheizten Ofen in ca. 45 Minuten goldbraun backen. Ergibt 12 Stücke.

Quarkteig-Pizza
(Abb.)

Zutaten

Für den Teig:
500 g Mehl,
400 g Quark,
300 g Butter oder Margarine;
für den Belag:
3 EL Öl,
500 g Hackfleisch,
2 große Zwiebeln,
je 1 rote, grüne und gelbe Paprikaschote,
170 g Champignons (aus dem Glas),
2 Knoblauchzehen,
200 g Tomatenmark,
250 g Tomatenketschup,
Salz,
Pfeffer,
Paprikapulver,
Currypulver,
1 Msp. Cayennepfeffer,
1/8 l Brühe,
80 g Parmesan (frisch gehobelt),
3 EL gehackte Petersilie;
außerdem:
Fett für das Blech

EW	Fett	KH	kcal/kJ
64 g	104 g	139 g	1809/7560

Mehl, Quark und Butter oder Margarine in einer Schüssel mischen und verkneten. Teig auf einem gefetteten Backblech ausrollen.
Öl in einer Pfanne erhitzen und Hackfleisch darin anbraten. Zwiebeln schälen und würfeln. Paprikaschoten halbieren, putzen, waschen und in Streifen schneiden. Champignons abtropfen lassen und halbieren. Knoblauchzehen schälen und zerdrücken. Vorbereitete Zutaten zum Fleisch geben. Tomatenmark und Ketschup zufügen, mit Salz, Pfeffer, Paprika-, Currypulver und Cayennepfeffer würzen, Brühe angießen und ca. 10 Minuten köcheln lassen.
Ofen auf 175 Grad vorheizen. Belag auf dem Pizzaboden verteilen und Käse darüber streuen. Pizza im vorgeheizten Ofen

20–25 Minuten backen. Vor dem Servieren mit gehackter Petersilie bestreuen.

Bauernpastete

Zutaten

Für den Teig:
500 g Mehl,
250 g Butter,
1 Ei,
1 TL Salz,
Mehl zum Ausrollen;
für die Füllung:
2 Kaninchenkeulen (à ca. 350 g),
1 EL Butter,
Salz,
Pfeffer aus der Mühle,
400 g Champignons,
200 g Sahne,
400 g Kalbsbrät,
150 g fetter grüner Speck,
1 Eigelb,
4 Blatt weiße Gelatine,
1/4 l Kalbsfond,
3 EL Portwein;
außerdem:
Butter für die Form

EW	Fett	KH	kcal/kJ
16 g	26 g	23 g	397/1660

Für den Teig Mehl, kalte Butter, Ei, Salz und 8–12 EL Eiswasser zu einem glatten Teig verkneten. Mit den Händen zu einer Kugel formen, in Folie wickeln und 30 Minuten kalt stellen.
Für die Füllung Fleisch von den Knochen lösen und würfeln. Butter erhitzen, Fleisch kurz darin anbraten, würzen und kalt stellen. Pilze waschen, putzen halbieren, im Bratfett anbraten, würzen und ebenfalls kalt stellen. Sahne steif schlagen und nach und nach unter das Kalbsbrät rühren, kalt stellen. Speck fein würfeln und zusammen mit den Fleischwürfeln unter das Brät mischen.
Ofen auf 175 Grad vorheizen. 2/3 des Teiges auf einer bemehlten Arbeitsfläche ausrollen. Boden und Seiten einer gefetteten Pasteten- oder Kastenform (2 l Inhalt) mit Teig auslegen. Brät und Pilze einschichten. Restlichen Teig ausrollen und Pastete damit bedecken. Ein rundes Loch (Kamin) aus dem Teigdeckel ausstechen. Aus Teigresten Verzierungen ausschneiden und auf die Pastete legen. Im vorgeheizten Ofen ca. 1 Stunde backen. Eigelb mit 1 EL Wasser verquirlen und Pastete 10 Minuten vor Ende der Backzeit damit bestreichen. Pastete auskühlen lassen.
Gelatine in kaltem Wasser einweichen. Fond und Portwein erwärmen. Gelatine ausdrücken, darin auflösen und durch den Kamin in die Pastete gießen. Kalt stellen.
Ergibt 16–18 Scheiben.

Mazedonischer Spinatkuchen (Abb.)

Zutaten

225 g Blätterteig (tiefgekühlt),
1 kg frischer Spinat (wahlweise 500 g tiefgekühlter Spinat),
1 Zwiebel,
1 Knoblauchzehe,
2 EL Olivenöl,
Salz, Pfeffer,
Griechenland Würzmischung (z. B. von Fuchs),
Muskatnuss,
150 g Schafskäse,
Fett für die Form,
4 Eier, 1 Eigelb,
1 EL Sesam

EW	Fett	KH	kcal/kJ
6 g	8 g	6 g	130/545

5 Scheiben Blätterteig entnehmen, langsam auftauen und Rest wieder einfrieren.

Spinat verlesen, waschen und gut abtropfen lassen. Zwiebel und Knoblauchzehe schälen, Zwiebel fein würfeln, Knoblauchzehe zerdrücken. Olivenöl in einer Pfanne erhitzen, Zwiebel darin glasig braten, Spinat und Knoblauch hinzufügen und bei geschlossenem Topf 5–10 Minuten dünsten. Alles mit Salz, Pfeffer, Griechenland Würzmischung und Muskatnuss abschmecken und mit zerbröseltem Schafskäse vermischen. Ofen auf 180 Grad vorheizen. Eine Springform (26 cm Durchmesser) einfetten, mit 3 Blätterteigscheiben den Boden belegen und einen Rand formen. Spinat-Schafskäsemasse auf dem Boden verteilen, 4 Kuhlen formen und je 1 Ei hineingeben. Restliche 2 Blätterteigscheiben dünn ausrollen und auf den Spinat legen. Eigelb mit etwas Wasser glatt rühren, Blätterteig damit bepinseln und mit Sesam bestreuen. Aus den Blätterteigresten Verzierungen für die Teigdecke herstellen. Spinatkuchen im vorgeheizten Ofen ca. 45 Minuten backen.

Zwiebel-Speck-Kuchen mit Tunfisch
(Abb.)

Zutaten
1 kg Gemüsezwiebeln,
250 g magerer durchwachsener Speck,
4 EL Olivenöl (z. B. von Olio Dante), Salz,
Pfeffer aus der Mühle,
1 Packung Pizzateig (Fertigprodukt, z. B. von Sanella),
Fett für das Blech,
1 Dose Tunfisch in Öl,
1/8 l Milch,
125 g Sahne, 4 Eier,
1 Bd. glatte Petersilie, fein gehackt,
100 g geriebener Emmentaler

EW	Fett	KH	kcal/kJ
10 g	18 g	19 g	296/1237

Zwiebeln schälen und in dünne Ringe schneiden. Speck fein würfeln. Speckwürfel in einer großen Pfanne im heißen Öl andünsten, Zwiebelringe zufügen und unter mehrmaligem Wenden in ca. 5 Minuten weich dünsten. Mit Salz und Pfeffer abschmecken. Ofen auf 200 Grad vorheizen. Pizzateig auf einem leicht gefetteten Blech 30 x 40 cm dünn ausrollen. Zwiebel-Speck-Masse darauf geben. Tunfisch gut abtropfen lassen, zerpflücken und darüber verteilen. Milch, Sahne, Eier und Petersilie gut verrühren. Mit Salz und Pfeffer abschmecken und gleichmäßig über den Belag gießen.
Zwiebel-Speck-Kuchen mit Käse bestreuen und im vorgeheizten Ofen 25–30 Minuten backen. Ergibt 16 Stücke.

Abschlagen: Das Schlagen von Zutaten, z. B. Eigelb und Zucker, über einem warmen Wasserbad.
Angelika, Engelswurz: Die getrockneten, kandierten Stängel dieser Pflanze besitzen einen leicht bitteren Geschmack. Sie dienen hauptsächlich zur Verzierung von feinen Kuchen und Torten.
Anis: Dieses Gewürz stammt aus dem Mittelmeerraum. Anis ist reich an ätherischen Ölen. Er wird ganz oder gemahlen angeboten. Da sich das Aroma sehr schnell verflüchtigt, sollte man das Gewürz nur in kleinen Mengen einkaufen. Die Würzkraft von Anis ist sehr stark, daher sollte er, mit anderen Gewürzen kombiniert, nur vorsichtig eingesetzt werden.
Arrak: Ein Branntwein, der aus Reis hergestellt wird. Wegen seines feinen Aromas nimmt man ihn gerne für Gebäck. Die Dosierung sollte aufgrund seines intensiven Aromas aber sparsam sein.
Auszugsmehl: Ein Mehl von der Type 405, das fein und kleiefrei ist. Es wird aus dem Weizenkern hergestellt und besitzt wenig Schalenanteile.
Auswalken: Das kräftige Durchkneten des Teiges mit den Handballen.
Backaromen/Backessenzen: Auszüge aus verschiedenen Grundsubstanzen mit Öl vermischt zum Aromatisieren von Gebäck. Oft werden sie aus künstlichen Geschmacksstoffen hergestellt. Wegen des intensiven Geschmacks verwendet man immer nur einige Tropfen. Backaromen kann man in kleinen Fläschchen kaufen. Ein Fläschchen reicht für 500 g Mehl. Die Backaromen sind z. B. in den Geschmacksrichtungen »Rum«, »Arrak«, »Zitrone«, »Vanille« und »Bittermandel« erhältlich.
Backformen: Backformen sind in den unterschiedlichsten Größen, Formen und Materialien erhältlich. Formen aus Weißblech sind insbesondere für Gasöfen geeignet, Schwarzblech mit Antihaftbeschichtung ist ein sehr guter Wärmeleiter.
Backoblaten: Backoblaten sind hauchdünn und werden aus Mehl oder Speisestärke hergestellt. Sie dienen als Unterlage für Makronen, Lebkuchen oder Konfekt. Es gibt sie in runder oder viereckiger Form und in verschiedenen Größen zu kaufen.
Belegfrüchte: Gezuckerte Früchte, die zum Verzieren und Belegen von feinem Gebäck oder klein gehackt als Füllung verwendet werden. Sehr bekannt sind Belegkirschen, die in gelber, grüner und roter Farbe angeboten werden.
Biskuitbrösel: Getrockneter, zerriebener Biskuitteig, der zwischen Teig und Fruchtbelag gestreut wird. Biskuitbrösel dienen auch als Zusatz für Füllungen und Teige.
Bittermandeln: Diese bitteren Mandeln enthalten etwas Blausäure und sollten deshalb nur in kleinen Mengen zum Backen verwendet werden.
Bittermandelöl: Aus Bittermandeln hergestelltes Backaroma. Es wird aber auch aus Kernen der Aprikose und des Pfirsichs hergestellt. Bittermandelöl verwendet man nur in kleinen Mengen.
Bitterschokolade: Der Kakaoanteil beträgt bei dieser Schokolade mindestens 60 %.
Blockschokolade: Schokolade in dicken Blöcken mit unterschiedlich hohem Kakaoanteil. Gerieben dient sie als Verzierung für Gebäck, geschmolzen kann sie in Teige eingearbeitet werden. Blockschokolade ist nicht zu verwechseln mit Kuvertüre oder Schokoladen-Fettglasur.
Brezelsalz: Ein grob kristallisiertes Salz, das man auf Brezel und herzhaftes Gebäck streut.

Buttermilch: Buttermilch ist ein Nebenprodukt bei der Herstellung von Butter oder Sahne. Sie ist reich an Milchsäurebakterienkulturen und kann anstatt Milch in den meisten Backrezepten verwendet werden.
Cookies: Englische Plätzchen aus Mürbeteig, die traditionell zum Tee gereicht werden.
Dekorschnee: Puderzucker, der einen Mantel aus einer Fettschicht besitzt. Das Besondere ist, dass er weder auf feuchtem noch auf warmem Gebäck schmilzt.
Dosenmilch: Kann als Ersatz beim Backen für Frischmilch genommen werden. Dabei sollte sie aber immer auf einen Fettgehalt von 5 % verdünnt werden.
Eier: Inzwischen werden Eier – wie Konfektionsgrößen – in den Kategorien XL, L, M und S angeboten. Wenn nicht anders vermerkt, handelt es sich in den Backrezepten um Eier der Größe M. Diese haben ein Gewicht von 55–65 Gramm.
Fett: Zur Herstellung von Kuchen sind Butter und Margarine die idealen Fette. Pflanzenfett ist für das Ausbacken oder für das Frittieren ideal. Schmalz und Öl besitzen einen Eigengeschmack, der für bestimmte Gebäcksorten von Vorteil sein kann.
Fondantmasse: Eine Grund-Zuckerglasur, die durch Erwärmung auf maximal 40 Grad streichfähig wird. Eine Glasur aus Fondantmasse gibt beispielsweise Törtchen ein besonders schönes Aussehen.
Frittierfett: Wird auch als »Ausbackfett« bezeichnet. Dieses Fett ist frei von Wasser und Eiweißstoffen und kann daher auf eine Temperatur von 220 Grad erhitzt werden.
Garprobe: Das Gebäck muss sich nach dem Backen am Rand von der Form lösen. An einer Nadel (Strick- oder Rouladennadel), die man in den Kuchen einsticht, dürfen keine Teigreste kleben. Auch einen Zahnstocher kann man für die Garprobe verwenden.
Gewürznelken: Diese Blütenknospen des Gewürznelkenbaumes haben ein äußerst intensives Aroma. Sie enthalten ein essentielles Öl, das Zahnschmerzen zu lindern vermag. Nelken sind ganz oder gemahlen erhältlich. Bereits gemahlen gekauft, verlieren sie schneller ihr Aroma als erst kurz vor dem Gebrauch pulverisiert. Aufgrund des intensiven Aromas sparsam verwenden.
Graham-Mehl: Hauptbestandteil dieses Mehles ist Weizenschrot.
Hagelzucker: Ein Zucker mit besonders großen Kristallen, der sich zum Verzieren von Gebäck eignet.
Halbbittere Schokolade: Eine Schokolade in Tafelform mit einem Kakaoanteil von mindestens 50 %.
Hefe: Hefe besteht aus Pilzen, die sich von Zucker ernähren. Frische Hefe ist eingepackt einige Tage im Kühlschrank haltbar. Trockenhefe ist lange haltbar und kann ersatzweise hergenommen werden. Wer viel backt, sollte immer etwas Trockenhefe vorrätig haben.
Ingwer: Frischer Ingwer hat einen intensiveren Geschmack als Ingwerpulver. Die Wurzel wird auf einer feinen Reibe gerieben und entfaltet auf diese Weise ihr volles Aroma.
Instant-Mehl: Ein feines Mehl mit hoher Wasserlöslichkeit. Es ist ideal zum Binden von Saucen.
Karamelisieren: Zucker wird bei 200 Grad geschmolzen und gebräunt. Meistens wird dieser danach mit einer Flüssigkeit abgelöscht.
Kardamom: Mit seinem leicht süßlichen Geschmack wird er in der Weihnachtsbäckerei gerne verwendet. Man kann ihn ganz oder gemahlen kaufen.
Käse: Für die Verfeinerung von Käsegebäck ist bei-

spielsweise Emmentaler Käse, Chesterkäse oder auch Parmesan geeignet. Rahmigen Frischkäse nimmt man für herzhafte oder süße Füllungen.

Kaffee: Dient oftmals als Würze für Teige, Glasuren oder Füllungen. Dazu nimmt man Filterkaffee oder auch löslichen Instant-Kaffee.

Kandierte Früchte: Getrocknetes Obst, das mit einer Zuckerlösung überzogen ist. Auch Ingwer oder andere exotische Früchte können auf diese Weise kandiert werden.

Kaneel: Anderer Begriff für »Zimtstange«.

Kakaopulver: Kakaopulver erhält man durch das Auspressen und Trocknen der Kakaomasse. Es wird für Schokoladengebäck verwendet. Ein Hauch von Zucker dämpft den etwas bitteren Geschmack des Kakaos.

Kokosflocken: Kokosflocken sind das fein geriebene Fruchtfleisch von Kokosnüssen. Durch den hohen Fettgehalt der Flocken sind sie nur begrenzt haltbar.

Konsistenz: Dichte und Fließfähigkeit einer Flüssigkeit.

Koriander: Koriander ist gemahlen, als ganzes Korn oder als Koriandergrün erhältlich. Gemahlener Koriander wird häufig in der Weihnachtsbäckerei verwendet. Er ist auch im Lebkuchengewürz enthalten.

Korinthen: Korinthen sind luftgetrocknete, kernlose Weintrauben, die hauptsächlich aus dem Mittelmeerraum stammen. Man sollte sie vor der Verwendung im heißen Wasser waschen und anschließend trockenreiben.

Krokant: Mandeln oder andere Nüsse werden in Zucker gebrannt.

Krokantstreusel: Krokantstreusel gibt es fertig im Supermarkt zu kaufen. Eignet sich zum Verzieren von Gebäck oder Kuchen.

Küchenmaschine: Bei der Teigherstellung kann eine Küchenmaschine eine große Hilfe sein. Besonders bei Hefeteig und anderen festen Teigarten erspart einem die Maschine das anstrengende Durcharbeiten des Teiges.

Kümmel: Kümmel wird hauptsächlich für herzhaftes Gebäck und Brot verwendet.

Kunsthonig: Kunsthonig ist aus so genanntem Invertzucker hergestellt, der dem natürlichen Honig sehr ähnlich ist und mit Honigaroma angereichert wird. Kunsthonig wird wie Honig zum Süßen verwendet.

Kuvertüre: Kuvertüre ist ein Überzug aus reiner Schokolade. Je nach Kakaoanteil ist ihr Geschmack ähnlich dem von Milchschokolade, halbbitterer oder bitterer Schokolade.

Läuterzucker: Läuterzucker wird entweder für die Herstellung von Eis verwendet oder zum Süßen von Obstsalaten. Um Läuterzucker herzustellen, lässt man 400 g Zucker mit 1/2 l Wasser 5 Minuten lang kochen und danach erkalten.

Lebkuchengewürz: Eine fertige Gewürzmischung, die speziell für Honigkuchen und Lebkuchen verwendet wird.

Liebesperlen: Bunte Zuckerkügelchen, die zur Verzierung von Gebäck verwendet werden.

Madeirawein: Ein süßer Dessertwein von der gleichnamigen portugiesischen Insel.

Margarine: Magarine kann immer anstatt Butter verwendet werden.

Marzipan-Rohmasse: Marzipan ist in Form von Blöcken erhältlich. Marzipan-Rohmasse wird als Grundstoff beispielsweise für Makronenmasse verwendet. Oder man vermengt es zu gleichen Teilen mit Puderzucker und erhält so eine Masse, die sich zum Modellieren von Figuren eignet.

Mascarpone: Ein bekannter Doppelrahmfrischkäse aus Kuhmilch, der aus Italien stammt. Durch seinen hohen Fettgehalt, der ihm auch seine Cremigkeit gibt, ist er ideal für Füllungen.
Milch: Viele Milchsorten eignen sich zum Backen. Ebenso kann angerührtes Milchpulver, verdünnte Dosenmilch oder Sahne verwendet werden. Beachten sollten Sie unbedingt die auf dem Rezept angegebene Temperatur der Milch bei der Verarbeitung!
Mohn: Der Samen der Mohnpflanze wird entweder gemahlen oder ganz als Zusatz zum Teig verwendet.
Mokkabohnen: Schokolade in Form von Mokkabohnen und mit Mokkageschmack. Sie dienen meist zur Verzierung von Torten.
Mus: Früchte aller Art, die zu einer breiartigen Masse verkocht werden. Gibt es auch bereits fertig zu kaufen, z. B. Apfelmus.
Muskatblüte: Das Aroma der Muskatblüte harmoniert sehr gut mit Gewürzgebäck, Obstkuchen und Hefeteig.
Muskatnuss: Sie stammt aus dem Samenkern der Muskatfrucht. Die Muskatfrucht wird gerieben und eine kleine Prise genügt, um z. B. Obstkuchen oder Biskuitböden zu verfeinern.
Natron: Dieses Treibmittel ist besonders für feste Teige geeignet. Es lockert den Teig und macht Backwaren leichter verdaulich.
Nugatmasse: Nugatmasse wird hergestellt aus geriebenen Haselnüssen oder Mandeln, mit Zucker und Kakaomasse vermengt. Nugatmasse wird gerne für Füllungen verwendet.
Orangenblütenwasser: Wenn die Blütenknospen des Apfelsinenbaumes destilliert werden, fällt als Nebenprodukt das Orangenblütenwasser ab. Durch sein duftiges Aroma eignet es sich gut zur Verfeinerung von Cremes oder Glasuren.
Orangeat: Besteht aus der kandierten Schale der Pomeranze und ergänzt geschmacklich Rührkuchen, Hefeteig und Honigkuchen. Größere Stücke Orangeat eignen sich auch als Dekoration für Kuchen.
Orangenzucker: Aromatisierter Zucker, der mit der abgeriebenen Schale von unbehandelten Orangen hergestellt wird.
Piment: Auch »Nelkenpfeffer« genannt, besteht aus getrockneten Beeren des Nelkenpfefferbaumes. Er ist auch Bestandteil der Gewürzmischungen für Honig- und Lebkuchen.
Puderzucker: Damit Puderzucker besser hält, siebt man ihn auf den noch warmen Kuchen. Flaches Gebäck und Obstkuchen werden kurz vor dem Servieren bestäubt.
Rahm-Frischkäse: Frischkäse enthält mindestens 50 % Fett i.Tr. und hat einen leicht säuerlichen Geschmack. Er wird wie Quark verwendet.
Ricotta: Ein italienischer Käse aus Schaf- oder Kuhmolke, der an Quark erinnert. Sein Fettgehalt beträgt 20 % i.Tr. und eignet sich besonders für süße Kuchen. In italienischen Feinkostläden hat man die Möglichkeit, diesen Frischkäse auch offen zu kaufen.
Rosenwasser: Durch die Gewinnung von Rosenöl fällt dieses Kondensat ab. Es wird zur Aromatisierung von Marzipan gebraucht.
Rosinen: Eine getrocknete Weintraubenart, die sehr häufig zum Backen verwendet wird. Eine verwandte Art der Rosinen sind die etwas größeren und süßeren Sultaninen.
Saccarose: Bezeichnung für »Rohrzucker« oder »Rübenzucker«.
Safran: Gilt als das teuerste Gewürz. Safran stammt aus den Blütenstempeln einer Krokusart. Seine goldgelbe Farbe verleiht den Backwaren eine wunderschöne Tönung.

Sahnesteif: Ein Pulver aus Stärke, das die Sahne für längere Zeit steif hält.
Sauerteig: Diesen Teig nimmt man als Lockerungsmittel für Roggenteige. Fertigen Sauerteig kann man beim Bäcker kaufen.
Schokoladenstreusel: Schokolade in Form von Streusel, die sich zum Verzieren von Gebäck eignen.
Sesamsamen: Die kleinen Samenkörner der Sesampflanze werden oft zur Dekoration von Brötchen hergenommen.
Sternanis: Sternanis wird wegen seines hohen Gehalts an ätherischen Ölen gerne zur Aromatisierung benutzt.
Sukkade: Bezeichnung für kandierte Fruchtschale, z. B. Orangeat und Zitronat.
Speisestärke: Eine mehlartige Mischung, mit der man Cremes und Saucen binden kann. Die Speisestärke wird stets in kalter Flüssigkeit angerührt, bevor sie aufgekocht wird.
Spritzbeutel: Für Spritzgebäck und zum Dekorieren ist ein Spritzbeutel unerlässlich. Er besteht meist aus Kunststoff und sollte nach jedem Gebrauch sofort und gründlich gereinigt werden.
Topfen: Der österreichische Begriff für Quark.
Tortenguss: Ein Pulver aus Gelee, das mit Wasser, Wein oder Obstsaft verrührt wird. Der zunächst flüssige Guss wird über den Tortenbelag gegossen und erstarrt später zu einem Gelee.
Vanille: Die Vanilleschote wird längsseitig aufgeschnitten und das Innere herausgeschabt. Das Mark der Schote wird dann weiterverwendet.
Vanillezucker: Einen echten Vanillezucker, dem mindestens 5 % Vanillemark zugegeben wurde, erkennt man daran, dass er mit feinen schwarzen Pünktchen gesprenkelt ist.
Vanillinzucker: Dieser Zucker wurde mit künstlichem Vanilletrockenaroma aromatisiert.
Vollmeersalz: Vollmeersalz enthält sehr viele Spurenelemente und Salze aus dem Meer. Dieses Salz spielt in der Vollwertbäckerei eine wichtige Rolle.
Vorheizen: Für ein optimales Backergebnis sollte man den Backofen vorheizen. Beim herkömmlichen Elektroherd genügt eine Vorheizzeit von 10–15 Minuten. Bei Umluftherden ist ein Vorheizen in der Regel nicht erforderlich.
Wasserbad: In einem Topf wird Wasser zum Kochen gebracht. Über das kochende Wasser hält man eine kleinere Schüssel. Das Wasser sollte möglichst nahe am Siedepunkt gehalten werden. In der kleinen Schüssel können empfindliche Zutaten gerührt oder erwärmt werden.
Zimt: Stammt vom ceylonesischen Zimtbaum. Zimt wird beim Backen sehr häufig verwendet. Gemahlen hat er eine hellbraune Farbe und einen leichten, aromatischen Geruch. Gemahlener Zimt soll, ebenso wie alle anderen gemahlenen Gewürze, in geschlossenen und lichtgeschützten Behältern aufbewahrt werden.
Zitronat: Dies ist die kandierte Fruchtschale der Zitrone des Zedratbaumes.
Zitronenschale: Wird für das Rezept abgeriebene Zitronenschale benötigt, sollte man nur ungespritzte Zitronen benutzen. Die Schale muss vor dem Abreiben heiß abgewaschen und abgetrocknet werden.
Zitronenzucker: Aromatisierter Zucker, der mit der abgeriebenen Schale einer unbehandelten Zitrone hergestellt wird.
Zuckerglasur: Wird mit dem Pinsel auf das noch warme oder erkaltete Gebäck gestrichen.
Zuckerstreusel: Bunter Zucker in Streuselform zur Verzierung von Gebäck. Zuckerstreusel sind besonders bei Kindern sehr beliebt.

Sorgfalt ist die wichtigste Eigenschaft, die beim Backen zum gewünschten Erfolg führt. Neben dem genauen Einhalten der angegebenen Zutatenmengen und der Backzeiten gibt es aber auch noch einige Tricks und Kniffe, die nicht in jedem Kochbuch stehen. Worauf Sie im Einzelnen achten sollten, sagen Ihnen nachfolgende Tipps.

Äpfel: Äpfel sollten eine glatte Oberfläche und keine faulen Stellen haben. Zum Backen eignen sich besonders leicht säuerliche Apfelsorten. Vor Verwendung die Kerngehäuse sorgfältig entfernen.
CMA Gütezeichen:

Eine gute Orientierungshilfe beim Kauf ist das bundesweit anerkannte CMA-Gütezeichen auf den Lebensmittelerzeugnissen und Frischeprodukten, die nach strengen Vorschriften kontrolliert werden.
Eier: Beim Einkauf unbedingt auf das Mindesthaltbarkeitsdatum achten. Eier lagert man am besten im Kühlschrank in den dafür vorgesehenen Behältern. Die spitze Seite der Eier sollte dabei nach unten, die stumpfe nach oben zeigen.
Einwegverpackungen: Der Umwelt zuliebe sollte man auf diese Verpackungen möglichst verzichten.
Gelatine: Es gibt Blattgelatine und gemahlene Gelatine. Beide müssen in wenig kaltem Wasser eingeweicht werden. Anschließend in warmer, aber nicht kochender Flüssigkeit unter Rühren auflösen.
Hefe: Verwendet man anstelle von frischer Hefe getrocknete, erspart man sich bei der Teigherstellung den Vorteig und somit auch Zeit.
Honig: Kalt geschleuderter Honig ist von besonders guter Qualität. Ist der Honig nach längerer Lagerzeit fest geworden, kann man ihn in einem warmen Wasserbad auf die gewünschte Konsistenz bringen. Das Wasser darf aber nicht zu heiß sein, da sonst wertvolle Nährstoffe des Honigs verloren gehen.
Ingwer: Der Geschmack einer frisch geriebenen Ingwerwurzel ist intensiver als gemahlenes Pulver.
Jogurt: Jogurt ist eine säuerliche Dickmilch, die zusätzlich mit Bakterienkulturen angereichert wird. Sehr gesund ist der nicht konservierte Naturjogurt mit wertvollen Milchsäurekulturen.
Makronengebäck: Makronen sollten nicht zu stark ausgebacken werden. Frisch vom Backblech müssen sie sich noch ein wenig weich anfühlen. Während des Abkühlens trocknen sie nach und erhalten so ihre feste Konsistenz.
Melonen: Achten Sie beim Einkauf darauf, dass diese eine feste Schale besitzen und beim Daraufklopfen hohl und dumpf klingen. Unreife Früchte klingen beim Klopftest hell.
Obstlagerung: Obst immer möglichst frisch kaufen. Einige Obstsorten vertragen keine gemeinsame Lagerung. Äpfel beispielsweise geben ein Gas namens »Ethylen« ab, was einen beschleunigten Reifeprozess anderer Früchte zur Folge haben kann. Deshalb bekommen Bananen, wenn sie neben Äpfeln gelagert werden, schnell braune Flecken.
Quitten: Beim Einkauf darauf achten, dass die Früchte unbeschädigte Schalen ohne braune Stellen haben.
Strauchbeeren: Nur unversehrte Früchte kaufen. Beeren sind sehr empfindlich, deshalb sollten sie nicht gedrückt werden. Am besten in einer großen, flachen Schale lagern.
Tortenböden: Zum Schneiden des Bodens in mehrere Schichten eignet sich ein fester, dünner Faden.

Einfrieren von Kuchen und Kleingebäck

- Kuchen, die einmal eingefroren waren, nach dem Auftauen nicht erneut einfrieren.
- Aufgetautes Gebäck sollte relativ schnell verzehrt werden, da es sich nicht sehr lange hält.
- Gebäck darf auch noch lauwarm eingefroren werden, denn dadurch behält es seinen frischen Geschmack.
- Neues Gefriergut nicht mit bereits Eingefrorenem in Kontakt bringen. Nach 24 Stunden können Sie es aber problemlos neben- oder aufeinander legen.
- Die Verpackungen von Gefriergut sollten lebensmittelecht, säure- und fettbeständig sein.
- Gebäck und Kuchen sollten zum Einfrieren luftdicht verschlossen sein. Luft, Sauerstoff oder Feuchtigkeit beschleunigen einen Oxidationsvorgang, der zum Abbau von Vitaminen und zum Austrocknen des Gerfriergutes führen kann.
- Die Verpackung muss natürlich kältebeständig sein, d.h. sie muss einer Temperatur von bis zu minus 40 Grad standhalten.
- Um rohen Teig einzufrieren, formen Sie ihn zu einer Kugel und bestreichen Sie diese vor dem Verpacken sorgfältig mit Öl. Dies schützt vor dem Austrocknen.
- Gebäck mit Füllung oder Glasur darf nicht im Ofen aufgebacken werden, sondern wird nur bei Zimmertemperatur langsam aufgetaut.
- Als Faustregel gilt, dass Gebäck bei einer Raumtemperatur von +20 Grad angetaut und danach 10-20 Minuten aufgebacken werden sollte. Das Auftauen von sehr großen Kuchen benötigt 6–8 Stunden, bei kleineren dauert es 40 Minuten.
- Da die Teigherstellung meist längere Zeit benötigt, sollte man nach Möglichkeit immer etwas mehr Teig als erforderlich herstellen. Der nicht benötigte Teil wird luftdicht verpackt und eingefroren. Bei Wiederverwendung den Teig ganz langsam auftauen lassen und bei Bedarf noch etwas Mehl untermischen. Hefeteig ist besonders gut zum Einfrieren geeignet.

Aufbewahrung von Torten, Kuchen und Gebäck

- Torten und Gebäck mit Sahne oder Creme kann man im Kühlschrank ca. 2 Tage aufbewahren.
- Verschiedene Gebäcksorten sollten immer getrennt voneinander aufbewahrt werden. So können sich die verschiedenen Aromen nicht miteinander verbinden und der spezifische Geschmack der einzelnen Sorten bleibt erhalten.
- Plätzchen und Kleingebäck schichtet man am besten vorsichtig in Blechdosen. So bleiben sie lange frisch und behalten ihr Aroma.
- Plätzchen vollständig auskühlen lassen, erst dann in Dosen füllen.
- Empfindliches Gebäck mit Küchenpapier lagenweise trennen, so bleibt es unversehrt.

Lagerung und Haltbarkeit von Brot und Brötchen

- Schnittbrot und frische Backwaren sind anfällig für Schimmel. Deshalb sollten diese Lebensmittel immer trocken und nicht zu warm gelagert werden. Wichtig ist auch eine gute Belüftung.
- Ein belüftetes Brotfach, ein Steinguttopf mit Deckel oder ein Brotkasten sind zur Aufbewahrung von Brot geeignet.
- Brotbehälter einmal in der Woche mit Essigwasser reinigen, um Schimmelbildung vorzubeugen.

Kleine Pannenhilfe für große Bäcker

Sie backen mit viel Liebe und trotzdem kann einmal das Ergebnis nicht ganz so ausfallen, wie Sie es sich wünschen. Doch mit kleinen Profi-Tricks lassen sich so manche Fehler vermeiden oder beheben.

Wenn Eiweiß sich schwer zu Schnee schlagen lässt:
Manchmal gerät etwas Eigelb beim Trennen in das Eiweiß. Dies verhindert die Bildung von Eischnee. Gerät etwas vom Eigelb beim Trennen ins Eiweiß, muss das Eigelb mit einem Löffel entfernt werden.

Wenn Fettgebäck schäumt:
Ist die Hitze zu schwach, kann das Fett beim Einlegen des Teiges schäumen. Deshalb können einige Teigstücke auseinander fallen. Besser vor jeder Zugabe von Teig prüfen, ob die Temperatur des Fettes ideal ist. Zur Überprüfung einen Holzlöffel ins Fett tauchen. Wenn sich um diesen Bläschen bilden, ist die Temperatur ausreichend.

Wenn Gelatine klumpt:
Wenn Gelatine zum Teig gegeben wird, setzt sie sich möglicherweise ab. Der Grund dafür kann sein, dass der Teig zu kalt ist. Wichtig ist, dass die Masse Zimmertemperatur besitzt, d.h. ca. 20 Grad.

Wenn die Hefe nicht aufgeht:
Hefe braucht Wärme, d. h. die Küche sollte eine Temperatur von 22 Grad haben. Die zugefügte Milch oder das lauwarme Wasser sollte sogar Körpertemperatur besitzen.

Wenn der Kuchen »Klitschstreifen« hat:
Diese entstehen, wenn zu viel Milch in den Rührteig gegeben wurde. Für ein gutes Backergebnis ist es wichtig, nur so viel Milch hinzuzufügen, dass sich der Teig gerade vom Löffel löst.

Wenn ein Knetteig auseinander fällt:
Der Grund ist oftmals zu wenig Flüssigkeit. Deshalb Milch oder etwas Wasser nachgießen und geschmeidig kneten.

Wenn der Kuchen beim Schneiden krümelt:
Es empfiehlt sich, beim Schneiden das Messer wie eine Säge zu benutzen und es nicht nur einfach herunterzudrücken. Somit wird auch die angeschnittene Fläche glatter.

Wenn der Napfkuchen Löcher hat:
Es können Luftlöcher entstehen, wenn bei der Teigzubereitung nach der Zugabe des Mehles zu stark gerührt wurde. Die Luftlöcher können leicht vermieden werden, indem man das Gemisch, d.h. nur 2-3 EL auf einmal, kurz einrührt.

Wenn der Boden des Obstkuchens zu weich ist:
Bevor man den Boden mit Obst belegt, sollte man stets etwas Sahnesteif auf den Boden des Obstkuchens streuen.

Wenn Plätzchen am Backblech kleben:
Am besten ist es, die Plätzchen sofort nach dem Herausnehmen aus dem Ofen vom Backblech zu entfernen. Sollten einige Plätzchen sich nicht gleich lösen, das Backblech für kurze Zeit noch einmal in den Backofen schieben.

Wenn der Quark-Ölteig zu weich ist:
Wenn der Teig zerfällt, ist oftmals ein zu feuchter Quark daran schuld. Man verhindert diesen kleinen Backunfall dadurch, dass man den Quark vor der Verwendung eine Weile abtropfen lässt.

Wenn die Rosinen im Kuchen absinken:
Tritt dies ein, war der Teig zu weich. Der Teig sollte bei der Zubereitung nur schwer vom Löffel fallen, dann kann nichts passieren.

Wenn der Rührkuchen zusammenfällt:
Für das Zusammenfallen sind zwei Gründe verantwortlich. Entweder enthält der Teig mehr Flüssigkeit, als im Rezept angegeben, oder er wurde mit dem elektrischen Rührstab zu stark gerührt. Dadurch wird der Teig zu locker und er verliert die nötige Festigkeit für die Form. Daher genau die angegebene Flüssigkeitsmenge einhalten und nicht zu stark mit dem elektrischen Rührgerät kneten.

Wenn der Rührkuchen zu schnell braun wird:
Kuchen mit gefettetem Pergamentpapier oder Backpapier lose abdecken. Eventuell Temperatur reduzieren.

Wenn der Tortenguss trübe ist:
Beim Anrühren von Tortenguss mit einem Mixer bilden sich kleinste Luftblasen, die den Guss trüben. Man sollte den Guss besser vorsichtig mit einem Löffel anrühren.

Wenn der Teig beim Ausrollen festklebt:
Streuen Sie mehr Mehl auf die Ausrollfläche und auf das Nudelholz. Hilft dieser Trick nicht, legen sie die Teigmasse kurz in den Kühlschrank und rollen Sie sie dann zwischen Folie oder Pergamentpapier aus.

Wenn der Teig zu schwer ist:
Kurz vor dem Backen etwas Natronpulver in den Teig mischen. Dies macht ihn locker und bekömmlicher.

Wenn der Kuchen zu trocken ist:
Dies ist häufig die Folge einer zu langen Backzeit. Ein Trick ist, mit einer Stricknadel den ausgekühlten Kuchen mehrmals einzustechen und dann entweder mit Saft oder mit einer Mischung aus Saft und Wein zu tränken.

Wenn der Kuchen angebrannt ist:
Achten Sie schon während der Backzeit darauf, dass der Kuchen nicht zu braun wird. Sollte es dennoch einmal passieren, heben Sie die obere Teigschicht ab und backen Sie den Rest bis zum Ende der angegebenen Zeit weiter.
Wenn der Kuchen schon stark verbrannt ist, reiben Sie mit einem Sieb die dunkle Kuchenoberfläche ab.

Wenn der Kuchen beim Backen eingesunken ist:
Wenn Sie die falschen Zutatenmengen genommen haben oder wenn der Teig Zug- oder Kaltluft ausgesetzt war, fällt er in sich zusammen. Schneiden Sie die teigige Mitte des Kuchens heraus und verwandeln Sie den Kuchen in einen Kranzkuchen. Mit einer Glasur oder einem Zuckerguss überziehen, damit man die Schnittstelle nicht sieht. Das herausgeschnittene Stück eignet sich mit einer Creme als Schichtspeise zum Nachtisch.

Wenn Eischnee nicht fest wird:
Ursache für diese kleine Panne ist meist Fett. Fett verhindert das Steifwerden von Eiweiß. Deshalb sollten alle benötigten Teile, die mit dem Eiweiß in Verbindung kommen, sehr gründlich abgespült sein.
Eiweiß, das sich nicht steif schlagen lässt, in einen sauberen Rührbecher geben. Ein paar Tropfen Zitronensaft oder eine Prise Salz hinzufügen und so lange weiterschlagen, bis der Eischnee steif ist.

Quark-Ölteig

Rührteig

Strudelteig

Weihnachtsgebäck

Bild- und Textquellen-Nachweis

Foto und Video Studio Köhnen, The Food Professionels, Aurora, Union Deutsche Lebensmittel, Bonduelle, Koopmans, Löwensenf, natreen, Fuchs Gewürze, Schneekoppe, Kölln, Ketchum, Sanella, Mondamin, Molkerei Alois Müller, CMA, Schwartau, Maizena.